全国高等院校"十三五"贯穿式+立体化创新规划教材

国 际 结 算
(第 2 版)

刘铁敏 主编

清华大学出版社
北京

内 容 简 介

本书秉承注重实践与操作、理论与实务并重、兼顾各国法规规定与国际惯例公约内容的编写原则,结合国际结算领域理论与实务的新发展、新变化,详细介绍了国际结算中票据(汇票、本票和支票)的主要内容与流通实务、国际结算基本方式(汇款、托收、信用证等)的具体业务过程及优缺点和风险防范等、国际贸易结算融资(出口贸易融资和进口贸易融资)具体方式的业务操作及特点、国际结算新型结算方式(银行保函与备用信用证)的新应用和新作用等内容,旨在充分展示国际结算业务的创新与发展、相关国际惯例(如UCP600、ISBP745、URDG758、URF800)的配套应用与修订完善、国际结算给予国际经济发展的巨大推动作用。同时,本书还配有大量案例、式样例子、拓展知识和课后复习思考题,引导读者初层次理解,结合实际深化掌握,达到学以致用的目的。

本书既可以作为高等院校的金融类教材,也可以作为银行、进出口企事业单位相关人员的业务参考书。

本书封面贴有清华大学出版社防伪标签,无标签者不得销售。
版权所有,侵权必究。举报:010-62782989,beiqinquan@tup.tsinghua.edu.cn。

图书在版编目(CIP)数据

国际结算/刘铁敏主编. —2 版. —北京:清华大学出版社,2019(2023.1重印)
(全国高等院校"十三五"贯穿式+立体化创新规划教材)
ISBN 978-7-302-51369-8

Ⅰ. ①国… Ⅱ. ①刘… Ⅲ. ①国际结算—高等学校—教材 Ⅳ. ①F830.73

中国版本图书馆 CIP 数据核字(2018)第 232146 号

责任编辑:陈冬梅
装帧设计:杨玉兰
责任校对:吴春华
责任印制:丛怀宇

出版发行:清华大学出版社
    网　　址:http://www.tup.com.cn, http://www.wqbook.com
    地　　址:北京清华大学学研大厦 A 座　　邮　编:100084
    社 总 机:010-83470000　　邮　购:010-62786544
    投稿与读者服务:010-62776969, c-service@tup.tsinghua.edu.cn
    质量反馈:010-62772015, zhiliang@tup.tsinghua.edu.cn
    课件下载:http://www.tup.com.cn, 010-62791865
印 装 者:三河市龙大印装有限公司
经　　销:全国新华书店
开　　本:185mm×260mm　　印 张:19　　字 数:462 千字
版　　次:2010 年 10 月第 1 版　2019 年 1 月第 2 版　　印 次:2023 年 1 月第 6 次印刷
定　　价:58.00 元

产品编号:076109-01

前　言

世界经济逐步走出国际金融危机的阴影，经济增速缓慢回升。但是，不确定、不稳定因素也在增加，一些国家采取贸易保护主义措施，全球贸易摩擦频发，多边贸易体制遭遇新挫折。面对国际贸易发展的复杂形势，国际结算正在悄然发生诸多改变：新型结算方式，如保理、保函和包买票据等，越来越被广泛地应用，有取代信用证结算方式主导地位的趋势；国际混合结算方式日趋增多，例如大型设备货物贸易预付款采用汇款、主要货款采用跟单信用证、尾款采用保函等混合方式；结算风险不断加大，需要更好的结算方式进行融资保障及风险防范；电子化、无纸化方向深度发展；相关国际惯例法规等迅速回应，保驾护航；跨境贸易人民币结算日趋增加等。

面对国际贸易的复杂变化以及国际结算的创新发展，本书在对国际结算的基本理论、基本原理、基础知识进行阐述的同时，突出联系实际业务操作，更兼顾对结算业务新发展、结算技术新突破、惯例法规新改进、融资及风险防范新措施的展示与说明，旨在引导读者理解并掌握国际结算基本知识，了解结算发展新动向，知晓企业及相关银行等机构的实战操作技术，为从事相关实际工作打下坚实的基础。

考虑到重要内容的调整需要以及篇幅适中问题，与第1版比较，本书第2版分为八章：第一章"国际结算概述"、第二章"国际结算的票据——资金单据"、第三章"汇款"、第四章"托收"、第五章"信用证基础"、第六章"信用证实务综述"、第七章"国际贸易结算融资"、第八章"银行保函和备用信用证"。

历经多年的资料收集与实地访谈实战体验，本书的编写凝结了作者多年的思考和辛苦，思考的重点在于如何使书籍体系更完善、内容全面又新颖、形式题材丰富又实用，几易其稿，反复斟酌，现终究成型可以见诸纸面。综合起来，本书具有以下几个新的特点。

第一，完善教材结构体系，强调合理性。

考虑到非贸易结算与贸易结算有诸多相似之处，并且相对简单，本书删除了非贸易结算的内容。同时，考虑到跨境融资对企业的作用日渐增大，本书单独加入了"国际贸易结算融资"一个章的内容，增加了"跨境人民币信用证"一节的内容。

第二，加强理论联系实际，突出应用性。

本书延续了采用大量程序图具体形象展示业务操作过程的方法，还增加了大量的案例分析与说明、诸多的式样实例、丰富多样的课后复习思考题，以促进读者对实践技能知识的理解与掌握。

第三，注重知识的更新与使用，强调新颖性。

一方面强调对结算业务技术创新、融资新手段及风险防范新措施的介绍与说明，另一方面，针对相关配套国际惯例法规的修订与完善，用案例说明、拓展知识等方式全面展示并强调。

本书主要由长期从事国际结算、国际金融、商业银行业务与管理、国际贸易理论与实务等教学及科研工作的辽宁石油化工大学经济管理学院的刘铁敏老师主编，张锦宏老师参编，并由抚顺市多家银行国际业务部门的具有丰富实践工作经验的人员以及抚顺市多家大型企业(如，抚顺石化总公司、新抚顺钢铁公司等)相关人员联合编写。

本书中配备相应的知识拓展内容，读者可扫二维码获取相关资源。

知识拓展.docx

在本书的编写过程中，参考了大量的同类教材和有关论著，我们对参考资料的作者表示真诚的谢意。同时，感谢清华大学出版社的编辑们以及辽宁石油化工大学的领导、同事们为本书出版所付出的劳动！

由于编者水平有限，错误之处在所难免，欢迎广大读者批评指正，提出宝贵的意见和建议，以使本书进一步完善，使我们共同进步。

编者于辽宁石油化工大学

2018年5月

目　录

第一章　国际结算概述 ... 1
第一节　国际结算的基本概念与基本内容 ... 2
一、国际结算的基本概念 ... 2
二、国际结算的特征 ... 3
三、国际结算业务的内容 ... 4
四、国际结算业务的分类 ... 5
五、国际结算方式的具体内容 ... 6
第二节　国际结算的演变、发展及法律基础 ... 8
一、国际结算的演变与发展 ... 8
二、国际电讯划拨系统简介 ... 9
三、国际结算的法律基础 ... 11
第三节　国际结算体系中的银行体系 ... 12
一、国际结算体系中银行的作用 ... 12
二、国际结算体系中的往来银行 ... 13
三、国际结算中往来银行的选择 ... 16
第四节　国际结算课程的性质和内容 ... 17
一、国际结算课程的性质 ... 17
二、国际结算课程的内容 ... 17
三、本书的结构体系 ... 18
本章小结 ... 19
复习思考题 ... 19

第二章　国际结算的票据——资金单据 ... 20
第一节　票据概述 ... 20
一、票据的概念 ... 20
二、票据的基本性质 ... 21
三、票据的功能 ... 22
四、票据的法律体系 ... 23
五、票据记载相关事项 ... 24
六、票据的当事人 ... 24
七、票据的权利和义务 ... 26
八、票据行为 ... 29
第二节　汇票 ... 29
一、汇票的定义 ... 29
二、汇票记载项目 ... 30
三、汇票票据行为及其当事人的权利、义务 ... 39
四、汇票的贴现 ... 52
五、汇票的种类 ... 54
第三节　本票 ... 55
一、本票的定义 ... 55
二、本票的必要项目 ... 56
三、本票与汇票的异同 ... 56
四、本票的不同形式 ... 57
第四节　支票 ... 61
一、支票的定义 ... 61
二、支票的必要项目 ... 61
三、支票主要当事人及其责任 ... 62
四、支票的划线 ... 65
五、支票的拒付 ... 67
六、支票的止付 ... 67
七、支票的种类 ... 68
八、支票与汇票、本票的异同 ... 69
本章小结 ... 70
复习思考题 ... 71

第三章　汇款 ... 74
第一节　国际汇兑概述 ... 74
第二节　汇款结算方式概述 ... 75
一、汇款含义及其当事人 ... 75
二、汇款方式的种类及业务程序 ... 76
三、电汇、信汇、票汇的比较 ... 83
第三节　汇款实务 ... 83
一、汇款头寸的调拨 ... 83
二、汇款的退汇 ... 86
第四节　汇款在国际贸易中的应用 ... 87

一、国际贸易中汇款结算方式 87
　　二、国际贸易中汇款结算方式的
　　　　特点 88
　　三、国际贸易中汇款结算方式的
　　　　风险及防范 89
　本章小结 90
　复习思考题 91

第四章　托收 93

　第一节　托收概述 93
　　一、托收的定义 93
　　二、托收当事人及其权责 94
　　三、托收方式的种类 99
　　四、托收指示和托收汇票 99
　第二节　跟单托收的交单条件 103
　　一、付款交单 103
　　二、承兑交单 106
　　三、其他方式交单 108
　第三节　托收指示中的收款指示 109
　第四节　跟单托收风险与防范 110
　　一、跟单托收的特点 110
　　二、跟单托收的风险及防范 111
　本章小结 113
　复习思考题 114

第五章　信用证基础 117

　第一节　信用证概述 117
　　一、信用证的概念 117
　　二、信用证的特点 118
　　三、信用证的主要内容 119
　　四、SWIFT 信用证 124
　第二节　信用证的一般业务程序 128
　　一、申请开证 128
　　二、进口方银行开立信用证 128
　　三、出口方银行审核、
　　　　通知信用证 128
　　四、出口商装船发货，缮制单据 128
　　五、出口方银行议付与寄单索汇 129
　　六、进口方银行接受单据与偿付 129

　　七、进口商赎单提货 130
　第三节　信用证项下当事人及其权利
　　　　义务 130
　　一、开证申请人 130
　　二、开证行 131
　　三、通知行 131
　　四、受益人 132
　　五、保兑行 132
　　六、议付行 133
　　七、指定银行 133
　　八、索偿行 134
　　九、偿付行 134
　　十、转让行 135
　第四节　普通跟单信用证种类 135
　　一、跟单信用证和光票信用证 135
　　二、可撤销信用证和不可撤销
　　　　信用证 135
　　三、保兑信用证和不保兑信用证 136
　　四、即期付款信用证、延期付款
　　　　信用证、承兑信用证和议付
　　　　信用证 137
　　五、即期信用证和远期信用证 138
　第五节　特殊跟单信用证种类 139
　　一、可转让信用证 139
　　二、背对背信用证 144
　　三、款项让渡 147
　　四、预支信用证 150
　　五、假远期信用证 152
　　六、对开信用证 154
　　七、循环信用证 155
　第六节　信用证的作用 156
　　一、对进口商的作用 156
　　二、对出口商的作用 156
　　三、对银行的作用 157
　本章小结 157
　复习思考题 158

第六章　信用证实务综述 163

　第一节　进口方开立信用证 164

目录

  一、进口商申请开证..................164
  二、开证行开立信用证..............169
 第二节 出口方接收信用证..............170
  一、出口方银行受理通知信用证......170
  二、出口商审核信用证..............174
  三、信用证修改....................175
 第三节 出口商交单......................178
  一、出口商缮制单据................178
  二、出口商向银行交单..............179
 第四节 单据的审核......................180
  一、有关惯例及规定................180
  二、审核单据的标准................183
  三、审单的程序....................186
  四、主要单据的审核要领及经常
    出现的不符点................187
 第五节 单证不符的处理..................196
  一、相关惯例规定..................196
  二、指定银行对不符单据的处理......197
  三、开证行对单证不符的处理........199
  四、对国外开证行拒付的处理........200
 第六节 出口议付与寄单索汇..............200
  一、出口议付......................201
  二、出口寄单索汇..................201
  三、收汇考核......................207
 第七节 进口开证行偿付..................207
  一、开证行偿付....................207
  二、偿付行偿付....................208
  三、开证行倒闭不能偿付............209
 第八节 跨境人民币信用证................210
  一、人民币国际结算................210
  二、人民币进口信用证..............216
  三、人民币出口信用证..............217
 本章小结............................218
 复习思考题..........................218

第七章 国际贸易结算融资..............223

 第一节 出口贸易结算融资................223
  一、预收货款......................223
  二、打包放款......................226
  三、出口押汇......................227
  四、出口票据贴现..................229
  五、出口信用保险..................231
  六、福费廷业务....................232
  七、保付代理业务..................238
 第二节 进口贸易结算的融资..............249
  一、赊销..........................249
  二、授信开证......................249
  三、假远期信用证..................250
  四、进口押汇......................251
  五、信托收据......................252
  六、担保提货......................253
 本章小结............................254
 复习思考题..........................255

第八章 银行保函和备用信用证..........258

 第一节 银行保函概述....................258
  一、银行保函的概念................258
  二、银行保函的当事人及其权责......259
  三、银行保函的主要内容............261
  四、保函的特点及作用..............263
 第二节 保函的种类......................264
  一、出口类保函....................264
  二、进口类保函....................275
  三、对销贸易类保函................277
  四、其他类保函....................277
 第三节 保函实务处理....................280
  一、办理保函的程序................280
  二、保函的业务程序................281
  三、关于保函的转让................283
  四、跟单信用证与银行保函的
    比较........................283
 第四节 备用信用证......................284
  一、备用信用证的产生与概述........284
  二、备用信用证的定义..............285
  三、备用信用证的性质..............286
  四、备用信用证的种类..............287

五、备用信用证的单据 288
六、跟单信用证与备用信用证的比较 291
七、银行保函与备用信用证的比较 291

本章小结 293
复习思考题 293

参考文献 296

第一章　国际结算概述

学习目标

通过学习本章,主要了解国际结算的基本概念、基本特点、作用以及发展历史,理解国际结算业务、方式的具体内容、适用法律体系等,掌握国际结算中的银行体系及其作用、种类、账户关系等,并能够明晰本课程性质、内容与学习方法。

核心概念

结算(Clearing)　国际结算(International Clearing/Settlement)　现金结算(Cash Settlement)　非现金结算(Non-cash Settlement)　联行(Sister Bank)　代理行(Correspondent Bank)　账户行(Depository Bank)

案例导读

某年某月某日我国居民通过中国银行对外发生如下经济交易。

(1) 甲公司从沙特阿拉伯进口石油支付 US$20000000。

(2) 乙公司对南非出口汽车收入 US$5000000。

(3) 丙公司从美国购买农产品支付 US$10000000。

(4) 中国银行贷给新加坡崇桥银行三年期信贷 US$30000000。

(5) 丁公司汇给其瑞士子公司 US$100000000。

思考问题:(1) 针对第(2)个经济交易,乙公司的出口收入会选择以下哪种收款方式? ①让进口商把货款汇寄过来;②乙公司把全套单据委托中国银行向进口商收取款项;③让进口商开出信用证,乙公司再按信用证要求装船发货、制单、交单、收款。因不同的结算方式有不同程度的风险及相应的优缺点,所以选择结算方式的时候需要考虑许多因素。另外还需考虑其他问题,例如乙公司缺少生产资金能否结合出口业务寻求资金融通呢?

(2) 对于中国银行而言,以上交易涉及六个国家,如果实行双边结算,至少有五次的资金调拨和清算。那么可否进行多边结算来完成支付?多边结算如何进行?如果中国银行在纽约花旗银行(美元中心结算城市的银行)开立一个美元账户,则对这些国家所有的债权、债务可以集中在此账户上相互冲抵吗?

第一节　国际结算的基本概念与基本内容

一、国际结算的基本概念

1. 结算(Clearing/ Settlement)

结算是指在商品交易、劳务供应、资金调拨或资金借贷等方面发生的货币收、付行为或债权债务的清偿行为。货币收付或债权债务的清偿需要通过一定的手段和方式实现，即指结算方式。从结算的历史与发展来看，结算方式一般分为现金结算和非现金结算两大类。

1) 现金结算(Cash Settlement)

现金结算是指以现实的货币作为支付工具，即直接运送金属铸币或纸币来清偿双方的债务债权。现金结算主要有两种方式：一种是付款人直接将现金支付给收款人，不通过银行等中介机构；另一种是付款人委托银行、非银行金融机构或非金融机构(如邮局)将现金支付给收款人。中国现金结算主要适用于单位与个人之间的款项收付；单位与单位之间的转账结算起点金额以下的零星小额收付。

【知识拓展 1】关于现金结算(扫前言二维码)

与非现金结算相比，现金结算作用直接便利，但安全性较低、费用较高、资金积压，且不易宏观控制和管理。这种方式只在结算发展的初期使用，随着国际经济与贸易的发展以及国际结算资金数额的增大，这种方式逐渐转化为非现金结算方式。

2) 非现金结算(Non-cash Settlement)

非现金结算是指使用代替现金流通作用和支付手段的信用工具来结算债权和债务，亦称转账结算或划拨清算。非现金结算以银行信用为基础，是银行信用制度和结算制度的产物。目前，我国企业采用的非现金结算方式有：支票、银行本票、银行汇票、汇兑、商业汇票、委托收款、托收承付等。按照银行结算办法的规定，除了《现金管理暂行条例》规定的可以使用现金结算的以外，所有企业、事业单位和机关、团体、部队等相互之间发生的商品交易、劳务供应、资金调拨、信用往来等均应按照银行结算办法的规定，通过银行实行转账结算。

非现金结算快速简便，节约现金和流通费，有利于加快资金的流通与周转，进一步促进国际贸易与国际经济的发展，是结算的主要使用方式。现代的国际结算主要表现为：以票据为基础、以单据为条件、以银行为中枢，结算与融资相结合。

2. 国内结算(National Settlement)

国内结算是指结算的内容仅发生在一国之内，即通过本国货币支付，以结清一国内部的两个或多个当事人之间的经济交易或其他活动引起的债权债务的行为。

3. 国际结算(International Clearing/ Settlement)

国际结算是指国家间由于政治、经济、文化、外交、军事等方面的交往或联系而发生的以货币表示债权债务的清偿行为或资金转移行为。

依据发生债权债务关系的原因，国际结算分为国际贸易结算和国际非贸易结算两大类。

国际贸易是国际结算产生和发展的主要依据,不同国家之间的货币收付业务称为国际结算,但发生货币收付有各种各样的原因,如国际货物销售(international sales of goods)、国际服务贸易(international trade in service)、国际技术贸易(international technology trade)、国际借贷和投资(international borrowing and investment)、个人汇款(personal remittance)等。这些交易有的是建立在贸易基础上的,有的与贸易没有直接联系。通常把国际商品贸易的结算,简称为国际贸易结算(international settlement of trade)或有形贸易结算。

由于国际货物贸易引起的贷款跨境交易金额巨大,业务流程复杂,在国际收支中占有重要的地位,国际结算又经常被称为国际贸易结算。国际贸易以外的其他经济活动以及政治、文化等交流活动引起的外汇收付行为,例如服务供应、资金调拨和转移、国际借贷等,同样也属于国际结算,通常把货物贸易以外的政治经济活动所产生的结算业务称为国际非贸易结算(international non-trade settlement)或无形贸易结算。

二、国际结算的特征

与国内结算比较而言,国际结算的特点主要表现在以下几方面。

1. 国际结算可以使用多种货币

国际结算涉及国家间的政治、经济、文化、外交及军事等方面的交往或联系,必须采用收付双方都能接受的货币为结算货币,为了支付方便和安全,一般采用国际通行的结算货币,如美元、欧元、英镑等,特殊情况可采用双方商定使用的货币。同时,来源于不同国家的票据(汇票、本票、支票等)作为结算工具来完成结算过程。

2. 国际结算涉及多种外国货币以及国际惯例

国际经济交往涉及多国当事人,如何规范当事人的行为以及解决当事人双方之间的分歧与纠纷是必须研究的课题。当事人首先要受到各自国家主权的限制,遵守本国的法律法规,但由于债权债务双方处在不同的法律制度下,不能把任何一方的通行情况强加于对方,只能采用国际结算统一惯例为法律准则,协调双方之间的关系,并相互约束。例如:海洋运输方面的惯例有《海牙规则》《汉堡规则》;涉及支付方式的惯例有《跟单信用证统一惯例》(UCP600),《关于审核跟单信用证项下单据的国际标准银行实务》(ISBP),《跟单托收统一惯例》(URG522);价格术语有《国际贸易术语解释通则》(INTERCOM2010)等。

3. 国际结算需要多方当事人的密切合作

多数国际结算方式(信用证、银行保函、福费廷业务等),涉及进出口商、进出口双方的银行或者还有中间商,这需要进出口商各自履行义务,按合同办事,同时还需要双方银行大力协作,完成货款收付等事宜。同时,国际贸易还涉及运输与保险等,需要各方当事人密切合作,才能使一项经济交易顺利完成。

4. 国际结算风险更大

国际结算是跨国结算,收付双方处在不同的国度,一般采用不同于支付双方本国货币的货币作为结算货币。同时,国际银行业交往频繁,需要银行间进行账面划拨,从而引起银行业务的复杂性,因而,在结算过程中会有一定的汇兑风险、政治风险等,给经济交易主体和银行带来更大的风险。

三、国际结算业务的内容

国家间经济交易或活动,主要是国际贸易和国际非贸易业务;国际结算的内容也就主要是国家间经济活动的内容。

1. 国际贸易的货币支付

1) 有形贸易的货币支付

有形贸易(Visible Trade)是指商品贸易,由于商品贸易形成债权债务关系,这种债权债务关系的清算即有形贸易货币收付。由于钱货两清的交割方式已很少,甚至不可能,因此贸易结算一般多是卖方先付货,买方后付款。为了保证双方的利益,必须依靠银行提供的便利条件(信用保证和资金融通)及各种票据来完成,多为非现金结算方式。有形贸易是国际贸易的主要部分,也构成了结算的主要部分。

2) 无形贸易的货币收付

无形贸易(Invisible Trade)即以劳务为背景或仅仅是单方面的付出,涉及的范围比较广,主要是服务贸易、资金收益、政府间政治往来等,具体包括:①有关保险业、通信业、运输业、港口等方面的劳务输入、输出而引起的货币收付,如 CIF 在提供有形贸易的同时,也提供了劳务贸易(保险、运输)。②技术转让、科技产品进出口、广告费、培训费等带来的劳务收支而引起的货币收付。③国际工程承包等劳务输入、输出引起的货币收付。④国际旅游收支。⑤侨汇收入。⑥国际教育服务输入、输出引起的货币收付。⑦政府间、社团间的捐赠等。目前,世界范围内无形贸易的货币收付额有上升趋势,有时甚至超过有形贸易。

2. 国际金融交易的货币收付

国际金融交易(Financial Transaction)是纯粹的货币交易,主要包括外汇交易、对外投资和对外筹资等。

1) 投资和筹资的货币收付

国际投资分为直接投资和间接投资。直接投资又称实物投资,企业以现金、实物、无形资产等投入其他企业,形成生产经营活动能力并为从事某种生产经营活动创造必要条件。它具有与生产经营紧密联系、投资回收期较长、投资变现速度慢、流动性差等特点。实物投资包括联营投资、兼并投资等,主要企业形式有三资企业、合资企业、独资企业。间接投资是以购买有价证券(如股票、债券等)的方式对其他企业进行的投资。实现国际投资就需要有货币资金的划转,这就是国际投资的货币收付。

国际筹资是国际企业为实现其财务目标跨越国界在全球范围内筹措其生产经营所需资金的一项管理活动,可以通过发行国际债券、国际股票等方式筹集资金。国际筹资的资金划转主要是资金的流入。

2) 办理资本收益转移的货币收付

办理资本收益转移的货币收付主要包括:外商投资中产生的各种股息、利息、利润而引起的货币收付,由于资金借贷而引起的利息收付等。

3) 外汇交易中进行的货币收付

外汇交易是指一国货币与另一国货币进行交换,即同时买入一对货币组合中的一种货币而卖出另外一种货币,也就是一对货币组合的货币资金相互划转。20世纪80年代以后,金融交易额远远超过了商品贸易交易额。

3. 办理协定记账结算的货币收付

支付协定(Payment Agreement)也称清算协定(Clearing Agreement),是两国或多国政府之间签订的专门适用于贸易和其他方面债权、债务结算办法的书面协议。协定国之间进出口贸易及其他经济往来所发生的债权债务,通过在两国中央银行或其指定的银行开立的清算账户(Clearing Account)收付记账,不必逐笔支付外汇。

支付协定项下的债权债务,在两国政府之间先记账而不是逐笔结算,但两国的进出口商对每笔进出口货款的收付,仍应通过本国指定银行分别向本国的中央银行办理结算,最后在规定的时期,两国中央银行将两国的债权债务差额以现汇或货物来清偿。

总之,国际结算是实现国际收支的主要手段,狭义的国际结算内容可以看成是国际收支的内容;广义的国际结算内容不仅包括货币支付,还包括易货贸易、记账结算等内容。

四、国际结算业务的分类

国际结算业务按照使用工具、支付手段的不同,大体可以分为以下四类。

1. 现金/货币结算

货币结算是原始的结算,卖方一手交货,买方一手交钱,钱货两清,也称现金交货。现金或货币结算必须使用可自由兑换的货币(Freely Convertible Currency)。目前,我国可自由兑换的外币主要包括美元(United States Dollar,USD)、英镑(Great Britain Pound or Pound Sterling,GBP)、欧元(Euro Dollar,EUR)、日元(Japanese Yen,JPY)、加拿大元(Canada Dollar,CAD)、澳大利亚元(Australia Dollar,AUD)、港元(Hong Kong Dollar,HKD)、瑞士法郎(CH Franc,CHF)、新加坡元(Singapore Dollar,SGD)、卢布(Russian Ruble or Ruble,RUB)。

2. 票据结算

票据结算即支付票据化,是指受票人/制票人(Drawee/Maker)凭提示票据支付票款给收款人。早在15世纪的国际汇兑业务中就使用了汇票,汇票中的银行作为受票人的即期付款汇票便形成了支票,出票人和受票人结合成为一个制票人的承诺付款的票据就是本票。

国际结算中汇票使用广泛,本票使用较少。汇票是无条件的支付命令,多使用在信用证、光票托收、跟单托收、票汇汇款等许多方面。远期汇票经受票人承兑后可以贴现,发挥融资作用。本票是无条件的付款承诺,多使用在跟单托收中,凭买方开立远期本票而交单,也一样发挥融资作用。

3. 凭单结算

国际贸易订立销售合约后,卖方有交货义务,买方有付款义务。卖方履行交货义务时,必须把货物交给运输商承运至买方收货地,运输商将货物收据交给卖方,卖方转寄给买方,由买方凭之向运输商取货。

海上运输扩大后,国际贸易运输就以海运为主,简单的货物收据发展成为完善的海运提单。1924 年《海牙规则》(Hague Rules)的签订,使海运提单具有货物收据、运输合约和物权单据三种作用,由于提单带有物权单据的性质,使得货物单据化,交单等于交货,持单等于持有货物所有权。海运提单还是可以流通转让的单据,发货人可将它转让给银行持有,让银行凭此单据向买方索取货款,或者将其当作抵押品获得银行的资金融通。只有货物单据化才能使银行参与贸易结算,凭着卖方履行交货的单据向买方索取货款,买方付款获得单据,再凭单取得货物;银行将货款交给卖方,完成贸易结算。

4. 电讯结算

随着电讯技术的发展,其在国际结算中的应用越来越广。例如,在电汇汇款业务中,汇出行发出电讯汇款指示给汇入行,委托汇入行解付汇款给收款人;在纸制单据信用证业务的基础上用 SWIFT 开证即为电子化开证,还可以进一步电子交单,按照《跟单信用证电子交单统一惯例》(the Uniform Customs and Practice for Documentary Credits for Electronic Presentation,eUCP)附则办理电子记录的制作、传递、审核及结算;保理业务也采用电子数据交换(Electronic Data Interchange,EDI)传递发票、索款、偿付、结算。在电子化、网络化银行业务发展中,电讯结算将成为发展趋势。

五、国际结算方式的具体内容

1. 国际结算方式的内容

国际结算方式又称支付方式,在购销合同中叫作支付条件,通常是指全套单据与货款对流的形式。国际结算方式应包括以下几方面的内容。

(1) 按照买卖双方议定的具体的交单与付款方式办理单据和货款的对流。
(2) 结算过程中,银行充当中介人和保证人,正确结清买卖双方的债权和债务。
(3) 买卖双方可以向银行提出给予资金融通的申请。
(4) 结算方式必须定明具体类别、付款时间、使用货币、所需单据和凭证。

2. 国际结算方式的类别

国际结算方式的基本方式有汇款、托收、信用证三大类别,每一大类别还可再分为若干小的种类。衍生的综合型的结算方式有备用信用证、银行保函、福费廷、保付代理等。通常是结合交易情况、市场销售情况、双方资信情况,由买卖双方协商确定结算方式。

3. 国际结算方式的付款时间

国际结算方式的付款时间可分为:①预先付款(Payment in Advance)。②装运时付款(Payment at Time of Shipment)。③装运后付款(Payment after Shipment)。

银行依据的装运时间是以海运提单日期为准,所以银行的付款时间为:①交单前预付。②交单时付款,又称即期付款。③交单后付款,又称远期付款。

4. 国际结算方式的基本要素

在分析各种结算方式的时候,主要考虑以下几个基本要素。

(1) 支付方式。支付方式的确定是货物买卖合同的首要问题,不同的支付方式基本决定了买卖双方的风险、责任和资金融通的划分。

(2) 支付条件。支付条件是指各种支付方式的货币条件、时间条件和空间条件。货币条件是指选择什么样的计价和支付货币(汇率风险);时间条件是指收汇和付汇的时间(汇率风险、资金占用);空间条件是指收汇和付汇的地点(当事人的责任、义务及法律选择问题)。

(3) 支付程序。支付程序是指其业务程序,这涉及所使用的支付工具以及各当事人在支付中的权利和义务,严格按程序收付汇是使支付方式得以实现的基础。

(4) 有关当事人的权利和义务。选用不同的支付方式,各当事人的权利和义务不同,应明确各当事人在支付中的地位,严格履行其义务,利用自己的权利保护自己的利益。

(5) 各种支付方式的资金融通。资金融通对于买卖双方来说都是非常重要的,在不同的支付形式下,可以从对方获得资金融通,也可以从银行或金融公司及贴现公司获得资金融通。

综合国际结算概念、业务内容、结算方式、结算种类等的阐述,可以把国际结算的主要内容概括为如图1-1所示的结构图。

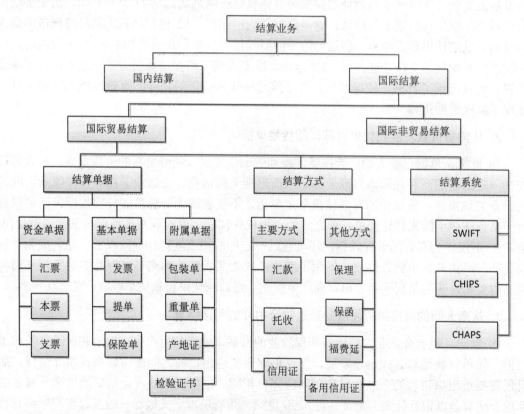

图1-1 国际结算的主要内容

第二节　国际结算的演变、发展及法律基础

一、国际结算的演变与发展

国际结算是在长期历史发展的过程中，随着世界经济、政治、法律的演进，特别是国际货币、银行信用、国际运输、国际保险和科学技术的发展而逐步形成和发展的，主要经历了现金结算、非现金结算和电子结算等发展过程，表现出从低级到高级、从简单到复杂、从直接到间接、从单一到多元，从传统到现代的特点，具体表现如下。

1. 从现金结算发展到非现金结算，即金钱单据化

现金结算在资本主义社会以前一直占主要地位，例如我国古代在对日本及南洋各国的海上贸易和通过丝绸之路同中亚和中东地区各国的陆上贸易中，除直接的易货交易外，都长期使用金银等贵金属进行交换和结算。但这种方式具有代价高、风险大、携带不便、积压资金、时间长等缺陷。

随着资本主义经济的发展、国际贸易的扩大，运送金银货币偿还债务已经不能满足贸易发展的需要，就出现了用商业票据来结算债权债务的形式。从 11 世纪开始，历史上就出现过以"字据"代替现金的做法，这是票据行为的雏形；12 世纪，意大利沿海城市的商人们开始大量地使用票据结算，但这一阶段的票据仅有收据和兑换的功能；13 世纪前后，到期的票据开始具备支付功能；16—17 世纪，欧洲大陆上票据结算的方式已基本取代了现金结算，并且出现了背书，使得票据具备了流通转让和融资的功能，有效地成为结算工具，实现了金钱单据化。

2. 从凭货付款发展到凭单付款，即货物单据化

18 世纪，单据已被人们广为接受并得到进一步发展，随着贸易的进步发展，商人可以委托一定的轮船商和保险商办理业务，从而出现了航运业、金融业、商业、保险业之间的明确分工与协作。航运业的发展使提单定型化，不仅表现为一般性的货物收据，还可以通过一系列法律手续来转让提单，使之成为"物权凭证"。保险业发展使保险条款定型化(保险单)，不仅作为双方的承保凭据，还可通过一定的法律手续转让保险权益，使之成为"物权凭证"，由此使单据在性质上发生了变化，成为买卖转让和充当抵押品的对象，从而使商品的买卖转变为单据买卖，出口商凭单取款，进口商凭单付款凭单取货。

3. 从商人间的直接结算发展到通过银行中介的间接结算

18 世纪，随着金融业、航运业和保险业的发展，银行信用产生，提单和保险单等相继问世，凭单付款结算方式迅速发展，但这仍然需要进出口商之间密切联系且相互信任，而且还需要进出口货物的金额和付款时间应完全相同，这仅仅是非现金结算的雏形，真正的非现金结算是以银行转账为特征。进入 20 世纪，随着资本主义银行业的兴起和国际银行代理关系的建立，国际结算从商人间的直接结算逐渐过渡到以银行为中介的间接结算。

通过银行的间接结算有许多好处：①使国际结算有银行信用作保障，在很大程度上克服了商业信用的局限。②最大限度地进行了国际非现金结算，加快债权债务清偿速度。

③使进出口双方不仅了结了债权债务，而且还可得到资金融通的便利。④可以向买卖双方提供各种便利服务，了解跨国间的贸易结算，了解贸易对象的资信。

4. 从简单贸易结算发展到与贸易条件相结合的复杂的结算

随着社会分工的发展，交易双方不需要见面，通过书信签订合同，达成交易，从而形成一定的贸易条件，确定了买卖双方的责任和权利，也确定了"卖方交单，买方付款"的单据交易原则，使得国际结算与贸易条件密切结合。

贸易条件(Terms of Trade)是用来衡量在一定时期内一个国家出口相对于进口的盈利能力和贸易利益的指标，反映该国的对外贸易状况。常用的贸易条件有三种不同的形式：价格贸易条件、收入贸易条件和要素贸易条件，其中价格贸易条件是根据现有数据进行计算，并最有现实意义。

5. 从传统的手工结算向利用互联网结算，即结算电子化

随着通信技术及计算机的应用发展，各种电子单据应运而生，同时，国际电讯划拨系统的开通与使用大大加快了单据传送与资金划转的速度，从而使国际结算利用电讯网络，向着更快捷、更安全、更高效的方向发展。

二、国际电讯划拨系统简介

随着电子通信技术发展及其在银行业的应用，银行间网络系统应运而生，大大提高了银行的工作效率。目前，许多银行业务通过银行间和银行与客户间的局域网络系统或在开放网络系统中进行，例如信用证申请、开立信用证、通知、寄单、索偿、结汇和资金调拨等。下面简单介绍三个目前使用最广的全球性电讯网络支付系统：SWIFT、CHIPS 和 CHAPS。

1. SWIFT

SWIFT(Society of Worldwide Inter-bank Financial Telecommunication，环球银行间金融电讯协会)，1973 年 5 月来自美国、加拿大和欧洲的 15 个国家的 239 家银行宣布正式成立 SWIFT，按比利时法律在布鲁塞尔注册设立，1977 年 5 月 3 日正式投入运行。SWIFT 是一个国际间非营利性国际合作组织，其总部设在比利时的首都布鲁塞尔，同时在荷兰阿姆斯特丹和美国纽约分别设立交换中心(Swifting Center)，为各会员国开设集线中心(National Concentration)，在各会员国设有地区处理站，为国际金融业务提供快捷、准确、优良的服务。

SWIFT 自投入运行以来，以其高效、可靠、低廉和完善的服务，在促进世界贸易的发展、加速全球范围内的货币流通和国际金融结算、促进国际金融业务的现代化和规范化方面发挥了积极的作用。SWIFT 系统传递和处理的国际银行电讯业务共有九类：①客户汇款(资金划汇)；②银行的资金划汇和头寸调拨；③外汇业务；④托收；⑤证券；⑥贵金属交易；⑦信用证和保函；⑧特种付款，如信用卡等；⑨账户收付的借贷证实及对账单。SWIFT 电文根据银行的实际业务运作分为十大类：①客户汇款与支票(Customer Payments & Checks)；②金融机构间头寸调拨(Financial Institution Transfers)；③资金市场交易(Treasury

Markets-FX)；④托收与光票(Collections & Cash Letters)；⑤证券(Securities Markets)；⑥贵金属(Treasury Market-Precious Metals)；⑦跟单信用证和保函(Documentary Credits and Guarantees)；⑧旅行支票(Traveler's Checks)；⑨现金管理与账务(Cash Management & Customer Status)；⑩SWIFT 系统电报。其中第一类格式代码为 MT1××，用于客户汇款与支票业务，如 MT199 通常用于电汇业务；第七类格式代码为 MT7××，用于跟单信用证及保函业务，如开立跟单信用证的格式代码为 MT700/ MT701。除上述报文外，SWIFT 电文还有一个特殊类，即第 N 类-公共报文组(Common Group Messages)。

中国是 SWIFT 会员国，中国银行于 1983 年加入 SWIFT，是 SWIFT 组织的第 1034 家成员行，并于 1985 年 5 月正式开通使用，成为我国与国际金融标准接轨的重要里程碑。中国工商银行、中国农业银行、中国建设银行、中国交通银行、中信实业银行、上海和深圳的证券交易所等，也先后加入 SWIFT 成为环球银行金融电讯协会的会员，并开通了 SWIFT 网络系统。目前我国商业银行办理国际结算及其他跨国银行业务大多通过 SWIFT 进行。

2. CHIPS

CHIPS(Clearing House Interbank Payment System)是"纽约清算所银行同业支付系统"的简称，是一个带有 EDI(电子数据交换)功能的实时的、大额电子支付系统。纽约清算所于 1966 年研究建立 CHIPS 系统，1970 年正式创立。CHIPS 由纽约清算所协会(NYCHA)经营，是全球最大的私营支付清算系统之一，主要进行跨国美元交易的清算，处理的美元交易额约占全球美元总交易额的 95%。

参加 CHIPS 的银行必须向纽约清算所申请，经批准后成为 CHIPS 会员银行，每个会员银行都有一个美国银行家协会(American Bankers Association，ABA)号码作为参加清算时的代号。CHIPS 成员有纽约清算所协会会员、纽约市商业银行、外国银行在纽约的分支机构等。会员银行最多时达到 142 家，其中 2/3 的银行是外国银行。CHIPS 的参加银行主要包括以下三类：①纽约交换所的会员银行；②纽约交换所非会员银行；③美国其他地区的银行及外国银行。在 CHIPS 清算体制下，非参加银行可由参加银行代理清算，参加银行又由会员银行代理清算，层层代理，构成了庞大复杂的国际清算网。中国银行于 1986 年成为我国首家加入 CHIPS 的国内银行。

3. CHAPS

CHAPS(Clearing House Automated Payment System，伦敦银行同业自动清算系统)，是伦敦清算所自动支付系统，是处理大额同日英镑转移的主要支付体系，属于批发行支付体系，一直是全球最大的全额实时结算体系之一，提供高效、可靠、无风险的支付服务。CHAPS 于 1984 年在伦敦建立，由 12 家清算银行组成，其他非清算银行进行英镑支付时需借助于清算银行。1996 年该系统实行同日内英镑支付。1999 年分成 CHAPS 欧元和 CHAPS 英镑，两个系统共享一个统一平台，CHAPS 欧元与欧洲的欧元清算系统(TARGET)联网，便利于英国国内与境外的欧元批发性支付。

CHAPS 拥有双重清算体制，即所有的商业银行都通过其往来的清算银行(也称结算银行)进行清算，称为初级清算；由国家银行(英格兰银行)和清算银行之间进行的集中清算，称为终级清算。所有的商业银行都必须在清算银行开立账户，在初级清算时轧算差额，再由各清算银行在英格兰银行开立账户，以此进行终级清算和轧算差额。CHAPS 系统通过直接与间接的方式几乎覆盖英国的所有银行，被称为其支付系统的中央清算所。

2017年4月29日，中国银行伦敦分行成功投资英镑清算CHAPS直参行项目，成为CHAPS的第25家直接清算会员，也是第一家参加CHAPS直接清算的亚洲银行。中国银行伦敦分行此前通过英国本地代理行以间接参加行身份参加CHAPS英镑清算。

【知识拓展2】关于国际结算网络支付系统(扫前言二维码)

三、国际结算的法律基础

1. 国际法规

国际结算涉及的国际法主要有以下几种。

(1)《联合国国际货物买卖合同公约》。该公约规范了国际货物贸易合同双方当事人的权利和义务，一般也适用于当事人在结算业务中的行为。

(2)《联合国国际汇票和国际本票公约草案》《联合国国际支票公约草案》。

(3)《日内瓦统一汇票、本票法公约》和《日内瓦统一支票法公约》。二者通称为《日内瓦统一票据法》，是1930年法国、瑞士、德国等大多数欧陆国家以及日本、巴西等共20余国参加的国际会议达成的公约。该公约主要依据大陆法系的机制来制定，英美等国不受此约束。

2. 国内法

国际结算涉及的国内法主要指各国的民法和商法，特别是票据法、银行法等单项法律法规，是调整国际结算当事人关系的主要依据。

我国有关国际结算的法律和法规有：①《中华人民共和国票据法》；②《中华人民共和国外汇管理条例》；③中国人民银行制定的《结汇、售汇及付汇管理规定》。

3. 国际惯例

目前国际上正在使用的国际结算的相关国际惯例主要有：①《跟单信用证统一惯例》(UCP600)；②《托收统一规则》(UCR522)；③《见索即付保函统一规则》(URDG458)；以上三个国际惯例均由国际商会制定，并得到世界各国和有关当事人的普通承认和采纳，成为国际结算方式相关的最重要的行为规范和法律基础；④《国际保付代理协议》(CIFC, 1994)由国际保理商联合会制定；⑤《海牙规则》(Hague Rules)；⑥《汉堡规则》(Uamburg Rules)；⑦《联合国国际贸易法委员会仲裁规则》(UNCITRAL Arbitration Rules)。

在国际贸易和结算领域，以UCP为核心，还有许多配套的规则。其中最主要的有以下两个。

1) eUCP

根据国际商会(ICC)国家委员会的建议，eUCP1.1版是专门对《UCP600》所做的升级版本，共有12个条款，仍作为《UCP600》的补充。需要注意的是，UCP很多条款并不对电子交单产生影响，所以要与eUCP一起使用。在以电子交单或电子和纸质单据混合的方式提交单据时，要同时使用eUCP和UCP两个规则。

2) 国际标准银行实务(International Standard Banking Practice, ISBP)及其修改

《ISBP》是一个供单据审核员在审核跟单信用证项下提交单据时使用的审查项目(细节)

清单标准,享有国际结算领域信用证审单的"圣经"之称。ISBP 于 2002 年首次通过,作为 UCP 的必不可少的补充,得到了社会各界的广泛接纳。ISBP 填补了概括性的 UCP 规则与信用证使用者日常操作之间的差距。2007 年 7 月 1 日通过了与 UCP 精神相一致的 ISBP,新的 ISBP 草案被称为《审核跟单信用证项下单据的国际标准银行实务》(ISBP for the Examination of Documents under Documentary Credits Subject to UCP600),全文共 185 条,内容非常全面。2013 年 4 月 17 日,国际商会银行委员会通过了新版的 ISBP745。

除了上述法律、法规和惯例的规定之外,还有在实践中形成的与国际结算有关的一般原则和行业的具体操作规范。

第三节 国际结算体系中的银行体系

当今的国际结算主要是通过银行为中介进行结算,以确保支付过程安全、快捷、准确、保险及便利。开展国际业务的银行不但要有众多的国内分支机构,更需要有相当多的境外往来银行,以便广泛联系客户,提供全面服务。

一、国际结算体系中银行的作用

1. 高效服务作用

①银行遍布全球的分支机构、代理行关系、账户行关系网络和安全快速的资金转移网络,使得国际结算不受时间和地点的限制,为世界各地的客户提供高效的服务;②银行集中了大量的债权债务关系,可以尽可能地进行抵消,缩短结算路径,节省结算时间和费用,使国际结算更加快捷、便利与经济;③银行信用优于商业信用,可以使国际结算更加安全可靠;④相关国际惯例及规则的颁布与实施,使银行办理国际结算有章可循,更加规范化与合理化,有助于提高结算效率与减少或避免贸易纠纷;⑤计算机及通信技术在银行业务中的运用,使国际结算电子化飞速发展,向着安全、经济、方便、快捷的方向前进。

2. 信用保障作用

银行信用加入国际结算使得国际商品买卖变为单据买卖,商人之间的直接结算变为银行间的转账结算。银行信用与商业信用相比具有以下的优点。

(1) 银行信用克服了商业信用的分散性与自发性。商业信用发生在企业之间,何时何地发生完全取决于商人之间的买卖交易以及支付方式的选择,是完全自发性的和分散的。

(2) 银行信用扩大了信用的范围与规模。①商业信用的规模受到信用企业的资金规模和能力的限制,商业信用也只能是企业向延期购买的客户或预先购买方式提供,信用期限受到限制;②银行信用聚集资金不仅是企业的暂时闲置资金,还可以是社会各方面的闲置资金,并且可以向不同行业、众多企业提供信用保障,与商品购买不发生直接关系。

(3) 银行信用缩短了商人之间的信用距离。在贸易双方互不了解的时候,卖方担心供货后收不到货款,买方担心付款后得不到货物,如果银行介入贸易结算,提供信用担保(例如信用证和银行保函),则有利于贸易的顺利进行。

3. 融资服务作用

国际贸易激烈竞争的大潮中，进出口企业为了获得充裕的运营资金，往往需要金融机构为其提供融资服务。银行信用助力国际结算业务的同时，银行雄厚的资金也在为国际贸易融资发挥巨大的作用，常用的贸易融资方式有出口押汇、票据贴现、抵押贷款等。随着国际贸易的发展，国际结算方式以及风险防范措施的新需求，新的国际结算方式创造出来，例如福费廷业务、保付代理业务。新型的国际结算方式不仅为贸易提供融资，还把企业从财务管理和坏账风险中解脱出来。银行也在提供贸易融资的过程中扩大创新了银行业务，提升了其在国际上的名誉与影响力，同时还收获了相应的费用与利息等收益。

二、国际结算体系中的往来银行

开展国际结算业务的银行必须有庞大的银行系统网络关系及账户关系，必须有海外分支机构和代理行的合作。根据与本行的账户及业务关系，国际结算体系中的往来银行一般分为两种：联行和代理行。

(一)联行

联行(Sister Bank)即银行在国内外设置的分支机构。一般来说，经营外汇和国际结算业务的商业银行都在海外设有分支机构。商业银行的海外分支机构一般有以下几种形式。

1. 代表处

代表处(Representative Office)是商业银行设立的非营业性机构。它不能经营真正的银行业务(一般的存贷业务)，其主要职能是探询新的业务前景，寻找新的盈利机会，开辟当地信息新来源，主要包括：①在东道国进行公关(政府、银行界、工商界)；②调查和分析东道国的政治、经济信息以及东道国的客户信用状况和环境；③参与策划国际性的合并和收购。

代表处是分支机构的最低级和最简单形式，通常是设立更高形式机构的一种过渡形式。

2. 代理处

代理处(Agency Office)(办事处、经理处)是商业银行设立的能够转移资金和发放贷款，但不能在东道国吸收当地存款的金融机构。代理处可以从事一系列非存款银行业务，如发放工商贷款、提供贸易融资、签发信用证、办理票据买卖和票据交换等业务。代理处由于不能吸引当地居民存款，所以其资金主要来源于总行和其他有关机构，或从东道国银行同业(Inter-bank)市场拆入。代理处是母行的一个组成部分，不具备法人资格，是介于代表处和分行之间的机构。

3. 分行

分行(Branch)也称海外分、支行(境外联行)(Overseas Sister Bank/Branch, Sub branch)，是商业银行设立的营业性机构，是母行的有机组成部分。分行不是独立的法律实体，也没有独立的法人地位，要同时受到总行所在国与东道国的法律及规章的制约；分行的业务范围及经营政策要与总行保持完全一致，并且分行的业务活动限制以总行的资本、资产及负债为基础来衡量；总行对分行的活动负有完全的责任。一般来说，分行可以经营完全的银行业务,但不能经营非银行业务。分行可以下设营业机构,即支行(Sub Branch),但支行的地位类似于分行,直接隶属分行管辖,规模比分行小,层次比分行低。

4. 子银行

子银行(Subsidiary Bank)(附属银行)是商业银行设立的间接营业机构,是在东道国登记注册而成立的公司性质的银行机构,在法律上是一个完全独立的经营实体,对自身的债务仅以其注册资本为限负有限责任。子银行往往是商业银行想在国外扩大业务网络,但又不能在某些国家直接设立分支机构,通过收购国外银行全部或大部分股份,设立的一种国外附属机构。子银行是隶属于总行的合法注册公司,其股权的全部或大部分为总行所控制。子银行的经营范围较广,通常它能从事东道国国内银行所能经营的全部银行业务活动,在某些情况下,还能经营东道国银行不能经营的某些银行业务。子银行除可经营银行业务外,还可经营非银行业务,如证券、投资、信托、保险业务等。

5. 联营银行

联营银行(Affiliate Bank)又称合资银行,通常是商业银行与东道国银行共同出资组建,或者由多个外国投资者参与组建,但外国投资者的投资都不能到达控股的程度(股权都在50%以下),而是由东道国银行控股。在法律地位、性质和经营特点上同子银行类似,其业务依照注册规定或由被参股银行的性质而定。联营银行的最大优势是可以集中两家或多家参股者的优势开展业务,同时东道国对联营银行的业务范围限制要比境外分行和子银行小。

6. 银团银行

银团银行(Consortium Bank) 通常是由两个以上不同国籍的跨国银行共同投资注册而组成的公司性质的合营银行,任何一个投资者所持有的股份都不超过 50%。作为一个法律实体,银团银行有自己的名称和特殊功能。它既接受母行委托的业务,也开展自己的活动。其业务范围一般包括:对超过母行能力或愿意发放的大额、长期贷款做出全球性辛迪加安排,承销公司证券,经营欧洲货币市场业务,安排国家间的企业合并和兼并,提供项目融资和公司财务咨询等。

联行的以上六种形式中,代表处、代理处和分行不是独立的法人,母行完全可以对其进行控制;子银行、联营银行、银团银行是独立的法人,母行只能根据控股的多少对其产生不同程度的影响。从业务范围来看,代表处、代理处的业务有限,银团银行一般不经营小额零售业务,只有分支行、子银行、联营银行的经营范围较广。

中国银行曾是我国的外汇专业银行,在海外联行的设立方面领先其他银行一步,中国银行先后在伦敦、纽约、巴黎、东京、开曼、卢森堡、法兰克福、新加坡、巴拿马、多伦多、大阪等地设立了分行和代表处。2016年年末,中国银行境内外机构共有11556家。其中,中国内地机构10978家,香港、澳门、台湾地区及其他国家机构578家。中国内地商业银行机构10651家,其中,一级分行、直属分行37家,二级分行326家,基层分支机构10287家。

(二)代理行

代理行(Correspondent Bank)是本国银行在开展国际业务的过程中主动寻找外国银行,并与之建立业务上彼此合作与支持的相互委托关系,即代理行关系的银行。一家或一国的银行不可能在所有发生债权债务关系的地区或国家都设立分支机构,与国外银行建立代理关系成为必然,以便国际业务的开展,弥补海外分、支行不足的缺陷。在海外建立代理行的优点是成本低,而业务开展比较广泛。

1. 代理行及代理关系的建立

代理关系是指两家不同国籍的银行通过相互委托办理业务而建立的往来关系。建立了代理关系的银行互为代理行。代理关系即代理行关系,一般由双方银行的总行直接建立,分、支行不能独立对外建立代理关系。

代理关系的建立一般要经过三个步骤。

第一步,考察了解对方银行的资信。代理行关系是建立在一定资信基础上的,因此,在建立代理关系前,应对对方银行的基本情况有所了解,以便决定是否同对方银行建立代理关系。一般而言,银行只同那些资信良好、经营作风正派的海外银行建立代理关系。

第二步,签订代理协议并互换控制文件。如果双方银行同意相互建立代理关系,则应签订代理协议。代理协议一般包括双方银行名称、地址、代理范围、协议生效日期、代理期限、适用分支行等。为使代理业务真实、准确、快捷、保密,代理行之间还要相互发送控制文件(Control Documents)。控制文件包括以下几方面的内容。

(1) 密押(Test Key)。密押是银行之间事先约定的,在发送电报时,由发电行在电文中加注密码。密押具有很强的机密性,使用一段时间后,应予以更换。

(2) 印鉴(Specimen Signatures)。印鉴是银行有权签字人的签字式样。银行之间的信函、凭证、票据等,经有权签字人签字后,寄至收件银行,由收件银行将签名与所留印鉴进行核对,如果相符,即可确认其真实性。代理行印鉴由总行互换,包括总行及所属建立了代理关系的分行的有权签字人的签字式样。

(3) 费率表(Terms and Conditions)。它是银行在办理代理业务时收费的依据。一般由总行制定并对外发布,各分支行据此执行。对方银行委托我方银行办理业务,按照我方银行费率表收取费用;我方银行委托国外银行办理业务,则按对方银行费率表收费。费率表应定得适当、合理,过高会削弱我方竞争力,过低则影响经济效益。

第三步,双方银行确认控制文件。收到对方银行发来的控制文件后,如无异议,即可确认,此后便照此执行。

2. 代理行的种类

根据双方银行是否建立账户关系,代理行可分为账户行和非账户行。

1) 账户行

账户行(Depository Bank)是指代理行之间单方或双方在对方银行开立了账户的银行。账户行是在建立代理行关系的基础上,为了解决双方在结算过程中的收付而建立的特殊关系。账户行间的支付,大都通过开立的账户进行结算。选择建立账户行,一般应是业务往来多、资金实力雄厚、支付能力强、经营作风好、信誉卓著、地理位置优越以及世界主要货币国家的银行。账户行一定是代理行,而代理行并不一定是账户行。

开立账户可以是单方开立账户和双方互开账户。单方开立账户是指一方银行在对方银行开立的对方国家货币或第三国货币账户,如中国银行在美国纽约的若干家银行(美国或外国)开设有美元现汇账户。双方互开账户是指代理行双方相互在对方国家开立对方国家的货币账户，如中国银行在美国纽约花旗银行开立美元账户，花旗银行在北京的中国银行开立人民币账户。

根据开立账户的性质不同，账户可为往户账、来户账和清算户账。

往户账(Nostro Account)又可称为我账(Our Account)，是指存放国外同业，即国内银行在国外同业开立的账户，所用货币可以是账户所在国货币，也可以是第三国货币。如我国在美元清算中心的美国纽约开立的美元账户。出口货款的收回采取请账户行贷记我账，进口货款的支付请账户行借记我账的方式。

来户账(Vostro Account)，又可称为你账(Your Account)，是指国外同业存款，即外国银行将账户开在我国国内，所用货币通常是本国货币，也可以是第三国货币。如其他国家银行在我国开立外汇人民币账户。虽然人民币目前尚不可自由兑换，但在经常项目下是可兑换的，人民币跨境贸易结算正以迅猛的速度发展，许多国际著名银行已开始在我国开立人民币的来户账。

清算户账(Clearing Account)是两国政府间为办理进出口贸易和其他经济往来所发生债权债务清算而开设的不必使用现汇的记账账户。

2) 非账户行

非账户行(Not-depository Correspondent)是指除账户行以外的其他代理银行，也可以说是没有建立账户行关系的代理行。非账户行之间的货币收付需要通过第三家银行办理。

三、国际结算中往来银行的选择

国际结算业务中往来银行的选择通常遵循以下几方面的原则。

1. 联行是最优选择

虽然联行与代理行、账户行与非账户行都可办理国际结算的有关业务，但它们对银行的影响是不同的。在办理结算和外汇业务时，联行是最优选择。因为本行与联行是一个不可分割的整体，同在一个总行的领导下，不仅相互之间非常熟悉和了解，而且从根本上说是利益共享、风险共担的。让海外联行开展有关业务，海外联行必然会尽最大努力圆满地完成所委托的业务，保证服务质量，减少风险，而且能将业务留在本行系统。

2. 账户行选择的优先地位仅次于联行

联行数量毕竟有限，在绝大多数没有联行的地区还得依靠代理行来办理。与建立联行关系相比，代理行关系的建立成本更低、更灵活、更普遍，在国际结算中具有相当重要的地位。在代理关系中，账户行的关系更密切、更方便。因此，账户行选择的优先地位仅次于联行。与账户行之间的业务委托也十分方便，只要通过账务往来即可完成委托。在同一城市或地区有多个账户行的情况下，要选择资信最佳的银行办理业务。

3. 非账户行的选择是无奈之举

在没有联行和账户行的少数地区，要开展业务只能委托非账户行的代理行。因为建立了代理关系的银行还是相互比较了解的，只不过资金的收付不太方便，需要通过其他银行办理，手续复杂些，所需时间也要相对延长。

第四节 国际结算课程的性质和内容

一、国际结算课程的性质

国际结算属于国际金融实务的一个分支,是银行的一项重要的中间业务,它所涉及的知识领域极为广泛。作为学科,国际结算是以金融、贸易为基础的多边交叉学科,着重研究国际债务的清偿形式和方法,以及有关信用、资金融通理论和方法。因此,国际结算是一门理论较深、实务性很强的学科,是从事银行国际业务,特别是涉外商务、贸易业务必须掌握的理论知识和实践技能。同时,国际结算也是一门微观经济学科、一门研究操作规则的科学,注重在理论原则指导下办理货币收付业务,侧重于具体业务程序的来龙去脉和基本操作实务。

本课程是金融学和国际经济与贸易等专业的核心主干课程,也是一门承前启后的课程。该课的先行课有《经济学》《国际金融》《金融学》《国际贸易理论》和《国际贸易实务》等,后续课有《报关实务》《国际商务函电》等。该课程实践性和操作性都很强,学好本课程不仅能确保后续课程的有效进行,而且还将为以后从事银行国际业务、国际贸易或其他经贸领域相关工作打下坚实的专业基础。

由于国际结算是在两个不同国家,通过银行之间互相委托办理外汇业务、结清债权债务关系,一切单据和凭证大都使用国际主流语言——英文,因而教材和教学中必须有大量的英文表述,这就要求学生在具备相应专业基础知识的同时,还要有一定的英语基础。通过对本课程的学习,学生要掌握国际结算的基本理论和基本业务知识,学会各种结算方式的基本操作程序。

二、国际结算课程的内容

作为一门课程,国际结算研究的内容主要包括以下几方面内容。

1. 国际结算工具

非现金结算需要一定的结算工具代替现金表明资金的转移关系,这个工具就是票据。票据在结算中起着流通手段和支付手段的作用,远期票据还有信用工具的作用。票据主要包括汇票、本票和支票,它们被称为国际结算的基石。票据的要式、行为、运动规律、法规及种类等是国际结算研究的第一个对象。

2. 国际结算方式

国际结算方式是指以一定的条件实现国际货币收付的方式,是国际结算的中心内容。国际结算方式主要包括汇款、托收、信用证、银行保函、备用信用证、保付代理、福费廷(包买票据)等类型。国际结算方式的产生、演变、应用、发展趋势以及创新也是国际结算的研究对象。

3. 国际结算单据

货物单据化和凭单付款是现代国际贸易结算的基本特征,货物单据化是银行介入国际贸易结算的前提。单据对于国际贸易债务的清偿具有至关重要的影响。单据是直接反映货物特征及说明交易情况的一系列证明文件或商业凭证,主要包括:第一类,基本单据,是国际贸易中必不可少的,出口商必须提供的单据,包括商业发票、运输单据、保险单据;第二类,附属单据,进口商根据进口国官方的规定或进口商了解货物状况的需要或其他需要而要求出口商提供的特别单据,包括领事发票、海关发票、产地证、检疫证、商品出口许可证、配额、装船证明等;第三类,其他的附属单据,如装箱单、重量单、验货报告、受益人声明等。

4. 国际结算融资

国际结算融资是指进出口商在进行国际贸易的过程中,利用票据或其他单据,结合具体的结算方式进行的特定的资金融通(或货物融通)活动,常用的方式有出口押汇、打包放款、信托收据、票据贴现、保付代理、福费廷、担保提货等。

三、本书的结构体系

为了体现国际结算基本概述、国际结算资金票据、国际结算方式的种类及业务运作、国际贸易结算项下融资、风险及国际结算使用的法律、法规、惯例、规定等知识体系,本书设计了科学合理的结构体系,如图1-2所示。

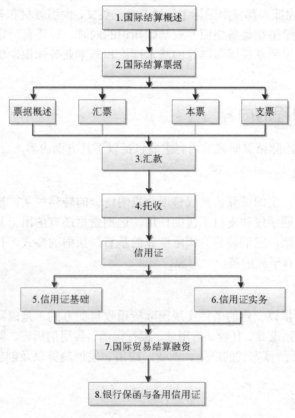

图1-2 本书的结构体系

第一章 国际结算概述

本 章 小 结

结算是指在商品交换、劳务供应、资金调拨以及资金借贷等方面发生的货币收付行为或债权债务的清偿行为。结算方式一般分为现金结算和非现金结算。非现金结算是指使用代替现金起流通作用和支付手段的信用工具来结算债权和债务。非现金结算快速、简便，节约现金和流通费，有利于加快资金的流通与周转。现代的国际结算主要表现为以票据为基础、以单据为条件、以银行为中枢，结算与融资相结合的非现金结算。

与国内结算比较，国际结算可以使用多种货币、涉及多个国家法律以及国际惯例、需要多方当事人的密切合作，并且有更大的风险。国际结算的发展主要经历了现金结算、非现金结算和电子结算等过程，表现为从低级到高级、从简单到复杂、从直接到间接、从单一到多元的、从传统到现代的特点。

现代国际结算离不开银行的参与，银行具有高效服务、信用担保和融资的作用。国际结算体系中的往来银行一般分为两种：联行和代理行。往来银行的选择首先是联行，其次是账户行，再次是非账户行。

国际结算是以金融、贸易为基础的多边交叉学科，着重研究国际债务的清偿形式和方法，以及有关信用、资金融通理论和方法。课程主要内容包括国际结算工具、国际结算方式、国际结算单据和国际结算融资。

复习思考题

一、将下列英文翻译成中文

1. International Settlement； 2. Cash Settlement； 3. Non-cash Settlement； 4 . Sister Bank； 5. Correspondent Banks； 6. Depository Bank； 7. SWIFT； 8. CHIPS； 9. CHAPS； 10. ISBP； 11. Test Key； 12. Specimen Signatures； 13. Nostro Account； 14. Vostro Account； 15. Clearing Account

二、简述题

1. 简述国际结算的概念、基本种类。
2. 简述国际结算的基本内容。
3. 简述国际结算涉及的主要法律和国际惯例。
4. 银行在国际结算中的作用是什么？它如何建立其海外网络？
5. 简述如何建立银行间的代理关系的主要步骤。
6. 简述目前国际网络结算系统的主要特点。
7. 简述国际结算课程的性质与学习特点。

chapter1 概述.pptx

第二章　国际结算的票据——资金单据

学习目标

通过学习本章，主要了解票据的基本概念、基本特点、基本种类及作用，理解并掌握汇票、本票和支票的具体内容、当事人及其权责、票据行为及其操作，比较分析汇票、本票和支票的差异，熟悉票据相关的法律与规定。

核心概念

票据(Instruments/Documents)　汇票(Bill of Exchange/Draft/ Bill)　本票(Promissory Note)　支票(Cheque/Check)　贴现(Discount)　出票(Draw/Issue)　背书(Endorsement)　承兑(Acceptance)　保证(Guarantee)　退票(Dishonor)　追索(Recourse)

案例导读

甲公司向乙公司购买一批价值50万元的办公家具，签发了一张面值为50万元、3个月到期、X银行为付款人的汇票交给乙公司。乙公司业务员张某携带汇票购买原材料，不慎将汇票丢失，乙公司将此事告诉甲公司，双方就签订了一份合约，合约规定已丢失的汇票失效，任何人不得凭此汇票要求甲公司付款。合约签订后，甲公司向乙公司付了50万元。后来丢失的汇票被乙公司找到了，并持此汇票购买了一辆小汽车，将汇票转让给了汽车销售公司。汇票到期，汽车销售公司持汇票要求X银行付款。甲公司得知此情况，立即要求X银行拒绝付款。

思考问题：(1) 这张汇票是否有效？
(2) X银行是否应该付款？

第一节　票据概述

一、票据的概念

票据是国际结算的基础载体，有广义和狭义之分。广义的票据是指商业上的权利凭证，泛指一切的有价证券和各种凭证，如股票、国库券、企业债券、发票、提单等。狭义的票据(Instruments/Documents)又称资金(金融)单据，仅指《票据法》上规定的票据，是以支付金钱为目的，可以转让流通的有价证券。本书所述的票据为狭义概念，是指出票人签名于票据上面，无条件约束自己或指定他人，以支付一定金额货币为目的的有价证券，主要有汇票、本票和支票。在我国，票据即汇票(银行汇票和商业汇票)、支票及本票(银行本票)的统称。票据是建立在信用基础上的书面支付凭证，它不是货币，但可以代替货币行使某些职能。现代结算中，票据代替货币的流通和结算功能，实现非现金结算。

【知识拓展 3】关于票据的起源与发展(扫前言二维码)

二、票据的基本性质

(1) 票据为设权证券，即票据的设权性。设权性是指票据权利因做成票据而创设，票据做成及经过交付，就创设了它的权利，付给一定金额的请求权。票据的持有人凭票据上记载的内容可以证明票据的权利，以取得金钱或财产，这种票据权利，随票据的设立而产生，随票据的转移而转让，离开了票据，就无法证明票据的权利。

票据权利的产生，必须做成票据；票据权利的转移，必须交付票据；票据权利的行使，必须提示票据。

(2) 票据为要式证券，即票据的要式性。要式性是说票据必须符合票据法规定的必要格式，其上记载的必要项目必须齐全。票据必须依照法定形式制作才能具有法律效力。各国票据法都对此做出了详细的规定，使票据文义简单明了，当事人的责权也因此确定无疑。同时，要式性也要求一切票据行为必须按票据法要求的程序和方式进行，例如，出票、背书、承兑、转让等票据行为的进行必须按照票据法规定的形式记载和标示，否则，票据行为就无效。

(3) 票据为文义证券，即票据的文义性。文义性指票据表明的权利、义务，是依据票据上所记载的文字含义而决定的，不能以文义以外的事项确定票据的权利和义务。在票据上签字盖章的人，要对票据的文义负责。

(4) 票据为无因证券，即票据的无因性。这里的"因"是指产生票据权利义务关系的原因，票据根据一定的信用行为而产生，它的设立是有原因的。但是，票据一旦产生，它的法律效力与产生的原因相互独立。无因性指的是当债权人持票行使票据上的权利时可以不受票据原因的影响。对受让人来说也无须证明取得票据的原因，只要票据的要式齐全就能取得票据文义所载明的权利。

票据的行为(如出票、转让)是有原因的，是以签名及交付而完成的。但票据设立生效后，就有了独立的权利和义务关系，与产生或转让票据的原因相分离。票据是否成立不受票据原因的影响，票据当事人的权利和义务也不受票据原因的影响。

实际应用中，对于票据的无因性有两种理解：一种理解认为只要票据行为已经具备法定要件，纵使票据行为有瑕疵，票据关系依然有效。此意见是从维护票据流通的安全性出发，来理解无因性。票据制度发达的国家常常采用此意见。另一种理解认为，票据关系只有在合法成立以后，才能与原因关系相分离，如果当事人是以欺诈、盗窃、胁迫手段取得票据的，不得享有票据权利。该理解是从票据活动的合法性理解无因性的。我国采用第二种理解。

(5) 票据为流通证券，即票据的流通性。流通性指票据上的权利可以经过背书转让流通，从一个人转移到另外一个人。一般契约下，如果要进行债权的转移，必须征得债务人的同意，而票据可以经过背书或仅凭交付而自由转让流通，这种转让无须通知债务人，债务人不能以未曾接到通知为由来拒绝承担义务。

(6) 票据为提示证券，即票据的提示性。提示性是指票据上的债权人请求债务人履行付款义务时，必须向债务人提示票据，才能请求付给。如果不提示票据，付款人就没有履行付款的义务，因此票据法规定了提示期限，超过期限，付款人责任即被解除。

(7) 票据为返还证券，即票据的返还性。返还性指票据的持票人领到票据的票款后，应将票据交还给付款人，付款人应要求持票人书写证明收讫字样的签名为证，收回票据，以防再度取款。因此，票据不能无限期地流通，付款后即结束其功能，即仅有货币的部分功能。

(8) 票据为资金证券，即票据的金钱性。金钱性是指票据是以金钱为付给标的物的证券，不能支付其他形式的物品或服务。

(9) 票据为债权证券，即票据的债权性。债权性票据是表示一定债权的有价证券，谁拥有了票据，谁就拥有了票据文义表明的权利。

(10) 票据为完全有价证券。完全有价证券是指证券权利的行使与证券密不可分。票据权利的创立必须做成票据，票据权利的转移必须交付票据，票据权利的行使必须提示票据，最终票据得到支付，票据返还给付款人，票据的使命才得以结束。所以票据是完全有价证券，票据行为是完全有价证券行为。

上述各种性质中，流通性最为重要，是根本特性；要式性、无因性为流通性做基本保障；其他的性质为流通性提供条件，强调保护债权人的权利，促进票据流通。

三、票据的功能

1. 支付功能

支付功能即债务抵消功能，是票据的基本功能。票据可以充当支付工具，代替现金进行支付。票据可以代替货币在不同的地方之间运送，方便异地之间的支付。如果异地之间使用货币，需要运送或携带，不仅费时费力，而且也不安全，大额货币的运送更是如此。如果只拿着一张票据到异地支付，相对而言既安全又方便。例如，纽约的进口商甲从伦敦的商人乙进口商品，价值10万美元，同时伦敦的商人丙从纽约商人丁进口商品，价值10万美元。乙开出一张命令甲付10万美元的汇票售给当地的丙，丙把汇票寄给丁，丁再在纽约把汇票提示给甲，请其付10万美元，这样两笔债务就结清了。

2. 流通功能

流通功能是指票据的转让无须通知其债务人，只要票据要式具备就可凭交付或背书转让票据权利。票据作为一种支付工具，经过背书可以转让给他人，再背书还可转让，可以连续地背书转让，这样的票据就在市场上广泛的流通，形成一种流通工具，节约了现金的使用，扩大了流通的手段。票据流通转让的次数越多，有更多的人在票据上签字，担保的人就越多，票据的可靠性就越强，票据的信用就越好。

3. 信用功能

信用功能是票据的核心功能。票据不是商品，不含社会劳动，无所谓价值，也不是硬币，它只是建立在信用基础上的书面支付凭证。出票人在票据上立下书面的支付信用保证。例：在某项商品交易中，甲从乙处购买货物，约定3个月后付款，甲向乙开立了一张3个

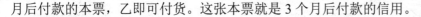

第二章 国际结算的票据——资金单据

月后付款的本票,乙即可付货。这张本票就是3个月后付款的信用。

4. 融资功能

融资功能即融通资金或调度资金的功能。票据的融资功能是通过票据的贴现、转贴现、再贴现和票据质押贷款来实现。例如:20××年2月,兴隆公司从日上钢铁公司购入一批价值1000万元的线材,然后将这批线材以1100万元的价格卖给爱家建筑公司。兴隆公司决定采用票据融资作为支付工具。兴隆公司首先将1000万元现金以3个月定期存于昌盛银行(兴隆公司的账户银行),存款利率为1.71%,并以此存单作为质押,开立100%保证金的银行承兑汇票,该银行承兑了该汇票。日上钢铁公司在收到该银行承兑汇票后,立即要求银行进行贴现收到出售线材的货款(贴现利息由兴隆公司承担,根据SHIBOR的3月期利率1.3%上浮10%,贴现利率为1.507%),这样兴隆公司就利用票据进行融资,支付了货款。

四、票据的法律体系

为了保证票据的正常使用和流通,保护票据当事人的合法权益,促进商品贸易的发展,各国纷纷制定票据法,使票据流通规则具有法律依据。票据的法律体系是指根据票据法的历史传统和特色,把具有相同或相通基本性特征的不同国家的票据立法,进行学理归类而形成的票据法体系。

世界法律体系大致可分为英美法系和大陆法系,世界票据法体系也可分为英美法系的票据法和大陆法系的票据法。英美法系国家的票据法是以英国《票据法》为蓝本的,大陆法系国家的票据法是以《日内瓦统一票据法公约》为依据的。前者是英国的国内法,后者则是一种国际公约。

1. 英美法系

英国于1882年颁布施行的《票据法》(Bills of Exchange Act),由习惯法、特别法以及许多判例而编成,该法共计97条。美国于1896年制定《统一流通票据法》(Uniform Negotiable Instruments Law)。1952年制定、1962年修订的《统一商法典》(Uniform Commercial Code)的第三章商业票据(Commercial Paper)中,对汇票、本票、支票和大额定期存单作了详细的规定。美国的票据法律是在英国《票据法》的基础上发展而成的。加拿大、印度、美国、英国属于英美法系的国家。

2. 大陆法系

奥地利、比利时、丹麦、芬兰、法国、德国、希腊、匈牙利、意大利、卢森堡、摩纳哥、荷兰、挪威、波兰、苏联、瑞典、瑞士、巴西、日本等30多个国家于1930年在日内瓦召开了国际票据法统一会议,签订了《日内瓦统一汇票、本票公约(Uniform Law for Bill of Exchange and Promissory Notes Signed at Geneva,1930-ULB)》,次年又签订了《日内瓦统一支票公约(Uniform Law for Cheque Signed at Geneva,1931)》,二者合称《日内瓦统一票据法》。

【知识拓展4】关于国际票据法系(扫前言二维码)

3. 中国票据法简介

《中华人民共和国票据法》由第八届全国人民代表大会常务委员会第十三次会议于 1995 年 5 月 10 日通过。自 1996 年 1 月 1 日起施行。该票据法从结构上来说属于大陆法体系，从实质内涵来看，参照了英美法系，特别是参照英国《票据法》的体裁而制定，同时也参考了国际汇票与国际本票公约以及国际支票公约草案。《中华人民共和国票据法》共 111 条，分总则、汇票、本票、支票、涉外票据的法律适用、法律责任，以及附则共七章。

2004 年 8 月 28 日，第十届全国人民代表大会常务委员会第十一次会议通过对《中华人民共和国票据法》的修订。现行的是《中华人民共和国票据法》2004 年修正版。

【知识拓展 5】关于《中华人民共和国票据法》(扫前言二维码)

五、票据记载相关事项

票据记载相关事项是票据要式的一项重要内容。票据记载事项一般分为绝对必要记载事项、相对必要记载事项和非法定记载事项等。

1. 绝对必要记载事项

绝对记载事项是指票据法明文规定必须记载的，如无记载，票据即为无效的事项，是各类票据共同必须绝对记载的内容，又称为票据的必要项目。绝对记载事项不得更改，更改的票据无效。票据的绝对记载事项主要包括以下几方面。

(1) 票据种类的记载，即汇票、本票、支票"字样"的记载。

(2) 票据金额的记载。票据金额以中文大写和阿拉伯数字同时记载，二者必须一致，二者不一致的，票据无效。

(3) 票据收款人的记载。收款人是票据到期收取票款的人，并且是票据的债权人，因此票据必须记载这一内容，否则票据即为无效。

(4) 日期的记载。这一般是指票据行为发生的日期的记载。这个日期是判定票据权利义务的发生、变更和终止的重要标准，因此，票据必须将此作为必须记载的事项，否则票据即为无效。

2. 相对必要记载事项

相对必要记载事项是指适用法律的有关规定，某些应该记载而未记载的事项。这些项目也十分重要，只是如果不记载也不能使汇票失效，如付款地、出票地、付款日期等。

3. 非法定记载事项

非法定记载事项是指票据法规定由当事人任意记载的事项，也称任意记载项目，如签发票据的原因或用途、根据需要记载的限制或免除责任的内容、该票据项下交易的合同号码等。这些项目一旦被接受，即产生约束力。

六、票据的当事人

票据当事人是指票据法律关系中享有票据权利、承担票据义务的当事人，也称票据法律关系主体。

1. 从票据法基本关系看，票据当事人可分为基本当事人和非基本当事人

票据上有三个基本当事人，包括出票人、付款人、收款人。基本当事人是在票据作成和交付时就已经存在的当事人，是构成票据法律关系的必要主体，这种主体不存在或者不完全，票据上的法律关系就不能成立，票据也就无效。

三个基本关系人，任何两个当事人可以是同一人。最常见的是本票。例如，客户签发支票向他的银行提取现金，PAY MYSELF；客户签发支票向他的银行偿还贷款，PAY YOURSELF。基本当事人中如有特殊身份或专业的人，特别是某当事人为银行或财政部门时，就使票据流通性起了质的变化。例如，银行即期汇票即支票；中央银行本票即纸币(原来是中央银行可兑现不记名的定额本票，后转变为由国家立法强制推行的、不兑现纸币，才成为现金)；财政部本票，财政部发行的一定时期后凭票付款的大额、定额、不记名本票，如国库券。

(1) 出票人(Drawer)：开立票据并交付给他人的人。其主要责任有：① 票据开立之后，出票人对收款人及正当持票人承担票据在提示时，付款人一定付款或承兑的保证责任。②如果票据遭到拒付，出票人被追索时，应该偿还票款的责任。即期付款票据或远期付款未承兑票据，出票人是主债务人。

(2) 付款人(Payer/Drawee)：也称受票人，是根据出票人的命令支付票款的人或票据开给的当事人。付款人对票据承担付款责任。但不是绝对责任，持票人不能强迫其付款。因为汇票的付款人有权防止他人无故向他乱发汇票，在未承兑时，付款人对汇票可不负责任。一经付款人承兑，则表示付款人承认了此项债务的有效性，变成了主债务人，承担到期付款的责任。

(3) 收款人(Payee)：又称受款人，收取票款的人，即可以获得票面金额的人，它是票据的主债权人。权利：有付款请求权，有权向付款人要求付款；有追索权，如遭到拒绝有权向出票人追索票款。收款人经背书成为背书人时，同样来承担付款人、承兑人和保证责任。如：持票人向其追索，应负责偿还票款，然后再向出票人追索补还。

非基本当事人(附属当事人)有背书人、承兑人、持票人、保证人等，他们是在票据做成并交付后，通过一定的票据行为加入票据关系而享有一定权利、义务的当事人。非基本当事人是否存在，取决于相应票据行为是否发生。非基本当事人主要有以下几种。

(1) 背书人(Endorser)：是以转移票据权利为目的，在票据背面签字交付给受让人的人。被背书人(Endorsee)可以在票据背面签字转移给他人，成为第二背书人，新的背书人成为第二被背书人，依次类推可连续背书转让。

(2) 承兑人(Acceptor)：同意支付票款并用文字记载于票据上的人。承兑人是主债务人。

(3) 保证人(Guarantor)：由非票据债务人对出票人、背书人、承兑人作保证行为的人。经保证后保证人负被保证人的同样责任。

(4) 持票人(Holder)：票据的占有人。持票人可能是收款人，也可能是最后被背书人或持票来人。其权利主要表现在：①在规定时间内向债务人提示要求承兑或付款；②如遭拒绝，对次债务人有追索权；③获得票款后应交票据给付款人。

并非所有的票据当事人一定同时出现在某一张票据上，除基本当事人外，非基本当事人是否存在，完全取决于相应票据行为是否发生。不同票据上可能出现的票据当事人也有所不同。

2. 从权利和地位上看，票据当事人可分为票据权利人(债权人)和票据义务人(债务人)

票据权利人是指持有票据，可依法向票据义务人主张票据权利即要求对方付款的人，又称持票人。票据的最初债权人是出票时的收款人。票据债务人是指因为做了某种票据行为而依法应当负责或履行票据义务，即按规定向权利人付款的人。票据债务人有主债务人(又称第一债务人)和从债务人(又称第二债务人)之分。主债务人是指发票时的债务人，如汇票的发票人(承兑后为承兑人)、本票和支票的发票人。从债务人是指非基本当事人中的债务人，如背书后的背书人等。主债务人和从债务人在履行票据义务(主要是向权利人付款)的次序是不同的。权利人首先应向主债务人请求付款，只有当主债务人拒绝承兑或付款时才向从债务人追索款项。

3. 从票据流通中的相应位置看，票据当事人又可以分为前手和后手

背书在前的为前手(Prior Endorser)，背书在后的为后手(Subsequent Endorser)。前手对受让人来说，所有背书人及原出票人都是他的前手。后手对转让人来说，所有受让人都是他的后手。比如，甲将汇票背书转让给乙，乙再将其转让给丙，那么就甲和乙来说，甲为前手，乙为后手；就乙和丙来说，乙为前手，丙为后手。票据所有当事人都处于债权债务关系中，所有前手都是后手的债务人，所有后手都是前手的债权人。后手可以向前手行使追索权，但前手不能向后手行使追索权。

七、票据的权利和义务

(一)票据权利

1. 票据权利的特点

票据权利是指票据持有人依据票据记载文义，以取得票据金额为目的，凭票据向票据当事人行使的权利。票据权利与票据义务是相对的，票据当事人完成了某个票据行为时拥有了某种权利，同时也发生了相对人的票据义务。票据权利是债权，但又不同于一般的债权，有以下特点。

(1) 单一性。票据权利不能共享，只能为一人拥有。在不同时期，票据可以有不同的持有者，但票据权利不可能同时有两个或两个以上的拥有者。

(2) 二次性。票据权利的债权可能有多个债务人，债权人可以行使两次请求权。票据债权人首先向主债务人行使请求权，如遭到拒绝，可以向次债务人行使追索权。

(3) 证券性。票据权利是债和证券的统一，通过票据所有权来实现票据的权利。拥有票据(证券)就拥有了权利，失去票据就失去了票据权利。

2. 票据权利的种类

票据权利指票据持票人向票据债务人请求支付票据金额的权利，包括付款请求权(第一请求权)和追索权(第二请求权)。第一请求权是票据的主权利，只有当第一请求权没有得到满足时才行使第二请求权。

(1) 付款请求权。付款请求权是《票据法》规定的持票人最基本的权利，主要是持票人向汇票的承兑人、本票的出票人、支票的付款人出示票据要求付款的权利，这是票据的第一次权利，又称主票据权利。行使付款请求权的持票人可以是票载收款人或最后的被背书人；担负付款请求权主要义务的是主债务人。持票人行使付款请求权必须持有处在有效期内的票据，其中汇票有效期自票据到期日起 2 年以内，见票即付的汇票和本票自出票日起 2 年以内，支票自出票日起 6 个月以内。

(2) 追索权。追索权指持票人行使付款请求权受到拒绝承兑或拒绝付款时，或者因其他法定事由请求付款未果时，向其前手请求支付票据金额及其他法定费用的权利，是票据权利的第二次行使，又称偿还请求权利。追索权的追索对象依据票据种类的不同，可以分别包括出票人、背书人、保证人和承兑人。行使追索权的当事人除票载收款人和最后被背书人外，还可能是代为清偿票据债务的保证人、背书人。

3. 票据权利的取得

票据权利取得有两种途径：原始取得和继承取得。

(1) 原始取得指持票人不经任何其他前手权利人而最初取得的权利，包括发行取得与善意取得。①发行取得：权利人依出票人的出票行为而取得票据，为主要的原始取得方式，亦是最基础的取得方式。②善意取得：是票据受让人依票据法规定的转让方式，善意地从无处分权人手中取得票据，从而享有票据权利。善意取得票据必须具备以下条件：必须依票据上的转让方法而取得，即以背书或直接交付而取得；取得票据是无恶意、无重大过失。③付对价。所谓"对价"，就票据而言，是指广义地接受任何"足以支持一项简单合约"之物(货物、劳务、货币等)，也就是说，足以构成一宗"买卖"或"交易"的对价，并承认先前的债务或负债为对价。

(2) 继承取得。受让人从有处置权的前手权利人处取得票据权利，通过背书转让、保证、付款等《票据法》规定的转让方式取得票据权利，为票据法上的继承取得；通过质押、贴现、继承、赠予、公司合并或分立、清算等方式取得票据权利，为非票据法上的继承取得，这种继承取得只能得到一般法律的保护，不能主张《票据法》上的抗辩切断和善意取得权利等。

票据权利取得的一般原则如下。

(1) 收款人是票据第一持票人，收款人享有出票人给予的票据权利，任何人不得对此提出异议。

(2) 凡是通过连续背书取得票据的，在票据上有签名的持票人就合法地取得票据权利。

(3) 凡是取得票据时是善意或无重大过失的，就合法地取得票据权利。但是，对以欺诈、偷盗或者胁迫等手段出于恶意取得票据的，不得享有票据权利。持票人因重大过失取得不符合《票据法》规定的票据的，也不享有票据权利。

(4) 凡是无对价或不是以相当对价取得的票据，不得享有优于前手的权利。因税收、继承、赠予可以依法无偿取得票据的，所享有的票据权利不得优于其前手。

各国票据制度均对票据权利的取得做了一定的规定。英国和美国票据制度认为，只有"正当持票人"才享有票据权利，否则纵然其手持票据也不享有票据权利。大陆法系国家票据制度认为，因恶意或重大过失取得票据的，不享有票据权利。

4. 票据权利行使

票据权利行使是指持票人请求票据的付款人支付票据金额的行为，依据不同的票据种类，其权利的行使有不同的程序，可包括票据的提示承兑、提示付款、行使追索权等程序。

(1) 提示承兑，是指持票人向付款人出示汇票，并要求付款人承诺付款的行为。固定日付款或出票后定期付款的汇票，持票人要行使票据权利时，首先要在汇票到期日前向付款人提示承兑；见票后定期付款的汇票，持票人应当自出票日起一个月内向付款人提示承兑。提示承兑是远期汇票持票人行使票据权利的一个必经程序，省略此程序就不能请求付款。

(2) 提示付款，是指持票人在法定期限内向付款人请求付款的行为。其中支票自出票日起10日内向付款人提示付款；本票自出票日起两个月内向付款人提示付款；银行汇票自出票日起一个月内向付款人提示付款；固定日付款、出票后定期付款或者见票后定期付款的商业汇票自到期日起10天内向承兑人提示付款。

(3) 行使追索权，票据到期被拒绝付款的，持票人可以对背书人、出票人以及票据的其他债务人行使追索权；在票据到期日前，如有①汇票被拒绝承兑或被拒绝付款的；②承兑人或者付款人死亡、逃匿的；③承兑人或者付款人被依法宣告破产或因违法被责令终止业务活动的，持票人也可以行使追索权。

(4) 票据权利行使的时间和地点。由于票据具有流通性，法律对票据责任的兑现场所和时间有所规定，以便持票人行使票据权利。票据权利的行使场所一般是银行营业点，其时间就是银行营业的时间，即票据时效的最后期限是以银行的营业结束时间为限，而不能以当日的24点为限。

【知识拓展6】关于票据权利移转和保全、票据权利消失(扫前言二维码)

(二)票据责任

1. 票据责任的特点

票据责任是指票据债务人依照票据记载文义，向持票人支付票据金额的责任，是基于债务人特定的票据行为(如出票、背书、承兑等)而应承担的义务，与票据权利相对存在。票据责任不同于一般的金钱债务，有以下特点。

(1) 单向性。票据债务人支付票据金额的责任是无条件地向持票人支付一定金钱，对票据权利人没有任何主张。

(2) 连带性。票据权利人通常只有一人，而票据债务人可能有多个。凡在票据上进行必要的事项记载并签名的人都是票据债务人(如出票人、背书人、承兑人、保证人等)。票据债务人对票据债务负有连带责任，如果某一个债务人无力支付或不支付，其他债务人有代其偿还的责任。

(3) 双重性。票据责任具有支付金钱和保证担保的双重责任。票据债务人首先要向票据债权人保证票据的真实、有效，然后是付款人履行付款责任，如果付款人不付款，票据债务人还负有清偿责任。

2. 票据责任的种类

票据责任主要包括保证责任、付款责任和偿还责任。承担票据责任，一般必须符合以下条件：①票据有效；②票据债务人在票据上有签章；③票据债务的履行不存在法定抗辩事由。票据债务人承担的票据责任一般有以下几种情况。

(1) 票据债务人在完成票据行为传递票据时要保证票据的真实、有效，还要保证票据能够得到兑付。

(2) 汇票承兑人因承兑而应承担付款责任。

(3) 本票出票人因出票而承担自己付款的责任。

(4) 支票付款人在与出票人有资金关系时承担付款责任。

(5) 汇票、本票、支票的背书人，汇票、支票的出票人、保证人，在票据未获承兑或未获付款时承担付款清偿的责任。

八、票据行为

票据行为是以负担票据上的债务为目的所做的必要形式的法律行为。票据行为主要有出票、背书、承兑、参加承兑和保证等。票据行为的必要条件是行为人的签名(签名目的在于确定行为责任人的责任以及辨认行为的真伪)。票据行为分为：基本票据行为和附属票据行为。基本票据行为也称主票据行为，即出票；附属票据行为，也称从属票据行为，主要有背书、承兑、参加承兑、保证等。关于票据行为，在后边的第二～四节中结合具体票据详细说明。

票据行为无效指的是票据行为本身因不符合《票据法》规定的要件而不产生票据效力。具体来说，票据行为无效可能是出票、背书、承兑、保证等行为中的单个或数个行为无效。根据票据行为独立性原理，某一票据行为无效并不影响其他票据行为的效力。出票是基本票据行为，如果出票形式有欠缺，票据就无效，其他票据行为也就无从谈起。除出票行为外，其他票据行为无效，不会影响整个票据的效力。

票据行为无效的原因主要有：①被保证的票据债务一开始就不存在；②被保证的票据债务，因其所赖以发生的票据行为在形式上不完备；③票据保证行为本身在形式上不完备。

第二节 汇　　票

一、汇票的定义

汇票(Bill of Exchange；Draft；Bill，简称 B/E)，Draft 银行业内常用，Bill/ Exchange 商业界常用。1882 年英国《票据法》(Bills of Exchange Act)第三条对汇票的定义为：

A bill of exchange is an unconditional order in writing, addressed by one person (the drawer) to another (the drawee, who when he signs becomes the Acceptor) signed by the person giving it, requiring the person(the drawee)to whom it is addressed to pay on demand or at a fixed or determinable future time a sum certain in money to or to the order of a specified person, or to bearer (the payee).

我国《票据法》第十九条对汇票的定义是："汇票是出票人签发的，委托付款人在见票时，或者在指定日期无条件支付确定的金额给收款人或者持票人的票据。"

结合英国《票据法》的汇票定义、我国《票据法》的汇票定义以及实际使用中的专业人士的经验,本书对汇票的定义表述为:汇票是一个人向另一个人签发的,要求即期、定期或在可以确定的将来时间,对某人或其指定人或持票来人支付一定金额的无条件书面支付命令。附样2-1是一张汇票的样式。

附样2-1 汇票样式

```
BILL OF EXCHANGE
No. S0001270                                  Dated 2017-08-31
Exchange for   JPY    4950000
         At   5 days after         Sight of this   FIRST   of Exchange
(Second of exchange being unpaid)
Pay to the Order of AIGE IMPORT & EXPORT COMPANY
the sum of JPY FOUR MILLION NINE HUNDRED FIFTY THOUSAND ONLY
Drawn under L/C No.                           Dated
Issued by RIQING EXPORT AND IMPORT COMPANY
                                              艾格进出口贸易公司
To RIQING EXPORT AND IMPORT COMPANY           AIGE IMPORT & EXPORT COMPANY
   P.O.BOX 1589, NAGOYA, JAPAN
                                              AIGE IMPORT &  AIGE ZHANG
                                                  (Authorized Signature)
```

二、汇票记载项目

汇票是要式证券,必须具备法定的形式要件和项目,各国票据法对此要求并不完全一致,汇票的内容和格式,没有统一的规定,更没有什么固定的格式,但是世界各种汇票式样大同小异。我们结合附样2-2的标准汇票形式来讲解汇票的记载项目内容。

(一)绝对必要记载项目

附样2-2 标准汇票实例

Bill of Exchange(1)

Exchange for(1) £6856.00 (7)   Hong Kong, 25th July, 20××(5)

At…90 days after…sight of this first of Exchange (6)

(second of the same tenor and date unpaid) pay to the order of (2)

              Standard Chartered Bank (Hong Kong) (8)

POUNDS STERLING SIX THOUSAND EIGHT HUNDERD AND FIFTY SIX ONLY(8)

  (10)Drawn under Standard Chartered Bank Ltd., London Letter of Credit NO.4/4108 date 12th July 20×× against shipment of Grey Shirting from Hang Kong to Liverpool per s.s Golden Star

    To: Standard Chartered Bank Ltd., (3)

                                For Hong Kong Textiles Manufacturing

Basinghall Avenue 1,London   Company Hong Kong(4)

                                            Signed (4)

第二章　国际结算的票据——资金单据

1. "汇票"字样

汇票(Bill of Exchange)上注明"汇票"，作用是区别于其他支付工具，如本票、支票。一般在汇票的正文开头和标题位置。英国《票据法》无此要求，但实际中一般写明"汇票"字样，日内瓦《票据法》及我国《票据法》要求必须写明"汇票"字样，日本对此要求更严，要求正文和标题位置都要写有"汇票"字样。实务中，空白的汇票上一般都已印制好了。

例如：　　　　　　　　　　　　　　Bill of Exchange

Exchange for US$10000

2. 无条件支付命令

汇票上必须有文字表明是无条件支付命令(an unconditional order)。无条件支付命令出现在汇票的正文，有两层含义：一是指汇票是支付命令，不是请求，汇票上不能出现请求的词语，但不排斥礼貌的用语；二是指汇票的支付不受到限制，不能附带任何条件，不能把某事件的发生或某种情况的出现作为付款的先决条件。无条件支付命令必须用英文的祈使句来表示。例如：

Pay to XYZ Co. or order the sum of one thousand US dollars.

"支付给 XYZ 公司或其指定人 1000 美元"，属于正常汇票命令。

Pay to Smith the sum of ten thousand US dollars only.

"仅付给史密斯 10000 美元"，属于正常汇票命令。

如果支付语句中使用请求语气、虚拟语气和附加条件的文句，就不是无条件支付命令，是无效条款，汇票就无效。以下支付命令就是无效的。

Would you please pay to …

I should be pleased if you would pay to me.

Pay to Jack £800 out of the proceeds of selling my house.

On arrival of or after receipt of all documents pay to …

如果汇票上注明出票条款、付对价文句、偿付方式等条款不作为有条件论处，仍视为无条件支付命令。例如：

(1) 出票条款(drawn clause)，说明汇票开立原因与理由的内容。例如：

Drawn under ABC Bank，L/C NO.1162/02 date ××.

"凭 ABC 银行某日期开立的第 1162/02 号信用证开立(此汇票)。"

(2) 付对价文句。付对价指凡能构成契约行为、付出相等价值者，例如付出货币、商品、服务交易等。付对价文句是表明付出对价的文句，例如：

for value received(对价已付)，指汇票的开出方式是有对价的。

For value received against shipment of 100 bales of Cotton.

"基于出运 100 包棉花开出此汇票。"

(3) 偿付方式，是指支付命令连接着付款人可以借记某种账户的表述。例如：

Pay Robert Brown the Sum of £10，and debit our account with you.

"付罗伯特·布郎 10 英镑同时借记我方账户。"

Pay to ABC Bank or order the sum of ten thousand US dollars and debit same to applicant's account with you.

支付给 ABC 银行或其指定人 10000 美元,并将此金额借记申请人在你行开设的账户。

另外,无条件书面支付命令的书面(in writing)是相对于口头而言的,包括印刷的,钢笔和圆珠笔书写的,不能是口头的。有的票据法不禁止汇票用铅笔书写但也不提倡,实际中不建议使用,以免涂改。对票据的大小尺寸票据法没有具体的规定,但实务中都要求以合适的尺寸和不易涂改的方式制作汇票。

3. 付款人姓名或商号及地址(the drawee name)

付款人姓名、地址一般在汇票左下角位置,是"to"或"To"之后的姓名和地址。

汇票上付款人姓名、地址必须书写清楚,以便持票人向他提示、要求承兑和付款。特别是当付款人是银行,它在某一城市有两家以上的分支机构时,要写明城市名,还要写明街道及门牌号码,以减少提示汇票的麻烦。

国际贸易信用证业务中,汇票付款人是按信用证"draw on ××""draft on ××"或"drawee"确定。例如"available by beneficiary's draft(s) on applicant"条款表明,以开证申请人为付款人;又如"available by draft(s) drawn on us"条款表明,以开证行为付款人;再如"drawn on yourselves/you"条款表明以通知行为付款人。信用证未明确付款人名称者,应以开证行为付款人。非信用证方式,付款人则为进口商。

英国《票据法》(A bill drawn on A and B is permissible),允许汇票上付款人是两人或多人,但多人之间的关系必须是并列的(A bill drawn on A or B is not permissible),但不能有所侧重、有选择,任何一人都必须对全部债务负责,否则不予接受。

例如,付款人为"A and B",可以接受;付款人为"A or B","First A than B",则不接受,因为这样付款人是不确定的。

如果汇票上付款人就是出票人本人或者付款人是虚构的,是没有支付能力的人,持票人有权决定把它作为本票或汇票处理。实际中俗称的"已付汇票",是指出票人自己作为付款人,如一家银行分行作为出票人,总行为付款人。

4. 出票人签字(drawer signature)

汇票必须由出票人亲笔签名和盖章才能生效。由发出命令者签署,可以是出票人本人签字,也可以是出票人代理或授权签名,汇票无签名或伪造签名或签名未得到出票人授权擅自签名的,都是无效的。出票人签字的地方一般在汇票的右下角。

出票人在汇票上签字就等于承认了自己的债务。英国《票据法》中不完整汇票的规定说明,只要交付了一张签过字的白纸就算确定了债务,其他的项目持票人可根据授权来填写。

如果出票人本人付款就由本人直接签字。如果代表公司、商号签字,即便是总经理签字也是代签,因为钱是公司的,这时应在签字前面注明,并在个人签名后面写上职务名称。出票人签字的具体做法一般有以下几种。

(1)　For ABC Co. Ltd., London
　　　　John Smith Manager

(2) On Behalf of ABC Co. Ltd., London
　　　　George Mallory Director
(3) For and on behalf of ABC Co. Ltd., London
　　　　Shirley Brown Secretory
(4) Per Pro ABC Co. Ltd., London
　　　　Tracy Jones Accountant

Per Procurationern 是拉丁语，有经……，由……所代表，代理委托书的含义，航海及海运专业术语。

5. 出票日期和地点(date and place)

出票日期和地点应写在汇票右上方，如果此处没有标明出票地点，则出票人名字旁边的地点为出票人的地址，就是出票地点。

(1) 汇票上必须列明出票日期。其有以下作用。

① 确定出票人在签发汇票时有无行为能力，出票的公司是否成立。如果出票人在出票时已宣布破产或清算，丧失了行为能力，则汇票不能成立。

② 确定某些汇票的付款到期日。出票后若干天付款的汇票，其到期日就从出票日算起。

③ 确定提示期限、承兑期限、利息起算日等。《日内瓦统一汇票、本票公约》第二十三、三十四条分别规定见票后固定日期或见票即付汇票，必须在出票日以后一年内提示要求承兑或付款。

(2) 汇票上必须列明出票人地点。其作用有以下两点。

① 确定以哪个国家的法律为依据来判断汇票所具备的必要项目是否齐全、汇票是否有效。如果汇票在一个国家出票，在另一个国家付款时，因各国的票据法有关规则不完全一样，一般情况下以出票地所在国家的法律为依据，采用出票地行为法律的原则。

② 确定以哪个国家的法律为依据，以备以后作为仲裁汇票案件的依据。汇票当事人之间难免会出现一些纠纷，这时诉讼法律仲裁案件要有依据。通常会以出票地所在国家的法律为依据。

6. 付款期限(tenor)

付款期限又称付款到期日(maturity)、付款时间(time of payment)。付款期限是付款人履行付款义务的到期日，必须在汇票上反映出来，一般有下列四种方式。

1) 即期付款(payable at sight /on demand/on presentation)

即期付款指汇票持票人向付款人提示汇票的当天即为到期日，付款人应立即付款。这种汇票称为即期汇票(Sight/Demand bill)，即期汇票无须承兑。即期汇票上一般标有"即期"(at sight/on demand/on presentation)的字样。

例如：On demand (duplicate unpaid) pay to the order of ABC company …

如果汇票上没有明确表示付款时间，也没注明到期日，即视为见票即付的即期汇票。见票即付汇票提示付款的期限，《日内瓦统一汇票、本票公约》规定为出票日后一年内，但出票人可在汇票上缩短或延长此期限，背书人亦可缩短此期限，但不能延长。英、美票据法无一定期限的规定，仅规定应在出票日后合理时间内提示付款。所谓合理时间，应取决于汇票的性质、同类汇票的行业习惯以及具体事实。有的国家和地区(如中国台湾)，对即期汇票的提示付款规定以 6 个月为法定期限,如当事人之间有特殊约定时,可再延长,但最多延长 6 个月,逾此期限,即失去提示效力,背书人或出票人可不再对汇票负责清偿。

2) 在可以确定的将来时间付款(Payable at a determinable future time)

可以确定的将来时间指通过简单的计算可以确定的时间,此种付款期限分以下三种情况。

(1) 见票后若干天或月付款(Payable at ×× days / × months after sight),即付款人见票后一定时间进行付款。

例如:At ninety days after sight pay to Smith 100 dollar.

At one month after sight pay to Smith 1000 dollar.

这种汇票须由持票人向付款人提示,要求承兑,以便以承兑时作为见票日,从此算起,确定付款到期日。

(2) 出票后若干天/月付款(Payable at ×× days / × months after date),即从出票人出票时开始算起一定时间之后付款。

例如:At 60 days after date of this first of exchange pay to …

At 3 months after date of this first of exchange pay to …

这种汇票的付款日期是从出票日计起,而不是从付款人看见汇票的日子开始算,但这种汇票也必须提示要求承兑,以明确承兑人的付款责任,以做好付款准备。

(3) 注明日期后若干天/月付款(Payable at ×× days / × months after stated date),即在标明的某个时间之后一段时间付款。

例如:At 60 days after 1st May 20×× of this first of exchange pay to …

At 1 month after 7st July 20×× of this first of exchange pay to …

这种汇票的付款日期从标注的日期开始算,这种汇票也必须提示要求承兑,以明确承兑人的付款责任。

小常识:关于汇票到期日的计算。

① 计算到期日的原则,即算尾不算头,不包括见票日和出票日,须包括付款日。

② 如果汇票到期日为非营业日,则顺延到下一营业日。

③ 如果汇票是出票或见票后一个月或数月后付款时,到期日应该在付款所在月的月内对应日子,如果没有对应日子,则该月最后一天即为到期日。

例如:出票一月后付款的汇票,出票日期是 20××年 1 月 31 日,按推理到期日为 2 月 31 日,众所周知,2 月份没有 31 日,那么 2 月 28 或 29 日即为汇票到期日。

④ 如果汇票是出票或见票后若干天后付款时,从出票日或见票日的次日开始数若干天,即为到期日。

例如:见票后 90 天付款(At 90 days after sight pay to …),见票日即为承兑日,假定为 4 月 15 日,4 月 15 日这一天不算,4 月 16 日作为起算日。

4 月 16 日至 4 月 30 日,有 15 天(见票日次日为起算日)。

5 月 1 日至 5 月 31 日,有 31 天。

6 月 1 日至 6 月 30 日,有 30 天。

7 月 1 日至 7 月 14 日,有 14 天(最后一天为到期日)。

合计 90 天，90 天的最后一天为到期日。

⑤ 实际中如果有"从说明日起若干天后付款"，"从(from)"的含义包括所述日。如："从 4 月 15 日起 90 天付款"(At 90 days from 15th April pay to ....)，4 月 15 日即为起算日，到期日为 7 月 13 日。由于此种表示容易引起误会，票据制作时最好少用或不用"from"。

3) 确定将来日期付款(Payable on a fixed future days)

这种汇票称为板期付款汇票，即付款日期一看便知，是一个确定的将来日期，无须计算。这种汇票也必须提示承兑，以明确承兑人的责任。

例如：On 28th Nov.20×× pay to ABC company one thousand US dollar.

4) 延期付款(Deferred Payment)

这种汇票称为延期付款汇票(Deferred Payment Bill)，延期付款指说明日期或其他特定日期以后若干天或月付款，一般指装运日或交单日或其他特定日(国际贸易实践中有特殊意义的事件日期)以后若干时间付款。

例如：At 60 days after date of Bill of Lading pay to …

At 30 days after date of presentation of documents pay to …

"提单日后 60 天付款"，那么汇票上就须注明提单签发日期或交单日期，这对出口商来说是不合理的，有的进口商就会以此为借口称票证材料不符合而不付款，实际应用中视情况而定，如果汇票上注明了具体的提单签发日期或交单日期，那么就变成了注明日期后若干天付款。

以上第 2)、3)、4)种付款期限的汇票都称为远期汇票(Time/Usance/Term Bill)，远期付款期限一般是 30 天、60 天、90 天。如果付款期限不能确定或无法确定的，例如汇票注明在一个不肯定日期，或在一个不肯定日期以前或报关以后付款，此汇票无效。

7. 确定的汇票金额(a sum certain in money)

汇票上须注明是一定金额的货币，其包括两层含义：其一，汇票必须以货币方式，不是货物形式表现出来的，必须有确定的货币种类，因为汇票是资金单据而不是货物凭证；其二，汇票金额必须是肯定的，不能含糊，不能是模棱两可的数目，应是可以计算出来或可以确定的金额。英文中表示不能使用如 about/or/approximately 等词汇，即在货币金额前后不能写类似"大约""近似""或者"等字样。

汇票金额须用文字大写(amount in words)和数字小写(amount in figures)分别写明。文字大写相当于中文的汉字大写，要有英文单词分别写明货币名称、数字等。先写货币全称，再填写金额的数目文字，句尾加"only"相当于中文的"整"字。例如，UNITED STATES DOLLARS ONE THOUSAND TWO HUNDRED AND THIRTY FOUR ONLY。数字小写即为阿拉伯数字。在汇票上"Exchange for"后填写小写金额数字，在"the sum of"后写大写金额数字。国际业务中，如果汇票金额数字大写与小写不一致，汇票有效，但付款金额以大写金额数字为准(也有以金额最小的为准)。我国的《票据法》第八条规定，票据金额以中文大写和数字同时记载，二者必须一致，如果二者不一致，票据无效。实际中，如果汇票金额大写与小写不一致，是要退票的，要求出票人重新出票(不能在原来汇票上更改)，再提示要求付款。我国《票据法》第九条规定，票据金额、时间及收款人名称不得更改，更改的票据无效。

案例 2-1

A 银行通过 B 银行开出不可撤销信用证，受益人交单后，B 银行用快递将单据寄给 A 银行，A 银行审核单据后，发现汇票存在不符点，汇票小写金额数字为"HKD950000.00"，大写金额数字为"HONG KONG DOLLARS NINE HUNDRED AND FIVE THOUSAND ONLY"，大小写金额不一致，于是拒绝偿付，向 B 银行发出拒付电文。B 银行收到拒付电文，认为 A 银行小题大做，就是大写金额数字打字错误，非实质性不符点，要求 A 银行全额付款。试分析此种情况该如何处理。

案例分析：

根据国际通行做法，在汇票金额数字大小写不一致时，按大写金额操作。此案例中 A 银行拒绝付款不符合通行做法，应该按大写金额数字付款，付 90.5 万港币，而不是 95 万港币；B 银行要求 A 银行全额付款也是不对的。

汇票上还可以记载与货币金额有密切关系、对付款有一定影响的其他记载。例如，汇票利息条款和汇率条款等，只要利息条款有明确的利率、利息起讫日期，汇率付款条款有明确的汇率折算比率、市场条件等，可以准确计算出金额，此汇票还可视为确定金额的汇票，可以接受，否则汇票无效。

【知识拓展7】与汇票货币金额有密切关系的条款(扫前言二维码)

8. 收款人姓名(the name of payee)

汇票的收款人(payee)是汇票的主债权人，必须明确记载。汇票的收款人通常又称汇票抬头(order)。在汇票正文中"pay"或"pay to"后的姓名或商号，即为抬头。根据汇票抬头的种类，可以确定汇票的流通性。汇票的抬头一般有以下几种情况。

1) 限制性抬头(restrictive order)

限制性抬头，指汇票的收款人仅限制指某个人或某个公司，这种汇票不得转让他人。

例如：Pay to Smith only. "只能付给史密斯"。
　　　Pay to Smith not transferable. "付给史密斯不得转让"。
　　　Pay to Smith. 在汇票的任何地方注明"not transferable"。

出票人开立这种抬头的汇票，是不愿让汇票流入第三人手中，以便把自己在汇票上的债务，仅限于收款人一人。

2) 指示性抬头/记名抬头(indicative order)

指示性抬头，指汇票的收款人是某人或某公司或其指定人，这种汇票经过背书和交付可以转让他人，国际贸易结算实际中使用较多。

例如：Pay to Smith or order. 付款给史密斯或其指定人。

Pay to ABC Co. or order. 付款给 ABC 公司或其指定人。

Pay to the order of ABC Co. 付款给 ABC 公司或其指定人。

Pay to ABC Co. 　付款给 ABC 公司或其指定人。

Pay to the order of Westminster Bank Ltd., London. 付款给伦敦西敏寺银行或其指定人。

3) 持票来人抬头/来人式抬头(payable to bearer)

来人式抬头的汇票指汇票的收款人是任何持有汇票来提示的人。这种汇票不写明收款人名称，只写明付给来人(payable to bearer)。

例如：Pay to bearer. / Pay bearer.
　　　　Pay to the order of ABC Co., or bearer．

只要写上"bearer"的字样，不管其前后有无具体的名称，均视为来人抬头。这种抬头的汇票无须持票人背书，仅凭交付就可以转让。英国《票据法》允许来人做收款人，《日内瓦统一票据法》不允许来人做收款人，其他一部分国家的票据法规定，票据上未记载收款人，即视为来人抬头，但大多数国家票据法都要求收款人一定要注明。我国《票据法》第二十二条规定，汇票必须记载收款人姓名，否则汇票无效。

如果汇票的收款人就是出票人本人，俗称"己收汇票"。国际贸易中托收、信用证结算中广泛使用"己收汇票"，一般是出口商开出汇票，要求进口商付款给出口商，出口商可在汇票承兑后，背书转让或请银行贴现。

案例 2-2

国外某公司 H 公司想从中国 M 公司订购一批货物，预支了 50%的货款，另外 50%的货款用汇票支付。很快 H 公司寄来一张汇票，金额为剩余的 50%货款。汇票的出票人为美国一著名银行，付款人为 H 公司，汇票上标注"Paying against this demand draft upon maturity"，同时汇票又表明是出票日后 3 个月付款。试分析中国 M 公司是否接受此汇票。

案例分析：

①无法确定汇票期限；②汇票的出票人和付款人不符合一般汇票的约定，出票人一般是商户，付款人是银行。此汇票制作不规范，有瑕疵，属无效汇票，不能接受。

(二)汇票的其他记载项目

汇票除有以上八项必要项目外，尚有其他一些记载项目。

1. 成套汇票(a set of bill)

汇票在实际使用中，往往开出成套汇票(一般是两联，第一联、第二联在法律上无区别，其中一联生效则另一联自动作废)，各张汇票的面额和内容是完全相同的，各张汇票必须有编号，并交叉注明全套张数，注明其中一张付款后，其余各张即不再付，意指不能重付。例如，一套两张的汇票，第 1 张正本汇票写明 First/Original，并记载凭此第 1 张汇票支付(第 2 张相同内容和日期的不付)，pay this first bill of exchange(second of the same tenor and date being unpaid)to…，俗称"付一不付二"。第 2 张副本汇票写明 Second/Duplicate，并记载凭此第 2 张汇票支付(第 1 张相同内容和日期的不付)，pay this second bill of exchange(first of the same tenor and date being unpaid)to…，俗称"付二不付一"，以保证不重复付款。

2. 需要时的代理人(Referee in case of need)

汇票如果以买主作为付款人时，可以在其名字旁边记载受托代理人名称和详细地址。
例如：To: XYZ Co., 36 Threadneedl Street, London.
　　　　In case of need refer to ABC Co.,
　　　　138 Lambart Street, London.

如果汇票遭拒绝承兑或拒绝付款，持票人可以向需要时的受托代理人联系，求助于他；如果后者同意即作为参加承兑或到期参加付款，以保护出票人的名誉，又称为预备付款人。

3. 付款地点(Place of payment)

付款地点一般在汇票左下角付款人的名字旁边。《日内瓦统一票据法》第二条规定：未记载付款地的，以付款人姓名旁边所记载地点，或付款人当时的住所视同付款地。我国《票据法》规定，票据上未记载付款地的，视付款人的营业场所、住所或经常居住地为付款地。付款地点是汇票金额支付地，也是请求付款地或拒绝证书做出地。付款地点也可以单独记载，持票人必须在该处提示汇票，有时出票人也可在汇票金额后面写明以何地的货币偿付，承兑人也可通过承兑改变付款地点。

例如：Payable by an approved banker's cheque on London, Payable in London Found.

4. 担当付款行(A banker designated as payer)

当汇票以某公司作为付款人时，为了便于付款，出票人可根据他与付款人的约定，写明以付款人的账户银行作为担当付款行。

例如：A bill drawn on XYZ Co., London. Payable by Bank of Europe, London.

表示要求担当付款行支付票款并借记付款人账户。持票人向付款人提示要求承兑，到期向担当付款行提示要求付款。如果出票人在出票时没有记载担当付款行，付款人可以在承兑时加列担当付款行。

例如：

ACCEPTED

(date)

Payable at Lloyds Bank Ltd.,

London

For XYZ Co., London

<u>signed</u>

5. 利率与利息(Interest and rate)

汇票上可以加载利息与利率条款，以利于计算方便。

6. 其他付款货币(Payable in other currency)

汇票可以记载使用其他货币支付。

7. 提示期限(Limit of time for presentment)

出票人可以在汇票上规定必须提示承兑、提示期限、在指定的日期以前不得提示或者不规定提示期限提示承兑等。例如，如果票据上记载"presentment for acceptance required"，出票人必须作承兑提示；如果票据上记载"acceptance prohibited"，出票人不能作承兑提示。

8. 免作退票通知或放弃拒绝证书(Notice of dishonor excused or Protest waived)

出票人或背书人可以在其名字旁边记载放弃对持票人的某种要求，例如，放弃持票人做拒绝证书。

例如："约翰·布朗——免除退票通知"(John Brown—Notice of dishonor excused)。
　　　　"约翰·布朗——免除退票通知"(John Brown—Protest waived)。

表明如果遇到退票(拒付)不须提供退票通知或作拒绝证书，即可向出票人或背书人行使追索权，出票人或背书人仍然负责。

9. 无追索权(Without recourse)

出票人可以在汇票上或其签名处记载"无追索权(Without recourse)"的字样或"对我们没有追索权"的字样，解除持票人对他的追索。背书人也可以在他签名上做同样记载，免除持票人对他的追索。实际上"无追索权"是免除了出票人和背书人的责任，如果持票人提示承兑或付款遭到拒绝，则不能向作此记载的出票人和背书人行使追索，这会影响汇票的流通。

例如：Without recourse to us
　　　　For XYZ Co., Ltd., London.
　　　　　　　　Signed

英国《票据法》指出，出票人和背书人均可使用相应文句免除在票据被拒绝承兑或拒绝付款时被追索的责任；《日内瓦统一票据法》则认为，出票人只能免除担保承兑的责任，不能免除担保付款的责任。

10. 汇票号码(Number)

为了方便汇票管理，可以在汇票上标明汇票的号码。

三、汇票票据行为及其当事人的权利、义务

票据行为(Acts under a bill)有狭义和广义之分。狭义的票据行为是以负担票据上的债务为目的所做的必要形式的法律行为，即出票、背书、承兑、参加承兑和保证等。其中出票是主票据行为，其他行为都是以"出票"所开出的票据衍生品，称为附属票据行为。广义的票据行为除了上述狭义的行为之外，还包括票据处理过程中有专门规定的行为，如提示、付款、参加付款、退票、行使追索权等。票据法规定，票据的开出是要式的，票据行为也是要式的。

(一)发出汇票(Issue/Draw)

1. 出票的概念

出票即开出汇票，是汇票流通的起始行为，包括两个动作，一是写成汇票，并在汇票上签字(draw a draft and sign it)；二是将汇票交付给收款人(deliver a draft to the payee)。经过这两个动作就创设了汇票的债权，收款人拥有了汇票就拥有了债权。

交付(delivery)是实际的或推定的汇票的持有，从一个人转移到另一个人的行为。交付动作在交付给另一个人之前是不生效的，汇票的出票、背书、承兑票据行为等在交付前都是不生效的和可以撤销的。只有将汇票交付给他人，出票、背书、承兑等票据行为才开始生效，并且是不可撤销的。

汇票一般要签发一式两份，一份标明正本(original)或第一联，另一份标明副本(copy)或第二联，两份具有同等的法律效力，但只对其一承兑和付款。

2. 当事人及其权、责

出票行为的当事人是出票人(drawer)，即开立汇票、签署并交付给他人的人。汇票的出票人是进行委托支付或发出支付命令的人，是收款人的债务人、付款人的命令人。远期汇票承兑前，出票人是主债务人；承兑后，是次债务人，承兑人成为主债务人。

出票人责任：①保证汇票是合法有效的；②保证对收款人或持票人应照汇票文义担保汇票被付款人承兑和付款；③保证倘若拒绝承兑或付款，持票人可以向出票人行使追索权。

(二)背书(Endorsement / Indorsement)

1. 背书的概念

背书是指在汇票背面的签署，是持票人转让意志的表现，是以票据权利转让给他人为目的。汇票的流通，除来人抬头的汇票外，一般要经过背书才能流通转让。收款人和被背书人可以通过背书把票据权利转让给他人。

背书行为包括两个动作，一是在汇票背面签署，二是交付给被背书人。经过背书票据权利由背书人转让给被背书人。背书有两个重要的特性：不可分性和无条件性。不可分性指转让的汇票金额必须是汇票的全部金额并且受让人是唯一的。否则，背书是无效的。无条件性也即背书的单纯性，指背书必须是无条件的，不得附加条件。实际应用中，无条件性没有不可分性要求得那么严格。如果违背不可分性，背书就无效，受让人不能取得票据权利。如果不符合无条件性，仅所附加条件无效，不影响背书的效力，受让人仍能取得票据权利。

2. 当事人及其权责

背书行为的当事人有背书人和被背书人。

(1) 背书人(Endorser)指在汇票背面签署把汇票权利转让给他人的人。收款人背书转让后成为第一背书人，以后汇票继续转让会有第二、第三……背书人，背书人是汇票的债务人。背书人对票据所付的责任与出票人相同，背书人对其后手背书人有担保票据被付款人承兑及付款的责任。如果汇票的主债务人不能按期支付款项，拒付汇票，后手可向背书人行使追索权。

(2) 被背书人(Endorsee)是指接受转让汇票的人，取得汇票后，拥有持票人的权利。如果被背书人再背书把汇票转让，他又成为背书人，负连带责任。

3. 背书的效力

背书行为完成后，对双方当事人都发生了法律上的效力：①对背书人来讲，背书证明背书人对该汇票有确实的所有权；②背书人转让汇票之后，就要承担对汇票的担保承兑和付款的责任；③背书人转让汇票之后，还要承担保证汇票遭受拒付时被追索的责任；④对被背书人来讲，接受转让，成为持票人就拥有了汇票的全部权利(付款请求权和追索权)；⑤正当持票人可以根据连续的背书，证明其持票的合法性，行使票据权利。

4. 常见的背书方法

(1) 限制性背书(Restrictive endorsement)，又称禁止转让背书，指禁止汇票继续转让、

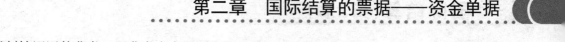

第二章 国际结算的票据——资金单据

带有限制性词语的背书。即背书人在汇票背面签署,并写明"仅付×××"或"付给×××,不得转让"等字样。

例如:Pay to John Smith only. 仅付给约翰·史密斯。
Pay to X Bank only for account of ABC Co. 支付给 X 银行记入 ABC 公司的账户。
Pay to ABC Co. only not negotiable. 仅支付给 ABC 公司,不可流通。
Pay to X Bank only not transferable. 支付给 X 银行不可转让。
Pay to X Bank not to order. 支付给 X 银行不得付给指定人。

案例 2-3

A 公司欲从 B 公司购买价值 60 万元的货物。签订合同约定,A 公司预付 20 万元货款后,B 公司将全部货物发送给 A 公司。在签订合同 10 日后,A 公司通过其往来银行开出收款人为 B 公司的 20 万元的银行承兑汇票,并在汇票上注明"不可背书转让"。B 公司收到汇票没有装运货物,却把汇票未经背书转让给了 C 公司以偿还欠款。C 公司持票到银行得到票款。B 公司也始终未发货来履行合约。试分析案例中的无效行为。

案例分析:①B 公司的转让行为是违法的、无效的;②C 公司不应该接受汇票,汇票上标注了"不可背书转让";③付款银行也有很大责任,面对"不可背书转让"的汇票,持票人不是收款人,还进行付款,业务素质可见一斑。④B 公司没有履行合约,应该退回汇票或者返还 20 万元货款,并赔偿相应的损失。

(2) 特别背书/记名背书(Special endorsement),指汇票背书给某特定人或特定人的指定人,需要记载"支付给被背书人(名称)",并经背书人签字。

例如: Pay to the order of
    Y Co., New York
    For X Co., New York
     Signed

上述背书表示 X 公司背书把汇票转让给 Y 公司,被背书人 Y 公司可以经背书和交付继续转让汇票,以后还可以继续背书转让,最后的被背书人成为最终持票人,必须以连续的背书证明其权利,如表 2-1 所示。

表 2-1 连续背书的示意

当事人名	顺 序					
	第一	第二	第三	第四	第五	第六
背书人	X	Y	Z	A	B	C
被背书人	Y	Z	A	B	C	最后被背书人 D 最终持票人

又如:汇票正面正文中支付命令为:Pay to the order of British Linen Co.
背面背书为:Pay to the order of Ace Trading Company
    For and on behalf of
    British Linen Co.
     Signed

案例 2-4

有这样一张汇票，出票人是 A，付款人是 B，收款人是 C，以下三种情况的背书转让都是真实有效的，试分析三种情况中持票人手中的汇票，哪种付款最有保证？

① C→D→E→F，F 为最终持票人。
② C→D→E→F→G，G 为最终持票人。
③ C→D→E→C→F→H，H 为最终持票人。

案例分析：②中 G 持票人手中的汇票付款最有保证，因为除 A、B 外，还有 C、D、E、F 都对 G 构成付款保证；①中 F 手中的汇票，因为还有 C、D、E 对汇票有付款保证；③中汇票付款保证最低，因为只有 C、F 作付款保证。③中的背书属于回头背书，实际应用中也多有使用。

(3) 空白背书/不记名背书(Blank endorsement or endorsement in blank)，指背书人在汇票背面只有签字，不写付给某人，没有被背书人的名称。

例如：汇票正面正文中支付命令为：Pay to the order of British Linen Co.

背面背书为：　　　　　　　　For and on behalf of
　　　　　　　　　　　　　　British Linen Co.
　　　　　　　　　　　　　　　　Signed

汇票空白背书后，转让给一个不记名的受让人，他可以仅凭交付再行转让，与来人汇票相同，交付者不负背书人的责任，因为他没有在汇票背面签字。

空白背书的汇票，任何持票人可以在汇票背面签字并写明"支付给某人(自己或第三者)或指定人"将空白背书转变为记名背书，此后被背书人还可以做空白背书，将其恢复为空白背书。持票人应以不间断的连续背书证明其权利的正当性，即使最后背书为空白背书，或即使一系列的背书中含有空白背书。关于空白背书后汇票的连续性，需要借助法律上的推定来认定，就是后边紧跟着背书的背书人视为前次空白背书的被背书人，依次类推。

我国《票据法》规定，不允许空白背书，但空白背书在国际上比较流行。指示性抬头的汇票做成空白背书后，与来人抬头汇票相同。二者的区别是：前者还可以在做成记名背书，又转变为指示性抬头；后者始终是付给来人，即使做成记名背书。

(4) 附带条件背书(Conditional endorsement)，指"支付给某某人"的背书是带有附加条件的。

例如：Pay to the order of Y Co.
　　　　On delivery of B/L No.768
　　　　　For X Co., New York
　　　　　　　Signed

上述背书是在交单(768 号提单)之后，转让给 Y 公司。附带条件背书的条件只对背书人和被背书人有约束，与汇票无条件支付命令无关，对出票人、付款人、承兑人没有约束。

(5) 托收背书(Endorsement for collection)，指要求被背书人按照委托指示，代受票款，处理汇票的背书。一般是背书给银行委托其收入账户，通常在"Pay to the order of X Bank"的前面或后面写上"for collection"的字样，有时也可做其他指示。

例如：For collection pay to the order of X Bank.

Pay to the order of X Bank for collection only.
Pay to the order of X Bank for deposit.
Pay to the order of X Bank by procuration.

表明授权被背书人为背书人代收票款,不是转让汇票的所有权,被背书人虽然拥有汇票,但没有获得汇票的所有权,只是代理背书人行使汇票的权利。

(6) 质押背书(Endorsement for pledged),指背书人以票据的债权作抵押物,设定质权而做的背书。通常,人们将质押背书的背书人和被背书人称为被质押人和质押人,还注明该汇票系作某笔贷款的质押,以便明确用途和责任。这个背书不是汇票权利的转移,质押期内汇票的所有人仍然是被质押人,到期时,背书人(被质押人)可以赎回票据。如果到期时,背书人(被质押人)不能按期偿还贷款或赎回票据时,被背书人(质押人)可以处理汇票以抵偿质押担保数额,余额返还给背书人。

以上六种背书,按照背书的目的,前四种可称为转让背书,后两种可称为非转让背书。

(三)提示(Presentment)

1. 提示的概念

提示指持票人将汇票提交付款人要求承兑或付款的行为。票据是一种权利凭证,要实现权利必须向付款人提示票据,以便要求实现票据权利。提示分为两种:①远期汇票向付款人提示要求承兑(Presentment for acceptance);②即期汇票或已到期的远期汇票提示要求付款(Presentment for payment)。各国票据法规定,提示应在合理时限或合理的地点内办理,如果没在规定的时间或地点内提示,持票人丧失对前手及出票人的追索权。

提示应在合理时限办理。对于即期汇票的付款提示要求和远期汇票的承兑提示要求,英国《票据法》规定为合理的时间(一般为半年);《日内瓦统一汇票、本票法》规定为1年。我国《票据法》规定即期汇票和见票后一定时间付款的汇票,应该自出票日起1个月内向付款人提示付款/承兑;定日付款和出票后一定时间付款的汇票,应该在到期日之前作承兑提示。对于已承兑的远期汇票的付款提示,英国《票据法》规定,必须在到期日当天进行付款提示;《日内瓦统一汇票、本票法》规定在到期日或其后两个营业日内进行提示;我国《票据法》规定,必须在到期日算起10日内进行付款提示。

提示要在正当地点进行,指汇票持票人应在汇票载明的地点或付款地点进行提示。如果汇票没有载明付款地点,则在付款人营业场所提示;如果没有营业场所,则到付款人的住所提示;如果汇票记载有担当付款人,应向担当付款人提示;如果付款人是银行,持票人向付款银行提示汇票时,可以有三条渠道:①到付款行柜台上提示,实际中很少使用;②通过票据交换所的清算银行换出票据,付款行经其清算行换入票据,如果不退票就是付款了;③代理行、联行通过邮寄票据,提示给付款行代收票据。

如果汇票遭到拒绝承兑或付款,汇票列有参加承兑人的,可向参加承兑人提示承兑。无参加承兑人有参加付款人时,可向参加付款人提示。

2. 当事人及其权责

提示的主要当事人是持票人(Holder),持票人是任何一个持有汇票的人(现在正持有汇票)。按照其拥有的权利和付出的代价,持票人可分为如下三种。

(1) 一般持有人(Holder),泛指尚未转让的持有汇票的人。

(2) 付对价持票人(Holder for value),指持票人本人或其前手因付出对价而取得汇票,通常是指前手付过对价,自己没有付对价而持有汇票的人。所谓对价即对等的价值,是可以支持一项交易或合同的物品,可以是货物、劳务、金钱等。

各国票据制度一般推定持票人取得票据时已支付了对价。英国《票据法》第三十条第一款规定:"每一个在汇票上签名的当事人,在表面上被认为是取得对价的当事人。"我国《票据法》虽然无对价推定的明文规定,但按照《票据法》的一般原理,持票人在行使权利时无须证明其票据为对价取得。

(3) 正当(善意)持票人(Holder in due course/Bona fide Holder),指在汇票合理时间内,自己付了全额对价的情况下善意地成为一张表面合格、完整、无任何所有权缺陷的汇票的持有人。正当持票人首先应该是持票人,其次是付对价持票人,其权利优于前手,其权利不受汇票当事人之间的债务纠纷影响。

持票人拥有付款请求权和追索权,并有权决定由本人或他人行使票据权利。如果持票人转让汇票,当事人应该对其后手负责(即背书人、转让人的责任)。无对价或无相当对价而取得汇票的持票人,仍享有票据权利,但其权利不能优于前手。正当持票人的权利不受前手权利缺陷的限制,其权利优于前手。

案例 2-5

A 将从 B 处偷来的汇票转让给了 C,C 因不知情而对该票据支付了对价。请问 B 是否能够对 C 拒付?

案例分析:

B 不能以 A 是以偷窃方式取得该汇票为理由,对 C 拒付或要求 C 归还票据。因为在票据的流通转让中,正当持票人的权利不受前手票据权利缺陷的影响。

(四)承兑(Acceptance)

1. 承兑的概念

承兑是远期汇票的付款人明确表示同意按出票人的指示进行付款的行为。承兑包括两动作:第一,在汇票正面写明"已承兑"(ACCEPTED)字样和签字;第二,是把承兑汇票或承兑通知书交付持票人。这样承兑就是有效的和不可撤销的。承兑有效后,付款人及承兑人及汇票的主债务人。

付款人是否承兑,有一定的时间考虑。英国《票据法》规定考虑的时间是提示的次一营业日营业时间终了之前。《日内瓦统一票据法》规定考虑的时间是从第一次提示后至第二次提示日之前。付款人要针对汇票的真实性及他与出票人的关系,考虑是否对汇票进行承兑。

承兑时一般是在汇票正面横写"承兑"字样,由承兑人签字,并加注承兑日期,有时还加注汇票到期日。关于承兑后的交付,国际银行业务的习惯是由承兑银行发出承兑通知书给持票人,代替交付已承兑的汇票给持票人。

第二章 国际结算的票据——资金单据

2. 承兑的作用

承兑是一种重要的票据行为,它有如下作用。

(1) 使持票人的权利得到进一步保障。因为汇票的出票人与付款人各居一方,付款人是否接受出票人的委托而付款,出票人事先不知道,持票人亦无法预知,经过承兑这一手续,付款人的支付义务才能确定,持票人的权利才能得到保证。

(2) 付款日期得到明确。见票后若干天或月付款的汇票,承兑日就是见票日,由此推断计算到期日,使付款日期得到明确。

(3) 付款地点得到明确。如果汇票中没有写明付款地点或付款人想改变付款地点,可以在承兑时写明或进行改变,以进一步明确付款地点。

(4) 减轻出票人或背书人的责任。承兑后,付款人成为承兑人,成为汇票的主债务人,承担必须付款的义务,出票人成为次债务人,如果承兑人到期付款就解除了出票人及所有背书人的责任。

3. 当事人及其权责

承兑行为的当事人是承兑人(Acceptor)。承兑人是由付款人演变而来的,付款人接受出票人的指示,承兑了汇票就成为承兑人,成为汇票的主债务人,承担到期必须付款的义务。承兑人有权拒付超过合理流通时间的汇票,有权拒付伪造背书的汇票,但汇票经过承兑后,承兑人则不能借口出票人的签名是伪造的或出票人无签名的能力或背书人无行为能力等而拒绝付款,否认汇票的效力。

案例 2-6

进口商 A 公司与出口商 B 公司签订贸易合同,付款方式为远期付款,随后 A 公司开出远期汇票,受票人是 A 公司,但收款人是 C 公司。C 公司持票向进口商 A 公司提示,A 公司承兑了汇票。汇票到期,C 公司向 A 公司提示付款,A 公司拒绝付款,理由是出口商 B 公司没有履行合同交付货物。试分析案例中当事人的责任。

案例分析:

①A 公司承兑了汇票成为承兑人,必须承担到期付款的责任,不能以买卖合同没有履行为理由拒绝承担付款责任;②A 公司应按照《票据法》的要求对 C 公司付款,然后再依据贸易合同向 B 公司追责;③出口商 B 公司不履行合同,要负违约责任。

4. 承兑的种类

根据承兑是否有限制,汇票承兑分为普通承兑和限制承兑。

(1) 普通承兑(General Acceptance),指承兑人对出票人的指示不加限制地同意确认,同意执行,无保留地同意到期付款。记载内容包括:承兑字样、承兑日期和承兑人签字。

例如:ACCEPTED

　　　　20th Sept., 20××

　　　　For XYZ Ltd., London (signed)

(2) 限制承兑/保留承兑(Qualified Acceptance),则是有限制地承兑汇票,即用明了的措词改变汇票的文义,改变承兑的效果。限制承兑一般又可分以下几种。

① 有条件承兑(Conditional Acceptance)，以某种行为的发生为前提条件的承兑，即完成所述条件后承兑人才给预付款。

例如：　　ACCEPTED
　　　　　25th Sept., 20××
　　　　　　Payable on delivery of bills of lading
　　　　　　　For XYZ Bank Ltd., London (signed)

② 部分承兑(Partial Acceptance)，指对汇票的部分金额予以承兑，即对汇票金额一部分负责到期付款。持票人对部分承兑有权拒绝，但如果接受部分承兑，则对其余部分金额应做出拒绝证书。

例如：如果票面金额是 $10000.00，部分承兑可以是：
　　　　　　　ACCEPTED
　　　　　　1st Sept., 20××
　　　　　Payable for amount of $8000.00 only
　　　　　　For XYZ Bank Ltd., London (signed)

③ 地方性承兑/规定地点承兑(Local Acceptance)，指承兑时指明付款地点，或另择付款地点，即用文字表明汇票仅在那个地点付款而不在别的地点支付(and there only)。

例如：　　　　ACCEPTED
　　　　　　3rd June, 20××
　　　Payable at THE CHARTERED BANK and there only
　　　　For Standard Bank of South Africa Ltd., (signed)

④ 规定时间的承兑或延时承兑(Qualified Acceptance as to time)，即改变汇票付款时间的承兑，通常是改变后的时间迟与原先的付款期限，即在承兑时延长付款日期。

例如：对出票后3个月付款的汇票，承兑时改为6个月。
　　　　　　　ACCEPTED
　　　　　　28th May 200×
　　　　　Payable at six months after date
　　　　　　For XYZ Bank Ltd., London (signed)

⑤ 部分付款人承兑(Not accepted by all drawee's)，即承兑并非由付款人全体做出，是由部分付款人做出的。

承兑应该是无条件的，限制承兑不符合汇票是无条件支付命令的精神，持票人有权拒绝。假如持票人愿意接受，必须征得出票人和前手的同意。

(五)付款(Payment)

1. 付款的概念

付款人在规定的时间和地点向持票人支付票款的行为即为付款。汇票的最终目的就是凭以付款，汇票到期持票人提示要求付款，经付款人或承兑人正当地付款以后，汇票即被解除责任。

所谓正当地付款(Payment in due course)应符合以下条件：①要由付款人或承兑人支付，而不是由出票人或背书人支付；②要在到期日当天及以后付款，而不能在到期日以前付款。

③要付款给持票人，意指汇票如被转让，前手背书必须连续和真实。《日内瓦统一票据法》只要求付款人签名背书连续。英国《票据法》还要求付款人签名背书必须真实。但对即期付款给指定人，并以银行为付款人的汇票，可以不负背书真伪之责。④是善意的付款，即付款人按照行业惯例，尽了专业职责，利用专业信息和现有技术手段都不知道持票人权利有何缺陷而进行的付款。

汇票到期时，持票人提示汇票要求付款，经付款人或承兑人正当地付款后汇票即被解除责任，不仅解除了付款人的付款义务，而且解除了所有票据债务人的债务。如果不是由付款人或承兑人正当地付款，而是由出票人或背书人付款，则付款人或承兑人对汇票的债务并没有解除，是会被追索的。

正当地付款时，一般要求收款人在汇票上签字，并记载收讫(paid)字样作为收款证明，付款人收回汇票以便注销。如果持票人不签字，付款人可拒绝付款，此次付款提示无效，并且持票人不得以这样的拒付行使追索权。一般应以汇票载明的货币支付，如果支付另外一种货币，则应在汇票上注明货币折合的汇率；如果汇票以外国货币表示，付款人有权折合为当地通用货币；如果当地不禁止支付外币，付款人也可支付汇票上载明的外国货币。

关于付款时限，一般要求，当持票人提示汇票要求付款时，付款人应当立即付款。英国的习惯做法是在 24 小时内付款即可。

2. 当事人及其权责

付款行为的当事人有付款人(Payer /Drawee)和收款人(Payee /Receiver)。

付款人即支付汇票票款的人。他的责任就是①按照出票人的命令指示支付票款；②负责检查汇票一连串背书的连续顺序和真伪，以保证是处于善意的付款；③不知道持票人权利的缺陷；要鉴定汇票的合格性，对他认为是伪造背书或有其他缺陷的汇票，拒绝付款；④只能在汇票到期日付款，不能在到期日之前付款。

收款人即收取汇票票款的人，一般是汇票的主债权人，是汇票的最终持票人。收款人应以背书之连续证明他是汇票的正当权利人。

案例 2-7

A 公司向 X 银行申请银行承兑汇票，银行受理了请求，并在票据上签章。A 公司拿到汇票后没有在票据上签章就直接交给了 B 公司以支付货款。B 公司又将此汇票背书转让给 C 公司以偿还债务。汇票到期，C 公司持票向 X 银行提示要求付款，X 银行以票据无效为由拒绝付款。试分析拒付的理由。

案例分析：

X 银行可以拒绝付款，因为此汇票的出票人没有签章，出票行为无效。基本票据行为——出票行为无效，附属的票据行为——承兑也随之无效。

(六)退票/拒付(Dishonor)

持票人提示汇票要求承兑时，遭到拒绝承兑(Dishonor by non-acceptance)或持票人提示汇票要求付款时，遭到拒绝付款(Dishonor by non-payment)均称为退票，也称拒付。另外，承兑人或付款人逃避不见、死亡、宣告破产或因违法被责令终止业务等情况，致使付款事实已不可能执行时，也称为拒付。

汇票在合理时间内提示，遭到拒绝承兑时或遭拒绝付款时，持票人应在规定的时间内做出拒绝证书，并发出拒付通知，才能产生追索权，否则就丧失对前手的追索权。如果有非债务人作为参加承兑人或参加付款人，持票人即可向参加承兑人或参加付款人提示要求承兑或付款。如果没有任何第三者愿意参加承兑或参加付款，则持票人应将退票事实及时通知前手背书人和出票人，并立即请证人做出拒绝证书，以保留和行使追索权。

(七)退票通知(Notice of Dishonor)

退票通知指持票人在被拒付后，将退票的事实通知前者的行为。英国《票据法》很重视退票通知，规定持票人若不做出退票通知并及时发出，即丧失追索权。《日内瓦统一票据法》认为退票通知仅是后手对前手的义务，不及时通知退票并不丧失追索权。但前手因后手未通知而遭受损失，后手应付赔偿之责。退票通知的目的是要汇票债务人及早知道拒付的事实，以便做好准备。

退票通知有两种具体做法：第一种，汇票遭到退票时，持票人应在退票后一个营业日内，将退票事实通知前手背书人，前手应于接到通知后一个营业日内再通知他的前手背书人，一直通知到出票人。这样接到退票通知的每个背书人都有向其前手追索的权利，如果持票人和背书人未在规定时间内将退票通知送达前手背书人或出票人，则该持票人和背书人即对接受通知的前手丧失追索权，但正当持票人的追索权不因遗漏通知而受到损害。第二种，持票人将退票事实通知全体前手及出票人，如此则每个前手即无须继续向前手通知。

关于退票通知的时效，英国《票据法》规定，如果前手在同地，最迟应在拒付日的次日通知到；如果前手在异地，最迟应在拒付日的次日发出通知。《日内瓦统一票据法》规定，持票人应在拒绝证书作成日后 4 日内向前手发出通知，前手们应在收到通知之日的 2 日内向其前手发出通知，直到通知到出票人。我国《票据法》规定，持票人应在收到拒绝证明材料之日起 3 日内向前手发出通知，前手也应在收到通知的 3 日内向其前手发出通知。

(八)做拒绝证书(Making Protest)

拒绝证书(Protest)是遭到拒付时，由拒付地点的法定公证人(Notary Public)或其他依法有权做出证书的机构(如法院、银行、工会等)做出的证明拒付事实的文件。如果拒付地点没有法定公证人，拒绝证书可由当地知名人士(Famous man)在两个见证人(Witness)面前做出。在我国可请法院公证处做出。

持票人在请求公证人做成拒绝证书时，应将汇票交于公证人，由公证人再次向付款人做出提示，如仍遭拒付，即由公证人按规定格式做成拒绝证书，持票人凭拒绝证书及退回的汇票向前手背书人行使追索权。

拒绝证书分为拒绝承兑证书和拒绝付款证书。拒绝承兑证书是拒付地点的法定公证人做出的证明拒绝承兑事实的文件。拒绝付款证书是拒付地点的法定公证人做出的证明拒绝付款事实的文件。做成拒绝承兑证书后无须再做付款提示，也无须再做成拒绝付款证书。

一般情况下，持票人须在退票后一个营业日内做成拒绝证书。做拒绝证书所付的公证费用，在追索时一并向出票人追索。制作拒绝证书的费用很高，有时出票人为了避免公证费用的追索，可在汇票空白处加注"不做拒绝证书"(Protest waived)字样。这样，出票人不需做成拒绝证书，即可行使追索权。如果持票人仍要做拒绝证书，相应费用自己承担。

(九)追索(Recourse)

追索指汇票遭到拒付后,持票人对其前手背书人或出票人请求其偿还汇票金额及费用的行为。

(1) 追索的对象及顺序。追索的对象是背书人、出票人、承兑人以及其他债务人,因为他们对持票人负有连带付款责任。被追索付出款项的出票人可再向承兑人取得偿付,被追索付出款项的背书人可再向其前手背书人或承兑人或出票人取得偿付。正当持票人可以不依照背书次序,越过其前手,而对债务人中的任何一人行使追索权。被追索者清偿票款后取得持票人的权利。

关于追索的顺序,《票据法》规定持票人可以向票据的任意债务人追索,也可按顺序追索。如果按顺序追索,追索的顺序可以是:持票人→持票人前手→……第二背书人→第一背书人→出票人→承兑人。

(2) 追索的款项。追索的款项包括:汇票金额、汇票利息、退票通知费用、做拒绝证书费用和其他必要的费用。

(3) 追索的条件。行使追索权的条件包括:①必须在法定期限内,向付款人提示汇票,未经提示,持票人不能对其前手追索;②必须在法定期限内将退票事实通知前手,后者再通知前手直到出票人;③必须在法定期限内由持票人请公证人做成拒付证书。英国《票据法》规定,具备以上三个条件才能保留和行使追索权,但持票人或背书人必须在法定期限内行使追索权,否则权力丧失。

(4) 追索的时效。英国《票据法》规定,保留追索权的期限为 6 年。《日内瓦统一票据法》规定持票人对前一背书人行使追索权的期限为一年;免做拒绝证书的,则是从到期日起 1 年;背书人对其前手背书人行使追索权,是从其清偿之日起 6 个月。我国《票据法》规定,持票人对前手的追索权的期限为自被拒付之日起 6 个月,清偿背书人对前手的再追索,自清偿日或被起诉日起 3 个月。

(5) 被追索者的权利。被追索者在清偿债务之后可以拥有以下权利:①要求追索者交出汇票,自己成为汇票持有人。②要求追索者出具收讫证明。③要求追索者交出拒绝证书及相关材料。④再向前手追索。

案例 2-8

甲向乙签发一张以乙为收款人的见票即付的汇票,乙将汇票背书转让给丙,丙自出票日起 1 个月内向付款人丁提示要求付款,付款人丁拒绝付款并向丙出具了拒付证明,丙因保管不当将拒付证明丢失,未能按期向其前手出示证明。试分析丙是否还有追索权,相应的债权债务如何处理?

案例分析:

丙没有追索权了。我国《票据法》第六十五条关于追索权丧失的规定,持票人不能出示拒绝证明、退票理由书或者未按照规定期限提供其他合法证明的,丧失对其前手的追索权。但是,承兑人或者付款人仍应对持票人承担责任。此案例中相应的债权债务可通过法律诉讼来解决。

(十)参加承兑(Acceptance for Honor)

1. 参加承兑的概念

参加承兑是汇票遭到拒绝承兑而退票时,非汇票债务人在得到持票人同意的情况下,参加承兑已遭拒绝承兑的汇票(Accept the bill supra protest)的一种附属票据行为。参加承兑的目的是防止或推迟追索权的行使,维护出票人或背书人的信用。

2. 参加承兑的当事人

参加承兑的当事人有参加承兑人(Acceptor for honor)和被参加承兑人(the person whose honor acceptance has been given)。

(1) 参加承兑人是执行参加承兑行为的非汇票债务人,他在汇票上记载参加承兑的意旨、被参加承兑人的名称、参加承兑的日期,并签字。一般记载形式如下。

> Acceptance for Honor
> Of 被参加承兑人姓名
> On 参加承兑日期
> Signed by 参加承兑人姓名

汇票到期,如果付款人不付款,持票人可向参加承兑人提示要求付款,通知他付款人因拒绝付款而退票,参加承兑人应照付票款,从而成为参加付款人。

(2) 被参加承兑人是由参加承兑人担保信誉的任意汇票债务人,可以是任一背书人或出票人。《日内瓦统一票据法》规定,凡参加承兑而没有记载被参加承兑人的,则应视出票人为被参加承兑人。

参加承兑人参加承兑后,应在两个营业日内将参加承兑的事实通知给被参加承兑人,如果未通知致使被参加承兑人受到损失,应由参加承兑人负赔偿之责。

持票人如果同意第三者参加承兑,即不得在到期日之前向前手行使追索权。见票后若干时间后付款的汇票,如果被参加承兑,其到期日是从做成拒绝证书之日算起,而不是从参加承兑日算起。持票人在到期日应先向付款人提示要求付款,遭到拒付时,才得向参加承兑人提示要求付款。

3. 参加承兑与承兑的比较

参加承兑与承兑的主要区别有以下几方面。

(1) 参加承兑的目的在于,确定参加承兑人有付款责任,维护被参加承兑人的信誉,以推迟追索权的行使;承兑的目的则是明确确定付款人的付款责任。

(2) 参加承兑人不是票据的主债务人,仅在付款人不付款时,才负担付款义务;承兑人则是票据的主债务人,绝对负担付款义务。

(3) 参加承兑人仅对持票人和被参加承兑人的后手承担汇票付款责任,承兑人则对持票人、出票人和所有背书人承担汇票的付款责任。

(4) 参加承兑人付款后,对被参加承兑人及其前手取得持票人的权利,行使追索权;承兑人付款后汇票责任即被解除。

(十一)参加付款(Payment for Honor)

(1) 参加付款,指在因拒绝付款而退票,并已做成拒绝付款证书的情况下,非汇票债务人参加支付汇票票款的行为。参加付款的金额包括票面金额、利息和做拒绝证书的费用,付款时,参加付款人收回汇票和拒绝证书,然后向被参加付款人及其前手请求偿还。

参加付款与参加承兑的相同点是:目的同为防止或推迟追索权的行使,维护出票人、背书人的信誉,都可指定任意债务人作为被参加人。不同点是:在汇票拒绝承兑时,参加付款不须征得持票人的同意,任何人都可作为参加付款人;在汇票拒绝承况时,参加承兑则须经持票人的同意。

(2) 参加付款的当事人即参加付款人(Payer for honor)。参加付款者出具书面声明,表示愿意参加付款,并由公证人证明后即为参加付款人。其相应的权利和义务有:①参加付款人付款后对于承兑人、被参加付款人及其前手取得持票人的权利,有向其请求偿还权,被参加付款人之后手,因参加付款而免除票据责任。②参加付款人未记载被参加付款人,则出票人应视为被参加付款人。③第三者作为付款人时,应将参加付款的事实在两个营业日内通知被参加付款人,如果未通知而发生损失,应负赔偿之责。

《日内瓦统一票据法》、英国《票据法》均规定,在两人或两人以上竞相参加付款时,能免除最多债务人者有优先权。

例如:出票人 A 交付一张汇票给收款人 B,后者背书后将汇票转让给 C,再由 C、D、E、F 背书转让给 G,由 G 向付款人 H 作付款提示,在 H 拒付时,L、M、N 三人同时请求参加付款,L、M、N 分别以 H、D、A 作为被参加付款人。

(出票人)A → B → C → D → E → F → G → H(付款人)
     ↑   ↑   ↑
     N   M   L

由 L 付款,H 作为被参加付款人,H 无后手,不能免除任何人债务。

由 M 付款,D 作为被参加付款人,可免除 D 的后手 E、F、G、H 的债务。

由 N 付款,A 作为被参加付款人,所有背书人都是他的后手,免除的责任最多。N 有参加付款优先权。

(十二)保证(Guarantee or Aval)

保证是指非票据债务人,对于出票、背书、承兑、参加承兑等行为所发生的债务人予以偿付担保的附属票据行为。

各国《票据法》普遍规定,保证人行使保证行为时,应在票据或者其粘单上记载保证事项(保证文意、被保证人姓名、日期和签名等)。保证人为出票人、付款人、承兑人保证的,应当在票据的正面记载保证事项;保证人为背书人保证的,应当在票据的背面或者其粘单上记载保证事项。常见的形式如下。

1) PER AVAL
  given for <u>被保证人名称</u>
  signed by <u>保证人签名</u>
  dated on <u>保证日期</u>

2) We guarantee payment
   given for 被保证人名称
   signed by 保证人签名
   dated on 保证日期

3) GUARANTEED
   For a/c of 被保证人名称
   Guarantor 保证人签名
   Dated on 保证日期

4) PAYMENT GUARANTEED
   For a/c of 被保证人名称
   signed by 保证人签名
   Dated on 保证日期

  保证的当事人有保证人(Guarantor)和被保证人(the person guaranteed)。保证人是对票据行为做出保证的人。被保证人指被他人担保信誉的人，出票人、承兑人、参加承兑人和背书人都可作为被保证人。保证人与被保证人所负的责任是完全相同的。例如：为承兑人保证时，应负付款之责；为出票人、背书人保证时，应担负承兑及担保付款之责。如果未记明被保证人姓名时，以付款人作为被保证人。如果被保证人不付款，保证人在偿付票款之后可以行使持票人权利，即对承兑人、被保证人及其前手行使追索权。

  票据被保证以后，票据债务的担保人就增加了，尤其当票据由资金雄厚、信誉良好者担保后更增强票据的可接受性，便于流通，因而常被作为保证票据融通资金能力增强的手段。

  票据的正面除了出票人、付款人、承兑人以外的签字都认为是一种保证的记载。单纯的签字可作为略式保证。在票据记载合格时，即使被保证人的债务因手续不全而无效，保证人仍应要对票据债务负责。保证人还可以对汇票金额的一部分作保证。

四、汇票的贴现

(一)贴现概述

1. 贴现的概念

  贴现(Discount)，指在持票人需要资金时，将持有的未到期远期票据，通过背书方式转让给银行或贴现公司等金融机构，金融机构在扣除贴现利息后，将净款(Net Proceeds)支付给贴现申请人的票据行为。在货币市场上，从事贴现业务的有商业银行、贴现公司、中央银行，贴现的票据主要有汇票、商业本票、短期债券等。

  贴现既是一种票据转让行为，又是一种授信行为。持票人出售已承兑的远期汇票给贴现公司或贴现银行，提前得到票款。贴现机构通过接受汇票而给持票人短期贷款，汇票到期时，提示给承兑人要求付款，承兑人支付票面金额归还贴现银行的垫款，冲销贷款，同时贴现机构赚取了贴现息及手续费。如果银行到期得不到票据付款，则可以向汇票的所有债务人行使追索权。

第二章 国际结算的票据——资金单据

2. 贴现息计算

票据有不带利息的，也有些是带利息的，因此，票据的贴现也分为无息票据贴现和有息票据贴现。

1) 无息票据贴现的计算

无息票据贴现息的计算公式为

$$贴现息 = 票面金额 \times \frac{贴现天数}{360} \times 贴现率$$

贴现天数指距到期日提前付款的天数，一般按贴现日至到期日前一日的天数计算(算头不算尾，异地贴现还要加上 3 天)。公式中除以 360，是因为贴现率是用年率表示的，应折算成日利率，英镑按 365 天做基数进行折算，美元等其他货币按 360 天做基数进行折算。

$$贴现净款 = 票面金额 - 贴现息$$

或者

$$贴现净款 = 票面金额 \times \left(1 - \frac{贴现天数}{360} \times 贴现率\right)$$

案例 2-9

一张汇票面值 100 万美元，出票日期为 3 月 2 日，5 月 2 日到期。持票人于 4 月 2 日到银行贴现此汇票。贴现率为 12%。试计算贴息和贴现净额。

贴现天数：4 月 2 日至 5 月 2 日(共 30 天)(到期日是工作日)

贴现息：1000000 × (30 ÷ 360) × 12% = 10000(美元)

贴现净额 = 1000000 - 10000 = 990000(美元)

2) 有息票据贴现的计算

有息票据贴现适用的公式有：贴现天数 = 贴现日至票据到期日天数；票据到期值 = 票面金额 + 票面到期累积利息；贴现息 = 票面到期值 × (贴现天数 ÷ 360) × 贴现率；贴现净额 = 票据到期值 - 贴现息。

案例 2-10

一张带息汇票面值 100 万美元，利率 9%，出票日期为 3 月 2 日，5 月 2 日到期。持票人于 4 月 2 日到银行贴现此汇票。贴现率为 12%。试计算票据到期值、贴息和贴现净额。

贴现天数：4 月 2 日至 5 月 2 日(共 30 天)

票据到期利息：$1\,000\,000 \times \frac{61}{360} \times 9\% = 15\,250$(美元)

票据到期值：$1\,000\,000 + 15\,250 = 1\,015\,250$(美元)

贴现息：$1\,015\,250 \times \frac{30}{360} \times 12\% = 10\,152$(美元)

贴现净额 = $1\,015\,250 - 10\,152 = 1\,005\,098$(美元)

3. 贴现的种类

一般而言，票据贴现分为三种：贴现、转贴现和再贴现。贴现是指客户(持票人)将没有到期的票据出卖给贴现银行，以便提前取得现款。一般工商企业向银行办理的票据贴现就属于这一种;转贴现是指银行以贴现购得的没有到期的票据向其他商业银行所做的票据转让,转贴现一般是商业银行之间相互拆借资金的一种方式;再贴现是指贴现银行持未到期的已贴现汇票向中央银行的贴现,通过转让汇票取得中央银行再贷款的行为。再贴现是中央银行的一种信用业务,也是中央银行为执行货币政策而运用的一种货币政策工具。

【知识拓展8】汇票贴现市场(扫前言二维码)

(二)汇票的身价(Quality of Bill)

不是所有的票据都能得到贴现,一张汇票能否贴现,能否有优惠的贴现率,既取决于贴现申请人(收款人)和贴现执行人(银行、贴现公司)的关系,又取决于代表汇票的出票人和承兑人的资信及汇票的开立依据等因素。汇票的身价主要从以下两方面鉴别。

(1) 出票人和承兑人的资信地位(Credit Standing),出票人和承兑人必须具有好名誉(Good Name)和好资历(Good Capital Resource)。汇票上有两个好名誉的商号,这样的汇票就有了好的身价,一般更着重鉴别承兑人名号的好坏,承兑人是银行的,要优于商号,大银行要优于小银行。

(2) 表示汇票起源的出票条款,贴现公司认为由于正常交易,出售货物而出具的汇票是可靠的。例如注明根据信用证出票的汇票是比较好的。

(三)贴现的费用

贴现的费用包括承兑费、印花税和贴现息。

(1) 承兑费(Acceptance Commission),承兑公司承兑汇票时收取的手续费。伦敦银行对于远期汇票的承兑费按承兑期每月 1‰收,最少收 2‰。

(2) 印花税(Stamp Duty)。一些国家要求对汇票贴印花,收取印花税。英国对于 3 个月的远期国内汇票收 2‰,6 个月的远期国内汇票收 4‰贴印花。外国汇票按国内汇票的一半贴印花。

(3) 贴现息(Discount Interest),是根据贴现率计算出的,银行在贴进票据时应扣的利息。伦敦市场的贴现率由伦敦贴现市场公会决定,按年率计算。汇票的出票人、承兑人名誉好,贴现率就低,反之就高,贴现率经常变动,贴现率一般略低于银行对客户的同期放款利率。贴现率与利率比较接近,但二者并不相等,而且利率越高,期限越长,两者的差距就越大,两者关系如下:

$$利率=\frac{贴现率}{1-贴现率\times 时间} \quad 或 \quad 利率=\frac{贴现息}{净值\times 时间}$$

五、汇票的种类

1. 按出票人身份不同划分为银行汇票和商业汇票

(1) 银行汇票(Banker's Draft),以银行作为出票人,委托国外分行或代理行付款的汇票,出票人和付款人均为银行。银行汇票经常用于汇款业务中的汇票;信用证业务中也常使用;议付行议付单据后,有时也出具指定银行(偿付行或付款行)为受票行的银行汇票,索取有关款项。银行汇票一般为光票,不附带代表物权转移的相关单据。

(2) 商业汇票(Trader's Bill or Commercial Draft),由企业或个人签发的汇票,其付款人

可以是企业、个人或银行。国际贸易中，开立的汇票都是商业汇票。商业汇票基于商业信誉，有较大的风险。

2. 按承兑人不同划分为商业承兑汇票和银行承兑汇票

(1) 商业承兑汇票(Trader's Acceptance Bill)，由企业或个人承兑的远期汇票。一般来说，它的出票人也是企业或个人。

(2) 银行承兑汇票(Banker's Acceptance Bill)，由银行承兑的远期汇票。国际贸易中的银行承兑汇票通常是出口商按照进口国银行的授权签发以该银行或其指定行为付款人的远期汇票，经付款行承兑，该付款行成为汇票的主债务人。出口商可以利用此银行承兑汇票进行贴现等方式的融资。

3. 按付款时间不同划分为即期汇票和远期汇票

(1) 即期汇票(Sight bill or Demand Draft)，付款人见票或在提示时就立即付款的汇票。

(2) 远期汇票(Time bill or Usance bill)，在将来一定时期付款的或特定时期付款的汇票。

4. 按有无附属单据划分为光票和跟单汇票

(1) 光票(Clean Bill)，不附带货运单据的汇票。银行汇票多为光票。国际贸易中，佣金支付、代垫费用、货款尾数收取时常用光票。

(2) 跟单汇票(Documentary Bill)，附带有关货运单据才能获得承兑、付款的汇票。国际贸易结算中的汇票多为跟单汇票，商业汇票多属于跟单汇票。

5. 按使用货币不同划分为本国货币汇票和国际汇票

(1) 本币汇票(Domestic Bill)，出票地、付款地同在一国之内的汇票。即出票人、付款人、收款人的居住地在同一个国家，本国货币作为汇票货币的汇票。

(2) 国际汇票(International Bill)，出票人、付款人、收款人的所在地，至少有两个位于不同国家，汇票流通，涉及两个以上的国家，大多采用的是国际货币。

6. 按收款人不同划分为来人汇票和记名汇票

(1) 来人汇票(Bearer Bill)，汇票的收款人是来人。

(2) 记名汇票(Order Bill)，汇票的收款人是记名当事人。

第三节 本 票

一、本票的定义

本票(Promissory Note)，英国《票据法》第三条对本票定义为：A promissory note is an unconditional promise in writing made by one person (the maker) to another (the payee or the holder) signed by the maker engaging to pay on demand or at a fixed or determinable future time a sum certain in money to or to the order of a specified person or to bearer.

结合英国《票据法》的定义以及实际使用中的专业认知经验，本书对本票的定义表述为：本票是一人向另一人签发的，保证即期或定期或在可以确定的将来的时间，对某人或其指定人或持票来人支付一定金额的无条件书面承诺。我国《票据法》第七十三条对本票的定义，指的是银行本票，指出票人签发的，承诺自己在见票时无条件支付确定金额给收款人或者持票人的票据。国外票据法，允许企业和个人签发本票，称为一般本票。但在国际贸易中使用的本票，均为银行本票。银行本票都是即期的。一般本票可以是即期的或远期的。本书所述的本票指的是一般本票。

【知识拓展9】我国《票据法》关于本票的一些规定(扫前言二维码)

二、本票的必要项目

根据《日内瓦统一汇票、本票法》的规定，本票必须具备以下项目(结合附样 2-3 的本票例子进行说明)。

附样 2-3　本票示例

Promissory Note(1) for GBP5,213.00(7) London，20th May，20××(5)
　　　　At 30 days after date (6)we promise to pay to (2)
　N・Y・C Ingafield A/S or order(3)　　　　the sum of
Pound Sterling five thousand two hundred and thirteen only(7)
　　　　　　　　　　　　　　　　　　For and on behalf of
　　　　　　　　　　　　　　　　　　　Sithers Johnson Ltd.
　　　　　　　　　　　　　　　　　　　London(8)
　　　　　　　　　　　　　　　　　　　Signature(4)

(1)　写明"本票"(Promissory Note)字样，以示和其他票据的区别。
(2)　无条件支付承诺(Promise to pay…)，其前后不能有附加条件的文句。
(3)　收款人或其指定人。其种类与汇票相同。
(4)　制票人签字。其种类和做法与汇票相同。
(5)　出票日期和地点(如果未写明地点，制票人旁边的地点即是出票地点)。
(6)　付款期限(未载明者，视为见票即付)。其种类和做法与汇票相同。
(7)　确定金额。不能含糊，应是确定的金额，其要求和做法与汇票相同。
(8)　付款地点(未载明出票地时，出票地即为付款地)。

三、本票与汇票的异同

本票与汇票有许多相同之处，这里不再重复，下面主要说明两者的不同之处。

1. 基本当事人不同

本票有两个基本当事人，即制票人和收款人，一般说"制成"本票(to make a promissory note)，制成人(Maker)即是制票人，汇票有三个基本当事人，即出票人、付款人和收款人，"开出汇票"(to draw a bill of exchange)，出票人就是 Drawer。本票中不允许制票人与收款

第二章 国际结算的票据——资金单据

人为同一个当事人；汇票允许出票人与收款人为同一个当事人。

2. 付款方式不同

本票制票人自己出票自己付款，出票人向收款人承诺自己付款；汇票出票人要求付款人无条件支付给收款人一定数额，付款人没有义务必须支付票款，除非他承兑了汇票。

3. 名称含义不同

本票(Promissory Note)直译为"承诺券"或"承诺票据"，包含一笔交易的结算；汇票(Bill of Exchange) 直译为"汇兑票"，是命令式或委托式票据，包含着两笔交易的结算。

4. 主债务人不同

本票的主债务人始终都是制票人；汇票在承兑前出票人是主债务人，承兑后承兑人是主债务人。

5. 票据行为不同

汇票的一些票据行为，本票是没有的，例如，提示承兑、承兑、参加承兑、发出一套单据(只能一份)，本票遭退票时，不须做成拒绝证书，汇票遭到退票时，必须做成拒绝证书。

本票特有的票据行为——见票。见票指本票的持票人提示票据，出票人在票面上签字并记录日期的行为。见票是见票后定期付款的本票的特有行为，这种票据需要见票日来确定到期日。因为本票又没有承兑行为，所以票据法特设了本票的见票行为。

见票包括两个动作：出票人的相关记载、签名和交付给持票人。持票人的见票提示应在票据法规定的合理时间内，《日内瓦统一票据法》规定为出票日后1年；我国《票据法》规定为出票日后1个月。持票人见票提示时，如果出票人拒绝做相关记载、签名，出票人应在见票提示期限内作见票拒绝证书，之后不用再作付款提示和拒绝付款证书，直接向前手行使追索权。

案例2-11

20××年7月12日，进口商A公司和出口商B公司签订贸易合同，约定货款用本票支付。之后B公司按时发货，A公司向其账户银行X银行申请开立本票并寄给B公司以支付货款。B公司将本票转让给C公司清偿其债务。由于一些原因，C公司收到本票后没有在规定的时间向X银行提示，到10月份才提示要求付款。X银行拒绝付款，理由是超过规定期限提示。C公司转头向B公司索赔，B公司也以超过规定期限为由拒绝付款。试分析C公司的权利如何主张及其过错如何处置。

案例分析：

X银行应该付款给C公司，因为C公司是正当持票人，即便C公司没有在规定的时间内提示，作为出票人的X银行也不能免除付款责任；C公司没有在规定的时间内提示，丧失了对前手的追索权，B公司因此免去了偿付的责任；C公司没有在规定的时间内提示，因此造成的损失都由C公司负责。

四、本票的不同形式

按照一般本票的种类划分，划分方法多种多样，根据签发人的不同，可分为商业本票和银行本票;根据付款时间的不同,可分为即期本票和远期本票;根据有无收款人之记载,可分为记名本票和不记名本票(本票一般不作来人抬头);根据金额记载方式的不同,可分为定额本票和不定额本票;根据支付方式的不同,可分为现金本票和转账本票。

本票制票人相当于汇票的出票人与付款人合二为一。因此,任何票据的出票与付款重叠在一个人身上,这张票据就是本票形式的或带有本票性质的票据。这一类票据主要有以下几种。

1. 商业本票 (Trader's Note)

商业本票是以贸易公司或较大公司作为制票人而发出的即期本票。由于受到制票人商业信誉的影响,收款人一般不愿意接受商业本票。实际应用中大都融入银行信誉,例如结合出口信贷,进口商开具远期本票,经银行背书保证,到期偿付本息。

2. 银行本票(Banker's Note)

银行本票由商业银行开出即期付给记名收款人的不定额的本票,可以当作现金,交给提取存款的客户,或者是付给来人定额的本票(称银行券 bank note),银行本票的一般式样如附样 2-4 所示。

附样 2-4 银行本票示例

```
Note for GBP 300.00                London, 3rd May 20....
  On demand we promise to pay bearer
     The sum of three hundred pounds only
                                For Bank of Europe,
                                      London
                                     signature
```

客户拿现金购买银行券后,便于携带,也可以当作货币相互支付,但如果大量发行,会扰乱国家纸币发行制度。为了维护金融秩序,现在各国都不允许商业银行发行定额的不记名的本票,改由中央银行垄断发行,商业银行可以发行不定额的记名银行本票。

3. 国际小额本票(International Money Note)

国际小额本票是由设在货币清算中心的银行作为制票人签发的该国货币的国际银行本票,由记名的购票人购买,带到该货币所在国之外进行使用。实际中,国际小额本票多是设在美元清算中心的银行作为制票人签发以美元为面值的国际银行本票。

发行国际小额本票的银行不拨头寸,收了购票人的资金后,等到国外寄来票据托收时才把资金付出,银行可以占用客户的资金。

4. 旅行支票(Traveler's Cheque)

旅行支票是旅行社或银行发行的由旅行者购买并带到国外进行使用、由签发者支付结算的一种票据。从付款人也就是签发人来看,旅行支票带有本票性质。而实际上旅行支票的发行是购票者在银行或发票机构的无息存款,兑付旅行支票就是支取这笔存款。

旅行支票是一种定额本票,其作用是专供旅客购买和支付旅途费用,它与一般银行汇票、支票的不同之处在于旅行支票没有指定的付款地点和银行，一般也不受日期限制，能在全世界通用，客户可以随时在国外的各大银行、国际酒店、餐厅及其他消费场所兑换现金(当地的货币)或直接使用，是国际旅行常用的支付凭证之一。

目前，全球通行的旅行支票品种有美国运通(AMERICAN EXPRESS)、VISA 以及通济隆、MASTERCARD、花旗等品牌，而印有中行字样的上述旅行支票能够在世界各地 800 余家旅行支票代兑行兑换，或在各国的大商铺和宾馆饭店直接使用。其中美国运通旅行支票在中国大陆 2000 多家银行营业网点都可以买到，合作银行包括农行、工行、中行、建行、光大、中信、交通等。

和现金一样，旅行支票也有不同票面。以美元支票为例，分为 20 元、50 元、100 元、500 元、1000 元。附样 2-5 是一个旅行支票的实样。

附样 2-5 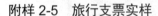旅行支票实样

5. 大额流通存单(Negotiable Certificate of Deposit CD)

大额流通存单是大银行发行的一种大额、固定金额、不记收款人名称的、固定期限的存款凭证，由存款客户购买持有(或转让)，到期发行银行支付本利和，属于本票性质的票据。其一般是长期的、可以流通转让的存单，最初的购买人或中间受让人可以再转让，并且可以在"二级市场"上买卖。因此大额流通存单不仅是发行银行到期支付本息的凭证，还是金融市场上流通的有价证券。

大额流通存单最早由美国各大银行开发发行，期限为 3 个月、6 个月或 1 年，最长为 5 年，存单最低金额为 2.5 万美元，一般为 10 万美元、20 万美元、30 万美元至 100 万美元，最高为 1000 万美元，其中 100 万美元的固定金额最受欢迎，并能享受优惠利率。

随着经济的发展，世界上许多国家也发行了大额流通存单。2015 年 6 月 2 日，中国人民银行在其网站公布《大额存单管理暂行办法》(以下简称《办法》)，推出大额存单产品。《办法》规定，个人投资人认购的大额存单起点金额不低于 30 万元，机构投资人则不低于 1000 万元。

6. 中央银行本票(Central Banker's Note)

中央银行本票(中央银行券)，等同于纸币的银行票据。国家规定中央银行有权签发即期定额付给来人的银行本票，相当于大额纸币。附样 2-6 是中国人民银行的央行本票实样。

附样 2-6　央行本票实样

7. 国库券(Treasury Bills /Securities)

国库券是国家财政部签发的、不记名的、金额固定的、到期还本付息的有价证券。国库券是 1877 年由英国经济学家和作家沃尔特·巴佐特发明，并首次在英国发行。因国库券的债务人是国家，其还款保证是国家财政收入，所以它几乎不存在信用违约风险，是金融市场风险最小的信用工具，是金融界流通性很强的票据。中国国库券的期限最短的为 1 年，而西方国家国库券品种较多，一般可分为 3 个月、6 个月、9 个月、1 年期等。国库券的面额起点各国不一。国库券采用不记名形式，无须背书就可以转让流通。英国与美国的国库券发行市场与流通市场非常发达。附样 2-7、附样 2-8 均为中国国库券实样。

附样 2-7　国库券实样

附样 2-8　国库券实样

第二章　国际结算的票据——资金单据

案例 2-12

甲公司员工持有该厂开户银行签发的、不能用于支取现金的银行本票，前往乙公司购买一批价值 10 万元的材料。由于该员工保管不慎，在途中将其装有银行本票的提包丢失。随后，甲公司根据该员工的报告，将银行本票遗失情况通知该银行本票的付款银行，要求挂失止付。但该银行对上述情况进行审查后拒绝办理挂失止付。试问：

(1) 该银行拒绝挂失止付的行为是否正确？为什么？

(2) 甲公司在被银行拒绝挂失止付后，可以采取哪些措施维护自己的权益？

案例分析：

(1) 该银行拒绝挂失止付是正确的。根据我国《支付结算办法》的规定，填明"现金"字样的银行本票丢失，可以由失票人通知付款人或者代理付款人挂失止付，而未填明"现金"字样的银行本票丢失不得挂失止付。

(2) 甲公司可以采取公示催告的措施维护其权益，即可以向银行本票支付地的基层法院提出公示催告申请，请求人民法院向该银行本票的付款银行发出立即停止付款的通知，并以公告方式通知不确定的利害关系人限期申报权利，逾期未申报者，则权利失效，而由法院通过除权判决宣告所丧失的银行本票无效。

第四节　支　　票

一、支票的定义

简单地说，支票(Cheque /Check)是以银行为付款人的即期汇票。详细地说，支票是银行存款客户对其开立账户的银行签发的，授权该银行即期支付一定数额的货币给一个特定人或其指定人或来人的无条件书面支付命令。

英国《票据法》对支票的定义为：A cheque is an unconditional order in writing addressed by the customer (the drawer) to a bank (the drawee) signed by that customer authorizing the bank to pay on demand a sum certain in money to or to the order of a specified or to bearer (the payee).

我国《票据法》第八十一条规定：支票是出票人签发的，委托办理支票存款业务的银行或者其他金融机构在见票时无条件支付确定金额给收款人或持票人的票据。实际上支票是银行存款客户用以向存款银行支取存款而开出的票据，首先交给收款人，再由收款人到银行提取票款或转入账户，或由收款人转让给他人，由持票人向银行提取票款或转入账户。

二、支票的必要项目

根据英国《票据法》的要求，结合附样 2-9 的例子说明支票的主要内容。实际应用中，标准的支票式样如附样 2-10 所示。

附样2-9　支票格式

```
Cheque(1)for £5,000.000 (7)                London, 31st Jan., 20××   (5)
    Pay (2)to the order of British Trading Co.(8)
    The sum of five thousand pounds only (6)
To：National West Minster Bank Ltd.,
    London (3)                             For London Export Corporation
                                                London
                                                Signed (4)
```

(1) 写明其为"支票"的字样(Cheque for)。
(2) 无条件支付命令。
(3) 付款银行名称和地点。支票付款人有资格限制，必须注明付款银行详细名称及地址。
(4) 出票人名称和签字。
(5) 出票日期和地点。支票为即期票据，各国票据法规定的提示期限很短，支票出票日期决定其有效期，必须明确。
(6) 写明"即期"的字样，如未写明，仍视为见票即付。
(7) 一定金额。支票是即期支付，票据上的利率条款无效。
(8) 收款人或其指定人。

附样2-10　标准支票式样

31st Jan.,20××16	Cheque (1)　　　　　　　London,31st Jan., 20×× 　(5) No.652156
Payee Tianjin Economic & Development Corp. £460.00	BANK OF EUROPE (3) LONDON Pay (2) to Tianjin Economic & Development Corp…(8) Or order the sum of Four hundred And sixty pounds (7)　£460.00 (7) For Sino-British Trading Co., London (4) signature
652156	652156　　　　60…2116　　　　12211125　　　　0000450000
↑ 票根 磁性编码	↑　　　　　　↑　　　　　　↑　　　　　　↑ 支票编号　　付款行代号　出票人在付款行　根据支票面额 磁性编码　　　　　　　　的支票专户账号磁码　加编的磁码

　　实际应用中，出票人都是向办理支票存款银行购买领用空白支票簿，因此，"支票"的字样、无条件支付的委托、付款人名称等都已事先印刷(记载)在空白支票的票面上。出票人签发支票时，只需要在空白支票票面的指定位置填写收款人名称、确定的金额、出票日期，并且签章。我国《票据法》规定，支票上的金额可以由出票人授权补记；支票上未记载收款人名称的，经出票人授权，可以补记。支票上的金额、日期、收款人名称不得更改，票据金额以中文大写和数字小写同时记载，二者必须一致，如果违反这些规定，都将导致支票无效。

三、支票主要当事人及其责任

(一)出票人(Drawer)

　　出票人即签发支票的银行存款客户，是主债务人，其主要责任有以下几点。

1. 票据上的责任

(1) 担保付款的责任。出票人对收款人及其后手应照文义担保支票的付款，如付款银行拒付时，出票人应负偿还责任。

(2) 提示期限过后的责任。支票提示期限为合理的时间，但票据法有规定，虽然提示期限已过，出票人对持票人仍有支付票款的责任；如果持票人不按期提示，致使出票人受到损失，应负赔偿之责，赔偿金额不超过票面金额。

(3) 付款提示期内不得撤销已开出的支票。《日内瓦统一支票法》规定，支票的撤销只能在提示期满之后。

支票的提示期限，《日内瓦统一支票法》规定为：出票地和付款地在同一国的，为出票日后 8 天；出票地和付款地在不同国但在同一洲的，为出票日后 20 天；出票地和付款地在不同洲的，为出票日后 70 天。如果超过期限，支票作废，但出票人对持票人仍有支付票款的责任。英国《票据法》对支票提示期限的规定与汇票相同。我国《票据法》规定，支票的持票人应当自出票日起 10 日内提示付款，超过提示付款期限的，付款人可以不付款；持票人对支票的权利，自出票日起 6 个月内有效；如果超过有效期仍不行使票据权利，票据权利自动作废。

案例 2-13

A 公司收到出票人 2016 年 12 月 8 日签发的一张转账支票，12 月 17 日公司将支票交存开户银行 H 支行，该支行在 12 月 20 日提出交换，被付款行退票，退票理由是支票过期，应在 12 月 17 日提出交换。试分析：①付款行退票的做法是否正确？②对于这种情况应当根据哪些规定处理？

案例分析：

①付款行退票的做法不正确。A 公司将支票交存开户银行 H 支行的时间是 12 月 17 日，并没有超过支票 10 天的提示付款期，H 支行 20 日提出交换时，已超过提示付款期，这和持票人 A 公司无关，不能让 A 公司承担因银行系统内部原因造成的迟提票据的责任。②《支付结算办法》第三十七条规定，通过委托收款银行或者通过票据交换系统向付款人或代理付款人提示付款的，视同持票人提示付款；其提示付款日期以持票人向开户银行提交票据日为准。付款人或代理付款人应于见票当日足额付款。本条所称"代理付款人"是指根据付款人的委托，代理其支付票据金额的银行。

2. 法律上的责任

空头支票是指支票金额超过出票人在银行支票账户中的存款余额，或者超过付款行允许的透支额度，或者在银行无存款而签发的支票。我国《票据法》规定，出票人签发空头支票、印章与银行预留印鉴不符的支票、使用支付密码但支付密码错误的支票，银行除将支票做退票处理外，还要按票面金额处以 5%但不低于 1000 元的罚款；持票人有权要求出票人赔偿支票金额 2%的赔偿金。

我国《票据法》还规定，出票人签发支票，必须在办理支票存款业务的金融机构开立有支票存款账户，签订支票协议，并存入一定的资金。对于屡次签发空头支票的失信者，银行有权拒绝为其办理支票结算业务。

案例 2-14

某实业公司因经营需要，急需资金，可是账面只有 9 万余元，经过多番协商，收回了以前向某投资公司的投资款 120 万元。3 月 1 日，该实业公司将收到的 120 万元转账支票交存其开户银行(甲银行)。3 月 2 日，这张转账支票被投资公司的开户银行(乙银行)退票，其理由是：支票空头，存款不足。但是，据查当日投资公司账户存款余额是 138 万元，足以支付 120 万元还款。实业公司自信 120 万元转账支票可以及时划拨入账，在不知被退票的情况下，遂于 3 月 5 日开出两张转账支票，金额分别为 78 万元和 34 万元。甲银行因其账户内存款只有 9 万余元，不足以支付所签发的转账支票，也以"支票空头，存款不足"为由向持票人退票，并对实业公司处以罚款 5 万元。实业公司不服，遂起诉两银行。

案例分析：

分析要点是本案中涉及的三张转账支票是否是空头支票，关系到银行的退票理由是否正当，是否应当承担票据法律责任。根据《票据法》的规定，出票人签发的支票金额超过其付款时在付款人处实有的存款金额为空头支票。对于空头支票，银行有权做出退票处理。倘若不是空头支票，且无其他正当理由，银行擅自退票，则要承担由此而引起的经济损失。

首先，某投资公司签发的 120 万元转账支票不是空头支票。因为事实表明划账之日其开户银行账户内存有 138 万元，足以支付。乙银行以"支票空头，存款不足"退票，没有正当理由。乙银行无正当理由退票，违反了银行的结算制度。

其次，某实业公司签发的 78 万元和 34 万元两张转账支票是空头支票。因为实业公司签发两张转账支票之日(3 月 5 日)时，投资公司的转账支票未到账，其账户内的存款只有 9 万余元，就不足以支付这两张转账支票。

(二)付款银行(Paying Bank)

付款银行即为支付支票票款的银行，是存款客户的开户银行。它负责在合理的期限内，对交来的支票审查其合格性，特别是核对出票人签字的真实性，并在检验符合之后才付款。划线支票的付款行、保付支票的付款行更有特殊的责任，随后在相应地方加以说明。付款银行可以在付款时要求收款人作收款背书。

支票持票人向付款人提示付款的方式有两种：一是持票人到付款人的营业场所直接向付款人提示票据，请求付款；二是委托开户银行通过票据交换系统向付款人提示票据，视同持票人提示付款。

案例 2-14

甲公司于 20××年 7 月 15 日因业务原因向乙(个体户)开具转账支票一张，金额为 1000 元整。乙将该支票金额涂改后变造为拾万元整，并持该支票按规定程序从甲公司的开户行丙银行将款转入自己账户，7 月 20 日乙从其账户中提出拾万元现金后下落不明。甲公司发现后要求丙银行赔偿，丙银行认为：银行严格按规定履行了审查手续，由于乙变造手法高明，银行职员无法用肉眼直观看出票据被变造过，银行无过错，银行不承担赔偿责任；甲公司账户中的拾万元是乙用变造的支票骗领的，乙的行为涉嫌诈骗，应当在乙被抓捕后，查证事实，由乙向甲公司赔偿。甲公司在与丙银行多次协商未果的情况下，将丙银行诉至法院。试分析丙银行的做法是否正确？甲公司的资金怎么找回？

案例分析：

①甲公司的损失是由于丙银行的重大过失直接造成的，丙银行应依法向甲公司承担民事责任即赔偿损失。《中华人民共和国票据法》第九条第二款规定："票据金额、日期、收款人名称不得更改，更改的票据无效。"本案中，乙将支票金额涂改，应属于无效票据，按照法律规定不能付款。《中华人民共和国票据法》第五十七条第二款规定："付款人或其代理付款人以恶意或有重大过失付款的，应自行承担责任。"丙银行对于乙变造的支票未能识别，导致甲公司账户资金损失，按照上述法律规定，丙银行有重大过失，依法应向甲公司承担民事赔偿。②虽然乙变造支票涉嫌诈骗，是乙的行为才引起甲公司账户资金的损失，但乙是诈骗丙银行，而不是甲公司，因此，乙除承担刑事责任外，依法还必须向丙银行承担民事责任，不是直接向甲公司承担民事责任。本案例中甲公司和丙银行的赔偿纠纷与乙涉嫌诈骗丙银行资金不属于同一法律关系，甲公司与丙银行的赔偿纠纷不必等到将乙抓捕后再审理，而应依法及时审理。

(三)收款人(Payee)

收款人是支票的接受者，是支票的第一个持票人，其责任和权利与汇票的收款人相同。英国《票据法》规定支票的收款人与汇票、本票收款人有一样的权责。《日内瓦统一支票法》规定，汇票、本票不可以做成来人抬头，但支票可以做成来人抬头，如果支票上没有记载收款人名字，则视为来人抬头。我国《票据法》第八十六条规定，支票上没有记载收款人名字时，有出票人授权可以补记，出票人也可以记载自己为收款人。

四、支票的划线

因为支票是汇票的一种特殊形式，支票的票据行为大多与汇票相同，相同的部分这里不再赘述，着重说明其特殊的票据行为，即划线。

支票可以划线，即在支票正面左上角划两道斜的平行线，可以防止支票丢失后被人取现，以表示支票不能提取现金，只能转银行账户。划线是支票的特有制度，大多数国家的票据法都有划线制度的说明。美国没有划线制度，但它的"计算支票"制度与划线制度具有相同的作用。支票划线的式样如附样 2-11 所示。

附样 2-11 支票划线式样

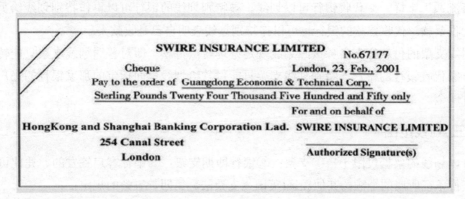

(一)支票划线的种类

支票划线可分为普通划线和特别划线。

1. 普通划线(General Crossing)

普通划线(General Crossing)指在两条平行线中不注明收款银行的名字，持票人可通过任何一家银行代收票款。普通划线一般有以下几种形式。

(1) 在支票上划两道横过票面的平行线，中间无任何加注。

(2) 在平行线中加注"banker"字样。

(3) 在平行线中加注公司，"&Company" or "&Co."字样，此种很少使用。

(4) 在平行线中加注"Not Negotiable""不可流通"字样，如仍转让，受让人权利不能优于前手。

(5) 在平行线中加注"Account Payee 或 A/C Payee""记入收款人账户"字样，指示代收行将票款记入收款人账户。

2. 特别划线(Special Crossing)

特别划线(Special Crossing)，指平行线中写明指定代收银行的名称，其他银行不能代收款项。实际中要注意，特别划线中的银行只可指定一家银行，不得指定两家以上的银行；特别划线中，可以仅银行名称一种划线，也可包含支票划线的一种或两种字样；特别划线支票的付款银行，如将票款付给非划线记载之特别银行，应对真正所有人负由此发生损失的赔偿责任，赔偿金额以支票金额为限。

英国《票据法》第七十八条规定，划线是支票的重要组成部分，支票一经划线，任何人无权撤销，即使划线撤销，记载仍有效。任何一种普通划线都可以加上收款银行名称变为特别划线，但特别划线不能撤销银行名称变为普通划线。

(二)划线当事人和划线支票付款行

谁可以为支票划线呢，主要有两种情况：①出票人和持票人可以划线。出票人作普通划线，持票人可以把它转化为特别划线；出票人作普通划线或特别划线，持票人可以加注"不可流通"字样。②代收银行可以划线。被特别划线的银行可以再作特别划线给另一家银行代收票款。代收票款的银行也可以作特别划线表明自己是收款人。

划线支票的付款行有义务按照划线规定办理转账付款。即对普通划线支票只能转账付款给一家代收银行的账户，特别划线支票只能付款给划线里面指定的那家银行的账户，不能支付现金。

(三)划线范围

可以划线的票据仅限于：①支票；②银行即期支票；③银行客户签发的、凭此可以从银行获得单证所属的金额的其他凭证(英国《支票法》第四、五条的规定)。

(四)划线的作用

支票划线的目的是防止支票遗失或被偷窃后转让冒领。如果被盗窃冒领，代收银行代为收账，很容易被追踪查出，票款真正所有人有权从盗窃或帮助盗窃获得票款的人手中讨还票款，真正所有人这种权利从付款之日起保留 6 年。如果盗窃者把划线支票转让他人，收取对价，则必须伪造背书，但伪造背书的后手不能成为持票人，即使有人轻率地买了那张支票，付款行也不能付款给他。如果盗窃的是一张"不可流通"划线支票，诱骗一个无辜者购买此票，那么无辜者也不能从银行获得票款，即使能从银行获得票款，真正所有人在 6 年之内有权要求银行赔偿。

五、支票的拒付

付款行对于不符合付款条件的支票拒付并退票就称为拒付。一般拒付的理由如下。

(1) 出票人签字不符(Signature differs)。
(2) 奉命止付(Orders not to pay)。
(3) 存款不足(Insufficient fund)。
(4) 请洽出票人(Refer to drawer)。
(5) 大小写金额不符(Words and figures differ)。
(6) 大小写金额出票人确认(Amount in words requires drawer's confirmation)。
(7) 金额须大写(Amount requires in words)。
(8) 支票开出不符合规定(Irregularly drawn)。
(9) 支票未到期(Post-dated)。
(10) 支票逾期提示或过期支票(Out of date or stale cheque)。
(11) 须收款人背书(Payees endorsement required)。
(12) 重要项目涂改须出票人确认(Material alterations to be confirmed by drawer)。

六、支票的止付

支票的止付指付款银行停止支付票款，一般有以下几种情况。

1. 付款取消(Countermand of payment)或停止支付(Stop payment)通知

当出票人认为收款人不能履行与之签订的合同，或对当时的出票反悔时，可以向付款银行发出止付通知；当支票丢失或毁坏，收款人应立即告知出票人，进行挂失并作止付通知。接到止付通知后，付款行对支票的责任授权就终止，如果该支票再提示，收款行在支票上注明"奉命支付"(Orders not to pay)，并退票。如果在接到止付通知之前就已经付款了，收款行不接受止付命令，相关事务由出票人自己处理。支票止付后，出票人和任何背书人对正当持票人的责任并没有解除。

2. 客户死亡或破产通知

如果存款客户死亡或公司破产，付款行接到通知，应停止支票支付。

实际应用中，为了防止出票人开出空头支票再请求支票的止付，从而逃避责任，《日内瓦统一票据法》禁止在有效期内支付支票，即使出票人死亡或破产也不例外。英国《票据法》允许支票止付，但必须在收到出票人签字的书面通知后才执行；同时还规定，如有确凿证据证明出票人死亡或破产，付款行有权止付。

七、支票的种类

1. 按照收款人的不同划分为记名支票和不记名支票

（1）记名支票(Cheque payable to order)，在支票的收款人一栏内写明收款人姓名，取款时需由收款人签章，方可取走。

（2）不记名支票(Cheque payable to bearer)又称空头支票(Cheque in blank)或来人支票，支票上不记载收款人姓名，或只写"付来人"(Pay bearer)，取款时不需收款人签章即可取走，可以仅凭交付而转让。

2. 按照收款人的不同划分为银行支票和私人支票

（1）银行支票(Banker's Cheque)：当一家银行在另一家银行开立账户，而开出的让另一家银行付款的支票。

（2）私人支票(Personal Cheque)：一般客户向银行开出的支票。

3. 按照支票是否划线划分为划线支票、现金支票和普通支票

（1）划线支票(Crossed Cheque)，在支票正面划两道平行线的支票，划线支票不能直接领取票款，只能委托银行代收票款入账。

（2）现金支票(Open Cheque)，持票人可以直接提取现金的支票。

（3）普通支票(General Cheque)或一般支票，可以委托银行收款入账，也可由持票人自行提取现款。

4. 按照支票是否保付划分为不保付支票和保付支票

不保付支票(Uncertified Cheque)就是与保付支票(Certified Cheque)相对而言的没有得到保付的支票，这里着重讲解保付支票。

1）保付支票概述

保付支票(Certified Cheque)，是由付款银行在支票上加盖"保付"(CERTIFIED)戳记并签章的支票。为了避免出票人开空头支票，收款人或持票人可以要求付款行在支票上加盖"保付"印记，以保证到期一定能得到付款。支票一经保付，表明支票提示时一定能够得到付款，付款行成为"保付行"并承担付款责任，付款银行会将票款从出票人账户转入一个特殊账户"保付账户"，以备付款。所以保付支票提示时，不会退票。支票保付后，付

款银行成为主债务人,出票人和背书人都因此免除责任,持票人不受付款提示期的限制,即使在期限以外仍可请求付款,付款行仍有付款义务。如果持票人遗失保付支票,一般不作止付通知。

付款银行进行保付时必须对支票全部金额保付,也只能在出票人的存款余额之内或者在出票人与付款银行订立的信用协议额度之内进行保付,超额保付的应负相应的法律责任,如果由此给出票人带来损失,要承担赔偿责任。

2) 保付与保证

保付能增强支票付款的确实性,对支票的付款起着不可替代的保证作用。汇票的保证主要是增强票据的信用功能。二者作用相似,但存在本质区别:①适用的范围不同。保付是只适用于支票的一种特殊制度;保证可适用于汇票及本票,不适用于支票。②票据行为人不同。保付的行为人只能是付款银行,而保证则是除票据债务人之外的任何人。③付款的效力不同。保付人付款后,支票上的票据权利义务结束,不存在向其他票据债务人追索问题;而保证人付款后,只消灭了部分票据权利义务,被保证人的后手得以免除票据责任,持票人仍向承兑人、被保证人及其前手行使追索权。④行为人责任不同。支票一经保付,付款人就成为单独的、绝对的付款义务人,出票人及背书人均免除其责任(日本支票法则无此效力);保证人保证行为之后,则与被保证人承担相同的责任,保证人付款后,还可以票据权利人的身份向被保证人及其前手主张票据权利。⑤保证金额不同。支票保付,不得对支票金额的一部分进行;票据保证,保证人可以对部分金额进行(我国《票据法》规定,保证不能就部分金额进行)。

3) 保付与承兑

支票的保付人和汇票的承兑人都承担绝对付款责任。但保付与承兑是两种不同制度,有诸多区别所在:①适用范围不同。保付制度仅适用于支票,承兑制度仅适用于汇票。②适用前提不同。保付以出票人与付款人之间存在的资金关系或有关支票的特殊合同关系为前提;汇票是否承兑考虑的前提是付款人与出票人的关系,不一定是资金关系。③提示期间限制及提示时间不同。支票保付后不再受提示期限的限制,汇票承兑后仍需要在规定时间提示付款。④票据行为效力不同。支票经保付后付款人成为绝对付款义务人,可以使出票人和其他票据债务人全部免责;汇票承兑不能产生免责效力,承兑人到期拒绝付款时,持票人可对其所有前手行使追索权。⑤票据遗失后补救措施不同。经保付的支票在一定意义上具有与货币相同的性质,一旦遗失,持票人不能挂失止付,只能通过法院做出除权判决;而经承兑的汇票遗失后,可以进行止付通知。

【知识拓展10】我国制定的支付结算方面的法律和规章(扫前言二维码)

八、支票与汇票、本票的异同

支票与汇票、本票的比较如表 2-2 所示。

表 2-2 支票与汇票、本票的比较

	异同	汇票	本票	支票
相同点	1. 性质 2. 流通	属于以支付金额为目的的票据，都具备必要的内容，都具有一定的票据行为。记名式和指示式的票据，经背书可以转让；来人式票据，经过交付即可转让，转让后成为市场上的流通工具。		
不同点	1. 定义	委托(委托他人付款)证券	约定(约定本人付款)证券	委托(约定银行付款)支付证券
	2. 用途	结算工具，信用工具	结算工具，信用工具	结算工具
	3. 期限	即期，远期	即期，远期	即期
	4. 基本当事人	出票人，付款人，收款人	制票人，收款人	出票人，付款行，收款人
	5. 份数	一套(正本与副本)	一份(只有正本)	一份(只有正本)
	6. 出票基础	出票人与付款人之间不必先有资金关系	出票人与付款人为同一个人，不存在所谓的资金关系	出票人与付款人之间必须先有资金关系
	7. 承兑	远期汇票尤其是见票后若干日付款汇票必须承兑	出票即已承诺，不须承兑	本身为即期，不须承兑
	8. 贴现	可贴现	可贴现	不能贴现
	9. 责任	承兑前，出票人是主债务人；承兑后，承兑人是主债务人	出票人始终是主债务人	出票人始终是主债务人
	10. 追索权	票据有效期内，持有人对出票人，背书人承兑人都有追索权；过期提示遭拒付，对票据上一切当事人丧失追索权	只对出票人有追索权；过期拒付,对背书人丧失追索权,对出票人仍可行使追索权 6 年	只对出票人有追索权；过期拒付，持票人仍可向出票人追索
	11. 保证	可由非汇票债务人作保证	无须保证	没有保证，有保付

本 章 小 结

票据代替现金行使支付功能，在结算业务中具有非常重要的地位。国际结算常用的票据有：汇票、本票和支票。理解并掌握了票据的概念和含义、基本内容、当事人及其权利义务、票据行为，才能识别票据、使用票据，保证国际贸易结算顺利进行。

汇票是国际结算中使用较多的票据，汇票的基本当事人有：出票人、付款人和收款人。在汇票流通过程中产生许多票据行为：出票、承兑、背书、提示、付款和保证等，同时也会有相应的当事人，当事人参与汇票流通就有相应的权利需求以及责任所在。汇票的主要

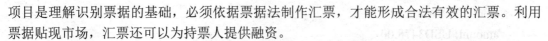

项目是理解识别票据的基础，必须依据票据法制作汇票，才能形成合法有效的汇票。利用票据贴现市场，汇票还可以为持票人提供融资。

本票是制票人的付款承诺，与汇票有许多相同之处，但在基本当事人、名称含义、付款性质、票据行为等方面存在差异，实际应用中有一些衍生的本票据性质的票据：国库券、旅行支票、央行本票、大额可流通存单等。

支票是一种特殊的汇票，是一种银行付款的即期汇票，因而与汇票有很多相同之处，但也有其特殊之处：划线。支票的划线是为了防止票据遗失被他人冒领现金。支票划分为现金支票与转账支票。如果再加上付款银行的保证承诺，支票就变成了保付支票，进一步增强了支票的信誉。

票据必须依据票据法开立与流通使用，因而各个国家大都有自己的票据法。国际票据法有两大法系：英美法系与大陆法系，并且两大法系在一些行为规定上有不同的界定。

复习思考题

一、名词解释

票据、汇票、抬头、出票、背书、承兑、正当地付款、退票、追索、参加承兑、参加付款、保证、本票、支票、空头支票、空白支票、划线支票、保付支票

二、简述题

1. 简述票据的基本特点。
2. 简述汇票的付款期限种类。
3. 简述汇票收款人的种类。
4. 简述如何背书及其种类。
5. 简述承兑及其种类。
6. 简述票据的法律体系。
7. 比较汇票、支票、本票的异同点。

三、制作英文票据练习

根据所给的票据内容项目，书写标准的英文汇票。

1. drawer： George Anderson Inc., New York
   drawee： Irving Trust Company, New York
   payee： Brown and Thomas Inc., or order
   date： 28 May, 20××
   amount： £4679.50
   tenor： at 90 days after sight
   drawn under Credit No:2468 against shipment of cotton from Australia to St.Louis
2. drawer: China National Animal By-products Imp. & Exp. Corp., BeijingBranch, Beijing
   drawee: Bank of Atlantic, London
   payee: the order of China National Animal By-products Imp.& Exp. Corp., Beijing Branch

date: 28 May, 20××
amount: USD3478.00
tenor: at 30 days after date
drawn clause: issuing bank: Bank of Atlantic ,London
issuing date : 30 March.,20××, L/C No:1162/02

四、Please fill up the following black spaces to complete some of the actions of instruments.

(1) Acceptance: 27 June, 20××, to mature (date), payable at name of drawee and place, signature.

(2) Aval: For account of Laurance importing Co., London, Lioyds Bank Ltd., London, signature.

(3) Blank Endorsement:
For Name of 1st holder,
Place
  signature

(4) Special Endorsement:
Pay to order of Everbringht Bank, Tianjin
For Name of 1st holder, place
  signature

(2) Per Aval	(1) Acceptance	Exchange for GBP23,450.00　　　　Tianjin, 20 June 20××
		At 90 days after sight pay to the order of ourselves
		the sum of pounds twenty-three thousand four hundred fifty only
		Drawn against shipment of photographic spools from Tianjin to London for collection.
		To： Laurance importing Co.,　　　For Sunlight Exporting Co.,
		London　　　　　　　　　　　　　Tianjin
		Signature

(3) Blank Endorsement

(4) Special Endorsement

五、Please fill up the following black spaces.

We know this is a usance bill, the issuing date of the bill is October 22, 2017, as the assumption, please fill up the following black spaces.

① If the tenor of the bill is "one month after date", the paying date should is (＿＿＿＿＿＿＿＿＿＿＿＿).

② Suppose the accepting date of the bill is "October 28, 2017", the bill will be payable at "half month after sight", and its due date will be (＿＿＿＿＿＿＿＿＿＿＿＿＿＿).

③ If the bill is dishonored by non-acceptance, the holder makes a protest according to the relative law within the specified time, and the holder gets the protest on "October 30, 2017", the bill will be payable at "30 days after sight", then the paying date is (＿＿＿＿＿＿＿＿＿＿＿＿).

④ According to the third question, if the paying date is non-business day, it is Saturday, so the bill should be paid on (＿＿＿＿＿＿＿＿＿＿＿＿＿＿).

六、案例分析

1. 甲公司从乙公司购进 2000 吨水泥，总价款 50 万元。水泥运抵后，甲公司为乙公司签发了一张以甲公司为出票人和付款人、乙公司为收款人的，3 个月后到期的商业承兑汇票。

1 个月后，乙公司从丙公司购进木材一批，总价款 455000 元。乙公司就把甲公司开的汇票背书转让给丙公司，余下的 45000 元用支票方式支付完毕。

甲公司收到货物后发现 2000 吨水泥中有一半质量不合格，双方发生纠纷。等汇票到期时，丙公司把汇票提交甲公司要求付款，甲公司拒绝付款，理由是乙公司供给的水泥不合格，不同意付款。

试分析，甲公司是否可以拒绝付款？理由如何？

2. 甲公司为了向乙公司购买一批货物，于 3 月 11 日签发一张同城转账支票给乙公司用于支付贷款。乙公司于 3 月 13 日将该支票背书转让给丙公司。之后甲、乙公司之间的买卖合同解除。试分析：

(1) 持票人丙公司能否要求付款银行支付现金？为什么？

(2) 付款银行能否以甲、乙公司之间的买卖合同解除为理由拒绝向丙公司付款？为什么？

(3) 丙公司于 3 月 23 日向付款银行提示付款，银行能否拒绝付款？为什么？

chapter2 票据.pptx

第三章 汇　　款

学习目标

通过对本章的学习，主要了解汇款业务的基本概念、基本特点、关于退汇、拒付等基本知识以及汇款在国际贸易中的应用；掌握汇款业务具体种类的业务程序过程；理解并掌握汇款业务中汇款头寸调拨的具体指令与详细操作。

核心概念

国际汇兑(International Exchange)　顺汇(Remittance)　逆汇(Reverse Remittance)　电汇(Telegraphic Transfer)　信汇(Mail Transfer)　票汇(Remittance by Banker's Demand Draft)　汇款偿付(Reimbursement of Remittance Cover)　赊销(Open Account)　售定(Be sold out/up)　寄售(Consignment)

案例导读

中国粮油食品进出口股份公司向其账户银行提出汇款申请，要汇出合同 CT0017-97 项下的佣金 1500 美元，收款人是 Join Smith, 他的账户在美国的花旗银行，账号为 079663555-2，汇出银行是中国银行北京分行。

思考问题：(1) 用哪种汇款方式汇这笔款呢？

(2) 电汇、信汇、票汇哪种方式费用少点？

(3) 如何填写汇款申请书？汇款又是怎么到达收款人手里的？

第一节　国际汇兑概述

国际汇兑(International Exchange)，亦称国外汇兑(Foreign Exchange)，具有动态(Dynamic)和静态的(Static)两种含义。动态含义是指通过银行把一个国家货币兑换为另一个国家的货币，并借用各种信用工具，将货币资金转移到另一个国家，以清偿国家间由于贸易或非贸易往来所产生的债权债务关系的专门性经营活动。静态含义是指某种以外币表示的，用于国际结算的支付手段，通常称其为"外汇"。我们这里注重动态含义，主要阐述清算国际债权债务关系的这种行为和活动，即国际结算行为。国际贸易实务中，银行接受进出口商委托办理汇款、托收、信用证等国际汇兑业务，以结清进出口商之间的债权与债务。

从资金流向和单据传递方向上看，国际汇兑业务又可分为顺汇法和逆汇法，也称顺汇和逆汇。有关顺汇和逆汇的比较如表 3-1 所示。

顺汇(Remittance)又称汇付法，是债务人主动将款项支付给债权人，其特点是资金流动方向与单据传递方向相同，汇款方式属于顺汇结算方式。国际贸易结算中，顺汇可以说是进口商主动委托银行付款给出口商，顺汇业务可用图 3-1 来表示。

表 3-1 顺汇与逆汇的比较

比较项目	顺 汇	逆 汇
概念界定	资金从付款一方转移到收款一方,由付款方主动汇付的方式,是国家间通过银行进行资金转移的一种方式,汇款资金从汇款人到收款人的流向,资金的流动方向与汇票传递方向相同	收款人(债权人)出票,通过银行委托其国外分支行或代理行向付款人收取汇票上所列款项的一种支付方式,汇款资金从汇款人到收款人的流向,资金的流动方向与汇票传递方向相反
应用范围	资本借贷、赠予、贸易从属费(佣金、回扣、履约保证金、样品款等)以及非贸易往来收支(侨汇、旅行支票等),而在国际贸易往来中很少使用	托收(商业信用):光票托收、跟单托收、承兑交单 信用证(银行信用):跟单信用证和光票信用证 常用于国际结算支付
支付方式应用	预付货款;货到付款;分期付款	付款交单
风险情况	商业信用,风险较大;预付货款,买方承担较大风险,货到付款,卖方承担风险	托收是商业信用,出口商承担主要风险,出口商发货之后才收款 信用证是银行信用,单证无误,就没有收汇的风险

图 3-1 顺汇

逆汇(Reverse Remittance)又称出票法,是债权人以开立汇票方式委托第三者(一般是债权人所在地银行)向国外债务人收取款项,其特点是资金流动方向与单据传递方向相反,托收和信用证属于逆汇结算方式。国际贸易结算中,逆汇可以说是出口商主动委托银行向进口商收款,逆汇业务示意图可用图 3-2 来表示。

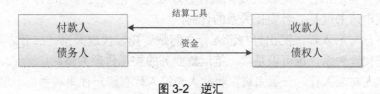

图 3-2 逆汇

第二节 汇款结算方式概述

一、汇款含义及其当事人

汇款(Remittance)是一种顺汇方式,指汇款人(债务人)主动将款项交存银行,委托银行(汇出行)以一定的方式将一定的款项,通过其国外联行或代理行作为付款银行(汇入行)交给收款人(债权人)的一种结算方式,也称汇付。

汇款是产生最早和最简单的结算方式,也是各种结算方式的基础。汇款是以商业信用为基础的结算方式,只是利用国际银行间相互划拨款项的便利,并不涉及银行的信用,买卖双方能否履行合同,完全取决于彼此的信用。

全球银行同业间资金调拨、银行零售及批发业务、各类经济及非经济行为所产生的资金转移与支付,大都是通过国际汇兑实现的。汇付除了适用于单位之间的款项划拨外,也可用于单位对异地的个人支付有关款项,如退休工资、医药费、各种劳务费、稿酬等,还可适用个人对异地单位所支付的有关款项,如邮购商品、书刊,支付大学学费等。

1. 汇款基本当事人

(1) 汇款人(Remitter),即付款方,是债务人,国际贸易结算中,一般是进口商。汇款人责任是办理汇款委托书、提供汇款的资金并支付相关费用。

(2) 收款人或受益人(Payee or Beneficiary),即收款方,是债权人,国际贸易结算中,一般是出口商,它有权接受资金款项。

(3) 汇出行(Remitting Bank),是接受汇款人委托汇出款项的银行,汇出行所办理的汇款业务,称汇出汇款(Outward Remittance)。汇出行通常是汇款人当地的银行或者汇款人的账户银行,其责任是完全按汇款人委托要求办理汇款业务,把款项交给收款人。汇出行办理汇款业务会收取相应的手续费,手续费的标准各个国家都有相应的规定。

(4) 汇入行(Paying Bank),是接受汇出行委托,解付汇款的银行(或解付行),汇入行办理的汇款业务称为汇入汇款(Inward Remittance)。汇入行通常是收款人当地的银行,是汇出行的联行或代理行,其责任是检验汇出行委托指令的真实性、通知收款人取款并付款。如果由于某种情况不能及时解付汇款,应尽早通知汇出行并说明原因,等待进一步指示。

2. 基本当事人之间的关系

(1) 汇款人与收款人。非贸易汇款,往往表现为单方面的资金转移,汇款人与收款人之间就是资金提供与接受的关系;贸易汇款,表现为进口货款及相关费用的支付,汇款人与收款人之间就是债权债务关系。

(2) 汇款人与汇出行。汇款人委托银行办理业务,汇款人与汇出行之间是委托与被委托关系,汇款申请书就是二者委托关系的合约。

(3) 汇出行与汇入行。汇出行与汇入行之间是委托、代理关系。二者之间可以是事先订立好的委托代理关系,也可以是就一笔汇款业务的委托代理关系。

(4) 收款人与汇入行。一般来讲,收款人与汇入行有账户往来关系。一笔汇款业务中,收款人往往都会提供其账户银行,以便汇款快捷顺利到账。

二、汇款方式的种类及业务程序

汇款方式的一般业务程序为:①由汇款人向汇出行递交"汇出汇款申请书",委托该行办理汇出汇款业务;②汇出行按申请书的委托,用某种结算工具通知汇入行;③汇入行按双方银行事先订立的代理合约审核汇款业务的真实性;④汇入行按照汇出行的指示向收

第三章 汇款

款人解付汇款。

  汇款申请书是汇款业务开始和顺利进行的保证文件，也是汇款人与汇出行之间的契约文件，在汇款业务中起着非常重要的作用。汇款人必须认真准确填写汇款申请书，附样3-1展示的是中国银行境外汇款的申请书实样。

附样3-1 汇出汇款申请书示例

境 外 汇 款 申 请 书
APPLICATION FOR FUNDS TRANSFERS (OVERSEAS)

致： 中国银行 TO: BANK OF CHINA				日 期 Date	
	□ 电汇 T/T □ 票汇 D/D □ 信汇 M/T	发电等级 Priority	□ 普通 Normal □ 加急 Urgent		
申报号码 BOP Reporting No.	□□□□□ □□□ □□	□□□□□ □□□□			
20 银行业务编号 Bank Transac. Ref. No.		收电行/付款行 Receiver / Drawn on			
32A 汇款币种及金额 Currency & Interbank Settlement Amount		金额大写 Amount in Words			
其中	现汇金额 Amount in FX		账号 Account No./Credit Card No.		
	购汇金额 Amount of Purchase		账号 Account No./Credit Card No.		
	其他金额 Amount of Others		账号 Account No./Credit Card No.		
50a	汇款人名称及地址 Remitter's Name & Address				
□对公 组织机构代码Unit Code □□□□□□□□-□ □对私		个人身份证件号码 Individual ID NO. □中国居民个人Resident Individual □中国非居民个人Non-Resident Individual			
54/56a	收款银行之代理行名称及地址 Correspondent of Beneficiary's Bank Name & Address				
57a	收款人开户银行名称及地址 Beneficiary's Bank Name & Address	收款人开户银行在其代理行账号 Bene's Bank A/C No.			
59a	收款人名称及地址 Beneficiary's Name & Address	收款人账号 Bene's A/C No.			
70	汇款附言 Remittance Information	只限140个字位 Not Exceeding 140 Characters	71A	国内外费用承担 All Bank's Charges If Any Are To Be Borne By □汇款人OUR □收款人BEN □共同SHA	
收款人常驻国家（地区）名称及代码 Resident Country/Region Name & Code				□□□	
请选择： □预付货款 Advance Payment □货到付款 Payment Against Delivery □退款 Refund □其他 Others 最迟装运日期					
交易编码 BOP Transac. Code □□□□□□	相应币种及金额 Currency & Amount		交易附言 Transac.Remark		
本笔款项是否为报税货物项下付款 □是 □否 合同号 发票号					
外汇局批件/备案表号/业务编号					
银行专用栏 For Bank Use Only		申请人签章 Applicant's Signature		银行签章 Bank's Signature	
购汇率 @ Rate		请按照贵行背页所列条款代办以上汇款并进行申报 Please Effect The Upwards Remittance, Subject To The Conditions Overleaf:			
等值人民币 RMB Equivalent					
手续费 Commission					
电报费 Cable Charges					
合计 Total Charges		申请人姓名 Name of Applicant		核准人签字 Authorized Person	
支付费用方式 In Payment of the Remittance	□ 现金 by Cash □ 支票 by Check □ 账户 from Account	电话 Phone No.		日期 Date	
核印 Sig. Ver.		经办 Maker		复核 Checker	
填写前请仔细阅读各联背面条款及填报说明 Please read the conditions and instructions overleaf before filling in this application					

案例 3-1

某日,上海 A 银行某支行通过其分行汇款部办理一笔美元汇出汇款,分行经办人员在审查时发现汇款申请书中收款银行一栏只填写了"Hong Kong and Shanghai Banking Corp. Ltd.(汇丰银行)",而没有具体的城市名和国家名。为此,经办人员即以电话查询该支行的经办人员,后者答称当然是香港汇丰银行,城市名称应该是香港。分行经办人员即以汇丰银行香港分行作为收款人向海外账户行发出了付款指令。事隔多日,收款人告知迄今仍未收到该笔款项,上海汇款人到支行查询。分行汇款部立即电告海外账户行,告知收款人尚未收到汇款,请复电告知划付日期。账户行回电称,该笔汇款已由收款银行退回,理由是无法解付。这时,汇出行仔细查询了汇款申请书,看到收款人的地址是新加坡,那么收款银行理应是新加坡的汇丰银行而不是香港的汇丰银行,在征得汇款人的同意后,重新通知其海外账户行将该笔汇款的收款银行更改为"Hong Kong and Shanghai Banking Corp. Ltd., Singapore",才最终完成了这笔汇款业务。

案例分析:

本案例中汇出款项最初之所以没有顺利解付的原因,就在于没有准确向汇入行提供收款银行的准确地址和名称。

案例启示:

①汇款人要正确填写汇款申请书,特别是收款人或收款银行的详细地址,不能填错或漏填。②银行工作人员应该认真审查汇款申请书,发现汇款人填写不全时务必请其详细填写,以防汇错地址,导致收款人收不到款或被人误领。如果由于某些原因不能确切知道收款行或收款人的详细地址时,应向知情的当事人询问清楚,不能主观推测。

根据汇款业务所使用的结算工具不同,汇款方式可分为以下三种。

(一)电汇(T/T Telegraphic Transfer)

电汇是应汇款人的申请,汇出行以密押(Test key)电报(Cable)或电传(Telex)或金融电讯网络(SWIFT)的方式传递支付委托书(P.O.),指示其在国外的联行或代理行解付一定金额给收款人的一种结算方式。

电汇的结算工具是电报或电传或网络指令。由于电报或电传方式费用高,且容易发生错漏等事故,已逐渐被淘汰。现在银行常用的是 SWIFT 系统电汇方式。表 3-2 展示的是适用于汇款的 SWIFT 报文种类,表 3-3 展示的是一般客户汇款常用的 MT103 格式及内容,电汇业务基本程序如图 3-3 所示。

【知识拓展 11】关于电汇编码 Swift CODE、IBAN CODE 及 ABA CODE(扫前言二维码)

表 3-2 适用于汇款的 SWIFT 报文种类

报文格式	MT 格式名称	描述
MT103	客户汇款	请求调拨资金
MT200	单笔金融机构头寸调拨至发报行账户	请求将发报行的头寸调拨到其他金融机构在该行的账户上
MT201	多笔金融机构头寸调拨至发报行账户上	多笔 MT200
MT202	单笔普通金融机构头寸调拨	请求在金融机构之间的头寸调拨
MT203	多笔普通金融机构头寸调拨	多笔 MT202

续表

报文格式	MT 格式名称	描述
MT204	金融市场直接借记电文	用于向 SWIFT 会员银行索款
MT205	金融机构头寸调拨执行	国内转汇请求
MT210	收款通知	通知收报行：它将收到头寸，记在发报行账户上

表 3-3　一般客户汇款常用 MT103 格式及内容

M/O	项目编号 (Tag)	项目名称 (Field Name)	解　释
M	20	Sender's Reference	发报行给该汇款业务的参考号
O	13C	Time Indication	要求银行借记或贷记款项的时间指示
M	23B	Bank Operation Code	银行操作代码，通过五种代码表示五种处理类型
O	23E	Instruction Code	指示的通知方式，如电话、电报等。有 13 种代码表示不同方式，可多选，但必须按特定顺序
O	26T	Transaction Code	交易类型代码，通过代码表示交易目的或属性
M	32A	Value Date / Currency /Interbank settled Amount	结算起息日/币种/银行间清算金额
O	33B	Currency / Instructed Amount	指示币种/金额，在汇款金额没有包括对汇款人或收款人的收费，也没有汇率转换时，此金额等同 32A
O	36	Exchange Rate	汇率，以发送方币种金额为计算基数
M	50a	Ordering Customer	汇款人
O	51A	Sending Institution	发报行的 BIC 代码
O	52a	Ordering Institution	汇款人账户行
O	53a	Sender's Correspondent	发报行的代理行
O	54a	Receiver's Correspondent	收报行的代理行
O	55a	Third Reimbursement Institution	第三方偿付行，除汇出行的分行或代理行外的另一家银行，且是汇入行的分行
O	56a	Intermediary Institution	中间行(一般为收款行的账户行)
O	57a	Account With Institution	账户行
M	59	Beneficiary Customer	收款人
O	70	Remittance Information	交易信息(付款理由或汇款人附言)
M	71A	Details of Charges	费用承担细则
O	71F	Sender's Charges	发报行费用
O	71G	Receiver's Charges	收报行费用，若费用由汇款人承担，这里显示的金额已结清
O	72	Sender to Receiver Information	附言(银行对银行附言，与收款人、汇款人无关)
O	77B	Regulatory to Reporting	汇款人或收款人所在国家要求的法规信息代码
O	77T	Envelope Contents	其他汇款信息传达格式

注：M——必选项目(Mandatory Field)，O——可选项目(Optional Field)

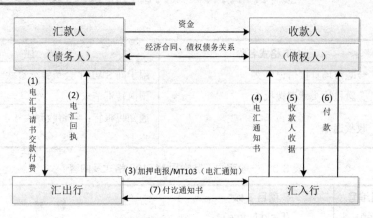

图 3-3 电汇业务程序

电汇是最快捷、安全,但费用较高的一种汇款方式,电报费用由汇款人负担,通常金额较大或急用的款项使用电汇。这种汇款将时差计入,一般当天或隔天可到。

(二)信汇(M/T Mail Transfer)

信汇是应汇款人申请,由汇出行将信汇委托书(M/T Advice)或支付委托书(Payment Order)用航空邮寄给汇入行,授权其解付一定金额给收款人的一种汇款方式。

信汇凭证是信汇付款委托书,其内容与电报委托书内容相同,只是汇出行在信汇委托书上不加注密押,而以负责人签字代替。信汇委托书的式样一般如附样 3-2 所示。

附样 3-2　信汇委托书示例

BANK OF CHINA, SHANGHAI BRANCH

M/T ADVICE

下列汇款,请即照付。如有费用请内扣,

我已贷记你行账户。　　　　　　　　　　　　　　日　　　期

Please advise and effect the following .

Payment less your charges if any.　　　　　　　此致

In cover, we have CREDITED your a/c with us.　To

信汇号码 No. of Mail transfer	收款人 To be paid to	金额 Amount

大写金额

Amount in word _____

汇款人　　　　　　　　　　　　　　　　附言

By order of　　　　　　　　　　　　　　Message

　　　　　　　　　　　　　中国银行上海分行

　　　　　　　　　　　FOR BANK OF CHINA, SHANGHAI BRANCH

第三章 汇款

信汇与电汇业务程序大致相同，不同之处在于，信汇以信汇委托书或支付委托书代替电传或 SWIFT 文件作结算工具，汇入行收到后，校对印鉴无误后，即可通知收款人取款，解付汇款。信汇业务基本程序如图 3-4 所示。

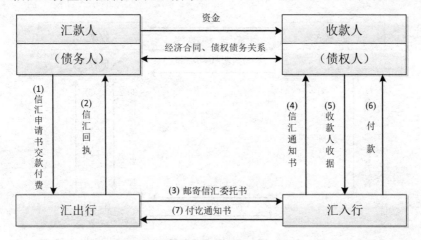

图 3-4 信汇业务程序

信汇需邮寄信汇委托书，邮寄时间较长，收款时间较慢，银行可以占用客户资金，所以信汇费用较电汇低。这种汇付方法，需要一个地区间的邮程时间，一般航邮为 7～15 天，视地区远近而异。

案例 3-2

国内某外贸公司与香港 D 商社商议出口 10 万美元货物，合同约定结算方式由买方开出不可撤销即期信用证。买方未在约定期限开来信用证，经催问，对方称："证已开出，请速备货。"然而临近装运期卖方仍未收到来证。再三查询，对方才告知："因开证行与卖方并无代理关系，已将证开往另一家银行转交。"此时船期已到，因合同规定目的港是加拿大的多伦多，而此航线每月仅一班，错过后只能推迟一个月，这会给卖方造成利息和费用损失。此时，港商提出改用电汇方式结算，卖方无奈，只好同意且要求对方提供电汇凭证传真件，确认后立即发货。次日卖方收到传真并到银行核对签字无误后便安排装运，并将提单寄交港商。

卖方发货后迟迟未收到银行电汇通知，才知上当。原来该港商信誉甚差，瞄准卖方急于销货的心理，逼迫卖方让步。以一张经过涂改的汇票传真冒充电汇凭证，瞒天过海，使卖方惨遭损失。

案例启示：
①事先详细了解客户的资信情况。②克服急于成交心理，增强风险意识。结算方式一旦确定不要轻易让步，未收到货款前不要轻易发货交单。③汇款凭证传真件容易造假，尽量不要以此为交货条件。

(三)票汇(D/D Remittance by Banker's Demand Draft)

票汇是汇出行应汇款人申请，开立以其联行或代理行为付款行的银行即期汇票

(Banker's Demand Draft)，支付一定金额给收款人的一种汇款方式。在国际贸易实务中，进出口商的佣金、回扣、寄售货款、小型样品与样机、展品出售和索赔等款项的支付，常常采取票汇方式汇付。票汇业务的基本程序如图 3-5 所示。

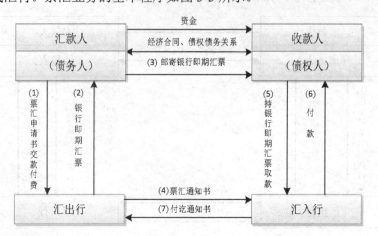

图 3-5 票汇业务程序

票汇的结算工具是银行即期汇票，其出票人是汇出行，付款人是汇入行，收款人即为汇款业务的收款人，其一般式样如附样 3-3 所示。为了提高国际资金的汇兑速度及国际汇款业务的效率，便于银行间的资金清算，"中心汇票"广泛应用到汇兑业务。

【知识拓展 12】关于中心汇票(扫前言二维码)

附样 3-3 票汇中的银行即期汇票示例

```
                    Banker's Demand Draft
        BANK OF CHINA          Shanghai  16 July 20××
                                         No. 201718
This draft is valid for one year form the date of issue    Amount   USD5678.00



To: Bank of China, New York
Pay to the order of Philips Inc., 14th Avenue, New York
The sum of U.S. Dollars five thousand six hundred seventy-eight only
Pay against this draft to the debit of our    ××    account
                                         BANK OF CHINA, SHANGHAI
                                                     Signature
```

票汇的汇入行无须通知收款人前来取款，而由收款人持汇票到银行取款。票汇的银行即期汇票经背书转让可在市场上流通。票汇业务也需要邮寄汇票和汇款通知书，所以收款的时间与信汇差不多，其收费与信汇也基本相同。

三、电汇、信汇、票汇的比较

1. 从支付工具看

电汇使用电报、电传或 SWIFT，用密押核实；信汇使用信汇委托书或支付委托书，用签字证实；票汇使用银行即期汇票，用签字证实。

2. 从汇款的费用成本看

电汇收费较高，信汇、票汇收费基本一致，相对较低。

3. 从安全方面看

电汇收汇迅速，比较安全；信汇收汇时间较长，并且有丢失或延误的风险，其安全性不如电汇；票汇方式灵活，可以背书转让流通，但也有丢失或损毁的风险，并且有债务纠纷、挂失、止付等比较麻烦的问题出现。

4. 从汇款速度看

电汇是最快捷的汇款方式，广泛使用；信汇资金在途时间较长，操作手续较多，银行中已较少使用；票汇收款速度与信汇相当，但汇票可以邮寄或随身携带给收款人，比较方便灵活并可以转让，还可以作礼券赠予亲友，其在实际中的使用仅次于电汇。

第三节　汇款实务

一、汇款头寸的调拨

汇款头寸(Cover)是指汇款资金的调拨与偿付状态。汇出行办理汇出汇款业务，应及时将汇款金额拨付给汇入行，这叫汇款的偿付(Reimbursement of Remittance Cover)，俗称"拨头寸"。在每笔汇款业务中必须注明拨头寸的具体指示，必须在订立代理合同中或在汇款委托书中明确拨头寸方法。结合汇入行与汇出行的开设账户情况，拨头寸的方法有以下几种。

(一)汇入行在汇出行开立往来账户

当汇入行在汇出行开立往来账户，汇出行在委托汇入行解付汇款时，在"支付委托书"上批示拨头寸指示为"In cover, we have credited your a/c with us"，即"已贷记你方账户"，称为主动贷记，这种情况多使用于汇款货币为汇出国货币，如图3-6所示。

汇入行接到支付委托书，就知道汇款头寸已经拨到自己账户，即可使用已拨的头寸解付汇款给收款人，然后把付讫通知单转交汇出行。

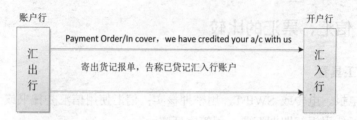

图 3-6　主动贷记汇款头寸调拨指示

(二)汇出行在汇入行开立往来账户

当汇出行在汇入行开立往来账户，汇出行在委托汇入行解付汇款时，在"支付委托书"上批示拨头寸的指示为"In cover, please debit our a/c with you"，即"请借记我方账户"，称为授权借记，这种情况多使用于汇款货币为汇入国货币，如图 3-7 所示。

图 3-7　授权借记汇款头寸调拨指示

汇入行接到支付委托书，知道被授权凭以借记汇出行账户，拨出头寸解付给收款人。在借记该账付出汇款后，应寄出"付讫借汇报单"(Debit Advice)并注明"your a/c debited"给汇出行。

(三)汇出行与汇入行双方在同一代理行都开有往来账户

如果汇出行与汇入行没有直接账户关系，但二者在同一代理行都开有往来账户时，汇出行一般主动通知代理行将款项拨付汇入行在该代理行的账户，应在"支付委托书"上批示拨头寸的指示"In cover, we have authorized X Bank to debit our a/c and credit your a/c with them"，即"我们已经授权 X 银行借记我方账户同时贷记你方账户"，称为共同账户行转账，如图 3-8 所示。同时汇出行要电告 X 银行，其指示为："Please debit our a/c and credit B Bank's (collecting bank) a/c with you."X 银行按照汇出行的要求借记、贷记之后，同时寄出贷记报单："your a/c credited"给汇入行，寄出借记报单"your a/c debited"给汇出行。

汇入行接到汇出行的拨头寸指示，同时也收到 X 银行寄来的贷记报单，即可使用该头寸解付给收款人，然后把付讫通知单转给汇出行。

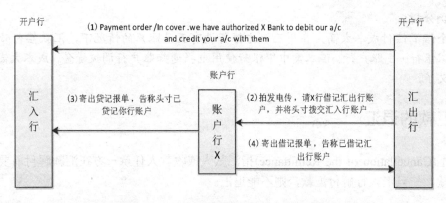

图 3-8　共同账户行转账汇款头寸调拨指示

(四)汇出行与汇入行分别在不同银行开有往来账户

如果汇出行与汇入行没有直接账户关系，并且也没有共同账户行，汇出行与汇入行分别在不同银行开有往来账户时(汇出行在 X 银行，汇入行在 Y 银行)，但二者的账户行之间有账户关系，汇出行在汇款时，主动通知其代理行将款项拨付给汇入行在其他代理行开立的账户，在"支付委托书"上批示拨头寸的指示为"In cover, we have instructed X Bank to debit our a/c and pay the proceeds to your a/c with Y bank"，即"我们已指示 X 银行借记我方账户同时把相应款项转到你在 Y 银行的账户"，称为不同账户行转账，如图 3-9 所示。同时汇出要电告 X 银行，指示为"Please debit our a/c and pay the proceeds to B Bank's (collecting bank) a/c with Y bank"。 X 银行按照汇出行的要求借记、转账之后，电告汇入行已将头寸汇交，指示为："We have pay the proceeds to your a/c with Y bank."

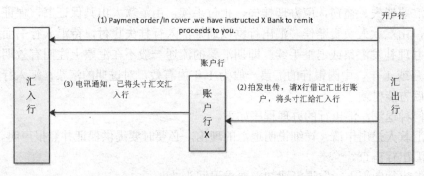

图 3-9　不同账户行转账汇款头寸调拨指示

汇入行接到支付委托书和转账通知后，使用转来的头寸，解付给收款人，然后把付讫通知单转给汇出行。

案例 3-3

中国的甲银行(汇出行)发信汇通知书给纽约的乙银行(汇入行)，收款人是乙银行的客户。由于甲银行和乙银行之间没有账户关系，甲银行就电报通知其境外账户行丙银行，将资金调拨给乙银行。

案例分析:

这个信汇偿付成本太高。在甲乙双方银行没有互设账户的情况下,汇款偿付必然要涉及第三家银行——账户行。但本案中甲银行使用电报通知账户行调拨资金,成本太高,失去信汇意义了。

二、汇款的退汇

退汇(Cancellation of the Remittance)指汇款人或收款人任意一方在汇款解付前要求撤销该笔汇款。一旦汇入行解付汇款,则不能退汇。

1. 信汇和电汇的退汇

如果汇款人提出退汇,汇出行应通知汇入行,停止解付,撤销汇款,收款人如有意见应向汇款人交涉。汇出行接到汇款人的退回申请后,应立即电告国外汇入行,等接到汇入行同意退汇的通知后,再转告汇款人持汇款回执前来办理退汇。但如果在要求退汇前已经解付汇款给收款人,汇款人只能直接与收款人交涉退汇。

如果收款人提出退汇或逾期不领取汇款,汇入行通知汇出行,退回汇款委托书及款项,由汇款人到汇出行办理退汇手续,然后把款项退回给汇款人。

2. 票汇的退汇

票汇的退汇应在寄出汇票前,可由汇款人持原汇票到汇出行申请办理退汇手续,汇出行应发函通知汇入行将有关的汇票通知书寄回注销。如果汇票已经寄出,汇出行为维护银行信誉一般不接受退汇。

如果汇票遗失、盗窃,应办理挂失、止付手续,由汇款人出具保证书,保证万一发生重付现象,由汇款人负责赔偿。汇出行据以通知汇入行挂失止付,待汇入行书面确认后,汇出行才办理补发汇票或退汇手续。即期汇票的流通一般不在汇票上注明有效期,惯例一般为 6 个月或 1 年,中国银行的汇票一般为 1 年内有效,对过期的汇票,汇入行应取得出票人同意后方能付款。

不论何种退汇,汇出行的办理程序如下。
(1) 汇款人提出申请,详细说明退汇的理由,必要时要提供保证并登报声明。
(2) 汇出行审查。
(3) 汇出行向汇入行发退汇通知,要求退回头寸。
(4) 收到汇入行的同意退汇和退汇头寸的通知后,通知汇款人办理退汇,把款项退还给汇款人。

汇入行的办理程序如下。
(1) 收到汇出行的退汇通知后,核对通知的印鉴。
(2) 查看汇款是否解付,如果已经解付,将收款人的收条寄给汇出行,表明汇款已经解付,不能办理退汇。如果没有解付,退汇头寸,寄回委托书或汇票,同意办理退汇。

第四节　汇款在国际贸易中的应用

汇款是建立在商业信用基础上的，可靠性较差，因而在国际贸易结算中的使用相对较少，但对于特殊的贸易项目或有密切关系的进出口商，汇款方式也多有使用。

一、国际贸易中汇款结算方式

1. 预付货款(Payment in Advice)

预付货款指进口商(付款人)在出口商(收款人)将货物或货运单据交付以前将货款的全部或者一部分通过银行付给出口商，出口商收到货款后，再根据约定发运货物。预付货款常用两种形式：随订单付现(Cash with order，C.W.O)和支付定金(Down payment)。其中随订单付现最典型，是指买方在发出订单或买卖合同订立后就将全部或部分货款汇付给卖方。

预付货款对出口商有利，对进口商不利：积压进口商资金，会造成资金周转困难和利息损失；承担出口商可能不交货、不交单或货物与合同不符的风险。进口商可以采取一些预防方法：①预付款时，要求在出口商收款时，提供书面担保；②要求出口商提供银行保函，保证如期交货，否则银行负责退回已收款项并加付利息等。

预付货款常在以下几种情况使用：①出口商品是抢手货，进口商想尽快得到以便出售获取较大利润；②进出口商关系密切，进口商愿意预付款项购入货物；③热门商品，进出口商初次接触，不了解对方资信，为了收汇安全，出口商要求以预付货款为发货条件；④在采用分期支付的大型成套设备、大型机械和大型运输工具交易时，或者工程承包交易中，往往要求进口商预交部分定金，定金和分期支付的款项常采用汇款方式。

2. 货到付款(Payment after arrival of goods)

货到付款与预付货款相反，又称为"先出后结"，是指进口商在收到货物以后，立即或一定时期以后再付款给出口商货款。其中，货到目的地后进口商立即汇付货款的方式称为交货付款(Cash on delivery，C.O.D)。另外，货到目的地后，一定时间后付款或者检验货物后才汇付货款的，称为延期付款(Deferred Payment)，或赊销(Sell on credit)或记账赊销(Open Account，O.A)。常用的货到付款包括售定(Be sold out/up)和寄售(Consignment)两种形式。

(1) 售定(Goods Sold)，是进出口商达成协议，规定出口商先发货，再由进口商按合同规定的货物售价和付款时间进行付款的一种结算方式。售定往往是按照确定的成交合同，出口商先发货，货到后立即或若干天付款，一般由进口商用汇款方式汇交货款。这种特定的延期付款方式，因为价格事先确定，所以又叫售定。

售定多适用于鲜活商品的销售，以保证货物随到随出，保证货物新鲜，以利销售。售定方式对进口商有利，对出口商不利，如果进口商拒不付款或拖延付款，出口商就会遭受货款落空或晚收货款及利息的损失。为预防风险，可以在合同中加列类似"买方必须在货到后若干天付款，否则将赔偿由此造成的一切损失"等条款。因此，售定一般仅限于资信可靠、双方关系密切的客户使用。

(2) 寄售(Consignment)，是指出口方(委托人)将货物运往国外，委托国外商人(受托人)按照事先商定的条件在当地市场上代为销售，待货物售出以后，国外商人将扣除佣金和有关费用的货款再汇给出口商的结算方法。

寄售方式中委托人的风险很大：寄售款项能否收回，全靠代销人的资信、能力和作风；寄售货物在寄售地区的仓储、提货也会出现问题，造成损失；如果货物滞销，需要运回或转运，又会造成损失。

寄售方式一般多用于推销新产品、滞销产品或展销产品。对于开拓新市场，特别是消费品市场，是一种比较好的方式。

3. 凭单付汇(Payment by documents)

凭单付汇，又称交单付现(Cash against documents，CAD)，是指进口商通过银行将款项汇给出口商所在地银行(汇入行)，并指示该行凭出口商提供的某些商业单据或某种装运证明再付款给出口商。

交单付现属于有条件付现，买方汇付货款必须以卖方交付单据为条件；交单付现下的风险是比较均衡的，进口商见单付汇，可以防止预付货款中，付款后不能及时收货的风险，出口商也避免了货到付款中发了货收不到款的风险。进口商还有防范出口商以假单、假货诈骗的风险；出口商在收到银行的汇款通知后，应尽快发货，尽快交单，尽快收汇，因为汇款是可以撤销的，在汇款被支取之前，汇款人随时可以通知汇款行将汇款退回。

二、国际贸易中汇款结算方式的特点

(1) 信用的基础是商业信用。汇款是建立在商业信用基础上的结算方式。进口商付款之后能否得到货物、货物质量如何全凭出口商的信誉，出口商发货之后能否得到货款也全凭进口商的信誉。银行参与进来也只是接受委托帮助资金转换，不介入买卖合同，对合同双方的义务不提供担保，对货物的质量和货款收付不提供担保。

(2) 风险负担不平衡。预付货款或货到付款依据的都是商业信用，对于预付货款的买方及货到付款的卖方来说，一旦付了款或发了货就失去了制约对方的手段，他们能否收货或收款，完全依赖于对方的信用，如果对方信用不好，很可能钱货两空。因而汇款业务中买卖双方必然会有一方承担较大风险。

(3) 资金负担不平衡。对于预付货款的买方及货到付款的卖方来说，资金负担较重，整个交易过程中需要的资金几乎全部由自己来提供。对于出口商来说，货到付款可能还会出现钱货两空的情况。

(4) 手续简单，费用低廉。汇款支付方式的手续是最简便的，类似一笔没有相对给付的非贸易业务，银行的手续费也最少，只有一笔数额很少的汇款手续费。因此在交易双方相互信任的情况下，或者在跨国公司的不同子公司之间，货款尾数、支付定金、佣金、运费、保险费、样品费等支付，用汇款支付方式是最理想的。

总之，汇款方式尽管有不足之处，但在国际贸易结算中还时有运用。由于汇款业务的资金负担和风险集中在付款方，因此在我国大多用于支付预付款或尾款，在国际结算中所占份额不大。在发达国家，由于大量的贸易是跨国公司的内部交易，而且外贸企业在国外也有可靠的贸易伙伴，汇款也是主要的结算方式之一。

第三章 汇款

三、国际贸易中汇款结算方式的风险及防范

(一)汇款结算方式的风险

(1) 信用风险。汇款属于商业信用,买卖双方能否收到货物或货款,完全取决于对方的信用,如果进口商收货后不汇款或者出口商收款后不发货,都会使对方处于钱货两空的困难境地。

(2) 欺诈风险。汇款业务中欺诈风险主要表现为:①利用假汇款委托书,诱骗银行解付款项;②利用伪造票据,诱骗出口商发货。

案例 3-4

某日,广西某外贸公司持一张香港汇丰银行的金额为$500000的汇票影印件,来到广西某支行要求辨认真伪,并称"货已备妥,只要汇票真实就发货"。银行查验,印鉴相符,但压印的汇票金额处有涂改痕迹,且出票日期已被涂改,被涂改处无更改印章证实,银行经办人员觉得该票有问题。经领导批示,扣留该票。同时向香港汇丰银行电询,回电称,该行确实开出该汇票,但金额是$2000。该行提供了汇款人的地址、电话、身份及无账户等情况。广西支行立即报案,并通知外贸公司,但外贸公司已于前一日将货运出,对方提货出售,造成了不可弥补的损失。试分析外贸公司受骗的原因。

案例分析:

这是典型的伪造票据,诱骗出口商发货的案例。进口商向银行购买小额汇票,复印后,涂改金额,变小为大,再复印传给出口商,诱骗出口商发货。这是在钻法律的空子,因为不在汇票正本上涂改,银行无法控告其违法。即使败露,银行收回正本汇票,但其在银行没有账户,受到处罚,也不至于倾家荡产。因为复印件很容易通过印鉴检查,一旦银行、客户疏忽,就可得手,欺诈成功。

(3) 汇率风险。由于贸易合同签订与货款实际支付有一定的时间间隔,这期间汇率会发生较大的波动,就会给贸易其中一方产生不利的影响和损失。这种由汇率变动而产生的损失称为汇率风险。

(二)风险防范

1. 进出口商防范措施

(1) 资信调查。贸易成交前,一定要了解客户的资信,做到心中有数,防患于未然。对那些资信不明的新客户以及外汇紧张、地区落后、国家局势动荡的客户,尤其要做到这一点。可以通过涉外银行、国外的商会、外交使领馆、同业公会等了解调查对方的资信状况。

(2) 合理使用结算方法。可以利用汇款和其他结算方式结合转嫁风险。在选择货到付款时,出口商可结合使用福费廷或保付代理等,把风险转移给保理商;也可以结合银行保函使用,如果进口商不付款,由担保银行负责付款。在选择预付货款时,进口商也可以要求出口商开立保函,如果出口商不发货不退款,所有损失由担保银行负责。

在使用电汇或信用时，买方想使用信汇，费用少，不想负担电汇费用，卖方想使用电汇，收款早，费用高，但能避免汇率风险。因此双方在贸易合同上应注明是 M/T 或 T/T，以免发生纠纷。如果票汇使用的货币不是汇款人或收款人所在本国货币，而是第三国货币，收回款项的速度最慢，尽量不要采取第三国货币的汇款。

案例 3-5

我国甲公司向香港 H 公司出口一批货物转运瑞典。H 公司向香港某银行购买了一张银行即期汇票寄给甲公司作为货款，但汇票的付款货币是瑞典克朗。甲公司向中国银行某支行提示，因为不代垫头寸，并且付款货币是瑞典克朗，这需要中国银行将汇票背书转让给瑞典某银行，邮寄汇票的正常邮程时间加上银行合理的工作处理时间，这笔汇款 3 个月后才到达甲公司的账户。试分析这种结汇方式和货币选择的不妥之处。

案例分析：

如果票汇使用的货币不是汇款人或收款人所在的本国货币，而是第三国货币，收回款项的速度最慢。汇票可能要对此背书转让，索偿路线复杂。某些银行为了较长时间占用客户资金，会故意选择账户银行中收款最慢的银行作为付款行，出口商尽量选择使用电汇方式。

(3) 借助银行帮助。即使收到世界上资信最好的银行为付款行的支票，也并不等于将来一定会收到货款。对客商提交的票据一定要事先委托银行对外查实，以确保能安全收汇。在银行未收妥票款之前，不能过早发货，以免钱货两空。

(4) 利用信用融资和信用保险。在使用汇款方式时，出口商尽量自己办理货物保险，尽量采用 CIF 或 CIP 贸易条件，这样如果货物发生损失可由保险公司赔偿；出口商还可以投保出口信用保险，转嫁进口商不付款的风险；另外，出口商还可以利用出口信用保险项下融资，加快资金周转速度。

2．银行防范措施

(1) 借助国际支付系统。SWIFT 等电子划拨系统的使用，为银行的结算提供了安全、可靠、快捷、标准化、自动化的通信业务，大大提高了银行的结算速度。银行接到付款指示后，计算机自动识别与控制，确认收到相关头寸后才予以解付汇款，避免头寸风险发生。

(2) 提高职工业务素质和技术水平。加强学习业务知识，学习是"强素质、促发展"。要加强业务知识的学习，规范业务的操作流程，只有练就过硬的业务技术，才能减少或杜绝工作中的各种操作失误和过错，避免造成重大损失。

(3) 增强防范意识。思想意识决定行为习惯，一个没有服务意识的员工，是不可能具有较强的服务能力的。风险防范是银行每时每刻都存在的话题，每个银行员工都必须熟练地掌握银行存在的风险和防范风险发生的方法。

本 章 小 结

根据结算工具与资金流动方向的异同，把结算方式分为顺汇与逆汇，汇款业务属于顺汇结算方式。

第三章 汇款

汇款有四个基本当事人：汇款人、汇出行、汇入行和收款人。根据汇款使用的结算工具不同，汇款业务种类分为：电汇、信汇与票汇。不同汇款方式有不同的业务流程、收款时间、费用标准和风险程度。为了汇出行把资金顺利转交汇入行，汇款头寸调拨指示非常重要，不同的账户设置需要有不同的指示。

汇款结算方式在国际贸易中的运用主要有三种：预付货款、货到付款和凭单付汇。汇款结算方式的信用基础是商业信用，因而存在许多风险，交易双方应积极采取相应的防范措施。

复习思考题

一、选择题

1. "汇款方式"是基于（　　）进行的国际结算。
   A. 国家信用　　　B. 商业信用　　　C. 公司信用　　　D. 银行信用
2. 伦敦一家银行委托国外代理行向收款人办理汇款解付头寸调拨如下（　　）。
   A. 主动借记对方账户　　　　B. 主动贷记对方账户
   C. 授权借记对方账户　　　　D. 授权贷记我方账户
3. 适宜采用电汇结算的债权债务一般是（　　）。
   A. 零星的、小额货款　　　　B. 付款时间紧急的大额货款
   C. 贸易从属费用　　　　　　D. 不紧急的款项
4. 对进口商不利的贸易结算汇款方式是（　　）。
   A. 延期付款　　　B. 赊销　　　C. 售定　　　D. 预付货款
5. 应汇款人的要求，通过加押电报、电传或 SWIFT 方式指示汇入行解付一定金额给收款人的汇款方式是（　　）。
   A. Telegraphic Transfer　　　　B. Mail Transfer
   C. Banker's Demand Draft　　　D. Trader's Demand Draft

二、简述题

1. 比较电汇、信汇与票汇。
2. 简述汇款头寸调拨指示。
3. 简述汇款在贸易结算中应用的风险情况。
4. 结合框图说明电汇的业务程序图。
5. 结合框图说明票汇的业务程序图。

三、业务操作练习

1. 天津机电进出口公司向香港 M 公司出口整套机电设备，贸易合同规定，M 公司应预付 15%的货款。假如：

   (1) M 公司用信汇方式支付预付款，汇出行是香港花旗银行，汇入行是中国银行天津分行，请写出该笔信汇业务的流程图。

   (2) M 公司用票汇方式支付预付款，汇出行是香港花旗银行，汇入行是中国银行天津

分行，请写出该笔票汇业务的流程图。

上述业务中：

(1) 假如中国银行天津分行在香港花旗银行有账户，香港花旗银行在给中国银行天津分行的交款指示中可以怎样写？(writing in English)

(2) 假如香港花旗银行在中国银行天津分行有账户，香港花旗银行在给中国银行天津分行的交款指示中可以怎样写？(writing in English)

(3) 如果两家银行之间并没有账户关系，但两家银行在香港渣打银行都存有账户，香港花旗银行在给中国银行天津分行的交款指示中可以怎样写？(writing in English)

2. 制作银行汇票。

请根据已知条件制作票汇业务中的银行汇票。

Remitter: Tangshan Hongxiang Ceramics Co. Ltd.

Remitting bank: Bank of China, Tangshan

Paying bank: Bank of China, Hong Kong

Payee: the order of United Trading Company, Hong Kong

Pay against this draft to the debit of our HO account.

Amount: HKD 650,000.00

Place and date of draft: Tangshan, 15 Mar., 20××

四、案例分析

1. 某商店欲购一批价值 43000 元的卷烟，但账面无款，购销员刘某满口应允，对会计员一笑说："给张汇款单吧。"会计员不解："没有钱，还要什么汇款单？"刘某说："拿来汇款单就是了。"刘某填了一份 3000 元的汇款凭证来到银行，经办员审查凭证后，也没看是否有足够的存款余额，就在第一联信汇凭证上加盖了公章，退给了刘某。记账时才发现是空头支票，但觉得金额不大，也没放在心上，就把它放在一边。其实，何止是空头支票，刘某填写信汇凭证时故意在大写金额前面留出空，等把经办银行盖章的第一联信汇凭证拿回来后又在前面加上"肆万"二字，在小写金额前加上"4"字码，这样，一张千元小汇单就轻易变成了万元大汇款。第二天刘某便开车直奔烟草公司，轻而易举地将卷烟装上汽车。当烟草公司富有经验、警惕性高的会计再次查看信汇凭证时，看出了蛛丝马迹，立即求助开户行与汇款行联系，确认这笔汇款系伪造，迅速将还未返程的人和车扣留。后来两地公安局经立案审查，真相大白，刘某被判处有期徒刑两年。试分析本案发生的原因及注意事项。

2. 甲公司与香港乙公司签订一笔出口贸易合同，乙公司用 D/D 方式预付货款。装船期临近，乙公司来电称资金周转困难，要求先装船发货，随后立即付款。甲公司不同意，坚持预先付款。次日乙公司传真发过来一个汇款凭证(及其银行汇票)，甲公司随即发货。但 1个月过去了仍未收到货款。试分析出现此种结果的原因以及甲公司应该吸取什么教训。

第四章 托 收

学习目标

通过对本章的学习,理解托收业务的基本概念、基本特点、当事人及其权责、关系;掌握跟单托收业务具体业务种类,主要交单方式具体业务流程;重点掌握托收的收款指示;了解托收结算方式的风险与防范;熟悉跟单托收业务相关的惯例、规则与规定。

核心概念

跟单托收(Documentary Bill for Collection) 光票托收(Clean Bill for Collection) 托收行(Remitting Bank) 代收行(Collecting Bank) 付款交单(Documents against Payment) 承兑交单(Documents against Acceptance) 信托收据(Trust receipt T/R)

案例导读

某年5月5日,上海A公司与一港商谈判成交一笔出口贸易,出口一批价值80000美元的纯棉男士衬衣,结算条款为L/C at sight,此笔交易顺利完成,港商对商品非常满意。随后,港商发函想再进口一批同样的货物,结算条件改为了D/P at sight,说是D/P at sight比L/C at sight手续简便、费用低。A公司能接受D/P at sight吗?如果接受,具体程序如何来操作?采用D/P at sight A公司货款能按时收取吗?会有什么样的风险呢?

第一节 托 收 概 述

一、托收的定义

托收(Collection)简单来说就是委托收款,是指债权人出具债权凭证委托银行代向债务人收取款项的一种结算方式。托收业务中资金流动方向与结算凭证流动方向相反,因而托收属于逆汇的结算方式。

按照国际商会《托收统一规则》(Uniform Rules for Collection,国际商会第522号出版物,简称URC522)第2条的说明,托收意指银行按照收到的指示,办理以下业务:①获得金融单据的付款及或承兑。②凭着付款及或承兑交出单据。③以其他条款和条件交出单据。(Collection means in accordance with instructions received, the handling of banks of: ①obtaining payment and/ or acceptance of financial documents. ②delivering documents against payment and/ or against acceptance. ③delivering documents on other terms and conditions.)

本书着重讨论国际贸易结算中的托收。结合URC522对托收的定义,托收概念可以概括为:银行(托收行)接受委托人(出口商/债权人)的委托,通过其在付款人(进口商/债务人)所在地的联行或代理行(代收行)向付款人取得付款或承兑,在取得付款或承兑或其他条件之后,向付款人交出单据的一种结算方式。国际贸易实务中,出口商根据买卖合同先行发运货物，然后开立汇票(或不开汇票)连同商业单据交出口地银行，提出托收申请，委托出口地银行通过其在进口地的代理行或往来银行向进口人收取货款。

【知识拓展 13】关于 URC522(扫前言二维码)

二、托收当事人及其权责

(一)托收当事人

托收有如下四个基本当事人。

(1) 委托人(Principal)，开立汇票委托银行办理托收业务的当事人，可以是光票托收的债权人，也可以是跟单托收的出口商(Exporter)或卖方(Seller)或托运人(Consignor)，又可以是跟单汇票的出票人和收款人。办理委托业务时，委托人要填写托收申请书，提供全套单据，并交付相关费用。

(2) 托收行(Remitting Bank)，又称委托行，一方面接受委托人的委托，另一方面转托国外联行或代理行向债务人收款。如果接受委托，就要把有关单据寄给代收行，所以又称为寄单行(Remitting Bank)。一般是出口方所在的银行(Exporter's Bank)。

(3) 代收行(Collecting Bank)，又称受托行，是接受托收行的委托，代向付款方收款的银行，一般是托收行在国外的联行或代理行，也是进口方的银行(Importer's Bank)。

(4) 付款人(Drawee/Payer)，是支付款项的人，或是支付货款的买方，往往是汇票的付款人。

国际商会《托收统一规则 522》(Uniform Rules for Collection 522)还增加了一个当事人，即提示行(Presenting Bank)，是向付款人提示汇票和单据的银行。代收行可以委托与付款人有往来账户关系的银行作为提示行，有时代收行自己也可作为提示行。

实际中，委托人可指定在付款地的代理人作为需要时的代理人(Customer's representative in case-of-need)，在发生拒付或其他情况时，代为料理货物存仓、转售、运回等事宜。委托人必须在委托书上写明此项代理人的权限。

(二)托收当事人的关系

1. 委托人与托收行的关系是委托代理关系

委托人(出口商)装船发运后，填写托收申请书连同全套单据，交给银行委托其向国外进口商收款。托收申请书就是二者之间的委托协议。

2. 托收行与代收行的关系是委托代理关系

托收行与代收行之间通常事先订立代理关系，约定双方委托代办的业务范围和一般事宜。对每笔托收业务来说，根据托收行给代收行的托收委托书(Collection Advice)或托收指示(Collection Instruction)办理。托收委托书的委办指示应与托收申请书中的一致。

3. 委托人与付款人的关系是商品买卖关系或债权债务关系

这种关系以货物买卖合同或借贷合同为依据，双方各自履行自己的义务。

4. 付款人与代收行之间是业务往来关系

代收行向付款人收取款项，同时把单据交给收款人。付款人根据与委托人的合同承担付款责任。实务中，托收行一般选择付款人的开户行作为代收行，便于收款。

(三)托收当事人的权责

1. 委托人的权责

(1) 装运货物。按照贸易合同的要求，按时按质按量装运货物。这是委托人最主要的责任。

(2) 缮制单据。缮制符合贸易合同要求的单据。《URC522》第 10 款规定，未经银行事先同意，货物不得以银行的地址直接发送给该银行，或者以该行作为收货人或者以该行为抬头人。

(3) 办理托收委托手续。填写托收申请书，连同相关汇票及单据交给托收行。委托人在托收申请书中可指定代收行，如不指定，委托行可自行选择他认为合适的银行做代收行。托收申请书的内容应该包括：①委托的具体内容；②双方责任范围；③对某些问题处理方法：款项收托后如何通知，托收费用，风险由委托人或付款人付等。托收银行接受委托书后，即构成契约关系，如有单据以托收申请书为凭。附样 4-1 展示的是中国农业银行 2016 年版本的托收申请书标准格式。

(4) 承担费用及风险。委托行使用其他银行的服务而发生的各项费用，均由委托人承担。如果进口商不付款而造成钱货两空的可能风险，也由委托人承担。

2. 托收行的权责

(1) 接受委托。《URC522》第 1 款规定，银行没有义务必须办理某一托收或任何托收指示或以后的相关指示；如果银行无论出于何种理由选择了不办理它所收到的托收或任何相关的托收指示，它必须毫不延误地采用电讯，或者如果电讯不可能时须采用其他快捷的工具向收到该项指示的当事人发出通知。如果银行选择接受委托人的委托，就要按委托协议办理相关事宜。

(2) 核对单据。《URC522》第 12 款规定，银行必须确定它所收到的单据应与托收批示中所列表面相符，如果发现任何单据有短缺或非托收指示所列，银行必须以电讯的方式通知，如电讯不可能时，以其他快捷的方式通知从其收到指示的一方，不得延误。银行在托收业务中只是代办业务，不参加货物交易，不了解货物情况，只能检查单据的表面相符，对单据代表货物的准确性等不负责任。

(3) 缮制并传递托收指示书。托收指示书的内容要和托收申请书的内容保持一致。缮制托收指示的有关方应有责任清楚无误地说明，确保单据交付的条件，否则的话，银行对此所产生的任何后果将不承担责任。托收行要尽快将托收指示书及全套的托收单据传送给代收行，凭以向收款人收取款项。

(4) 承担因本身过失造成损失的赔偿。《URC522》第 14 款规定，银行对任何信息、信件或单据在传送中所发生的延误和/或损坏，或对任何电讯在传递中所发生的延误、残损或其他错误，或对技术条款的翻译和/或解释的错误不承担责任或对其负责；银行对由于收到的任何指示需要澄清而引起的延误将不承担责任或对其负责。托收银行、代收银行有义务遵照委托人指示办事，如因工作疏忽未执行委托人指示，应对委托人负责赔偿。

附样 4-1 中国农业银行托收申请书式样

ABC(2016)3021-1

中国农业银行
AGRICULTURAL BANK OF CHINA
跟 单 托 收 申 请 书
APPLICATION FOR DOCUMENTARY COLLECTION

Date 日期_____

To: Agricultural Bank of China   Branch
致：中国农业银行   分行

We enclose the following draft(s)/documents as specified hereunder which please collect in accordance with the instructions indicated herein.
兹附上汇票和单据如下，谨请贵行依照本申请书的要求为我公司办理托收。

This collection is subject to URC 522.
此托收遵循国际商会第 522 号出版物《托收统一规则》。

Collecting Bank (Full name & address) 代收行(全称和地址)

Drawer (Full name & address) 收款人(全称和地址)	Tenor(期限)	
	Draft/Inv. No. 汇票/发票号码	Currency and Amount 币种及金额
Drawee (Full name & address) 付款人(全称和地址)		

第一联 银行留存

DOCUMENTS 单据

DRAFT	COM. INV.	PACKING LIST	B/L	N/N B/L	AWB.	ORIGIN CERT.	INS. POL.	INSP. CERT.	CERT.	CABLE COPY

Special Instructions (See box marked "X") 特殊条款(用"X"在方框中标明)：

☐ Please deliver documents against ☐ payment at sight /☐ payment _____ after sight /☐ acceptance.
请办理 ☐ 即期付款交单/ ☐ 远期付款交单 /☐ 承兑交单。

☐ All your charges are to be borne by ☐ the drawee /☐ us.
你行所有费用由☐付款人/☐我司承担。

☐ In case of a time bill, please advise us of acceptance giving maturity date.
如果托收包含远期汇票，请通知我公司承兑到期日。

☐ In case of dishonour, please do not protest but advise us of non-payment/non-acceptance giving reasons.
如果发生拒付，无须拒绝证书但应通知我公司拒绝付款或拒绝承兑的原因。

☐ Please instruct the Collecting Bank to deliver documents only upon receipt of all their banking charges.
请指示代收行收妥全部银行费用后再提示单据。

☐ We will take on all the results caused by choosing the above bank as the collecting bank.
请选择我司选定的代收行，由此引起的问题和其他后果由我司负责。

Disposal of proceeds upon collection (款项收妥后，请按照以下要求办理)

联系人：   电话：   申请人（盖章）

第四章 托收

案例 4-1

某年我国甲公司向美国 Acosta 公司出口竹制工艺品 5000 箱，采用托收结算方式，并委托 A 银行通过纽约 JP 摩根银行向 Acosta 公司收取货款，交单方式为 D/P at 15days after sight。但 A 银行错误地指示 JP 摩根银行交单方式为 D/A，致使 Acosta 公司在未付款的情况下，从 JP 摩根银行取得全套单据，提取了货物。后来，Acosta 公司也没有付款给甲公司。甲公司起诉 A 银行和 JP 摩根银行承担共同赔偿责任。法院审理后判定 A 银行赔偿甲公司的全部损失。

案例分析：

此案例中 A 银行应该承担赔偿甲公司全部损失的责任。因为是 A 银行的错误指示，致使进口商在不付款的情况下，得到单据，提取货物，进口商没有付款给出口商。但是我们还可以思考一下，进口商不支付货款的行为应该受到处罚吗？

3. 代收行的权责

(1) 接受委托指示。代收行收到托收行的托收指示，应核对指示的真实性，如果接受委托，应核对单据与托收指示，遵从托收行的指示尽快向付款人提示汇票，要求其付款或承兑；付款或承兑后，应无延误地通知托收行。如果付款人拒付，那么代收行也应该尽快地向托收行发出附有详细内容的拒付通知。

案例 4-2

有一笔托收业务，托收行在托收指示中规定："DOCS TO BE RELEASED ONLY AGAINST ACCEPTANCE"以及"PAYMENT ON DUE DATE To BE GUARANTEED BY XX BANK(代收行)。TESTED TLX TO THIS EFFECT REQUIRED."代收行办理承兑交单后，向托收行寄出承兑通知书，明确指出"THE BILL ACCEPTED BY DRAWEE"，到期日为某年 9 月 13 日。不久，当托收行查询有关承兑情况时，代收行复电再次告知"DOCS HAVE BEEN ACCEPTED BY DRAWEE TO MATURE ON XX0913"。在上述承兑通知书及查询答复中，代收行均未表明担保付款，亦未发出承诺担保的电传；托收行亦未就此提出任何异议。承兑汇票到期后，进口商拒付货款，代收行即向托收行发出拒付通知。托收行认为托收指示中要求凭代收行到期付款的担保放单，而代收行已将单据放给付款人，因此要求立即付款。代收行反驳道，放单是基于付款人的承兑，代收行根据 URC 522 号出版物没有担保到期付款的责任。虽经多次交涉，纠纷仍未得到解决。

案例分析：

①本案例的焦点是代收行未完全执行托收指示，违反了《URC522》的规定。《URC522》规定，如果代收行不能遵守指示，应当回复托收行。代收行做不到托收行所要求的担保付款，应该回复托收行；未征求托收行意见便放单给付款人，严重违反合同约定，代收行应对此负责；托收指示要求代收行担保，同时发加押电证实，而事实上代收行并未发出这样的电传。②托收行的指示不符合托收业务的基本原则。作为代收行，其义务无非是在进口商付款或承兑的情况下放单，强行赋予其担保客户付款的义务并不是银行业务中的通行做

法。③托收行的指示是不能默示接受。托收行在寄单面函中不仅指示代收行担保到期付款，而且要求代收行以加押电加以证实。尽管代收行并未明确通知托收行拒绝接受该指示，但也未按照托收行的要求以加押电形式告知托收行照此执行。代收行对托收行发出的两项密切相关的指示均未做出反应，而其中的加押电证实一项是不能通过默示方法来完成的。

(2) 审核单据。确认所收单据是否与托收指示所列单据一致。《URC522》第 13 款规定，银行对任何单据的格式、内容的完整性、准确性、真实性、虚假性或其法律效力，或对在单据中载明或在其上附加的一般性和/或特殊性的条款不承担责任或对其负责；银行也不对任何单据所表示的货物的描述、数量、重量、质量、状况、包装、交货、价值或存在或对货物的发运人、承运人、运输行、收货人和保险人或其他任何人的诚信或行为和/或疏忽、清偿力、业绩或信誉承担责任或对其负责。

(3) 通报代收情况。《URC522》第 26 款规定，代收行对向其发出托收指示的银行给予所有通知和信息必须有相应的详情；代收行必须无延误地对向其发出托收指示的银行寄送付款通知，列明金额或收妥金额、扣减的手续费和(或)支付款和(或)费用额以及资金的处理方式；代收行必须无延误地对向其发出托收指示的银行寄送承兑通知；提示行应尽力查明不付款或不承兑的原因，并据以向对其发出托收指示的银行无延误地寄送通知；提示行应无延误地对向其发出托收指示的银行寄送不付款通知和(或)不承兑通知后 60 天内未收到该项指示，代收行或提示行可将单据退回给向其发出指示的银行，而提示行方面不承担更多的责任。

(4) 代收款项。代收行收款时应注意：所收货币必须是托收单据上的货币，并应按照托收指示上的规定办；单据应在托收款全部付清后才能交付；托收指示中含有加收利息的指示，但金融单据上无载明明确表示利息的条款，代收行可不收利息而交单，除非托收指示上明确表明不能放弃利息，如资金单据上载有利息条款，则应视利息是托收款的构成部分；托收指示中所含的一切费用由付款人负担，而付款人不担负费用时，代收行可免收费用，而应把收的费用在收妥的托收款中扣除，除非托收指示中明确不能放弃；代收行收妥款项后，应把收妥的金额、扣除的费用和款项处理的情况，立即通知委托行。

案例 4-3

某年 5 月 5 日，香港甲公司委托当地 A 银行通过内地 B 银行向某进出口公司乙公司收取货款。B 银行收到单据后向乙公司提示，要求其按托收金额 USD205020.00 元付款。同年 6 月 6 日，付款人乙公司通知 B 银行，该公司已将 USD165020.00 元直接汇给出票人，授权 B 银行将剩余的货款 USD40000.00 元通过 A 银行付给出票人甲公司。乙公司在支付了余款后，B 银行遂将单据交给了乙公司。同年 12 月香港甲公司(出票人)致函 B 银行称，这种做法严重伤害了该公司的正当权益，违背了国际惯例及《URC522》准则，试分析其合理性。

案例分析：

国际商会《URC522》第 19 款规定："跟单托收时，部分付款只有在托收指示特别授权时才被接受。然而，除非另有指示，提示行只有在全部款项收讫时才能把单据交予受票人。"本案例中,托收指示没有授权代收行可部分付款交单,代收行也没有征得委托人的同意,而是根据付款人的授权执行部分付款交单,这种做法是错误的。

4. 付款人的权责

付款人要履行合同义务,及时付款,不得无故迟付或拒付。托收指示中要注明付款人付款或承兑的准确期限。如果在规定期限内拒付要向代收行说明理由,否则构成违约。付款人有权按照合同要求审核单据,若不符合合同要求,有权拒付。

总之,托收属于商业信用,银行办理托收业务时,既没有检查货运单据正确与否或是否完整的义务,也没有承担付款人必须付款的责任。托收虽然是通过银行办理,但银行只是作为出口人的受托人办事,并没有承担付款的责任,进口商不付款与银行无关。出口商能否收到货款靠的仍是进口商的商业信用。如果遭到进口商拒绝付款,除非另外有规定,银行没有代管货物的义务,出口商还要关心货物的安全,直到对方付清货款为止。

三、托收方式的种类

托收方式分为光票托收和跟单托收两种。

1. 光票托收(Clean Bill for Collection / Clean Collection)

光票托收是汇票不附带货运单据的托收。汇票仅附非货运单据(例如发票、垫款清单等),并不是全套货运单据。光票托收一般用于货款尾数、代垫费用、佣金、样品费或其他贸易从属费用、进口索赔款以及非贸易各个项目的收款等。

光票托收的汇票有即期与远期之分。如果是即期汇票,代收行收到后立即向付款人提示要求付款,付款人如不拒付,应立即付款赎票。如果是远期汇票,代收行收到汇票后,先提示要求承兑,承兑后,收回汇票,到期后再提示要求付款,如遭拒付,应由代收行在法定期内,做成拒绝证书,并及时通知委托行转知委托人,以便采取措施。

光票托收的汇票一般应由收款人做成空白背书,托收银行做成记名背书,给代收行,并制成光票托收委托书,随汇票寄给代收行。

2. 跟单托收(Documentary Bill for Collection / Documentary Collection)

跟单托收是卖方开立跟单汇票(即汇票连同一整套货运单据一起)交给国内托收行,再委托国外的代收行代收货款的方式。国际贸易结算中,对货款的收取往往使用跟单托收。

四、托收指示和托收汇票

依据托收定义,托收的一般业务程序如图4-1所示。根据对业务程序的分析,托收指示和托收汇票在整个托收业务中有着至关重要的作用。

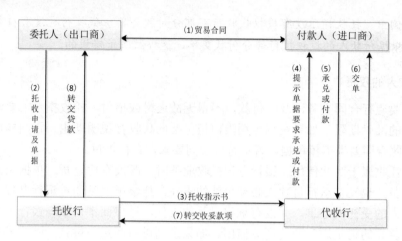

图 4-1 托收一般业务程序

1. 托收指示

托收指示(Collection Order / Advice)是寄送托收单据的面函(Cover Letter)，是托收行根据托收申请书制作的，传递给代收行的指示书。在托收行转送给代收行的托收单据里，必须伴有托收指示加以说明：该项托收受到托收统一规则的约束(This collection is subject to Uniform Rules for Collection (1995 Revision) / ICC Publication No. 522)，托收行给代收行的关于托收业务的具体指示，交单的条件，关于代收行的费用权责等。

托收指示内容主要包括：①注明交单方式是 D/P 或 D/A；②注明付款人详细地址，以便代收行提示；③加注见票付款时间，例如出票日后一段时间付款(at ××× days after date)，见票日后一段时间付款(at ××× days after sight)，分批付款 (partially payment)等；④加收或减除利息，必须注明计息时间和利率；⑤托收费用由谁负担；⑥委托还可以改变托收条款；⑦货物到达目的地而付款人拒付时，应如何处理，例如撤销托收，或做成拒绝证书并通知委托人，或请代收行，把货存入仓库并投火险，收妥后等待如何处理等。

托收指示中"该项托收受到托收统一规则的约束"表明托收当事人事先约定按照《URC522》规则办理。如果托收指示与《URC522》规定有抵触的地方，应该按托收指示办理，因为《URC522》是国际惯例，托收指示才是确定当事人权责的法律依据，当托收指示中有不清楚或不完整的内容时，要参照《URC522》处理。如果《URC522》与一国的法律或法规相抵触时，应该以该国的法律为标准。附样 4-2 展示的是中国银行一个托收指示书的示例。

附样 4-2 中国银行托收指示书实例

托 收 委 托 书
COLLECTION ORDER

致：中国银行广东市分行　　　　　　　　　　　　　　　　日期：　20××-3-2

兹随附下列出口托收单据/票据，请贵行根据国际商会跟单托收统一惯例(URC522)及(或)贵行有关票据业务处理条例予以审核并办理寄单/票索汇：

第四章 托收

托收行（Remitting Bank）： 中国银行 广州市海珠区新港西路135号中山大学蒲园区628号	代收行（Collecting Bank）： 名称：THE BANK OF TOKYO-MISUBISHI,LTD. 地址：2-10-22 KAYATO BLDG 4F,AKEBONOCHO TACHLKAWA SHI,TOKYO
委托人（Principal）： 中山市顺纺毛织有限公司 中山市南头镇汲水工业区 电话：760-23131229-32	付款人（Drawee）： 名称：RIQING EXPORT AND IMPORT COMPANY 地址：P.O.BOX 1589，NAGOYA,JAPAN 电话：81-3-932-3588

付款交单 D/P（　）承兑交单 D/A（√） 无偿交单 FREE OF PAYMENT（　）	期限/到期日：20××-5-1
发票号码/票据编号：IV0002120	国外费用承担人：　√付款人　□委托人
金额：JPY 6000000	国内费用承担人：　□付款人　√委托人

单据种类	汇票	发票	海运提单	航空运单	保险单	装箱单	数量重量证书	原产地证	品质证书	健康证	公司证明	普惠制产地证书			
份数	5	5	5		5	5						5			

特别指示：

1. 邮寄方式：　　√快邮　　□普邮　　□指定快邮
2. 托收如遇拒付，是否须代收行做成拒绝证书(PROTEST)：　　√是　　□否
3. 货物抵港时是否代办存仓保险：　√是　　□否
4. 如付款人拒付费用及/或利息，是否可以放弃：　√是　　□否

付款指示：　　　　　　　　　　　　　　　　核销单编号：CA002042

请将收汇款以原币(√)或人民币(　)划入我司下列账户：

开户行：中国银行　　　　　　　账号：61010000198601

公司联系人姓名：李华　　　　　公 司 签 章

电话：86-531-2870749　　　传真：86-531-2879557　　20××年3月2日

银行签收人：	签收日期：
改单/退单记录：	

案例 4-4

A 公司出口一批蓖麻子货物,总价值为 888000 美元。合同规定付款条件为:"The buyers shall duly accept the documentary draft drawn by the seller at 20 days sight upon fist presentation and make payment on its maturity. The shipping documents are to be delivered against acceptance." 该公司依合同规定按时将货物装运完毕,将单据备齐,于 3 月 15 日向托收行办理 D/A 20 天到期的托收手续。4 月 25 日,买方来电称,至今未收到有关该货的托收单据。A 公司经调查得知,是因单据及托收指示书上的付款人地址不详。5 月 15 日接到代收行的拒付通知书。由于单据的延误致使进口商未能按时提取货物,货物因雨淋受潮,付款人故拒绝承兑付款。该农产品公司损失惨重。

案例分析:

①A 公司由于单据及托收指示书上的付款人地址不详导致损失惨重。托收申请书和托收指示书的内容必须齐全、清楚。若因托收申请书指示有误或指示不完全、不明确等造成托收延误或损失由委托人承担。若因托收指示书指示有误或指示不完全、不明确等造成托收延误或损失由托收行承担。本案中指示书提供的付款人地址不详,造成代收行无法向付款人承兑交单,使付款人不能及时提货造成的损失,代收行是不负任何责任的。②本案例中委托人 3 月 15 日向托收行办理 D/A 20 天到期的托收手续,一直到 4 月 25 日买方来电称未收到有关托收单据才发现问题,很显然在出口业务和应收账款管理上存在严重的问题。

2. 托收汇票

托收汇票是托收业务中凭以向进口商收取货款的金融单据,托收汇票的出票人是出口商,付款人是进口商,收款人应该是出口商(但实际业务中,常常有三种情况)。假定出口商是天津的 ABC 公司,进口商是香港的 XYZ 公司,下面举例说明。

(1) 出口商是收款人的托收汇票。这种情况,出口商把汇票提交托收行时,应做成托收背书给托收行,托收行把汇票寄给代收行时,应做成托收背书给代收行。出口商是收款人的托收汇票的式样如附样 4-3 所示。

附样 4-3　托收汇票(一)

```
Exchange for HKD10,000.00              Tianjin, 20 May, 20××
D/P      At sight of this First of Exchange (Second of same
tenor and date unpaid) pay to the order of
                    ourselves
the sum of Hong Kong dollars ten thousand only
Drawn against shipment of (merchandise) for collection
To: XYZ Co., Hong Kong           For ABC Co., Tianjin
                                        ___singnature___
```

(2) 托收行是收款人的托收汇票。这种情况,托收行把汇票寄给代收行时,应做成托收背书给代收行。托收行是收款人的托收汇票的式样如附样 4-4 所示。

第四章 托收

附样 4-4　托收汇票(二)

```
Exchange for HKD10,000.00          Tianjin, 20 May, 20××
D/A      At 60 days sight of this First of Exchange (Second of
same tenor and date unpaid) pay to the order of
                    Remitting Bank
the sum of Hong Kong dollars ten thousand only
Drawn against shipment of (merchandise) for collection
To: XYZ Co.,   Hong Kong            For ABC Co.,    Tianjin
                                            singnature
```

(3) 代收行是收款人的托收汇票。代收行是收款人的托收汇的式样，如附样 4-5 所示。

附样 4-5　托收汇票(三)

```
Exchange for HKD10,000.00          Tianjin, 20 May, 20××
D/A      At 30 days sight of this First of Exchange (Second of
same tenor and date unpaid) pay to the order of
                    Collecting Bank
the sum of Hong Kong dollars ten thousand only
Drawn against shipment of (merchandise) for collection
To: XYZ Co.,   Hong Kong            For ABC Co.,    Tianjin
                                            singnature
```

第二节　跟单托收的交单条件

跟单托收的交单是指代收行在什么条件下，把货运单据交给进口商。按照货运单据和货款的交付是否同时进行，跟单托收的交单方式主要有付款交单、承兑交单和其他方式交单。

一、付款交单

付款交单(Documents against Payment D/P)，指被委托的银行(代收行)必须在进口商付清票款后，才将货运单据交给进口商的一种交单条件。付款交单又分为即期付款交单和远期付款交单两种。

(一)即期付款交单

即期付款交单(D/P at sight)，就是即期汇票付款或简单的凭付款而交出单据。代收行提示汇票给付款人要求付款时，付款人审校无误，立即付款赎单，代收行交单，货款与物权单据两清，代收行立即将货款贷记或汇交托收行。原则上，第一次提示单据时付款人就应付款，按照国际惯例，进口商的赎单时间为 24 小时。实际应用中，一些付款人为了把风险降低到最小限度，往往坚持货到后才付款。如果遭到拒付，出口商仍然保有对货物的支配权,故即期付款交单对出口商的风险较小,为大多数出口托收所采用。即期付款交单的具体业务程序如图 4-2 所示。附样 4-6 展示的是即期付款交单的汇票示例。

即期付款交单在买卖合同中相应的条款是:Upon first presentment the buyer shall pay against documentary draft drawn by the seller at sight. The shipping documents are to be delivered against only.(买方应在第一次提示卖方开立的即期跟单汇票时立即付款,付款后交单。)

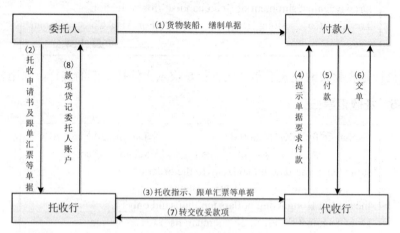

图 4-2 即期付款交单业务程序

附样 4-6 即期付款交单的汇票示例

```
                                                            No.wh100001
Exchange for HKD21,500.00                          Tianjin,15 Apr.20××
D/P   at sight of this first of Exchange (Second of the same tenor and date unpaid)
pay to the order of
              The Industrial and Commercial Bank of China
the sum of Hong Kong dollars twenty one thousand five hundred only
Drawn against shipment of 22 bales of pongee from Tianjin to Hong Kong   for
collection
To Sunlight Garments Company,
      314 Lockey Road                       For Tianjin Textile Import
         Hong Kong                          and Export Corporation, Tianjin
                                                signature Manager
```

案例 4-5

某公司出口纺织类产品到欧洲某国家,客人要求做 D/P 托收,并且指定 X 银行作为代收行。由于买卖双方做业务也不是第一次了,以前也通过 X 银行托收过,所以这次业务也没有多考虑。但是这次单据寄到 X 银行之后,却 6 个多月都没有收到货款,其实进口商早就把货物提走卖掉了。原来是 X 银行私自将提货单据放给了买方。该出口商非常着急,聘请了律师专门飞到欧洲,好不容易才把货款追回。后来该出口商仔细核对过去的收款记录,发现以前历次托收虽然都收到了货款,但是每次都是银行先将单据放给了客户,客户都要滞后至少一个星期才付款。

案例分析：

此案例说明的是跟单托收方式结算时指定代收行的问题。很多进出口企业在业务中，会遇到托收结算方式，进口商指定出口商将托收单据寄到指定的代收行的情形。这样的情况下，出口商要特别有风险意识，否则后果是很难想象的。对于出口商来说，轻则代收行违反URC522的规定，被拖延付款；重则根本收不到货款。所以当企业自己作为出口商时，要谨慎对待进口商指定代收行的要求。

(二)远期付款交单

远期付款交单(D/P at ×× days after sight)，就是凭远期汇票的付款而交出单据(The release /delivery of documents against payment of tenor draft)。进口商见票并审单无误后，立即承兑汇票，等汇票到期，付款赎单。承兑的目的是给进口商准备资金的时间，但在付款之前物权单据仍由出口商委托的银行代为掌控。远期付款交单的具体业务程序如图4-3所示。附样4-7展示的是远期付款交单的汇票示例。

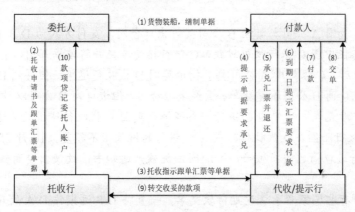

图4-3 远期付款交单业务程序

远期付款交单在买卖合同中相应的条款是：The buyer shall duly accept the documentary draft drawn by the seller at ××× days after sight upon first presentment and make due payment on its maturity. The shipping documents are to be delivered against payment only. (买方应在第一次提示卖方开立的见票后的×××天付款的跟单汇票时承兑汇票，并保证在到期日付款，付款后交单。)

远期付款交单实际应用中会存在一些问题：远期付款交单的时间应该少于载货船只的航程时间，一般应在30~45天，最长不超过60天。如果D/P远期的时间大于航程时间，货物已经到达目的港，而买方没有付款赎单，不能得到提单，不能提货，货物将滞留码头，容易造成损失或罚款。因而《URC522》不鼓励使用远期付款交单，有些拉美国家直接规定远期D/P按D/A处理。

远期付款交单方式中进口未付款赎单之前，单据由代收行保管，仍由出口商掌控，虽然会面临货物提前到达发生货物滞留和仓储费用等问题，其对出口商的风险还是比较小的。

附样 4-7　远期付款交单的汇票示例

```
                                                              No.wh100001
Exchange for HKD21,500.00                        Tianjin,15 Apr.20××
D/P  at 30 days sight of this first of Exchange（Second of the same tenor and date unpaid）
pay to the order of
          The Industrial and Commercial Bank of China
the sum of Hong Kong dollars twenty one thousand five hundred only
Drawn against shipment of 22 bales of pongee from Tianjin to Hong Kong for collection
To Sunlight Garments Company,
     314 Lockey Road                      For Tianjin Textile Import Hong Kong
                                              and Export Corporation, Tianjin
                                                     signature Manager
```

案例 4-6

某年 2 月，我国 A 公司与英国 B 公司签订出口合同，支付方式为 D/P 120 Days After Sight。A 公司委托中国 C 银行收取货款，C 银行接受委托并将单据寄出，直到 X 年 8 月尚未收到款项。随后，C 银行应 A 公司要求指示英国 D 代收行退单，但得到 D 代收行回电才知道单据已凭进口商 B 公司承兑放单，虽经多方努力，但进口商 B 公司以种种理由不付款，进出口商之间交涉无果。后中国 C 银行一再强调是英国 D 代收行错误放单造成出口商的损失，要求 D 代收行赔偿，D 代收行对中国 C 银行的催收拒不答复。10 月 25 日，D 代收行告知中国 C 银行进口商已宣布破产，并随附法院破产通知书，致使出口商钱货两空。

案例分析：

实际操作中有些国家不承认远期付款交单，一直将 D/P 远期作 D/A 处理。此时若出口商自认货权在握，不做相应风险防范，而进口商信誉欠佳，则极易造成钱货两空的被动局面。

二、承兑交单

承兑交单(Documents against Acceptance，D/A)，指代收行在付款人承兑汇票后，将货运单据交给付款人，付款人在汇票到期时，履行付款义务的一种交单方式。承兑交单必须有远期汇票，进口商只要承兑远期汇票，不用付款就可以得到货运单据。承兑交单的具体业务程序如图 4-4 所示。附样 4-8 展示的是承兑付款交单的汇票示例。

承兑交单结算在贸易合同中相应的条款通常是：The buyer shall duly accept the documentary draft drawn by the seller at ××× days after sight upon first presentment and make due payment on its maturity. The shipping documents are to be delivered against acceptance. (买方应在第一次提示卖方开立的见票后的×××天付款的跟单汇票时承兑汇票，并保证在到期日付款，承兑交单。)

第四章 托收

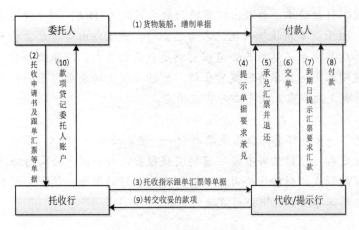

图 4-4 承兑交单业务程序

附样 4-8 承兑付款交单的汇票示例

```
                                                    No.wh100001
Exchange for HKD21,500.00                    Tianjin,15 Apr.20××
D/A  at 30 days sight of this first of Exchange（Second of the same tenor and date
unpaid）    pay to the order of
              The Industrial and Commercial Bank of China
the sum of Hong Kong dollars twenty one thousand five hundred only
Drawn a gainst shipment of 22 bales of pongee from Tianjin to Hong Kong for
collection
To Sunlight Garments Company,
    314 Lockey Road              For Tianjin Textile Import Hong Kong
                                      and Export Corporation, Tianjin
                                              signature Manager
```

承兑交单对进口商有利，只要承兑就可以得到单据，凭单提货，提前销售，取得销售款项，到期支付货款，这样不用自己垫付资金，加快资金运转。承兑交单对出口商的风险很大，一般在特殊情况下才用。如果付款人到期拒付，货款将全部落空，货物也被提取，造成钱货两空。虽然从理论上讲，可凭付款人承兑的汇票依法起诉，而实际上，跨国诉讼手续麻烦，费用很高，即便胜诉，进口商也不一定能支付赔偿，打官司亦收效极微。

实际上，我国在"三来一补"业务和加工装配业务中，交替使用了承兑交单方式和付款交单方式(进口来料来件时采用 D/A 承兑交单方式，装配成品出口时采用 D/P 即期付款方式)，利用对方资金完成加工装配业务，促进了加工贸易的发展。

案例 4-7

某年 3 月 11 日，我国甲公司与印度尼西亚乙公司签订一笔 2 万美元的出口合同，约定以 D/P at sight 为付款方式。在货物装船起运后，乙公司又要求国内出口商将提单上的托运人和收货人均注明为乙公司，并将海运提单副本寄给他。货到目的港后，乙公司又以暂时货款不够等原因不付款赎单,要求出口商将付款方式改为 D/A,并允许他先提取货物,否则就拒收货物。由于提单的收货人已记名为乙公司,使国内出口商无法将货物再转卖给其他客户,只能答应其要求。然后乙公司以货物是自己的为由,以保函和营业执照复印件为依据向船公司凭副本海运提单办理提货手续。货物被提走转卖后,乙公司不但不按期向银行付款,而且再也无法联系,使甲公司货款两空。

案例分析:

乙公司使用了一个连环套:D/P 见票即付——记名提单——D/A。该外商非常精通国际贸易中的各种规定和习惯做法并有着丰富的实践经验,并利用甲公司对海运提单及托收付款方式不甚了解的弱点,引诱甲公司进入其预先编织好的圈套,使甲公司失去了对货物的控制权,从而达到其非法占有甲公司货物的目的。

三、其他方式交单

1. 凭本票交单

凭本票交单指代收行在收到付款人开立的本票后,将货运单据交给付款人,付款人在本票到期时,履行付款义务的一种交单方式。

2. 凭付款承诺书交单

凭付款承诺书交单指代收行在收到付款人开立的承诺书后,将货运单据交给付款人,付款人按承诺书履行付款义务的一种交单方式。

3. 凭信托收据交单

凭信托收据交单指代收行在收到进口商开立的信托收据后交出货运单据,进口商提货出售后再付货款的一种交单方式。信托收据(Trust Receipt,T/R)是一种借据,是进口商凭以向代收行在付款之前提前借出提单先行提货的借据。进口商开立信托收据交给代收行,凭以借出物权单据先行提货,以便出售,用出售得到的款项转交代收行以支付给出口商,换回信托收据。信托收据是 D/P 托收的变通,又称为见票后若干天付款交单,凭信托收据换取单据(D/P at ×××days after sight to issue trust receipt in change for documents,简称 D/P-T/R),其具体业务程序如图 4-5 所示。

凭信托收据提取的货物产权仍属于代收银行,进口商处于代为保管货物的地位,称为被信托人(Trustee)或代保管人(Bailee),他的义务如下:①将信托收据项下货物和其他货物分开保管。②出售货物的款项应交付代收银行保管,并在账目上与自有资金分列开。③不得把该项下的货物抵押给他人。

代收银行则是信托人(Truster),把出口商的货物委托给进口商保管,他的权利如下:①可以随时取消信托,收回借出的商品。②如商品出售,可随时向进口商收取货款。③如进口商倒闭清理,对该项下的货物或货款有优先债权。

如果出口商主动提出允许进口商凭信托收据借单提货,并在托收委托书上注明 D/P-T/R,一切后果应由出口商负责,此时,是出口商对进口商的融资;如果出口商未主动提出,而是代收行自行同意进口商的借单要求,一切后果由代收行负责。

第四章 托收

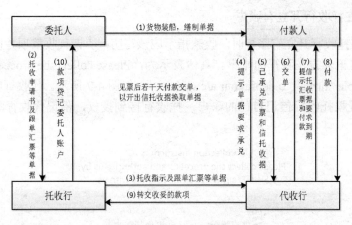

图 4-5　D/P-T/R 业务程序

4. 凭买方银行开立的保函交单

凭买方银行开立的保函交单指代收行收到付款人委托的银行开立的银行保函之后，将货运单据交给付款人的一种交单方式。这种交单方式下，如果到期进口商付款，交易完成；如果进口商不付款，则由担保银行负责付款和赔偿。

第三节　托收指示中的收款指示

托收业务中有一个很重要的环节，就是代收行收托款项后如何把款项转给托收行。为处理这个问题，托收行给代收行的托收指示中必须写明转款的路线和方式，这就是收款指示。收款指示必须结合托收行与代收行之间的账户开设情况而定，常用下列三种情况。

1. 托收行在代收行开立有账户

当托收行在代收行开立有账户时，收款指示应该写明："收妥款项，请贷记我方在你行账户，并以 SWIFT/电传/航邮通知我行。"具体表示为："When collected please credit our a/c with you under your SWIFT/cable /airmail advice to us."　如图 4-6 所示。代收行收妥款项，贷记托收行账户，并发出贷记报单，托收行接到贷记报单，得知款项已到，再向委托人转款。

图 4-6　托收收款指示(一)

2. 代收行在托收行开立有账户

当代收行在托收行开立有账户时，收款指示应该写明："请代收款项并以 SWIFT/电传/航邮授权我行借记你方在我行的账户。"具体表示为："Please collect the proceeds and authorize us by SWIFT/cable /airmail to debit your a/c with us." 如图 4-7 所示。代收行收妥款项，发出支付委托书，授权托收行借记自己的账户，托收行接到授权，借记代收行账户，并向委托人转款。

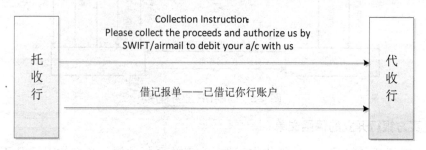

图 4-7　托收收款指示(二)

3. 托收行与代收行之间相互没有开立账户，托收行在国外第三家 X 银行开立账户

当托收行与代收行之间没有直接账户时，寻找托收行在国外开立账户的第三家 X 银行协助办理，收款指示为："请代收款项并将款汇至 X 银行贷记我行在该行的账户，并请该行以 SWIFT/电报/航邮通知我们。"具体表示为："Please collect and remit proceeds to X Bank for credit of our a/c with them under their cable /airmail advice to us." 如图 4-8 所示。代收行收妥款项，把款项汇交 X 银行贷记托收行账户，并通知托收行，托收行接到贷记通知，向委托人转款。

图 4-8　托收收款指示(三)

第四节　跟单托收风险与防范

一、跟单托收的特点

托收是基于商业信用的结算方式，在实际业务中突出表现为以下特点。

第四章 托收

1. 风险大

在跟单托收业务中，银行仅提供服务，而不提供任何信用和担保。在传递单据收取款项的过程中，既不保证付款人一定付款，对单据是否齐全、是否符合买卖合同的规定也不负责审查。货物到达目的地后，如果进口商拒不赎单，从而无人提货和办理进口手续时，除非事先经过银行同意，否则银行也无照管货物之责。所以托收方式在国际贸易结算中对出口商有较大的风险(最大风险会钱货两空)，对进口商也有一定的风险。但是，与汇款方式比较，托收实际上是"一手交钱，一手交货"，交易风险也大大降低了。

2. 进出口双方的资金负担不平衡

跟单托收业务中，出口商在签订合同时就需垫用自己的资金备货、装运，然后通过银行收款(虽然可以要求出口融资，但并非都能得到；即使可以实现，也不是全部的融资)，等进口商付款后才能通过银行收回货款。进口商在付款后就可以获得合格的单据，或者在承兑交单方式下，进口商还可以借出口商的资金做交易，在承兑后取得单据，凭此提货，然后用售出货物的所得款项向银行付款，相当于出口商给予进口商的全额资金融通。因此托收结算中出口商资金负担较重，进口商自己负担较轻。

3. 相对灵活，费用适中

相对于汇款方式，托收的手续比较复杂，费用也高。相对于信用证来说，不必受银行授信额度的限制、单证一致等的限制，手续还是相对简单、灵活，费用较低。

二、跟单托收的风险及防范

(一)出口商面临的风险及防范

1. 出口商面临的风险

(1) 信誉风险。跟单托收方式是出口商先发货，后收取货款。由于市场行情变化多端，如果发货后进口地的货物行情下跌，进口商不愿付款买单或承兑取单，就借口货物规格不符或包装不良等原因而要求降价；发货后进口商倒闭或丧失付款能力，无法付款；进口商利用出口商对进口地的风俗习惯、宗教特色不了解等，诱使进口或串通当地银行、政府扣压货物，降低价格等。例如，我方出口的伊斯兰的700箱冻鸭，保持了完整的躯体，这违反了当地风俗——要去头的，只好转售香港，造成不小的麻烦；出口包装的图案不符当地的风俗，对方不接受的：如熊猫彩电不能出口伊斯兰国家；英国人不接受大象的图案；日本人不喜欢荷花，认为不吉祥，如印有荷花图案的藕粉日本人不要。

(2) 政治风险。因政治或经济问题，进口国家改变外汇、外贸管制政策等，进口商没有领到进口许可证或申请不到进口所需的外汇/被禁止进口/无力支付外汇等，以至货物抵达进口地而无法进口，不能付款。例如，我国出口坦桑尼亚，对方没取得足够的外汇，只付本币，由于许多问题我们只好接受，但是坦桑尼亚币只能存在该国银行，给我方造成很大麻烦。

(3) 货物风险。货物风险主要表现为由于自然灾害和意外事故等引起的货物损失或灭失等风险。托收结算中,进口商付款赎单之前商品,物权由出口商掌控,如果出现货物损失危险,都由出口商承担。再者,当进口商拒付货款时,代收行没有代为处理货物的义务,如果货物已经到达进口地,进口商借故不付款,出口商还要承担货物在目的地的提货、存仓、保险费用和可能变质、短量、短重的风险,如果货物转售他地,会产生数量与价格上的损失,如果货物转售不出去,出口商就要承担货物运回本国的费用以及承担可能因为存储时间过长被当地政府贱卖的损失等。这些损失出口商有权向进口商索赔,但在实践中,进口商已经破产或逃之夭夭,出口商即使可以追回一些赔偿,也难以弥补全部损失。

2. 出口商的风险防范

虽然托收结算方式对于出口商来说风险较大、资金负担重,但出口商为了推销商品占领市场,或者急于求售的情况(大多由于推销滞销商品,或是货物本身质量的关系),有时不得不接受托收方式。为了避免风险,出口商可以采取一些相应的防范措施。

(1) 详细了解进口国相关政策、规定。应事先详细了解进口国有关外贸、海关、外汇管理的法令与规定,进口商是否可申请得到外汇、批准外汇时间的长短等问题,以避免货物到达后不准进口或进口商赎单后外汇不能汇出等风险。

(2) 加强对进口商资信调查。详细调查进口商的资信、资产实力,以往履行合同的表现,根据所掌握状况尽可能采取有力措施,以减少拒不付款赎单的风险,特别在作承兑交单时,尤要注意风险防范。还要了解进口商是否已取得进口许可证、进口许可证和外汇是否同步获得,否则货物到海关还得自己办理出口许可证。

(3) 进口国市场行情调查。详细调查进口地的市场状况和容量等情况,接到大批订单,不能高兴得利令智昏,以预防市场行情剧烈变化带来的价格风险。同时,还必须了解货物到达地的仓库情况、治安情况及货物到埠后因不能进仓被露天堆放招致损失的可能性,事先找好一个妥当的代理人,以防不测。

(4) 认真履行贸易合同。严格按照买卖合同的规定装运货物、制作单据,以防止被进口商找到任何拒付的理由。但也要注意,不要做成以进口商为收货人的记名提单,以防止未经付款,货物就落入进口商之手。海运提单的收货人一栏应为空白抬头,且托运人一栏不能填写进口商名称。

(5) 合理选择交单方式。在选择交单方式时,尽量选择付款交单(D/P)方式,因为付款交单比承兑交单风险要小,还要特别注意 D/P 远期付款方式,因为有些国家和地区的银行不接受 D/P 远期付款方式。D/P 远期的期限如果太长,货到后进口商因汇票未到期,不能取得提单,只好让货物存仓保险,徒增费用负担。中东地区有关海关还规定货物进仓 60 天后无人提取即公开拍卖,这对买卖双方均不利。因此,应该尽量避免采用 D/P 远期方式。

(6) 争取自行办理货物保险。出口商要争取自行办理保险,应尽量采用 CIF 成交,而不用 FOB。采用 CIF 成交,如果货物在途中出险,进口商又不付款赎单时,出口商持有保单,还可以向保险公司索赔,以挽回一部分损失。如果采用 FOB 成交,进口商可能不投保或保额不足或险种不对,这样进行索赔就达不到预期的效果,即使进口商保全险,发生危险进行索赔时,索赔单据的保单在进口商手中,单据在出口商手中,因货物损失造成不愉快,双方合力进行索赔将更加有难度。因此,最好采用 CIF 或投保 FOB、CFR 卖方利益险。

(7) 投保出口信用保险。出口信用保险是一国保险公司向出口商提供的风险保障。

出口信用保险可以预防：①买方所在国家外汇管制限制外汇、买方国家进行进口管制、买方所在国家发生战争、买方所在国家与第三国发生战争而引起的政治风险。②买方无力偿还、买方逾期不付款、买方拒绝付款而引起的商业风险。

(8) 采用混合结算方式。出口商可以采用进口商预付一部分货款或采用部分托收、部分信用证方式结合来降低风险程度。

【知识拓展14】出口商风险及防范配套案例(扫前言二维码)

(二)进口商面临的风险与防范措施

1. 进口商面临的风险

跟单托收业务中进口商面临的风险比出口商要小得多，可以免去开证的手续以及预付押金，还有预借货物的便利。当然，托收对进口商也不是没有一点风险，主要风险表现为：①付款或承兑后凭单提到的货物可能不符合合同标准，甚至是假货；②由于代收行的信誉问题，承兑了远期付款交单下的汇票，但到时不能取得有关商业单据。

2. 进口商的风险防范

托收业务中进口商的主要防范措施有以下几点。

(1) 慎重选择贸易伙伴。必须事先详细调查出口商的资信、经营作风等，预防对方以次充好，甚至以假单据欺骗。

(2) 最好选择承兑交单。承兑交单是对进口商最有利的托收交单方式。

(3) 尽可能争取 FOB、CFR 成交价格。

(4) 严格审核单据。单据与单据、单据与合同严格一致才接受单据，并且货到后详细抽样检查后再付款。

(三)银行的风险防范

(1) 银行要严格按照委托人的指示办事，对指示不清的问题不要擅自做主，改变委托人的意图，否则造成损失，由银行负责赔偿。

(2) 减少由于自身工作失误、迟误，甚至执行不当，而造成损失或产生费用。实际业务中，要加强监控，认真细致，提高业务素质。

本 章 小 结

托收是建立在商业信誉基础上的逆汇结算方式。托收有四个基本当事人：委托人、托收行、代收行与付款人。当事人之间基于具体的合同与协议建立了不同的关系；应用于国际贸易的托收一般是跟单托收，跟单托收的交单条件主要有即期付款交单、远期付款交单和承兑交单，不同的交单条件形成了对当事人的不同风险与利益；托收业务一个重要环节是收托款项的划转，资金划转的收款指示要依据托收行与代收行之间的不同账户设置关系而定，其目的是资金快捷安全转递；进出口商在托收业务中面临不同的风险，须采取不同的防范措施；总体看来，托收对出口商不利，对进口商有利。

复习思考题

一、将下列英文翻译成中文

1.collection； 2.pricipal； 3.remitting bank； 4.collecting bank； 5.presenting bank； 6.financial documents； 7. commercial documents； 8.consignor； 9.clean collection； 10.documentary collection； 11.documents against payment； 12.documents against acceptance； 13.documentary bill for collection； 14. trust receipt

二、简述题

1. 托收结算方式当事人有哪几个？他们之间关系如何？
2. 跟单托收的交单条件有哪几种？比较其优缺点及注意事项。
3. 出口商在跟单托收中可能存在哪些风险？如何采取防范措施。
4. 托收业务中的收款指示通常有几种？并用英文具体表示。
5. 托收指示包括哪些内容？

三、单项选择题

1. (　　)是出口商或委托人将金融票据连同商业单据或不带金融单据的商业单据交予银行，由其代为向付款人或进口商收取款项的托收方式。
   A. 跟单托收　　　　　　　　　B. 光票托收
   C. 商业托收　　　　　　　　　D. 票据托收

2. 代收行向付款人提示单据遭到拒付时，代收行应要求付款人(　　)。
   A. 出具书面拒付书，并说明拒付理由　B. 在汇票上注明"拒绝付款"字样
   C. 立即通知委托人托收单据已被拒付　D. 办理拒绝证书

3. 如果托收委托书规定代收行的费用由委托人负担，代收行应(　　)。
   A. 在对外付款后，向托收行收取
   B. 在对外付款后，向委托人收取
   C. 在对外付款后，向委托人的代理人收取
   D. 从对外付款的款项中扣除

4. 因付款人拒付，代收行按托收行指示将单据退回，但单据在邮递途中遗失，这种责任与风险应该由(　　)承担。
   A. 托收行　　　　　　　　　　B. 代收行
   C. 付款人　　　　　　　　　　D. 委托人

5. D/P at tenor 与 D/A at tenor 的区别在于(　　)。
   A. D/P at tenor 付款人承兑后取得单据，D/A at tenor 付款人于到期日付款后取得单据
   B. D/P at tenor 付款人于到期日付款后取得单据，D/A at tenor 付款人承兑后取得单据
   C. D/P at tenor 付款人出具付款保函后取得单据，D/A at tenor 付款人承兑后取得

单据

D. D/P at tenor 付款人承兑后取得单据，D/A at tenor 付款人出具付款保函后取得单据

6. 以下选项中，( )不是托收业务的交单方式。
   A. 付款交单 B. 承兑交单
   C. 委托交单 D. 凭本票交单

7. 跟单托收业务中，即期D/P、远期D/P、D/A做法步骤不同主要发生在( )之间。
   A. 委托人与托收行 B. 委托人与代收行
   C. 托收行与代收行 D. 代收行与付款人

8. 某公司委托银行办理托收，单据于2月5日到达代收行，同日向付款人提示。假如(1)D/P即期；(2)D/P30天；(3)D/A30天，付款人分别应于何日付款？( )
   A. 2月5日；3月9日；3月9日 B. 3月9日；3月9日；3月9日
   C. 2月5日；2月5日；2月5日 D. 2月5日；3月9日；2月5日

9. 上述题目中代收行分别应于何日交单？( )
   A. 2月5日；3月9日；3月9日 B. 3月9日；3月9日；3月9日
   C. 2月5日；3月9日；2月5日 D. 2月5日；2月5日；2月5日

10. 若某代收银行于2016年6月5日接到加拿大某托收行的一套跟单托收单据，交单条件为D/A方式，远期期限的表述为"D/A at 60 days after date"，此套单据中汇票的出票日为2016年5月28日，提单签发日为2016年5月26日，则该套单据中汇票的到期付款日为( )。
    A. 2016年7月26日 B. 2016年7月27日
    C. 2016年8月4日   D. 2016年8月16日

11. 在一笔托收业务中，下列( )是代收行应做的工作。
    A. 制作托收指示、向付款人提示跟单汇票
    B. 开立跟单汇票、制作托收通知书
    C. 审查单据内容、制作托收通知书
    D. 制作托收通知书、向付款人提示跟单汇票

12. 在一笔托收业务中，下列( )是托收行应做的工作。
    A. 制作托收指示、向付款人提示跟单汇票
    B. 填写托收申请书、制作托收指示
    C. 审查单据内容、制作托收指示
    D. 依据托收申请书审查单据种类、份数，制作托收指示

四、业务程序操作练习

1. 结合程序框图说明即期付款交单的托收业务流程。
2. 结合程序框图说明远期付款交单的托收业务流程。
3. 结合程序框图说明承兑交单的托收业务流程。
4. 结合程序框图说明DP-TR的业务流程。

五、案例分析

1. 上海兰生公司向美国万隆公司出口货物13批,货物装运后,兰生公司制作了13套装运单据,委托华侨银行上海分行办理托收,托收方式分别为 D/P 远期 20 天和 D/P 远期 45 天。兰生公司指定花旗银行为代收行,并由华侨银行上海分行向花旗银行制作"托收委托书"。然而花旗银行以承兑付款的方式处理了装运单据,未收取货款即放单给万隆公司,造成了兰生公司的巨大损失,故兰生公司将华侨银行上海分行和花旗银行列为共同被告向上海市第二中级人民法院起诉。该案的判决是兰生公司对于花旗银行具有诉讼权,花旗银行应承担赔偿责任。试分析案件裁决的合理性。

2. 出口商 A 公司向 B 公司出口一批货物,建议采用 D/P 即期结算,但是进口商 B 公司不同意,要改为 D/P-T/R。鉴于国际市场此类商品供应充足的考虑,A 公司接受了进口商的要求。A 公司装船发货,寄送全套单据,结果 B 公司利用 T/R 借去单据提货之后就消失了。试分析此案例中出口商的损失如何,责任由谁承担。

chapter4 托收.pptx

第五章 信用证基础

学习目标

通过对本章的学习,主要了解信用证的基本概念、基本特点、作用与发展历史;理解并掌握信用证的一般业务程序、主要当事人及其权利与责任、普通信用证的种类划分及其特点内容、特殊信用证的种类划分及其特点内容,并能对一些信用证的种类加以比较认识;熟悉几种特殊信用证(如可转让信用证、背对背信用证、红条款信用证、假远期信用证)的具体业务流程及其特殊的作用。

核心概念

信用证(Letter of Credit,L/C)　承付(honour)　不可撤销信用证(Irrevocable Credit)　保兑信用证(Confirmed Credit)　议付(Negotiation)　可转让信用证(Transferable Credit)　款项让渡(Assignment of Proceeds)　背对背信用证(Back to Back Credit)　预支信用证(Anticipatory L/C)　循环信用证(Revolving Credit)。

案例导读

我某公司与外商按 CIF 条件签订一笔大宗商品出口合同,合同规定装运期为 8 月份,但未规定具体开证日期。外商拖延开证,我方见装运期快到,从 7 月底开始,连续多次电催外商开证。8 月 5 日,收到开证行的简电通知,我方因怕耽误装运期,即按简电办理装运,按合同要求缮制单据。8 月 28 日,我方才收到信用证证实书,该证实书对有关单据做了改动,与合同不符。经办人审证时未予注意,交银行议付时,银行也未发现,开证行即以单证不符为由,拒付货款。

问题思考:贸易合同规定信用证结算,我方为什么迟迟收不到进口商开来的信用证呢?收到的信用证为什么有不同版本、不同内容?我方什么时候装运、交单,按什么原则交单,才能顺利收到货款呢?从上述事件中,我方应吸取哪些教训?

第一节　信用证概述

一、信用证的概念

2006 年 11 月,国际商会在全球范围内正式发布关于信用证的最新统一惯例(2007 年修订版)简称《UCP600》(国际商会第 600 号出版物),2007 年 7 月 1 日实施,取代实施了 13 年的《UCP500》(1993 年版)。《UCP600》比《UCP500》更加准确、清晰,极大地丰富和影响了跟单信用证业务的实务操作和审核单据的标准，对进出口企业、银行、法律、司法、船运以及保险界都产生了重大的影响。本书对信用证有关知识的介绍大都基于对《UCP600》的诠释。

《UCP600》第 2 条定义中规定：信用证意指一项不可撤销的安排，无论其名称或描述如何，该项安排构成开证行对相符交单予以承付的确定承诺。承付意指如下内容。

(1) 如果信用证为即期付款信用证，则即期付款。

(2) 如果信用证为延期付款信用证，则承诺延期付款并在承诺到期日付款。

(3) 如果信用证为承兑信用证，则承兑受益人开出的汇票并在汇票到期日付款。

简言之，信用证意指一项约定，银行依照客户的要求和指示，根据规定的单据在符合信用证条款情况下，向第三者或其指定人进行付款或承兑受益者开立的汇票或授权另一银行进行该付款或支付该汇票。一般而言，信用证是银行根据进口商的请求和指示，对出口商发出的、授权出口商签发以银行或进口商为付款人的汇票，保证交来符合条款规定的汇票和单据，必定得到承兑或者得到付款的保障文件。实际上，信用证为一种银行在一定条件下承担第一性付款责任的书面承诺。

【知识拓展 15】关于信用证的起源与发展(扫前言二维码)

二、信用证的特点

银行信用一般比商业信用可靠，所以信用证与汇款、托收相比，具有不同的特点。

(1) 信用证是一项开证行负首要付款责任(primary liabilities for payment)的银行信用文件。《UCP600》规定，"跟单信用证"必须由银行开立，即必须是银行信用证。信用证业务中，开证行负第一性的付款责任。开证行负第一性的付款责任是指交来的单据符合信用证条款时，开证行就必须付款。第一性的付款责任，不能以进口商的付款为前提，必须自己承担责任，从而履行开证行的付款责任，体现信用证下的银行信用。信用证是一种银行保证文件，开证行的第一性付款责任不同于一般担保业务中保证人只负第二性责任，开证行提供的是信用而非资金。

(2) 信用证是一项自足文件(self-sufficient instrument)。虽然信用证是以贸易合同和其他合同(如运输合同、保险合同等)为依据开立的，信用证内容也与合同条款一致，但是信用证并不依附于贸易合同和其他合同，是独立的银行信用凭证。信用证当事人只受信用证条款约束而不受合同约束，信用证和贸易合同是两项不同的、各自独立存在的法律关系文件。

(3) 信用证是一项纯粹的单据业务(pure documentary transaction)。《UCP600》第 5 条中规定：银行处理的是单据，而不是单据可能涉及的货物、服务或履约行为。所以，信用证是一项纯粹的单据业务，在信用证业务中银行处理的是单据而不是货物，只要交来的单据符合信用证的条款，银行就必须付款。银行只看单据，对货物真假好坏不负责，对货物是否确已装船、是否中途损失、是否到达目的港均不负责，对单据的真假、单据在邮递过程中的遗失也不负责。

(4) 开证行只对信用证负责。开证行只凭信用证所规定的、又完全符合条款的单据付款。信用证业务是一种单据买卖。开证行对出口商负责付款不是没有限度和条件的,它只是在一定期限和一定金额范围内(信用证所规定的)的履行付款责任,超过了规定的期限和金额概不负责。另外出口商也不是无条件地取得货款,一定要履行信用证所规定的一切条款后才能取款。

案例 5-1

我国 A 公司向加拿大 B 公司出口一批货物,合同规定 4 月份装运、CIF 价格。B 公司于 4 月 10 日开来不可撤销信用证,此证按《UCP600》规定办理,装运期不得晚于 4 月 15 日。此时我方已来不及办理租船订舱,立即要求 B 公司将装运期延至 5 月 15 日。随后 B 公司来电称:同意展延船期,有效期也顺延一个月。我 A 公司于 5 月 10 日装船,提单签发日 5 月 10 日,并于 5 月 14 日将全套符合信用证规定的单据交银行办议付。试分析我国 A 公司能否顺利结汇?

案例分析:

A 公司不能顺利结汇。信用证是一项自足文件,一经开出,即独立于合同之外,买卖双方的权利和义务皆以信用证规定为准。我方和 B 公司磋商展延船期,只停留在合同层面,并没有修改信用证中的对应条款。银行在审核信用证时一旦发现单单不一致或单证不一致就拒付,而不会去顾及买卖双方之间如何约定。

三、信用证的主要内容

信用证的内容就是贸易合同的有关内容以及所需单据、银行保证等内容的综合,这些内容是进口商向出口商提出的履约衡量标准,只有出口商按信用证的内容要求交来单据,开证行才予以承付。国际上各银行开具的信用证没有统一的格式,但无论是以什么方式开具的信用证,其遵循的基本原则和基本内容都是一致的。基于实际中不同形式的信用证的具体内容有所不同,这里仅介绍国际商会拟订的标准信用证格式内容(结合表 5-1、表 5-2,根据国际商会第 516 号出版物所列的"致受益人和通知行的通知书",对标准信用证内容进行说明)。同时,附样 5-1 展示的是信用证的一个实例。

表 5-1 不可撤销跟单信用证格式(致受益人的通知书)

Irrevocable Documentary Credit Form (Advice for the Beneficiary)

Name of Issuing Bank:	Number (2)
	Irrevocable Documentary Credit(1)
Place and Date of Issue(3)	Expiry Date and Place for Presentment of Documents
Applicant: (5)	Expiry Date: (4)
Advising Bank:　Reference No.　(7)	Place for Presentation
	Beneficiary:　(6)
Partial shipments ☐allowed ☐not allowed　(10)	Amount: (8)
Transshipment ☐allowed ☐not allowed　(11)	Credit available with Nominated Bank:　(9)
☐Insurance covered by buyer　(12)	☐By payment at sight ☐By deferred payment at :
Shipment as defined in UCP600 article 46 Form: For transportation to:　(13) Not later than:	☐By acceptance of draft at: ☐By Negotiation Against the documents detailed herein: ☐And Beneficiary's draft(s) drawn on:
(14-20)	
Documents to be presented within ☐days after the date of shipment but within the validity of the Credit. (21)	
We hereby issue the Irrevocable Documentary Credit as detailed above in your favour. It is subject to the Uniform Customs and Practice for Documentary Credits (2007 Revision, International Chamber of Commerce, Paris, France, Publication No. 600) and engages us in accordance with the terms thereof. The number and the date of the credit and the name of our bank must be quoted on all drafts required. If the credit is available by negotiation each presentation must be noted on the reverse side of this advice by the bank where the credit is available.　(26)	
This Document consist of　☐ signed page(s)　(24) 　　　　　　　　　　　　　　　(25) 　　　　　　　　　Name of the issuing Bank 　　　　　　　　　　　signature	

第五章 信用证基础

表 5-2 不可撤销跟单信用证格式(致通知行的通知书)

Irrevocable Documentary Credit Form (Advice for the advising bank)

Name of Issuing Bank:	Number (2)
	Irrevocable Documentary Credit (1)
Place and Date of Issue (3)	Expiry Date and Place for Presentment of Documents
Applicant: (5)	Expiry Date: (4)
Advising Bank: Reference No. (7)	Place for Presentation :
	Beneficiary: (6)
Partial shipments ☐allowed ☐not allowed (10)	Amount: (8)
Transshipment ☐allowed ☐not allowed (11)	Credit available with Nominated Bank: (9)
☐Insurance covered by buyer (12)	☐By payment at sight
Shipment as defined in UCP500 article 46 Form: For transportation to: (13) Not later than:	☐By deferred payment at : ☐By acceptance of draft at: ☐By Negotiation Against the documents detailed herein: ☐And Beneficiary's draft(s) drawn on:
(14-20)	
Documents to be presented within ☐days after the date of shipment but within the validity of the Credit. (21)	
We have issued the Irrevocable Documentary Credit as detailed above. It is subject to the Uniform Customs and Practice for Documentary Credits (2007 Revision, International Chamber of Commerce, Paris, France, Publication No. 600). We request you to advise the Beneficiary.(26) ☐Without adding your confirmation ☐adding your confirmation ☐adding your confirmation, if requested by the Beneficiary. (22) Bank to bank Instructions: (23) This Document consist of ☐ signed page(s) (24) (25) Name of the issuing Bank signature	

1. 基本条款

基本条款也称信用证的首部,是对信用证基本性质的说明。

(1) 信用证形式(种类) (Form of credit),表明信用证的种类,这里指的是不可撤销跟单信用证。

附样 5-1　信用证实例

<table>
<tr><td colspan="2" align="center">**CITIBANK N.A**
P.O.BOX 2685 NEWYORK
ORIGINAL</td></tr>
<tr><td colspan="2">**CABLE ADDRESS:** "CITIBANK"
PLACE&DATE OF ISSUE: NEWYOUK USA　25 November 2013</td></tr>
<tr><td>**DOCUMENTARY CREDIT**
IRREVOCABLE</td><td>**CREDIT NUMBER** OF ISSUING BANK
277-158158</td></tr>
<tr><td>**ADVISING BANK:**
CITI BANK OF　GUANGZHUO　BRANCH, CHINA</td><td>**APPLICANT:**
BUSH CO.,LTD.
1707 Lakebend Way Dover DE 19901</td></tr>
<tr><td>**BENEFICIARY:**
CHINA SHANYING EXPORT&IMPORT COMPANY
25/F, NO.449 Tianhebei Road, Guangzhou, China
Tel: 020-38815152
Fax: 020-38813926</td><td>**AMOUNT:**
USD100 000.00
(SAY US DOLLARS ONE HUNDRED　THOUSAND ONLY
EXPIRY
DATE: Jan,16,2014. at the beneficiary's country.</td></tr>
<tr><td colspan="2">Dear sir:
We hereby issue in your favor this documentary credit which is available draft(s) at sight drawn on CITI BANK N.A NEWYORK USA for 100% invoice value accompanies by the following documents:

(1) Full set of clean on board Ocean Bills of Lading and blank endorsed marked freight to collect;
(2) Signed commercial invoice in three copies indicating Contract No., L/C No. (Terms of L/C) and shipping marks;
(3) Packing list memo in four copies issued by seller;
(4) Certificate of Quality in four copies issued by seller;
(5) Certificate of Quantity in four copies issued by seller;
(6) Certificate of Origin in five copies issued by seller;

Covering: 2000 pairs of skating shoes as per Sales Contract No.001 dated November 19, 2013 FOB SHANGHAI

Red　　Art no.5259152: 1000pa USD 50/pa 25cm*6cm*20cm.
Black　　Art no.5259782: 1000pa USD 50/pa 25cm*6cm*20cm.

Shipment from Qingdao port China to New York port USA no later than February 8, 2014, partial shipment allow and transshipment.

Documents must be presented within 21days after the date of shipment but within the validity of the credit.</td></tr>
<tr><td colspan="2">**SPECIAL CONDITIONS:**
1. The documents beneficiary presents should include an inspection certificate signed by the China Commodity Inspection Bureau.
2. Each draft accompanying documents must indicate the credit number, name of issuing bank and name of advising bank (if indicated).
3. All charges outside America for account of the beneficiary.</td></tr>
<tr><td>we hereby agree with the drawer, endorsers and bona fide holders of drafts drawn under and in compliance with the terms of this credit that such drafts will be duly honored on due presentation to the drawee if negotiate on or before expiry date and paid on maturity.
　　The advising bank is requested to notify the beneficiary without adding their confirmation.
　　In reimbursement, the drawee bank will debit our account NO.546554 with our New York Office, making reference to our letter of credit NO. Documents are to be airmailed directly to us.
　　　　Your faithfully,
　　AUTHORIZED SIGANATURE
Tang Binfang,　　Peng Xiangyu</td><td>Advising Bank Notification:</td></tr>
</table>

(2) 信用证号码(L/C number)，开证行的信用证编号。

(3) 开证日期和地点(Place Date of issue)，开证日期指信 开信用证的邮寄日期；开证地点指开证行所在地。

(4) 交单的有效日期和地点(Expiry Date and Place for Presentment of Documents)，有效地点应与指定银行的所在地一致。交单的有效日期指的是信用证的有效期。

(5) 申请人(Applicant)，申请开立信用证的人，一般是进口商。

(6) 受益人(Beneficiary)，使用并从中受益的人，一般是出口商。

(7) 通知行(Advising Bank)，把信用证通知给出口商的银行，参考编号供通知行使用。

(8) 信用证的金额(Amount)，金额用大小写表示。

(9) 指定银行和信用证可用性(Nominated Bank and Credit available)，指定银行要填写其名称和地点，如果填写 any bank at (city) or in (country) 则指自由议付信用证；信用证可用性指在小方格中加注"×"，表明其中一种使用方式；"和受益人汇票"(And Beneficiary's draft(s) drawn on)这一栏的小方格，如果采用承兑方式要求受益人出汇票时，在此小方格中加注"×"，如果采用即期付款或议付方式，可要求有汇票或不要汇票，如果要汇票，在此小方格中加注"×"。

2. 装运条款

装运条款是对货物运输的要求说明。

(10) 分批装运(Partial shipments)，是否允许分批装运在相应的小方格中加注"×"。

(11) 允许转运(Transshipment)，是否允许转运在相应的小方格中加注"×"。

(12) 买方保险，如果是要买方来投保，在小方格中加注"×"。

(13) UCP600 对装运的解释

Form: 从——
For transportation to: 运至——
Not later than: 不得迟于——

3. 商品条款

商品条款是关于货物的描述说明。

商品名称、规格、数量、单价、价格条件、包装、唛头等，进行货物描述时不要过多细节，尽量用常识性的，或惯例、规则中的词语。

4. 单据条款

单据条款是对所需的单据的要求说明。

(14)-(20) 一般来说，单据的顺序是：商业发票、汇票(如果需要)、货运单据、保险单据、其他单据(如产地证明、分析证明、检疫证明、包装单、重量单等)。每一种单据都要准确地标明单据的名称、正本或副本以及数量份数等。

(21) 交单期限(Documents to be presented within ×××)。

5. 其他条款

(22) 开证行对通知行的指示，主要是开证行对通知行是否对信用证加具保兑的指示，一般有三种情况：①不加保兑；②加保兑；③如果受益人要求时加保兑。

(23) 银行对银行的指示(Bank to bank Instructions)，开证行在此处规定付款、承兑或议付的银行向何地、如何、何时获得偿付；银行间电汇索偿条款(t/t reimbursement clause)。

(24) 页数，此信用证的页数，开证行必须注明所开信用证的页数。

(25) 开证行名称及签字(Issuing Bank name and signature)，开证行签字表明其按照信用证惯例要求承担相应的责任。

(26) 开证行负责条款(undertaking clause)。

We hereby engage with drawer and /or bona fide holders that drawn and negotiated in conformity with the terms of time credit with duly honour on presentation. 即开证行对受益人及汇票持有人保证付款的责任文句。

国外来证大多数均加注 "此证按国际商会跟单信用证统一惯例×××办理" (It is subject to the Uniform Customs and Practice for Documentary Credits (2007 Revision, International Chamber of Commerce, Paris, France, Publication No. 600"本证根据国际商会《跟单信用证统一惯例》即国际商会600号出版物办理。"

(27) 其他特殊条款。例如限制船舶国际和船舶年龄、限制航线和港口、限制某银行议付等。

四、SWIFT 信用证

SWIFT 应用之后，信用证的形式和条款逐渐规范，并在实际业务中为大多数国家的银行所遵循。SWIFT 信用证指所有通过 SWIFT 系统开立或予以通知的信用证。在国际贸易结算中，SWIFT 信用证是正式的、合法的，被信用证各当事人所接受的、国际通用的信用证。采用 SWIFT 信用证必须遵循 SWIFT 的规定，也必须使用 SWIFT 手册规定的代号(TAG)，而且信用证必须遵循国际商会修订的《UCP600》各项条款的规定。SWIFT 的第七类格式文件是关于跟单信用证和保函的，即 MT700/701，MT707(MESSAGE TYPE，MT)类文件。用 SWIFT 开立发送的信用证，都是 MT700 格式的报文，是最多由 37 个代码内容组成的报文，这 37 个代码的顺序是固定不变的，并且有些代码是排他性的，一份真实中的信用证，一般会有 20 个左右代码的内容，如附样 5-2 所示。SWIFT 跟单信用证条款项目代码简介如表 5-3 所示。

表 5-3　MT700 和 MT701 开证格式

代码(Tag)	栏位名称(Field Name)
27	Sequence of Total　电文页次
20	Documentary Credit Number　信用证编号
40E	Applicable Rule　适用条文
45B	Description of Goods and/or Service　货物和/或服务的描述
46B	Documents Required　所需单据
47B	Additional Conditions　附加条款
50	Applicant　申请人
59	Beneficiary　受益人

续表

代码(Tag)	栏位名称(Field Name)
32B	Currency Code, Amount 币种、金额
39A	Percentage Credit Amount 信用证金额上下浮动允许的最大范围
39B	Maximum Credit Amount 最高信用证金额
39C	Additional Amount Covered 附加金额
41A	Available with … by … 指定的有关银行及信用证兑付的方式
42C	Drafts at … 汇票付款日期
42A	Drawee 汇票付款人
42M	Mixed Payment Details 混合付款条款
42P	Deferred Payment Details 延期付款条款
43P	Partial Shipment 分批装运
43T	Transshipment 转运
44A	Loading on Board / Dispatch / Taking in Charge at / from … 装船、发运和接受监管的地点
44B	For Transportation to … 货物发运的最终目的港(地)
44C	Latest Date of Shipment 最迟装船日
44D	Shipment Period 装期
45A	Description of Goods and / or Services 货物与/或服务描述
46A	Documents Required 所需单据
47A	Additional Conditions 附加条款
71B	Charges 费用情况
48	Period for Presentation 交单期限
49	Confirmation Instruction 保兑指示
53A	Reimbursement Bank 偿付银行
78	Instructions to the Paying / Accepting / Negotiating Bank 对付款/承兑/议付银行的指示
57A	Advising through 通知银行
72	Sender to Receiver Information 银行间的备注

附样 5-2　SWIFT 信用证实例

FROM：CITIBANK INTERNATIONAL，LOS ANGELES, U.S.A.
开证行：花旗银行 美国洛杉矶
TO： BANK OF CHINA QINGDAO BRANCH，QINGDAO，CHINA
通知行：中国银行青岛分行 中国青岛

:27: SEQUENCE OF TOTAL   1/1
:27: 电文序列   1/1
:40A: FORM OF DOCUMENTARY CREDIT   IRREVOCABLE
:40A: 跟单信用证格式   不可撤销
:20: DOCUMENTARY CREDIT NUMBER   CRED1523349
:20: 跟单信用证号   CRED1523349

:31C:	DATE OF ISSUE	170906
:31C:	开证日期	170906
:40E:	APPLICABLE RULES	UCP LATEST VERSION
:40E:	适用规则	《UCP》最新版本
:31D:	DATE AND PLACE OF EXPIRY	171102 U.S.A.
:31D:	有效期和有效地点	171102 美国
:50:	APPLICANT	UNITED OVERSEAS TEXTILE CORP. 220E 8TH STREET A682 LOS ANGELES U.S.A.
:50:	开证申请人	美国大华纺织公司 220栋，8号街，682室 洛杉矶 美国
:59:	BENEFICIARY	QINGDAO QINGHAI CO.,LTD. 186 CHONGQIN ROAD QINGDAO 266002 CHINA
:59:	受益人	青岛青海有限公司 重庆路186号 中国青岛 266002(邮编)
:32B:	CURRENCY CODE, AMOUNT:	USD58575，00
:32B:	货币代码和金额	58575.00 美元
:39A:	PRECENTAGE CREDIT AMOUNT TOLERANCE	10/10
:39A:	信用证金额上下浮动百分比	10/10(10%)
:41A:	AVAILABLE WITH.. BY..	CITIUS33LAX BY DEFERRED PAYMENT
:41A:	兑付方式	花旗银行洛杉矶分行以延期付款方式兑付
:42P:	DEFERRED PAYMENT DETAILS	AT 90 DAYS AFTER B/L DATE
:42P:	延期付款细节	提单签发日后90天
:43P:	PARTIAL SHIPMENTS	NOT ALLOWED
:43P:	分批装运	不允许
:43T:	TRANSSHIPMENT	NOT ALLOWED
:43T:	转运	不允许
:44E:	PORT OF LOADING/AIRPORT OF DEPARTURE	QINGDAO PORT，CHINA
:44E:	装运港/始发航空站	中国 青岛港
:44F:	PORT OF DISCHARGE/AIRPORT OF DESTINATION	LOS ANGELES PORT，U.S.A.
:44F:	卸货港/目的航空站	美国 洛杉矶港
:44C:	LATEST DATE OF SHIPMENT	071017
:44C:	最晚装运期	071017

:45A: DESCRIPTION OF GOODS AND/OR SERVICES
　　　+TRADE TERMS: CIF LOS ANGELES PORT，U.S.A.　ORIGIN:CHINA
　　　+ 71000M OF 100% POLYESTER WOVEN DYED FABRIC
　　　AT USD0.75 PER M
　　　WIDTH:150CM,>180G/M2

:45A: 货物/服务描述
　　　　　+贸易术语：CIF 洛杉矶港，美国　　　　　原产地：中国
　　　　　+71000 米 100%涤纶染色机织布料
　　　　　单价为 0.75 美元/米
　　　　　幅宽：150 厘米，克重：不小于 180 克/平方米

:46A: DOCUMENTS REQUIRED
+SIGNED COMMERCIAL INVOICE IN THREEFOLD
+FULL SET OF CLEAN ON BOARD OCEAN BILL OF LADING MADE OUT TO THE ORDER AND BLANK ENDORSED,NOTIFY：APPLICANT(FULL ADDRESS) MARKED FREIGHT PREPAID
+SIGNED DETAILED PACKING LIST
+CERTIFICATE OF ORIGIN
+HANDSIGNED INSURANCE POLICY/CERTIFICATE COVERING MARINE INSTITUTE CARGO CLAUSES A (1.1.1982),INSTITUTE STRIKE CLAUSES CARGO(1.1.1982),INSTITUTE WAR CLAUSES CARGO (1.1.1982) FOR 110PCT OF THE INVOICE AMOUNT

:46A: 单据要求
　　　+签署的商业发票，一式三份
　　　+全套清洁的已装船提单，空白抬头(TO ORDER)，空白背书，通知开证申请人(完整地址)，注明运费预付
　　　+签署的装箱单
　　　+原产地证书
　　　+手签的保险单或保险凭证，遵照英国伦敦保险协会货物条款，按照发票总金额的 110%投保 ICCA,ICC 罢工险、ICC 战争险

:47A: ADDITIONAL CONDITION　　10PCT MORE OR LESS IN AMOUNT AND QUANTITY ALLOWED
:47A: 附加条款　　　　　　　　金额和数量允许有上下 10%的变动幅度
:71B: CHARGES　　　ALL CHARGES AND COMMISSIONS OUTSIDE U.S.A. ARE FOR BENEFICIARY'S ACCOUNT
:71B: 费用　　　　　　发生在美国以外的全部费用和佣金由受益人承担
:48: PERIOD FOR PRESENTATION　　WITHIN 15 DAYS AFTER SHIPMENT BUT WITHIN THE VALIDITY OF THIS CREDIT
:48: 交单期限　　　　　　装运期后 15 天，但必须在信用证有效期内
:49: CONFIRMATION INSTRUCTIONS　　WITHOUT
:49: 保兑指示　　　　　　　没有
:78: INSTRUCTIONS TO THE PAYING/ACCEPTING/NEGOTIATING BANK
　　AT MATURITY DATE，UPON RECEIPT OF COMPLYING DOCUMENTS C/O OURSELVES，WE WILL COVER THE REMITTING BANK AS PER THEIR INSTRUCTIONS
:78: 对付款行/承兑行/议付行的指示
在到期日，我行在收到相符单据后，根据偿付行的指示偿付货款

第二节　信用证的一般业务程序

虽然不同类型的信用证的业务流程在具体细节上有所不同，但基本环节大体相同，这里以议付跟单信用证为例说明信用证的一般业务流程。

一、申请开证

开证申请人(进口商)根据买卖合同的规定向进口地银行(开证行)申请开立信用证(Application for issue of credit)。开证申请人填写开证申请书，交押金、开证费和其他手续费，请求开证行开证，开证行接受申请，开证后，双方在法律上就构成了开信用证的权利义务关系，之间的契约即开证申请书。

二、进口方银行开立信用证

开证行接受申请人的要求，根据申请书的内容开出信用证(Issuance of credit)，发送给出口商所在地银行。开证行可以使用电报、电传、信函、电讯网络系统等方式开出信用证，常用的信用证形式有信开证(to open by airmail)和电开证(to open by cable)。电开证又可分为简电开(Brief cable)和全电开(Full Cable)。

信用证开出后，某些条款与合同不符，有时由于出口商、进口商或银行方面的原因，或者政治、经济原因，某些条款无法办到，那么信用证需要修改后，必须经各当事人同意才能生效。

三、出口方银行审核、通知信用证

出口方银行接到开证行开来的信用证后，应根据信用证的要求，将信用证通知(Advising Credit)或转递给出口商，或者加具保兑后将信用证通知或转递给出口商。

出口方银行(通知行)收到开来的信用证时，首先由银行鉴定信用证的表面真实性，审核信用证条款，其目的在于决定是否对该信用证进行通知，来证是否接受和是否需要修改。

根据信用证开立的方式不同，通知信用证的方式可分为通知信用证和转递信用证。

信用证开证行在给通知行的通知书中会表明是否要求通知行对其开出的信用证加具保兑，通知行可选择按开证行的指示行事。

出口商接到通知行传递来的信用证要进行详细的审核，以决定是否接受或修改信用证。

四、出口商装船发货，缮制单据

出口商接受信用证后，应立即备货、刷唛、订仓、办理检验和报关手续等，按规定把货物装上运载工具并缮制和取得信用证规定的单据，以便到出口地银行议付。出口商装船发货、缮制单据，应该做到四个一致：货物与合同一致，单据与货物一致，单证一致，单单一致。在制作单据时，需要做到正确、完整、及时、简明、整洁。

案例 5-2

我国某公司向德国 A 商出口大豆一批共 50000 公吨，国外开来的信用证规定：Time of Shipment: during MAY. / JUNE 20××; Partial shipment is not allowed; Port of Shipment: SHANGHAI / ZHANGJIANG; Port of Destination: HAMBURG.

我公司于 5 月 28 日和 6 月 2 日先后在上海港和宁波港各装 25000 公吨货物于第 611 航次的"东方之星"号海轮上，取得了两份提单，然后，将货物运往汉堡。这样做的话，我方是否违反信用证的规定？为什么？

案例分析：

我方没有违反信用证的相关规定。我公司于 5 月 28 日和 6 月 2 日分别将货物装上同一条船"东方之星"号，虽然在上海港和宁波港分别出具了两份提单，而且装运时间也不同，但是是装在同一条船上、同一个航次、同一个目的港，不能视作"分批装运"。

如果我公司在 5 月 28 日将货物分别装上两艘不同的船舶，虽然数量和装运期限符合信用证条款，但违反了信用证中"不能分批装运"的规定，有可能遭到开证行的拒付。

五、出口方银行议付与寄单索汇

出口方银行收到出口商交来的单据，必须仔细审核，确定是否为"相符提示"(complying presentation)。《UCP600》第 2 条的定义指出交单是指信用证项下单据被提交至开证行或被指定银行，抑或按此方式提交的单据。关于"相符提示"，在《UCP600》中有新的提法：是指符合信用证条款、使用的惯例和国际标准银行实务(ISBP)三方面的要求。银行审核单据如认为"相符提示"，即可进行议付(Negotiation)，做议付的这个银行称为议付行(Negotiating bank)。

在确认受益人满足"相符提示"要求，或者经修改、补充后满足"相符提示"后，出口地银行就可以寄单索汇(Reimbursing)。出口方银行必须正确理解索汇指示，掌握偿付条款、谙熟账户关系，并且尽可能以最快捷的方法取得偿付。

六、进口方银行接受单据与偿付

开证行收到议付行交来的单据后，也要仔细校对。如果是"相符提示"，应将票款偿还议付行，开证行对议付行的责任即告结束。如果不是"相符提示"，应在 5 个工作日拒付单据，还要以最迅速的方法向议付行提出。

开证行可以自己偿付，也可规定去另一家银行获得偿付。开证行审核单据与信用证条款时必须以单证为唯一标准根据，如果发现不符点、提出异议，一定要根据单据做出决定，不能被进口商的意见所左右。

七、进口商赎单提货

开证行接受单据后,应立即告诉进口商付款赎单,进口商如果同意接受单据应将货款及应付手续费付给开证行,这时开证行和进口商之间由于开立信用证而形成的契约关系就此终止。如果进口商接受单据但无力赎单,一般可要求开证行同意凭其开立信托收据先借单取货,取得融资。如果进口商发现单证不符,亦可拒绝赎单,这时开证行就有可能遭受资金损失,因为开证行的付款是没有追索权的。

一般情况下,开证行的审单是终局性的,即它一旦付款,对议付行没有追索权。开证行收到单据时,如当时认为单证相符,以后又发现有不符(如已过合理时间)时很难向议付行进行追索。进口商是否接受单据付款赎单取决于进口商的资信和他对货物的兴趣,如商品行情看好,即使单据有点问题进口商也会接受;如行情不好,即使单据没有多大问题,他也要挑毛病,拒绝付款,这就会使开证行承担一定风险,所以开证行开证时要向进口商收取押金,对资信不好的进口商要收 100% 货款作为押金。

进口商付款赎单后,即可凭单提货,如发现货物数量、品质、规格等与贸易合同不符,不能向银行提出赔偿要求,而只能向责任方,即出口商或轮船公司或保险公司索赔。

总结以上几个阶段,信用证业务一般的业务流转程序如图 5-1 所示。

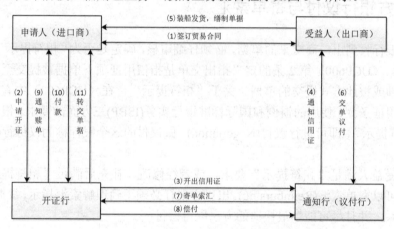

图 5-1 信用证业务一般流转程序

第三节 信用证项下当事人及其权利义务

信用证结算方式涉及许多当事人,基本当事人有开证申请人、开证行、通知行和受益人四个,此外还有许多附属当事人。

一、开证申请人

按照《UCP600》第 2 条的定义,开证申请人(Applicant)是向银行申请开立信用证的人,一般是进口商或中间商。如果贸易合同规定采用信用证结算方式,那么进口商就应该在合同规定的期限内向进口方银行申请开出符合合同规定的信用证。《UCP600》还规定,开证行可以以自身名义开证。

申请人的权利和义务如下。

信用证开立后,申请人(进口商)有凭单付款的义务和验单退单的权利。申请人接到银行的赎单通知时,应及时到银行履行兑付手续或付款赎单。申请人在赎单前有权检验单据,如发现单证不符,有权退单拒付。

同时,申请人还有相应的其他权利:①当开证行错误地收下与信用证规定不符的单据时,开证人也有权拒绝赎单,于信用证期满时收回押金,也可以照样付款赎单;②如因开证行接受不符单据而使开证人遭受损失时,开证申请人可要求开证行赔偿因此而引起的损失;③当开证行错误地将符合信用证规定的单据当作不符合规定的单据退单拒付时,开证申请人有权对开证行提出责问并要求赔偿损失。

二、开证行

按照《UCP600》第 2 条的定义,开证行(Issuing bank)是应开证申请人的要求或代表自己开出信用证的银行,一般是进口方的银行。作为信用证的发出者,开证行是各当事人中的"中心"人物。

开证行的权利和义务如下。

(1) 开证行应根据申请书条款,正确及时地开出信用证。

(2) 有权向开证人收取手续费和押金,并可以根据市场变化情况随时要求申请开证人补交押金(追加押金),但开证行不得将申请人押金抵付开证人的其他债务而不开信用证。

(3) 信用证开出后,开证行对信用证独立负责,不可撤销信用证的开证行对出口商及背书人、善意持票人负第一性付款责任。

(4) 开证行在验单付款后,不能因进口商拒绝赎单或无力付款而向出口商、议付行、付款行追索票款或要求退款,即使汇票是以进口商为付款人,开证行也不能因此而减免付款责任。

(5) 开证行有权对受益人的错误单据行使拒付的权利。

(6) 在议付行凭索汇电报向其索偿票款,或付款行仅凭汇票和索汇证明信付款的情况下,当接到单据发现不符时,有权向议付行退还单据。

(7) 如进口商无力付款赎单,开证行有权处理单据和货物,所得货款如不足垫款部分仍可向进口商索取。

(8) 如果由于开证行的错误,不得不向受益人或开证人(中间商)赔偿损失时,赔偿范围只限跟单汇票或发票的面额加利息和费用,此外不再有其他责任。

【知识拓展16】《UCP600》关于主要当事人权责的规定(扫前言二维码)

三、通知行

按照《UCP600》第 2 条的定义,通知行(Advising bank)是应开证行要求通知信用证的银行。通知行是出口地的银行，一般是开证行的代理行(Correspondent bank)。

通知行的权利与义务如下。

(1) 把开证行开来的信用证通知或转递给指定的受益人。

(2) 验证信用证签章的真实性。

(3) 无义务对受益人进行议付或代付货款。

(4) 有权在履行通知或转递后，向开证行收取通知费或转递手续费，转递行地位与通知行相同，但转递手续费要比通知手续费低。

(5) 通知行如果接受了保兑行的委托，便承担了通知行和保兑行的责任，同时也产生了其职责所引起的权利和义务。

【知识拓展 16】(扫前言二维码)

四、受益人

按照《UCP600》第 2 条的定义，受益人(Beneficiary)是有权使用信用证的人，是信用证金额的合法享受人，也是汇票的出票人，他通常是进出口交易中的出口商或实际供货商，有时为中间商。

受益人的权利义务如下。

(1) 收到信用证时，如发现有与合同不符或不可接受的条款，有权要求开证人申请修改。如果对方不予修改或修改后仍与合同不符，在足以造成不能接受的情况下，受益人有权在通知开证人后单方撤销合同，拒绝接受信用证，提出索赔。

(2) 信用证一经接受，出口商即有装货备单的义务和凭单取款的权利。出口商应在信用证规定的交货期内将货物装船，并通知收货人，严格按信用证规定，正确缮制出各种单据，并取得有关凭证，在信用证规定的有效期内、按时向议付行提示交单。

(3) 出口商不但对单据的正确性负责，而且要对货物的完全合格负责。

(4) 在装船前，如果进口商破产或开证申请人和开证行一起倒闭，有权将已备好的、但尚未装船的货物停止装运。如果货物已装船，并在航行中，即使单据已交给开证人，仍有权要求承运人中途停运，扣留货物，并有权将货物另行出售，但售前须通知进口商。如果货物是易腐的，出口商不等进口商答复即可另行出售。

(5) 如果开证行倒闭或无理拒付，有权向进口商提出付款要求，进口商仍须负责付款。

五、保兑行

保兑行(Confirming Bank)是接受开证行的委托要求，对开证行开出的信用证的付款责任以本行名誉保付的银行。《UCP600》第 2 条的定义指出，保兑行指根据开证行的授权或要求对信用证加具保兑的银行；保兑指保兑行在开证行承诺之外做出的承付或议付相符交单的确定承诺。

保兑行的权利和义务如下。

(1) 保兑行承担了保兑责任后，就是这个信用证的第一付款人，必须独立对受益人负责。

(2) 无论是开证行倒闭或是保兑行付款后，发现单证不符，都无权对受益人拒付或追

第五章 信用证基础

回票款。

(3) 无论开证行发生什么变化，保兑行不能为此片面撤销其保兑责任。
(4) 保兑行在验单时如果发现单证不符有权拒付。
(5) 保兑行对受益人付款无追索权。

【知识拓展16】(扫前言二维码)

六、议付行

议付行(Negotiating bank)指根据信用证的公开邀请或特别邀请，或根据受益人的要求，按信用证规定对单据进行审核，单证相符后向受益人支付垫款的银行，也即信用证对单据进行议付的银行。《UCP600》第2条的定义指出，议付指被指定银行在其应获得偿付的银行日或在此之前，通过向受益人预付或者同意向受益人预付款项的方式购买相符提示项下的汇票(汇票付款人为被指定银行以外的银行)及/或单据的行为。

议付行可以是开证行指定并授权的一家银行，如果信用证不指定议付行，准许任何一家银行议付，受益人可以选择一家银行要求议付。

议付行的权利和义务如下。
(1) 在信用证有效期内接受受益人提交的单据并付款。
(2) 如发现受益人提交的单据与信用证要求不符，有权拒绝议付。
(3) 如果开证行在收益人交单议付前已经倒闭，议付行有权拒绝议付。
(4) 不论开证行何种原因对议付拒付或开证行在议付行议付了汇票和单据后倒闭，议付行均有权向受益人追回货款，因为议付行作为正当持票人，当索汇拒付时，对出票人有追索权。

案例 5-3

日本某银行应当地客户的要求开立了一份不可撤销的自由议付信用证，出口地为上海，信用证规定单证相符后，议付行可向日本银行的纽约分行索偿。上海银行议付了该笔单据，并在信用证有效期内将单据交开证行，同时向其纽约分行索汇，五天后议付收到款项。第二天开证行来电提出单据有不符点，要求退款。议付行经落实，确定本行失误，该不符点成立，但又从受益人处得知开证人已通过其他途径(未用提单)将货取走，且受益人现持有该批货通关的证据。试分析：议付行是否可以凭受益人提交的通关证据回复开证行，拒绝退款？

案例分析：

议付行不能拒绝退款。①信用证业务处理的是单据，单证不符，不能付款。②开证申请人未用提单将货取走，开证行并没有将单据交开证人，开证行没有错。议付行应向收益人追索货款后，退款给开证行。③收益人可通过与银行无关的法律途径向开证人追索货款。

七、指定银行

《UCP600》第2条的定义指出，指定银行(Nominated bank)是指信用证可在其处兑付的银行，如信用证可在任何银行兑付，则任何银行均为指定银行。可以理解为指定银行可以是信用证中的议付行、付款行或承兑行。

【知识拓展16】(扫前言二维码)

1. 付款行

付款行(Paying bank)是信用证规定的汇票付款人(代替开证行履行付款责任的银行)，一般是开证行的分支机构或与开证行有业务往来的银行，其权利和义务如下：①付款行的付款是终局性的，对受益人、议付行均没有追索权。②付款行只是代开证行付款，在法律上无须对受益人付款的责任。如果它与开证行签订了合同，在正常情况下，它应该对受益人提交与信用证相符的汇票和单据付款，否则是违约。③付款行有权根据代理合约或代付约定向开证行取得偿付，并收取因代付而发生的一切费用。

信用证以进口地货币开出时，开证行就是付款行，审单无误后付款给议付行，一经付款则为最终付款，即无权向议付行追索。信用证以出口地货币开出时，付款行可以是议付行，议付行审单无误后付款给出口商，一经付款，即无权向出口商追索。信用证以第三国货币开出时，开证行指定的在第三国的付款行履行汇票付款人的责任,将汇票付给持票人(议付行)一经付款即不得追索。

2. 承兑行

承兑行(Accepting Bank)适用于承兑信用证，开证行指定一家银行并授权其在单据相符时承兑受益人提示的远期汇票，并负责到期付款给受益人。

八、索偿行

索偿行(Claiming bank)是向开证行或偿付行提交清偿垫款要求的银行。如果信用证使用货币是开证行所在的进口国货币，索偿行直接向开证行寄单索汇；如果信用证使用货币不是开证行所在的进口国货币，索偿行向偿付行索汇，向开证行寄单。索偿行可以是议付行、承兑行或付款行。

九、偿付行

偿付行(Reimbursing Bank)又称清算银行(Clearing Bank)，是开证行为了索偿行(议付行、承兑行或付款行)索汇方便而指定的偿付机构，是代开证行向索偿行清偿垫款的银行，一般是开证行的分支机构或与开证行有业务往来的银行。偿付行往往在结算货币不是进口国货币时使用，进口国货币作为结算货币时开证行自己进行偿付。

偿付行仅是开证行指定的出纳机构，它不接受单据，不审核单据，与受益人毫无关系。偿付行在收到索偿行的索偿要求时，无权要求其证明单证相符。开证行应及时向偿付行提供照付该索偿的适当指示或授权。如果偿付行未能进行偿付时，开证行并不能解除其自行偿付的权利。

【知识拓展16】(扫前言二维码)

偿付行产生的原因是，进出口商在信用证中规定的支付货币，既不是进口国的货币，也不是出口国的货币，而是第三国的货币，同时，开证行拥有的第三国货币资金调度或集中在第三国银行，要求该银行代为偿付信用证规定的款项。偿付银行通常是开证银行的存款银行或约定的垫款银行。在有偿付行的情况下，受益人相符交单后应该向偿付行索偿，而不是向开证行索偿。例如，日本和韩国开给我国的信用证有很多是带有偿付行的，如果信用证的币种是美元，日韩的开证行一般会指定他们在纽约的分行作为偿付行，由偿付行直接向我国受益人的银行付款。

十、转让行

如果不可撤销、可转让的信用证的指定银行接受第一受益人的申请，办理信用证转让给第二受益人的业务，这时的指定银行就成为转让行(Transferring bank)，多数情况下指定的通知行会成为转让行。

第四节　普通跟单信用证种类

普通信用证主要指对信用证的是否可撤销性质、是否保兑以及信用证使用方法等基本性质确定的信用证。这里我们介绍以下几种普通跟单信用证。

一、跟单信用证和光票信用证

根据信用证对所附单据的要求划分为跟单信用证和光票信用证。

1. 跟单信用证(Documentary L/C)

跟单信用证指凭跟单汇票或仅凭单据付款的信用证，国际贸易结算中所使用的信用证大部分是跟单信用证。此处的单据指代表货物所有权的单据(如海运提单等)，或证明货物已交运的单据(如铁路运单、航空运单、邮包收据)。

2. 光票信用证(Clean L/C)

光票信用证指的是凭不附单据的汇票而付款的信用证，有时附加一些非货运单据，如发票、垫款清单等类似的单据。多用于非贸易交易，如旅行信用证。

二、可撤销信用证和不可撤销信用证

按开证行对所开信用证所负的责任划分为可撤销信用证和不可撤销信用证。

1. 可撤销信用证(Revocable L/C)

可撤销信用证指开证行对所开出的信用证不必征得受益人同意有权随时撤销的信用证，《UCP600》第8条第a款对可撤销的定义是：可撤销信用证可以由开证行随时修改或取消，而不须事先通知受益人。

由于可撤销信用证对受益人毫无保障，受益人在货物装运前，甚至议付行都冒风险。

因此，此种信用证商业价值大大降低，在性质上与跟单托收差不多，任何出口地银行都不愿议付这样的单据，任何出口商都不愿接受此种结算方式。根据现行的《UCP600》规定，不允许银行开立可撤销信用证。

2. 不可撤销信用证(Irrevocable L/C)

不可撤销信用证指信用证一经开出，在有效期内，未经出口商及当事人的同意，开证行不能片面撤销或修改信用证。《UCP500》第9条第a款对不可撤销信用证进行了定义，《UCP600》第10条第a款进一步明确：除第38条另有规定外，未经开证行、保兑行(如有的话)及受益人同意，信用证既不得修改，也不得撤销。

三、保兑信用证和不保兑信用证

根据信用证有无另外一家银行参与对付款责任担保划分为保兑信用证与不保兑信用证。

1. 保兑信用证(Confirmed Credit)

一家银行所开的信用证，经由另一家银行加以保证兑付者，称保兑信用证。

当受益人对信用证的开证行偿付能力不够信任或对进口国家政治上有顾虑时，要求通知行或第三家银行加具"保兑"。一般来说，银行开出信用证是不愿有其他银行加保兑的，只有在银行自感其资信情况与开证金额不相称时，才主动要求其他银行加具保兑，以免受益人拒收或出口地银行拒绝议付。有时买卖合同规定，来证应由出口地银行加具保兑，或者双方银行规定双方开证超过一定额度时，应由第三者银行加保或按进出口国家所签的支付协定上规定，信用证应由各自的国家银行加具保兑。

对受益人来说，保兑行和开证行承担同样的责任，可以要求其中任何一家银行履行付款责任，但首先要服从信用证条款规定。如信用证规定以保兑行为付款人，应先要求保兑行付款；如果信用证规定开证行为付款人，应先向付款人提示，然后再向保兑行提示要求付款。

保兑行所承担责任相当于本身开证，所以只有在不可撤销信用证上才能加以保兑，成为保兑的不可撤销信用证。通知行或第三家银行加具"保兑"时，应在信用证上批注、盖戳或加面函表明。例如：This credit is confirmed by us. /We here-by added our confirmation to this credit.

2. 不保兑信用证(Unconfirmed L/C)

未经另一家银行保兑的信用证称不保兑信用证。对于不可撤销信用证，不保兑时通知行不加保兑只负责通知，常在通知书上注明：

This is merely an advice of credit issued by the above mentioned bank with conveys no engagement on the part of this bank.

3. 保兑的不可撤销信用证(Confirmed irrevocable L/C)

不可撤销信用证加具保兑后成为保兑的不可撤销信用证。受益人拥有两家银行对之承担付款责任，即不但由开证行不可撤销的付款保证，还有保兑行的兑付保证。

第五章　信用证基础

四、即期付款信用证、延期付款信用证、承兑信用证和议付信用证

根据受益人交单时，接受单据的银行对单据的处理方式划分为即期付款信用证、延期付款信用证、承兑信用证和议付信用证。

1. 即期付款信用证(Sight Payment L/C)

信用证的可用性如果标明为"付款兑付"(Available by payment)称为付款信用证(Payment Credit)。根据付款期限不同，付款信用证又分为即期付款信用证和延期付款信用证。注明"即期付款兑付"(Available by payment at sight)的信用证即为即期付款信用证，开证行或付款行收到符合信用证条款规定的汇票和单据后，立即履行付款义务的信用证。

即期付款信用证的付款行可以是开证行，也可以是出口地的通知行或指定的第三国银行。付款行一经付款，对受益人均无追索权。以出口地银行为付款人的即期付款信用证的交单到期地点在出口地，便于受益人交单取款，可以及时取得资金，这种信用证对受益人最为有利。而付款行为开证行本身或第三国银行，交单到期地点通常规定在付款行所在地，受益人要承担单据在邮寄过程中遗失或延误的风险。

由于许多国家规定票据要征收印花税，为逃避印花税，一些即期付款信用证通常不要求受益人开立汇票，开证行或付款行仅凭与信用证条款相符的单据履行付款。开证行通常在不要汇票的即期付款信用证中加列保证条款："我行保证凭符合信用证条款的单据付款。(We hereby engage that payment will be dully made against documents presented in conformity with the term of this credit.)"

即期付款信用证也可以要求受益人开立一个被指定银行(即付款行)为付款人的即期汇票，开证行通常在要求汇票的即期付款信用证中加列保证条款："我行保证凭符合信用证条款的汇票及单据付款。(We hereby engage that all drafts drawn under and documents presented hereunder will be dully honoured by us provided that the terms and conditions of the credit are complied with.)"

2. 延期付款信用证(Deferred Payment L/C)

注明"延期付款兑付"(Available by deferred payment)的信用证即为延期付款信用证。此类信用证一般在信用证中明确规定在将来的某个时间进行付款。也是为了逃避印花税，同时由于有些国家对远期汇票的期限有所限制，延期付款信用证不要求受益人开立远期汇票。延期付款信用证的付款期限一般是装船后的若干天付款或开证行见单后若干天付款等，但要注意，付款期限不能是"见票后一定时间付款(Payment at ××days /months after sight)"。

3. 承兑信用证(Acceptance L/C)

注明"承兑兑付"(Available by acceptance)信用证即为承兑信用证。承兑信用证必须要求受益人提供一个被指定银行为付款人的远期汇票，但不能要求受益人提供申请人进口商为付款人的远期汇票。开证行通常在承兑信用证中加列保证条款："我行保证对按信用证条款开立的汇票在提示时予以承兑,并保证到期付款。(We hereby engage that all drafts drawn under in conformity with the term of this credit will be dully accepted on presentation and honoured at maturity.)"

承兑信用证的汇票付款人可以是开证行或其他指定的银行，不论由谁承兑，开证行均负责该出口方汇票的承兑及到期付款。由于承兑信用证是以开证行或其他银行为汇票付款人，故这种信用证又称为银行承兑信用证(Banker'Acceptance L/C)。

4. 议付信用证(Negotiating Credit)

注明"议付兑付"(Available by negotiation)信用证即为议付信用证。《UCP600》第2条的定义指出，议付指被指定银行在其应获得偿付的银行日或在此之前，通过向受益人预付或者同意向受益人预付款项的方式购买相符提示项下的汇票(汇票付款人为被指定银行以外的银行)及/或单据的行为。《UCP600》对"议付"做了更明确的界定，根据此规定，对于任何一个跟单信用证，根据开证申请人的意愿，在开出的信用证中既可以允许议付，也可不允许议付。如果允许议付(无论是指定议付或是自由议付)，无论此份信用证是即期/承兑/延期付款的信用证，只要受益人能够提交符合信用证条款规定的单据，银行都可以办理议付手续。

议付信用证可分为：指定议付信用证和自由议付信用证。

(1) 指定议付或限制议付信用证(Restricted Negotiation L/C)，开证行指定并授权一家银行议付单据。

(2) 自由议付信用证(Freely Negotiation L/C)或公开议付信用证(Open Negotiation L/C)，信用证不指定议付行，准许任何一家银行议付，受益人可以选择任何一家银行要求议付。

议付行审单后，购买汇票(汇票可以是即期的，也可以是远期的)单据进行议付即成为汇票的正当持票人，对受益人有追索权，如果议付行是保兑行，则没有追索权。这类信用证，一般使用进口地货币或第三国货币，议付后议付行向开证行或偿付行索汇。

五、即期信用证和远期信用证

根据信用证付款时间划分为即期信用证和远期信用证。

1. 即期信用证(Sight L/C)

即期信用证，即指定银行收到出口商提交的符合信用证条款的跟单汇票或装运单据后，立即履行付款义务的信用证(《UCP600》规定指定银行有5个工作日的审单时间)。即期付款信用证属于即期信用证，这种信用证出口商收汇迅速、安全，有利于资金周转。

在即期信用证中，有时还加列电汇索偿条款(T/T Reimbursement Clause)。这是指开证行允许议付行用电报或电传等电讯方式通知开证行或指定付款行，说明各种单据与信用证要求相符，开证行或指定付款行应立即用电汇将货款拨交议付行。因此带有电汇索偿条款的信用证，出口方可以加快收回货款。付款后如发现单据与信用证规定不符，开证行或付款行有行使追索的权利，因为此项付款是在未审单的情况下进行的。

2. 远期信用证(Usance L/C)

远期信用证，即指定银行收到出口商提交的单据后，不会立即付款，而是在将来某一时间付款，延期付款信用证和承兑信用证属于远期信用证。

以上信用证种类的说明只是依据某种因素而划分的,实际应用中一个信用证会同属于几个种类。以上几种主要信用证的不同点比较如表 5-4 所示。

表 5-4　几种主要的信用证不同点比较

条　件	种　类			
	即期付款 L/C	延期付款 L/C	承兑 L/C	议付 L/C
是否需要汇票	需要/不要	不要	需要	一般需要
汇票期限	即期	无	远期	即期/远期
受票人	指定付款行	无	指定承兑行	议付行以外的银行
付款给受益人的时间	即期付款	延期付款	远期付款	即期付款扣减利息
利息起算日	无	提单日或交单日或其他日期	承兑日	如是远期汇票则是承兑日
对受益人有无追索权	无	无	无	有

第五节　特殊跟单信用证种类

特殊跟单信用证指带有特殊性能或有特殊用途的信用证,在这里我们介绍以下几种。

一、可转让信用证

根据受益人对信用证的权力是否转让来划分为可转让信用证(Transferable Credit)与不可转让信用证(Non-Transferable L/C)。不可转让信用证即普通的跟单信用证,未注明"Transferable"字样的信用证皆是不可转让信用证。

1. 可转让信用证界定

可转让信用证是经出口商请求,进口商同意,开证行授权可使用信用证的银行(通知行或其他指定银行),可将信用证的全部或一部分金额转让给一个或数个受益人(即第二受益人(Second Beneficiary))的信用证。

《UCP600》第 38 条关于可转让信用证及转让行有如下规定:可转让信用证意指明确表明其"可以转让"的信用证。根据受益人"第一受益人"的请求,把信用证的全部或部分转让给其他受益人"第二受益人"。已转让信用证指已由转让行转为可由第二受益人兑用的信用证。转让行系指办理信用证转让的指定银行,或当信用证规定可在任何银行兑用时,指开证行特别授权并实际办理转让的银行。开证行也可担任转让行。由此可见,可转让信用证把信用证的全部或部分装运任务装让给第二受益人,但信用证的"转让"绝不是第一受益人与第二受益人之间私下的授受,必须由银行来办理;同时,转让行是由开证行特别授权的,不允许受益人自行找一家银行来办理转让工作。

可转让信用证必须明确注明"可转让"(Transferable),或有类似的词语,如"this credit is transferable"。《UCP500》还有进一步的规定,不可使用其他类似词语,如"可分割"(Divisible)、"可分开"(Fractionable)、"可让渡"(Assignable)和"可转移"(Transmissible),否则即为不可转让信用证。

2. 可转让信用证的适用

一般跟单信用证的受益人是信用证规定的各项内容的具体执行者,是固定的、不能随便更换的。但在国际贸易的实际活动中,往往会出现信用证的受益人不是实际供货商的情况,使得真正的装运交货出现困难,这就有了对信用证权利转让的要求。

由于各个国家经济实力以及对外贸易政策、外汇政策等的差异,对外贸易发展中,信用证的受益人不是实际供货商的情况经常出现。例如,一种情况,过去我国借鉴苏联对外贸易机构组织的管理模式,根据对商品的分类,组成几个大的具有进出口经营权的总公司(如中国粮油进出口总公司、中国土特产进出口总公司、中国杂品进出口总公司及中国五金矿产进出口总公司等),这些总公司与国外商人洽谈业务、签订合同,然而这些总公司本身没有货源,不能直接办理装运、交单等一系列工作,因而在洽谈业务时便要求对方开"不可撤销、可转让信用证",接到信用证后再转让给真正的供货商。另一种情况,也是现在常见的,就是中间商贸易。一笔进出口业务,国外进口商不是与真正的供货商直接成交,而是与其比较熟悉的中间商签订合同,而中间商没有货源,并缺乏资金(或许他也不想占用自己的资金),因而在贸易谈判、签订合同时,要求对方开"不可撤销、可转让信用证",如果对方同意,等收到可转让信用证便可以转让给真正的供货商,中间商赚取原证与转让后信用证的差额。还有,一些小的、对国际市场不太熟悉的企业公司往往也愿意利用中间商的便利。可转让信用证通常应用于以下情况。

(1) 中间商使用可转让信用证,将信用证下执行权利转让给实际供货商,由实际供货商装运出口、交单取款,中间商赚取差额利润。

(2) 总公司使用可转让信用证,将信用证下执行权利转让给分(子)公司或由分(子)公司直接装运结汇。

(3) 受到出口资格限制的实际供货商,须使用他人名义出口时,可使用可转让信用证。

3. 可转让信用证的业务流程

以中间商参与交易的国际贸易,可转让信用证的业务流程如图 5-2 所示。

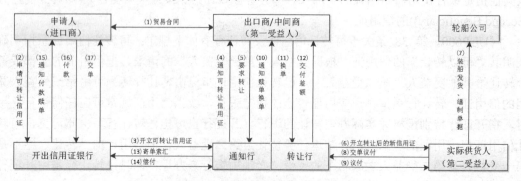

图 5-2 可转让信用证的业务流程

(1) 签订贸易合同确定使用可转让信用证结算。

(2) 申请人(进口商)向开证行申请开可转让信用证。

(3) 开证行开出可转让信用证,即原始信用证(Original credit)。

(4) 通知行通知可转让信用证。

(5) 第一受益人(中间商)接到信用证,因为其不是实际供货商,没有货物,申请要求转让信用证。

(6) 转让行(一般是原通知行)开出转让后的新的信用证,即转让信用证(Transferred credit)。

(7) 实际供货商接受信用证后装船发货、缮制单据。

(8) 实际供货商向转让行交单议付。

(9) 转让行接受单据,付出款项,进行议付。

(10) 转让行通知中间商(第一受益人)赎单接受单据(本应该付出相应款项,这里先不用支付,与原始信用证的交单业务结合起来处理)。

(11) 中间商作为第一受益人接受单据,根据原信用证要求以及转让后新证的改变,替换一些单据(特别是汇票、发票、提单等)。

(12) 中间商(第一受益人)根据原信用证的要求提交相符单据,通知行(转让行)接受单据付出款项,与先前的第一受益人对转让后信用证的赎单结合起来,通知行(转让行)支付差额给第一受益人即可。

(13) 通知行寄单索汇。

(14) 开证行接受单据,偿付。

(15) 开证行通知申请人赎单。

(16) 申请人付款。

(17) 交付单据,进口商得到单据之后,就可以凭单向船运公司提货。

4. 关于可转让信用证的规定及注意事项

《UCP600》第 38 条对可转让信用证的规定更加明确、细致,主要有以下几个方面。

1) 关于转让行的规定及责任

转让行是指办理信用证转让的被指定银行,或者当适用任何银行的信用证时,转让银行是由开证行特别授权并办理转让信用证的银行。《UCP600》还规定,开证行也可担任转让银行。除上述的银行之外,其他银行无权办理信用证的转让,但办理信用证转让的行为属于转让行的权利而非义务。转让行如果接受办理转让的请求,在明确了第一受益人提出的转让行为、转让方式、转让费用支付以及实际供货商的确认之后,才办理转让事项。如果转让行不接受办理转让的请求,应立即告知开证行。

2) 关于转让次数、人数的规定

只要信用证允许部分付款或分批装运,信用证可以分部分地转让给多名第二受益人。已转让信用证不得应第二受益人的要求转让给任何其后的受益人(即第三受益人),但是原第一受益人不视为其后受益人。例如,一份可转让 200 吨货物出口的信用证,允许分批装运,受益人自己出口 100 吨,转让给 M 公司执行出口 60 吨,转让给 N 公司 40 吨。这样转让有效，但是第二受益人(M 公司、N 公司)不能再把所承担的发货数量再转让出去。如果 M 公司装运了 40 吨之后没有能力再发货，其不能把剩余 20 吨发货任务转给其他公司，但可以把 20 吨装运任务退回给转让人(第一受益人)。也就是说，可转让信用证的转让可以由第一受益人转让给国内或国外的第二受益人。只能转让一次，一次可以转让给多个第二受益人。

3) 关于转让范围的规定

可转让信用证的转让手续有两种方式：①可以将原证照转，不更改证内的各项内容，只另外规定第二受益人执行交货的数量，或者是信用证的全部数量或部分数量；②将证规定的各项条款做部分更改再转让给第二受益人。《UCP600》对可转让信用证的可以更改条款有一定的要求，可以更改的条款一般有以下内容。

① 货物单价。转让后的单价，可以比原证降低，二者的差价即是第一受益人的收益。

② 信用证金额。转让后，信用证金额可以减少。

③ 信用证有效期。转让后，信用证有效期往往会缩短一些，以防第二受益人交货时出现意外情况，有一些时间来解决；或者给第一受益人留下一些换发票、汇票及其他单据的时间，以便符合原证的要求。

④ 交单日。转让后，信用证的交单日也会短于原证。

⑤ 装运期。转让后，信用证的装运期也会比原证提前。

⑥ 保险加成。转让后，保险加成可以扩大，以防万一，第二受益人交运的货物遭受损失时，第一受益人能得到足够的赔偿。

⑦ 关于原证开证人。转让时，第一受益人可以要求用自己的名字替换原开证申请人的名字，以避免第二受益人与原开证申请人直接接触，影响第一受益人的经济利益。

4) 关于转让信用证的修改

任何转让要求须说明是否允许及在何种条件下允许将修改通知第二受益人。已转让信用证须明确说明该项条件，该指示是不可撤销的。如果转让行同意第一受益人的相应要求，则办理转让手续。

如果信用证转让给多名第二受益人，其中一名或多名第二受益人对信用证修改的拒绝并不影响其他第二受益人接受修改。第二受益人对信用证修改可以有独立的立场和意见，同意修改的，修改对其生效；不同意修改的，该修改对其无效。

5) 关于第一受益人利益

① 第一受益人有权以自己的发票和汇票(如有的话)替换第二受益人的发票和汇票，其金额不得超过原信用证的金额。经过替换后，第一受益人可在原信用证项下支取自己发票与第二受益人发票间的差价(如有的话)。

② 如果第一受益人应该提交其自己的发票和汇票(如有)，但未能在收到第一次要求时照办；或第一受益人提交的发票导致了第二受益人提示的单据中本不存在的不符点，而其未能在收到第一次要求时予以修正，则转让行有权将其从第二受益人处收到的单据向开证行提示，并不再对第一受益人负责。

③ 在要求转让时，第一受益人可以要求在信用证转让后的兑用地点，在原信用证的截止日之前(包括截止日)，对第二受益人承付或议付。

第五章 信用证基础

6) 关于转让信用证费用及其他注意事项

① 除非转让时另有约定，有关转让的所有费用(诸如佣金、手续费等开支)须由办理转让手续的一方承担，通常由第一受益人支付。

② 为了防止第二受益人绕过第一受益人直接向开证行交单，损害第一受益人的利益。《UCP600》规定第二受益人或代表第二受益人的交单必须交给转让行。

实际应用中，运用可转让信用证还应注意一些事项。

① 转让后第二受益人办理交货，第一受益人仍须负责买卖合同卖方的责任。当出现交货问题或第二受益人交单单证不符时，第一受益人必须首先承担责任。

② 办理转让时，第一受益人必须提供转让申请书(Letter of transfer)，转让行将原始信用证内容和转让申请书内容转换到转让信用证。转让申请书主要包括两部分内容：是否变更信用证条款内容和是否保留信用证修改权利。

③ 第二受益人负责办理装运、交单，可转让信用证的履约情况与其直接相关。因此，开证申请人在开出可转让信用证时、第一受益人在选择第二受益人时要慎重选择受让人。因而，实际中开证申请人在开立可转让信用证时会要求第一受益人提供第二受益人的名称，对第二受益人资信、履约能力等进行审核，并在信用证中注明"本证仅限转让给某某公司(即第一受益人提供的第二受益人)"，此种转让称为限制转让。

④ 为了保证提交的单据符合信用证条款的要求，而在可转让信用证中又有第一、第二受益人两次提交单据，这就要求转让行在办理转让手续时，除了《UCP600》规定的可以变动的内容之外，要严格按照原证转让，以确保提交开证行索汇的单据符合信用证条款的要求，及时得到偿付。

案例 5-4

某日，I 银行开立一张不可撤销可转让信用证，M 为受益人，A 银行为通知行。接到信用证后，A 银行将该证通知给 M，M 即要求 A 银行将该证部分转移给第二受益人 X。为履行《UCP600》第 38 条的规定，A 银行转让了此证，并将此情况通知了开证行 I 银行。于是，在信用证规定的时间内，第二受益人 X 将金额为 USD376155.00 的全套单据向 A 银行提示。经审核，A 银行注意到 X 提示的单据中缺少内容为在 48 小时内将装运详情以电传、电报、传真形式通知申请人的证明书，并将此不符点及时通知了 X。由于第二受益人 X 无法更正此不符点，他即与第一受益人 M 联系，M 直接与开证申请人协商，要求其修改信用证关于此条的规定。同时 M 又告诉申请人出运的货物重量为 585 吨，而非信用证要求的 600 吨。在开证申请人的要求下，I 银行对信用证做了如下修改。

①取消要求在 48 小时内提供装运详情并以电传、电报、传真形式通知申请人的证明书条款；②原信用证金额减少 USD14130.00，新信用证金额为 USD387270.00；③单价降低为每吨 USD662.00；④展效有期。

A 银行将此修改通知给了第一受益人 M，M 将其金额为 USD387270.00 的发票代替了 X 金额为 USD376155.00 的发票。随即，A 银行将 USD376155.00 入 X 之账，并且把两张发票间的差额 USD11115.00 支付给了第一受益人 M。A 银行将全套单据寄给了 I 银行(除了第二受益人 X 的发票，该发票在 A 行留档保存)。

I 银行收到单据审核后认为：A 银行提供的保险单金额为 USD430509.00，该金额超过信用证的规定(信用证规定保险金额应为发票金额的110%)。超过部分为USD4512.40,为此,I银行拒绝付款,将保留单据,听候处理。

A银行认为I银行的拒付理由不成立。因为在第二受益人X交单时,第一受益人M已与申请人联系,要求其接受第二受益人X已提示的单据(为参考起见,当时提供第二受益人原保险单一份,该保险单上的保险金额是以原单价、原金额为计算依据的)。过量保险的不符点是由于修改信用证而引起的,而在信用证修改时,货物早已装毕,保险也早已落实,故不可能再对保险做更动。况且1.17%的过量保险并不会给申请人增加任何费用。

I银行坚持自己的观点,认为保险的金额应为110%的发票金额,不能有任何伸缩。

案例分析:

(1) 本案的关键在于对保险过量的认识问题。一般以为保险少保不好,多保尤其是少量多保既不增加开证申请人负担,也不会给任何一方带来害处,因此在实务操作中一般不将少量多保视为不符点。问题是在本案中,信用证中明确表示保险金额为发票的110%,这就意味着保险金额为发票金额的110%,不多也不能少。

(2) 转让信用证,能不能援引《UCP600》。《UCP600》第38条9款规定:信用证只能按原证规定的条款转让,但下列除外:信用证金额、所列单价、到期日、交单最后日期、装运期,上列任何一项或全部可以减少或缩短,保险加保比例可以增加,以便维持原证或本条文规定的保额。但第9款的此项规定是为了使保险单的保险金额达到原证的要求。该条款不适用本案。因为本案的保险金额已超过原证规定的1.17%,而不是为了达到原证保险金额而增加投保比例。所以该不符点成立。

(3) 提示单据要通盘考虑。第一受益人在第二受益人提示全套单据并出现不符点的情况下,通知申请人修改原证,原证修改后虽然消除了原有的不符点,但由于金额的变动,致使保险额也应相应变动,但受益人、议付行均忽视了这一点,于是出现了新的不符点。

二、背对背信用证

1. 背对背信用证概述

背对背信用证(Back to Back Credit),又称为对应信用证(Counter credit)或转开信用证,信用证的受益人(大多是中间商)收到进口商开来的信用证后,请求该证的原通知行或其他银行以原证(Original credit)为担保和基础,另开出一张内容近似的新证给供货商,这样两个联结的信用证业务称为背对背信用证。新开出的信用证称为对背信用证(Back credit),供货商凭此证发货、制单、索款。原始信用证称为主要信用证(Master credit)。《UCP600》并没有关于背对背信用证的规定,但背对背信用证在实际中应用比较广泛。对背信用证的开证银行只能根据不可撤销信用证来开立。

背对背信用证起源于"二战"时期,战后物资缺乏,呈现卖方市场,作为出口商的中间商,接到国外的信用证后向供货商定货,而供货商要求预付货款或要求有某种确保付款的保证,中间商不能预付货款,而是以国外开来的信用证作抵押,请求通知行重新开一个新的信用证给供货商作为付款的保证,新证通常附在原证的背面,因此称此种业务为背对背信用证。

2. 背对背信用证的适用

背对背信用证主要适用以下几种情况。

(1) 中间商没有从进口商那里争取到可转让信用证,为了向实际供货商提供付款保证获取所需货物,中间商以原证为抵押请求开出对背信用证,解决不可转让信用证的局限。

(2) 中间商虽然从进口商那里争取到可转让信用证,但《UCP600》规定的可转让的范围有限、只能转让一次,不能满足中间商的其他需求,那就采用背对背信用证。

(3) 中间商不想让买方与实际供货商接触,保证自己的经济利益,采用背对背信用证比用可转让信用证保密效果更好。

(4) 转口贸易或过境贸易。两国不能直接办理进出口贸易时,通过第三者以此种方法来沟通贸易。

3. 背对背信用证的业务流程

背对背信用证业务程序如图 5-3 所示。

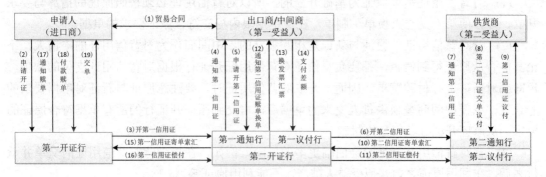

图 5-3 背对背信用证业务程序

(1) 进出口商签订贸易合同,实际上是进口商与中间商签合同,进口商一般不知道与他签合同的不是实际供货商。

(2) 进口商申请开证,这里申请开立的是普通信用证。

(3) 开证行开出并传递普通信用证即原证或第一信用证。

(4) 第一通知行通知第一信用证。

(5) 申请开立对背信用证,第一信用证的受益人(第一受益人),即中间商以原证作抵押,向第一通知行递交申请书,申请开立新的信用证(对背信用证),从而成为第二信用证(对背信用证)的申请人,此时的通知行成为第二开证行,对其所开出的信用证负责。

(6) 第一通知行同意开出并传递第二信用证(对背信用证)。

(7) 第二通知行通知第二信用证。

(8) 实际供货商(第二受益人)接受对背信用证,装船发货、缮制单据、交单议付。

(9) 第二通知行议付单据,成为第二议付行。

(10) 第二议付行向第二开证行寄单索汇。

(11) 第二开证行接受单据,进行偿付。

(12) 第二开证行通知第二申请人付款赎单(同可转让信用证,本应该付出相应款项,这里先不用支付,与第一信用证的交单业务结合起来处理)。

(13) 第二申请人(第一受益人)接受原单据,再根据第一信用证的内容要求调换单据,进行第一信用证的交单议付。

(14) 第一通知行(也即第二开证行)议付单据成为第一议付行,第二申请人接受原单据需要付款给第二开证行,而第二申请人作为第一受益人的交单议付应该从第一议付行(也即第二开证行)得到款项,两项相抵,一般是银行对中间商支付差价。

(15) 第一议付行向第一开证行寄单索汇。

(16) 第一信用证的偿付。

(17) 第一信用证开证行通知申请人付款赎单。

(18) 申请人付款。

(19) 转交单据,进口商(第一申请人)得到单据之后,就可以凭单提货。

4. 使用背对背信用证的注意事项

(1) 对背信用证是以原证为基础开立的,所以对背信用证必须按照原证的措辞与要求开立,以方便第一受益人换单、制单,在交单期限内提交符合原证要求的单据。

(2) 背对背信用证的原证与新证是相互独立的,中间商作为对背信用证的申请人,不论其能否从原证得到偿付,都要负责偿还对背信用证开证行根据对背信用证支付的款项,也即都对新证进行付款赎单。因而,开立对背信用证时,要注意原证与新证对单据要求的一致性,以便中间商替换供货人交来的单据后,再交到原证开证行的所有单据符合原证的要求,从原证开证行获得最终付款。

(3) 背对背信用证开证行会面临更多的风险,例如,在接受背对背信用证的交单并承付之后,在利用原证之前,原受益人破产,不能利用原证等。

(4) 背对背信用证修改时要得到原证与新证申请人的双重同意,以保证两证的一致性,因而,背对背信用证修改比较麻烦、耗时较长。

5. 背对背信用证与可转让信用证的比较

背对背信用证与可转让信用证都应用于中间商贸易,有许多相似之处,但在性质和实际操作上也有很大区别,以下对其主要不同点进行比较。

(1) 信用证惯例对可转让信用证有明确的条文规定;背对背信用证在信用证惯例中没有体现,其具体操作是相关当事人的实际经验总结。

(2) 可转让信用证是一笔信用证业务的延伸,开证行只有一个,且对第一、第二受益人负责;背对背信用证是以原证为基础开出新证,是两笔独立的信用证业务,有两个独立的开证行分别对各自的受益人负责。

(3) 可转让信用证的当事人彼此了解,信用证能否转让,必须征得买方的同意,要以开证申请人及开证行准许为前提;背对背信用证的两个信用证的某些当事人(实际供货商、实际买方)是没有联系的,对背信用证的开立完全是中间商的行为,与原开证行、开证申请人无关。

(4) 可转让信用证只有一次真正意义上的交单,第一受益人只有调换汇票和发票的权力;背对背信用证有两笔真正意义的独立的交单和议付行为。

(5) 可转让信用证的转让行重新缮制信用证,不会因此而改变其在原证中的地位或增加责任,其就是转让行;背对背信用证的通知行或其他银行如果开出第二证,则成为第二证的开证行,负开证行的责任。

【知识拓展 17】拓展案例,关于背对背信用证的案例(扫前言二维码)

三、款项让渡

款项让渡(Assignment of Proceeds)是指信用证的受益人将信用证项下应得款项的全部或部分,通过具有法律效力的程序转让给他人。《UCP600》第 39 条规定:信用证未表明可转让,并不影响受益人根据所适用的法律规定,将其在该信用证项下有权获得的款项让渡给他人的权利。本条款所涉及的仅是款项的让渡,而不是信用证项下执行权力的让渡。由此可见,不管信用证可否转让都可以办理款项让渡。

1. 款项让渡使用情况

(1) 中间商不能从买方获得可转让信用证,又不能开立背对背信用证(由于本身资信不足)时,可以采用"款项让渡"来解决中间商与实际供货商之间的结算问题。

(2) 信用证受益人可以通过"款项让渡"偿付对另外一方的债务。

(3) 信用证受益人可以通过"款项让渡"向银行或其他金融机构贷款,以便更好地履行其出口合约。例如,当受益人凭已承兑汇票要求其他银行贴现时,可用款项让渡方法向贴现行做成融资担保;当受益人要求开立背对背信用证时,可用款项让渡方法向开立背对背信用证的开证行做成付款担保。

2. 款项让渡的主要当事人

款项让渡涉及三个主要当事人:款项让渡人、办理让渡行和接受让渡人。

(1) 款项让渡人(Assignor),把应得款项让渡给他人的人,一般是信用证受益人。办理款项让渡时要填写"款项让渡书"或"款项让渡指示",声明自己已把信用证项下应得的全部或部分权利让渡给另一人,并在让渡书中列明受让人名称、地址、银行账号等,不可撤销地授权银行(办理让渡行)在办理承付或议付时将款项直接支付给受让人。

(2) 办理让渡行(Assigning bank),办理款项让渡的银行,可以是开证行或指定银行。开证行当其自行付款或承兑,指定银行当其付款或垫款时,接到款项让渡人的款项让渡指示并同意办理时,通知受益人,再填写"款项让渡确认书"(Acknowledgement of assignment of proceeds),表明自己同意办理让渡手续,然后把"款项让渡确认书"副本寄交受让人,等收到受让人确认接受款项让渡确认书时,表明让渡手续结束。等日后受益人交来符合信用证条款的单据,该银行履行承付或议付时,即把让渡的款项直接付给受让人。

(3) 接受让渡人(Assignee)或被让渡人、受让人,是接受让渡权利的人,一般指银行,但其一般不是该信用证当事人。

3. 款项让渡操作程序

信用证项下的款项让渡操作程序如图 5-4 所示。

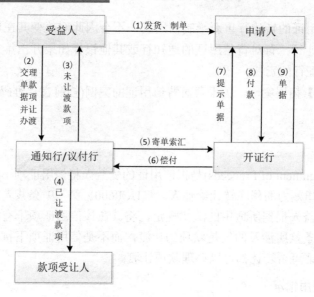

图 5-4　款项让渡操作程序

(1) 受益人装船、发货、缮制单据。
(2) 向指定银行交单，并申请办理款项让渡，填写款项让渡书。
(3) 办理让渡行(一般就是原通知行)，办理议付，将未让渡的部分款项支付给受益人。
(4) 办理让渡行将已让渡的部分款项支付给受让渡人。
(5) 指定银行向开证行寄单索汇。
(6) 开证行偿付。
(7) 开证行向申请人提示单据要求付款赎单。
(8) 申请人付款。
(9) 开证行转交单据。

4. 款项让渡注意事项

(1) "款项让渡"中受让人的风险最大，为了保障受让人利益，一定要求让渡人开具不可撤销的款项让渡书，并验证其签字的真实性，以防止让渡人开具假的款项让渡书；还可要求其提交一家信誉卓著银行或其他机构出具的保函，一旦让渡人违约，还可以从担保行那里得到赔偿。

(2) 《UCP600》规定，"款项让渡"根据所适用的法律办理，当事人之间的纠纷由法律解决，不能按《UCP600》办理。因此，使用"款项让渡"时应谨慎行事。

(3) 特殊信用证，如可转让信用证、背对背信用证、循环信用证、红条款信用证等都可以使用款项让渡。

(4) "款项让渡"不是当事人私下授予行为，需要银行办理相应手续，但目前实际应用中各个银行没有统一的做法。

5. 信用证的转让和款项让渡

信用证的转让是指受益人将其信用证项下的权利全部或部分转让给其他受益人(第二受益人)。如果信用证中没有注明"可转让"，则该信用证不能转让。另外，信用证的转让必

第五章 信用证基础

须在开证行或授权银行承兑信用证之前。

信用证款项的让渡是指将收取信用证项下款项的权利授权或转让给他人。根据《UCP500》的规定："信用证虽未表明可转让，但并不影响受益人根据现行法律规定，将信用证项下应得的款项让渡给他人的权利。"《UCP600》和《ISP98》(国际备用证惯例)在对待款项让渡的问题时，都认为款项让渡与信用证权益没有关系，但在进行细则得规定时不同。《UCP600》沿袭《UCP500》了关于款项让渡的规定，比较简略，而《ISP98》规定得比较详细，在实务中更便于操作，6.06~6.10都是关于款项让渡的具体规定。

信用证的"转让"是转让执行信用证的权利，而信用证的"让渡"仅是对信用证项下的款项所做的安排，并不涉及信用证的执行。

案例 5-5

内地 A 公司与香港 B 公司签订进口购货合同，合同规定的付款方式为远期信用证。内地开证行 X 银行根据 A 公司的开证申请开出以 B 公司为受益人的不可撤销、不可转让的凭远期汇票兑付的远期信用证，为此 A 公司按惯例向 X 银行支付了信用证金额 30%的开证保证金。香港 B 公司通过香港 Y 银行向 X 开证行提示单据，X 开证行收到 Y 银行的承兑提示函以及该信用证项下所有规定的单据和远期汇票。在获得 A 公司同意承兑的确认函后，X 开证行致函 Y 银行，对上述汇票予以承兑并承诺到期付款。

信用证让渡：在汇票被承兑后，香港 B 公司以开立授权让渡书的方式将该信用证项下的一切所有权、权力和利益让渡给瑞士 C 公司，并指定 C 公司收受该信用证项下的应收款项。香港 Y 银行以密押电报形式将该信用证的让渡事宜致函告知开证行 X，开证行回电对此予以确认，并承诺将于到期日对瑞士 C 公司付款。

然而，香港 B 公司与内地 A 公司因故协议解除了双方的基础合同，A 公司退回全部货物并返还信用证单据。B 公司后致函 A 公司确认其已收受信用证项下的全部退货及全套提单。

信用证付款日期临近，开证行 X 银行通知 A 公司尽快将信用证 70%余款划至该行以便及时对外付款。A 公司以买卖合同已解除，且怀疑有共谋欺诈的可能性，要求开证行 X 不要付款。香港 B 公司亦致电开证行，确认买卖合同已经终止，故不要求开证行对其支付，又称其仍是信用证项下汇票的合法持有人，因此要求开证行不要对第三方付款。但 X 开证行向瑞士方面核实时得到的答复却是，瑞士 C 公司，依然是该汇票的合法持有人，要求 X 行尽快付款。由于 A 公司没有支付信用证 70%余款，X 开证行未能向瑞士 C 公司支付已承兑汇票的金额。

试分析 X 银行是否要支付汇票金额及相关利息等？A 公司是否要支付 70%信用证款项及 X 银行因此遭受的相关利息损失？

案例分析：

(1) X 银行要支付汇票金额及至实际付款日止的利息等。本案例中受益人 B 公司自行履行了信用证规定的全部交单义务，并取得了开证行承兑后的汇票，因此该信用证是由受益人直接履行的，并未发生信用证转让。受益人 B 公司仅是将信用证下收款的权利即收取汇票款项的权利转给了 C 公司，所发生的是信用证款项的让渡，款项让渡之后，瑞士 C 公司是汇票的合法持有人，有权要求 X 行付款，汇票是无因证券。

(2) 进口商A公司应该支付70%信用证款及X银行因此遭受的相关利息损失。信用证生效之后是一种独立文件，业务执行的原则是单证业务，尽管基础合同撤销，信用证还是要执行的。

(3) 不可转让的信用证项下的款项是可以被让渡的。不可转让的信用证指的是信用证项下执行权利不可转让，但《UCP600》号的规定："信用证虽未表明可转让，但并不影响受益人根据现行法律规定，将信用证项下应得的款项让渡给他人的权利。"

四、预支信用证

预支信用证(Anticipatory L/C)是允许出口商在装运交单前支取部分或全部货款的信用证。开证申请人要求开证行在信用证上加列条款，授权出口地通知行或保兑行在交单前，向出口商垫付全部或部分货款，于出口商交单议付时，出口地银行再从议付金额中扣还预先垫付的本息，将余额付给出口商。如果出口商届时不能装运、交单，出口地银行可向开证行提出还款及赔偿要求，开证行保证立即偿还出口地银行的垫付本息，然后向开证申请人追索此款。

1. 预支信用证种类

预支信用证可分为全额预支信用证 (Clean payment L/C)与部分预支信用证 (Partial payment in advance Credit)。

1) 全额预支信用证

全额预支信用证的申请人在申请开证时就将全部货款足额交给开证行，开证行在信用证上加列条款，授权议付行凭受益人交来的光票或者装运、制单的承诺书，把全部信用证金额扣除利息后垫付给受益人。

2) 部分预支信用证

部分预支信用证的申请人与出口商协商，把一部分货款金额预先支付给出口商，在信用证中加以规定，加列条款授权议付行向受益人预先支付一部分金额。

部分预支信用证最早应用于澳大利亚、新西兰的羊毛出口以及东南亚和非洲的茶叶交易。为了引起对方的注意，预先支付货款的特殊条款最早用粗体红色书写，以资醒目，由此这种信用证被称为红条款信用证(Red Clause Credit)。后来，这种信用证已不用红色书写了，使用范围和地区都已扩大，还出现了人们称谓的"绿条款信用证"(Green Clause Credit)。"绿条款信用证"与"红条款信用证"相比，绿条款信用证所含的内容与做法比采用红条款信用证更为严格，或增加一些限制条件及要求。例如，要求卖方将预支资金必须用于出口货物的采购并存入开证行指定的仓库，以保证该预支金额依信用证规定使用，并受到控制以减少资金被挪用的风险，保证后来的装船发货、制单、交单。

国际贸易实务中，进口商同意采用绿条款信用证时，进口商须向开证银行提供担保或抵押，而且一般来讲凡采用绿条款信用证项下预支金额数量较大，故为了明确其功能，必须在信用证中注明"绿条款信用证"(Green Clause Credit)字样。

2. 红条款信用证

这里重点说明红条款信用证，常用的红条款信用证的红条款文句如下。

第五章　信用证基础

① 兹授权通知银行应允受益人预支款，其金额不超过 200000 美元(为本信用证的金额 20%)。凭本信用证项下的预支款，按付款当天公布汇率折付并加付利息。预支款应从本信用证项下汇票金额中扣除。

The Negotiating Bank is hereby authorized to make advance to the Beneficiary up to an aggregate amount of U. S. $200000(20% of the amount of L/C). The advances, with the interest at ruling rate of exchange at the time of payment of such advance, are to be deducted from the proceeds of the drafts drawn under this credit.

② We hereby authorize you to make such advances, which are to be repaid, with interest, from the payment to be made under this credit.

③ It is understood that the making of the temporary advances or the payments to the above mentioned Beneficiary shall be optional on the part of you.

④ We (the Issuing Bank) hereby authorize X Bank(the negotiating bank)at their discretion to grant to you an advance or advances to the extent of amount (say -------- only) against the delivery of undertaking of shipment.

红条款信用证的业务流程如图 5-5 所示。

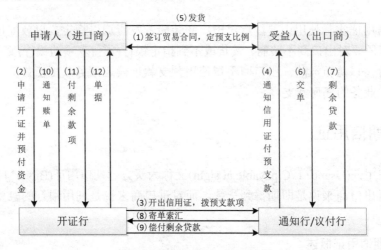

图 5-5　红条款信用证业务流程

(1) 进出口商签订贸易合同，合同商定使用信用证结算，并确定进口商预付一定比例的货款给出口商。

(2) 申请人申请开证，并把预付资金交给银行。

(3) 开证行开证并拨付预付款项。

(4) 通知行通知信用证并预付款项。

(5) 出口商发货，缮制单据。

(6) 交单议付。

(7) 议付行买进单据，支付剩余货款。

(8) 议付行寄单索汇。

(9) 开证行偿付剩余货款。

(10) 通知赎单。

(11) 付剩余货款。

(12) 转单据给进口商。

实际应用中，红条款信用证的垫款预付可以有以下方式。不论采取哪一种垫款方式，其原则是由谁垫款就由谁来收取利息，如预支款额后遭到损失由进口商承担。

1) 进口商直接垫款

进口商在开证时，须提交预支的现金，或在出口商按规定预支款后，立即以等额的现金调拨给开证银行，所付利息由进口商收取。

2) 开证行垫款预付

根据信用证特殊条款的指示，议付行把预付款项支付给出口商，凭出口商的收据和装运承诺向开证行索偿，开证行立即偿付。出口商交单议付时，议付行扣除预付款项将剩余货款支付给出口商，并向开证行索偿剩余款项。此种方式，开证行垫付资金占款时间很短，实际业务中，差不多都是开证行垫付。

3) 议付行垫款预付

根据信用证特殊条款的指示，议付行垫付预付款项给出口商，等出口商装船、发货、制单、交单、议付之后，议付行向开证行寄单索汇。此种方式，议付行垫付资金占款时间较长。

红条款信用证实际使用中要注意对出口商装船、发货加以规定，以敦促出口商履行贸易合同，同时还要对出口商不装船、发货或不到指定银行(预付款项的银行)交单行为，进行处罚性规定等，以防范风险。出口商不得使用预支款项偿还债务或抵偿货款，更不能用于与信用证无关业务的任何开支。

五、假远期信用证

假远期信用证(Usance L/C payable at sight)又称为买方远期信用证(Buyer' Usance L/C)。此种信用证对出口商来说是即期得到货款，而对进口商来说是利用银行的融资，远期支付货款。

1. 假远期信用证概述

基于商品行情及其他一些原因，出口商要求即期得到货款，而进口商一方面急需进口货物，但又缺少资金，就与银行达成协议，让出口商开立开证行为付款人(汇票付款行，一般情况下是开证行)的远期汇票，利用银行的融资进口货物。

进口商在进行贸易谈判时，在支付方式、开立汇票等方面协商，并在信用证中加列特殊条款。进出口双方订立贸易合同的支付条款是即期付款，但允许出口商开立远期汇票，出口商交来符合信用证条款的全套单据时，开证行或指定银行承兑汇票并贴现，同时再向进口商收取贴现息、承兑费、手续费等，贴现净款加贴现息等于汇票票款，立即支付给出口商，进口商则可以凭信托收据提前得到单据提取货物，等到汇票到期时再把汇票金额付给开证行。这样对出口商是即期支付(Usance credit payable at sight)，而进口商是远期付款，故也称为"买方远期信用证"(Buyer's Usance Credit)，俗称假远期信用证。

此种信用证没有确定的名称，但实际中使用非常普遍。中小企业多采用此种信用证；一些国家由于外汇管制的限制，规定进口商一定要远期付款，而出口商非要立即付款，为解决此矛盾而用此种信用证；有些资金雄厚、信用可靠并与银行有密切关系的公司也往往

第五章 信用证基础

利用本身的信用与银行的关系,使用此种信用证进行资金融通。

假远期信用证必须规定贴现息、承兑费由进口商负担,相应的一些条款常见表述如下。

(1) 远期汇票按即期议付,由本银行(开证银行)贴现,贴现及承兑费由进口商承担。

Usance Drafts to be negotiated at sight basis and discounted by us (Issuing Bank), discount charges and acceptance commission are for Importer's account.

(2) 远期汇票按即期议付,利息由买方承担。

Usance draft to be negotiated at sight basis, interest is for Buyer's account.

(3) 授权议付银行议付远期汇票,依票额即期付款。

The Negotiating Bank is authorized to negotiate the usance drafts at sight for the face amount.

(4) 本信用证项下开立的远期汇票可按即期议付。

Usance drafts drawn under this credit are to be negotiated at sight basis.

2. 假远期信用证与远期信用证的主要区别

(1) 开证基础不同。假远期信用证是以即期付款的贸易合同为基础;而远期信用证是以远期付款的贸易合同为基础。

(2) 信用证条款不同。假远期信用证中有"假远期"条款,增加了即期付款的条款;而远期信用证中只有利息由谁负担条款。

(3) 费用负担不同。假远期信用证中的远期汇票的贴现费用和利息由进口方担负;远期信用证从银行贴现到银行实际付款这段时间产生的贴现费用和贴现利息一般由远期汇票的受益人来支付。

(4) 收汇时间不同。假远期信用证的受益人能即期收汇;远期信用证的受益人要等汇票到期才能收汇。

(5) 操作流程不同。假远期信用证和远期信用证在操作流程上的不同之处体现在两个环节,一是开证行与进口商的融资环节,开证行应进口商要求在远期汇票到期前为进口商的付汇融资;二是开证行指定偿付行对远期汇票贴现垫付资金。

3. 使用假远期信用证的原因

(1) 一些国家的银行利息一般比商人之间的借贷利息低,进口商使用假远期信用证,就是充分利用银行信用和较低的贴现息来融通资金,减轻费用负担,降低进口成本。

(2) 一些国家由于外汇较紧张,外汇管理条例规定进口交易一律须远期付款,因此银行只能对外开立远期信用证。在即期付款的交易中,进口商就采用远期信用证,而愿意承担贴现息、利息和费用的假远期做法。

(3) 进口商缺少资金,但又急需进口货物。

4. 使用假远期信用证应注意的问题

(1) 审核来证中假远期条款。如来证明确规定开证银行负责即期付款或远期汇票可以在国外贴现,所有贴现利息及费用均由开证申请人或开证银行负担的,一般可以接受。

(2) 有的来证虽规定开证申请人负担利息及有关费用,但远期汇票不能贴现,待汇票到期一并收取本息,由于这种信用证实质是"远期加利息"而非"假远期",特别是利息率不明确的，应该慎重考虑。

（3）如来证仅规定受益人可以即期收汇，而没有明确何方负担有关费用，应要求开证申请人明确责任后，再给予考虑。

假远期信用证的特点是远期汇票即期付款，申请人支付贴现及利息的费用。既然远期信用证受益人可以即期得到付款，又不用支付贴现及利息费用，可以说没有什么风险，最大的风险是在即期信用证支付期间开证行突然倒闭，寄单而不能付款。

六、对开信用证

1. 对开信用证概述

对开信用证(Reciprocal L/C)指进出口商互为贸易对手进行相应两笔进出口交易，互相给对方开出的信用证。对开信用证多用于易货贸易(对销贸易)或加工贸易和补偿贸易业务，交易的双方都担心凭第一张信用证出口或进口后，另一方不履行进口或出口的义务，于是采用这种互相联系、互为条件的开证办法，用以彼此约束。

一国出口商向另一国的进口商输出商品，同时又向他购进另一笔货物，这样可把一张出口信用证和一张进口信用证挂起钩来，使其互相联系，互为条件。一张信用证的受益人(出口商)和开证申请人(进口商)，同时又是第二张信用证(回头证)的开证申请人和受益人。一般情况下，第一张信用证的通知行往往也是第二张信用证的开证行，两证可同时开，也可分别先后开立。

对开信用证条款与跟单条款基本一样，只是付款方式较特殊。对开信用证规定，货款的支付以受益人名义记入对开信用证账户，而不付现。即通知行接受符合信用证条款的单据之后，议付款项借记出口商对开信用证账户，借记金额用于受益人的进口开证。

对开信用证生效方法：①进出口信用证同时生效；②第一个信用证先开，暂不生效，对方开来信用证，经受益人接受并通知对方银行后，两证同时生效；③进出口信用证分别生效，第一张信用证先开先生效，但要规定对方受益人交单和议付时应附保函，保证在议付若干天内按合约规定，开出第二张信用证(即回头证)。

首先开出的进口信用证通常规定有以下对开条款文句。

This credit is available by draft(s) drawn on us at __xxx__ days after bill of lading ……(date).

Payment will be effected by us on maturity of the draft against the above mentioned documents and our receipt of the credit openers advice stating that a reciprocal credit in favour of applicant issued by __X__ Bank for account of beneficiary available by sight draft has been received by and found acceptable to them.

对开信用证两证的金额大约相等，对开信用证上，一般加列表示对开的条款。例如：

This is a reciprocal credit against __X__ Bank credit NO. __xxx__ favouring …… (beneficiary) covering shipment of ……(goods).

2. 对开信用证与背对背信用证

对开信用证与背对背信用证有某些类似之处，各有两个信用证，其中，某一个信用证的受益人又是另一个信用证的开证申请人。两者的区别如下所示。

(1) 贸易背景不同。背对背信用证通常在中间商参与的转口贸易下使用；而对开信用证通常在易货贸易或者加工贸易中使用，并且一般不存在中间商的参与，是进出口双方的直接贸易。

(2) 信用证中货物的名称不同。背对背信用证中，前后两个信用证的货物名称相同，只是装运期、有效期等与货物本身无关的条款，以及货物的单价、总价格等不同；而对开信用证前后两个信用证的货物是不同的，两个信用证的金额一般相等。

(3) 信用证生效的要求不同。背对背信用证前后两个信用证的生效时间是确定的，只要开立信用证，受益人接受了，就生效；而对开信用证的生效时间是不确定的，开立了信用证，未必一定生效，需要根据信用证条款规定来判断生效时间。换言之，背对背信用证是彼此相关但又互相独立的两份信用证，而对开信用证则是彼此互相依存的两份信用证。

(4) 主要当事人的身份不同。对开的两份信用证的申请人分别是对方申请开立的信用证的受益人；而背对背信用证只有中间商才既是原始信用证的受益人，又是对应信用证的申请人，最初的出口商和最终的进口商则分别只是对应信用证的受益人和申请人。

七、循环信用证

循环信用证(Revolving Credit)是指信用证金额被全部或部分使用后，仍然恢复到原金额可再使用的一种信用证。非循环信用证(Non-revolving Credit)就是普通的信用证，其金额使用后不能再使用，即可销毁或收存库中。

循环信用证的金额被出口商全部或部分使用后，能恢复到原金额，循环多次使用，直到信用证达到规定的次数、时间或金额为止。主要适用于买卖双方订立有长期合同以及有信用证规定的装运经验合同的交易，可以节省开证的手续和费用，减少交易成本。

循环信用证分为两种：按时间循环使用的信用证和按金额循环使用的信用证。不论是按时间循环或按金额循环，凡是上次(期)未使用完的金额，可以转移到下一次(期)一并使用的，称为积累循环信用证(Cumulative Revolving Credit)，凡是上次未使用完的金额，不能转移到下一次使用的，称为非积累循环信用证(Non-cumulative Revolving Credit)。

1) 按时间循环信用证

按时间循环使用的信用证，指受益人在一定的时间内可议付使用信用证规定的一定金额，在以后一定时间又恢复到原金额仍可议付使用，在若干个时间段内循环使用至信用证规定的总金额用完为止。

按时间(1个月)循环使用的信用证的指示文句举例如下：

This is a monthly revolving credit which is available for up to the amount of us ＄15,000.00 per month, and the full credit amount will be automatically renewed on the 1st day of each succeeding calendar month. Our maximum liability under this revolving credit does not exceed US$90,000.00 being the aggregate value of six months. The unused balance of each month is non-cumulative to the succeeding month.

2) 按金额循环的信用证

按金额循环的信用证，指受益人按照信用证规定的一定金额进行议付后，可在信用证规定的条件下，恢复到该证的原金额，再行议付使用，直至用完规定的总额为止。

按金额循环使用的信用证的指示文句举例如下：

This credit is revolving for five shipments only. Each shipment should be effected at one month internal. The amount of cach shipment is not exceeding USD100000. The total value of this revolving credit does not exceed USD500000. The unused balance of each shipment is non-cumulative to the following shipmen.

信用证规定的每期金额用完再恢复使用时，其具体的循环生效方式如下：

（1） 自动式循环：每期用完不必等开证行通知，即可自动恢复。指示文句举例如下：

This credit shall be renewable automatically one time for a period of one month each for an amount of USD100000 for each period making a total of USD500000.

（2） 非自动循环：每期用完必须等开证行通知后，才可恢复。指示文句举例如下：

The amount shall be renewed after each negotiation only upon receipt of Issuing Bank's notice stating that the credit might be renewed.

（3） 半自动式循环：每次议付后一定时间内，开证行没有提出停止循环使用的指示，下一期即可自动恢复。指示文句举例如下：

This credit will be automatically restored to the face amount unless Issuing Bank is advised to the contrary within two weeks after a drawing is presented for payment.

循环信用证与一般信用证的不同之处：一般信用证使用后即告失效，而循环信用证则可多次循环使用。循环信用证的优点：进口方可以不必多次开证从而节省开证费用，同时也可简化出口方的审证、改证等手续，有利于合同的履行。所以，循环信用证一般在分批均匀交货的情况下采用。

第六节　信用证的作用

信用证方式以银行信用代替了商业信用，很大程度上缓解了进出口商之间的互不信任，同时对进、出口商及银行都有很大便利。

一、对进口商的作用

（1） 得到合同货物。通过信用证条款可以控制出口商装船发货，在付款之前可以检验单据、拒收单据，确保得到符合贸易合同的单据，从而尽可能地保证将来所得到的货物最大限度地能符合贸易合同的规定。

（2） 避免资金大量积压。进口货物销售市场良好，资信良好的进口商在开证时可能少交或免交押金，等开证行付款、单据到达后赎单付清货款，可以减少大量资金积压。

（3） 得到资金融通。如果采用远期信用证，进口商可以凭"信托收据"向银行提前借取单据，先行提货出售，等到期再付款，得到银行的资金融通。

二、对出口商的作用

（1） 及时取得货款。只要将符合信用证条款规定的全套单据交到指定银行，就能安全地获得货款，加速资金周转。

（2） 获得资金融通。在装货前如需要资金周转可持证向其往来银行续做打包放款或做

第五章 信用证基础

其他装船前贷款,获得资金融通,并且出口贷款的利率远低于工商贷款,节约成本。

(3) 减少风险。在进口国的进口管制和外汇管理的情况下,可不受影响地装货收款,因为开出信用证都须贸易、外汇管制机构批准,所以出口商获得信用证就可以避免一定风险;如果开证行不能付款,出口商仍然掌握货物单据也可避免钱货两空的危险。

三、对银行的作用

1. 对开证银行的作用

(1) 对开证银行来说,开证行代进口商开立信用证所贷出的信用而不是资金,不必占用自己的资金,又可得到开证手续的收入,增加其收入来源。

(2) 开证行贷出的信用不是无条件的,开证时先要求进口商提供一定数量的保证金,保证金还可以随市场行情追加,履行付款后还有出口商交来单据作保证要求进口商付款赎单,从而降低了垫款风险。

(3) 通过开证业务,可以扩大银行在国际上的知名度,拓展业务范畴。

2. 对指定银行的作用

(1) 对出口地银行来说,通过通知、议付等业务可获得一定数目的结算手续费。

(2) 出口地银行按照单证相符的原则接受单据后,还能向开证行或其指定银行取得垫付货款的偿付,收回自己的资金,风险相对较小。

(3) 指定银行对是否接受通知、议付或其他业务有选择权,如果认为信用证涉及的交易行情不好,或认为有欺诈行为,可以拒绝,减少风险。

总之,信用证结算对进出口商的作用主要是保证作用和资金融通作用。对银行来说,可以增加营业收入,扩大自己的知名度,及时掌握国家及地区进出口行情及发展状况。但是,信用证方式虽然比较完善,也不可能防止所有风险:进口商可能遭到出口商不交货或以坏货、假货、假单进行诈骗的风险;出口商可能遇到进口商联合开证行无理拒绝单据,或假信用证欺骗等;开证行可能遭到进口商倒闭或是无理拒付的风险。

本 章 小 结

在托收基础上发展起来的以银行信用为基础的信用证结算方式大大减少了进出口商之间的信用危机,促进国际贸易的发展。信用证内容是进口商要求与控制出口商正常交货的重要途径,正确填写信用证内容至关重要。信用证当事人中开证行是中心人物,协调与指示其他当事人,促进信用证结算业务顺利进行。

信用证的主要内容包括对信用证本身的说明、对货物的要求、对运输的要求、对单据的要求、一些特殊要求、开证行对受益人及汇票持有人保证付款的责任文句以及银行间索偿条款等。

信用证业务的主要程序阶段包括申请开证、开立信用证、通知信用证、装船发货缮制单据、议付与寄单索汇、偿付、赎单提货等。

信用证的主要当事人有开证申请人、开证行、通知行、受益人、保兑行、议付行、付款行、承兑行、偿付行等。

普通信用证的种类划分包括：跟单信用证和光票信用证，可撤销信用证和不可撤销信用证，保兑信用证和不保兑信用证，即期付款信用证、延期付款信用证、承兑信用证和议付信用证，即期信用证和远期信用证。

特殊信用证的种类划分包括可转让信用证、背对背信用证、预支信用证、假远期信用证、对开信用证、循环信用证等。重点要理解与掌握应用于中间商贸易的可转让信用证、背对背信用证，对出口商有融资作用的预支信用证，对进口商有融资作用的假远期信用证。

信用证结算方式对进出口商主要有保证和资金融通的作用，对银行可以增加营业收入和扩大自己的知名度。但信用证方式也有风险存在。

复习思考题

一、单项选择题

1. 信用证支付方式实际上把进口商履行的付款责任，转移给(　　)。
    A. 出口人　　　　　B. 银行　　　　　C. 供货商　　　　　D. 最终用户
2. 在信用证方式下，银行保证向信用证受益人履行付款责任的条件是(　　)。
    A. 受益人按期履行合同
    B. 受益人按信用证规定交货
    C. 受益人提交严格符合信用证要求的单据
    D. 开证申请人付款赎单
3. 在 L/C、D/P 和 D/A 三种支付方式下，就买方风险而言，按由大到小顺序排列，正确的是(　　)。
    A. L/C > D/A > D/P　　　　　B. L/C > D/P > D/A
    C. D/A > D/P > L/C　　　　　D. D/P > D/A > L/C
4. 受益人开立远期汇票但可通过贴现即期足额收款的信用证是(　　)。
    A. 即期信用证　　　　　B. 远期信用证
    C. 假远期信用证　　　　　D. 预支信用证
5. 可转让信用证可以转让(　　)。
    A. 一次　　　　　B. 二次　　　　　C. 多次　　　　　D. 无数次
6. 某信用证每期用完一定金额后即可自动恢复到原金额使用，无须等待开证行的通知，这份信用证是(　　)。
    A. 自动循环信用证　　　　　B. 非自动循环信用证
    C. 半自动循环信用证　　　　　D. 按时间循环信用证
7. 在国际贸易中，用以统一解释、调和信用证各有关当事人矛盾的国际惯例是(　　)。
    A. 《托收统一规则》　　　　　B. 《国际商会 500 号出版物》
    C. 《合约保证书统一规则》　　　　　D. 以上答案均不对
8. 一份信用证经另一银行保证对符合信用证要求的单据履行付款义务，这份信用证就成为( )。
A. 不可撤销信用证　　　　　B. 不可转让信用证
C. 保兑信用证　　　　　　　D. 议付信用证

9. 根据《UCP600》的解释，如信用证条款未明确规定是否"允许分批装运""允许转运"则应理解为( )。
A. 允许分批装运，但不允许转运　　B. 允许分批装运和转运
C. 允许转运，但不允许分批装运　　D. 不允许分批装运和转运

10. 可转让信用证项下，第一受益人通过替换第二受益人提交的( )，以赚取差价。
A. 汇票、发票　　　　　　　B. 发票、提单
C. 提单、装箱单　　　　　　D. 全套单据

11. 根据《UCP600》的解释，信用证的第一付款人是( )。
A. 进口人　　B. 开证行　　C. 议付行　　D. 通知行

12. 信用证条款中，"Latest date of shipment"的意思是( )。
A. 信用证到期日　　　　　　B. 信用证最晚交单日
C. 信用证最早交单日　　　　D. 信用证最迟装运日

13. 以下选项中，不含汇票的是( )。
A. 延期付款信用证　　　　　B. 即期信用证
C. 议付信用证　　　　　　　D. 承兑信用证

14. 根据《UCP600》的规定，可转让信用证不可变更的是( )。
A. 装运日期　　　　　　　　B. 有效期
C. 货物描述　　　　　　　　D. 申请人名称

15. 信用证的到期地点应视信用证的规定而定，在我国外贸实务中，通常使用的到期地点为( )。
A. 出口地　　　　　　　　　B. 进口地
C. 第三国　　　　　　　　　D. 开证行所在地

二、简答题

1. 解析信用证的独特性质与特点。
2. 简述信用证一般业务程序过程。
3. 简述信用证的作用。
4. 比较开证行与保兑行。
5. 比较可转让信用证与背对背信用证的不同。
6. 比较红条信用证与打包放款的区别。

三、业务程序操作练习

1. 结合程序框图说明可转让信用证的业务流程。
2. 结合程序框图说明背对背信用证的业务流程。
3. 结合程序框图说明红条款信用证的业务流程。
4. 结合程序框图说明信用证款项让渡的业务流程。

四、阅读下述信用证并回答问题

MT: 700　　　　　　ISSUE OF A DOCUMENTARY CREDIT
FROM: CITI-BANK LOS ANGELES, U.S.A.

SEQUENCE OF TOTAL:	*27:	1/1
FORM OF L/C	*40A:	IRREVOCABLE
L/C NO.	*20:	66IM6895
DATE OF ISSUE	*31C:	170731
EXPIRY DATE AND PLACE	*31D:	170915　CHINA
APPLICANT	*50:	NEW WORLD INTERNATIONAL INC.
		129 HAYWARD WAY, U.S.A
BENEFICIARY	*59:	NINGBO YUDA IMP. AND EXP.　CO.
		NO.888 HUAISU ROAD ,NINGBO, CHINA
AMOUNT	*32B	USD36800.00
AVAILABLE WITH　BY	*41D:	WITH ANY BANK BY NEGOTIATION
DRAFTS AT	*42C:	AT 30 DAYS SIGHT
DRAWEE	*42D:	CATHAY BANK LOS ANGELES, CA.
PARTIAL SHIPMENT	*43P:	NOT ALLOWED
TRANSSHIPMENT	*43T:	NOT ALLOWED
LOADING FROM	*44A:	NINGBO PORT
FOR TRANSPORTATION TO	*44B:	LOS ANGELES PORT, USA
LATEST DATE OF SHIPMENT	*44C:	170831
DESCRIPTION OF GOODS/SERVICES	*45A:	

POLO BRAND 100% COTTON MEN'S SHIRTS AS PER S/C NO. 03M144 AND ORDER NO. NW0381

DELIVERY CONDITION:　CIF LOS ANGELES
ART. NO. :　47506　400 DOZEN　　USD32. 00/DOZ
ART. NO. :　47507　800 DOZEN　　USD30. 00/DOZ
DOCUMENTS REQUIRED　　*46A:

+SIGNED COMMERCIAL INVOICE IN 3 ORIGINAL AND 2 COPIES SHOWING FREIGHT CHARGES，PREMIUM AND FOB VALUE AND INDICATING THE GOODS IS ORIGIN OF CHINA.

+PACKING LIST IN 3 FOLDS.

+FULL SET OF CLEAN ON BOARD OCEAN BILLS OF LADING MADE OUT TO ORDER AND BLANK ENDORSED , MARKED "FREIGHT PREPAID" AND NOTIFYING APPLICANT.

+INSURANCE POLICY IN DUPLICATE FOR 110% OF INVOICE VALUE COVERING ALL RISKS AND WAR RISK SUBJECT TO CIC DATED JAN.1 ,1981.

+BENEFICIARY'S CERTIFICATE STATING THAT ONE SET OF NON-NEGOTIABLE

第五章 信用证基础

SHIPPING DOCUMENTS HAS BEEN SENT TO APPLICANT AFTER SHIPMENT.

+INSPECTION CERTIFICATE OF QUANTITY AND QUALITY ISSUED BY THE REPRESENTATIVE DESIGNATED BY APPLICANT.

ADDITIONAL CONDITIONS: *47A:

+ALL DOCUMENTS MUST SHOW THIS L/C NO.

+A DISCREPANCY FEE OF USD 40.00 OR EQUIVALENT WILL BE DEDUCTED FROM THE PROCEEDS PAID UNDER ANY DRAWING WHERE DOCUMENTS PRESENTED ARE FOUND NOT TO BE IN STRICT CONFORMITY WITH THE TERMS OF THIS CREDIT.

CHARGES : *71B: ALL BANKING CHARGES OUTSIDE OF OUR COUNTER ARE FOR ACCT OF THE BENEFICIARY

PERIOD FOR PRESENTATION *48: WITHIN 15 DAYS FROM THE DATE OF B/L BUT NOT LATER THAN L/C EXPIRY DATE.

CONFIRMATION:	*49:	ADVISING BANK
ADVICE THROUGH	*57D:	YOUR YINXIAN SUB-BRANCH
BANK TO BANK INFORMATION	*72:	THIS CREDIT IS SUBJECT TO UCP600

问题：

(1) 这份信用证是什么类型的信用证？

(2) 这份信用证的兑付方式是什么？是否需要汇票？若需要汇票，要求提供什么汇票？

(3) 这份信用证的开证日期、到期日、到期地点、最迟装船日期、交单期各是何时？

(4) 这份信用证的申请人、受益人、开证行、通知行、保兑行、付款行各是谁？

(5) 这份信用证要求提供哪些单据？各几份？

(6) 这份信用证的价格条款是什么？保险应由谁办理？

(7) 这份信用证的特殊条款中要求受益人在所有单据中显示什么内容？

(8) 这份信用证是否允许分批与转船？装运港与目的港分别是什么地方？

五、案例分析

1. 某公司以 CIF 价格向美国出口一批货物，合同的签订日期为 6 月 2 日。6 月 28 日由美国花旗银行开来了不可撤销的即期信用证，金额为 35000 美元，证中规定装船期为 7 月份，偿付行为日本东京银行。我中行收证后于 7 月 2 日通知出口公司。7 月 10 日我方获悉国外进口商因资金问题濒临破产倒闭。请问，在此情况下，我方应如何处理？

2. 出口商 A 出口一批电视机给国外进口商 B，开证行为 C 银行，信用证中对货物有如下的规定："该批货物的数量为 5000 台电视机，金额为 500000 美元，不允许分批装运。" 开证行采用了电传的方式通知出口地的议付行 D，但是议付行所收到的电文写明："货物数量为 500 台电视机，金额为 500000 美元，不允许分批装运。" D 行把信用证通知给受益人，受益人按照信用证的规定转运货物提交全套单据，议付行审单认为单证相符后将款项议付给受益人，并向信用证指定的偿付行索回了货款。但开证行 C 收到单据后，确定单据不符，要求 D 银行偿还偿付行的款项。

试问：D 银行是否对由于电文传递导致的上述不符点承担责任？为什么？

3. 某出口公司接日本银行开来不可撤销信用证有下列条款:

"Credit amount USD 5000, according to invoice value: 75%to be paid at sight the remaining 25% to be paid at 60 days after shipment arrival."

出口公司在信用证有效期内,通过议付行向开证行提交了单据,经检验单证相符,开证行即付 75%货款,计 37500 美元,但货到 60 天后,开证行以开证人声称到货品质欠佳为理由,拒付其余 25%的货款。后出口公司通过议付行据理力争,开证行终于承付这部分货款。请阐述一下出口公司最终获得货款的合理性。

chapter5 信用证基础.pptx

第六章　信用证实务综述

学习目标

通过对本章的学习，主要了解与信用证有关的惯例、法规、规定和习惯做法，理解并掌握信用证具体业务程序的具体环节、操作方法与注意事项，重点掌握开立信用证、信用证审核、单据审核、寄单索汇、人民币信用证等非常重要又比较复杂的业务操作知识。

核心概念

承付(Honor)　单据审核(Documents Examination)　相符单据(Complying Documents)　单证不符(discrepancy or Irregularity)　相符交单(Complying Presentation)　商业发票(Commercial Invoice)　海运提单(Bills of Lading)　保险单(Insurance Policy)　寄单索汇(Dispatching documents and claiming reimbursement)　偿付(Reimbursement)

案例导读

某年10月，我国A公司与乌克兰B公司签订了一份洋葱种子的出口合同。随后，A公司所在地的甲银行收到一份由乌克兰斯拉夫商业银行开出并经德国法兰克福银行加保的不可撤销备用信用证。申请人是B公司，受益人是A公司，金额为84万美元。甲银行在审查了信用证的印押后通知了A公司。A公司由于是首次使用信用证结算，不熟悉操作程序，就口头委托甲银行具体指导及代制有关单据，自己始终未对信用证条款提出任何修改意见。之后，A公司按信用证的要求准备了出口货物，并于同年11月22日向甲银行提交了信用证项下的有关单据，请求议付。甲银行在审单时发现信用证中对运输单据的要求一栏内用括号注明应当使用CMR(国际公路货物运输合同公约)运输单据，便用电话向承运单位查询，在得到是CMR运输单据的答复后，即结束审单，将单据发往国外保兑行，同时接受A公司的申请，向其提供了人民币5486880元(折合84万美元)、为期三个月的出口押汇。次日，A公司给甲银行提交了内容为"该笔84万美元属于甲银行押汇资金，如甲银行以信用证与法兰克福银行结算中出现不属贵行业务范畴内的意外情况，我公司愿承担该款的偿还责任"的书面承诺。但是甲银行发往保兑行确认的单据，被保兑行以运输单据与信用证要求不符为由拒付。甲银行向A公司要回垫款，A公司拒绝向甲银行返还代垫的资金。甲银行于12月24日提起诉讼。请求判被告A公司偿付代垫的资金本息以及其他经济损失共计人民币8031627.78元。被告A公司辩称：此笔信用证交易被保兑行拒付，是由于原告甲银行在业务中没有履行合理谨慎的审单职责，以致单证不符。原告应当对此承担责任。

思考问题：(1)此信用证结算项目在程序上有哪些不妥之处？(2)甲银行哪些错误导致保兑行拒付？(3)A公司在结算过程中有不妥之处吗？(4)A公司是否要返还甲银行的垫款？(5)信用证业务中要做好哪些工作，A公司才能保证安全及时收汇？

第一节　进口方开立信用证

进出口商签订贸易合同商定使用信用证结算，进口商依据合同向本国银行申请开证，银行如果同意进口商的申请就开出并传递信用证。有些时候，进出口商没有合同，进口商仅凭出口商的形式发票或者进口商寄的订单，经出口商确认接受后，申请开证。进口方开证包括进口商申请开证，开证行开立、传递信用证，信用证修改等重要环节。

一、进口商申请开证

进口商申请开证手续一般包括：①进口商向往来银行提出开证请求。②银行审查决定是否同意。③银行接受申请，进口商交保证金及各项费用。

1. 进口商向往来银行提出开证请求

基于贸易合同要求，根据贸易合同内容，进口商填写开证申请书(Application form)，向往来银行提出开证请求。

1) 开证申请书

开证申请人填写开证申请书作为银行开出信用证的依据。国际商会在 1986 年制定了申请书的标准格式，各个银行的申请书在格式上与标准格式或许有一些差异，但基本内容和项目大都是一致的、固定的。开证申请书主要包括两大部分内容：一是要求开证行在开立的信用证中必须包括的基本内容，如受益人名称地址、价格条件、货物装卸地点、运载方式等，这些也是开证的主要依据。二是进口商对于开证行的声明或其他用以明确双方责任等内容。表 6-1 反映的是不可撤销跟单信用证申请书的内容，附样 6-1 是中国银行不可撤销跟单信用证申请书的示例。

进口商在提出开证请求时应该注意：①在贸易谈判阶段就要充分了解出口商的资信及商品情况，选择信誉良好的出口商，从贸易开始时就有防范意识。②签订的合同或订单要充分明确反映货物和结算意图，语言简洁明确，不能含糊。③填写申请书时一定要全面、准确，不能有疏漏，不能用模棱两可的措辞，前后内容不得出现矛盾。④特别注意对装运日、交单日、信用证有效期等日期的合理制定，并要注意在 FOB 或 CFR 成交时的保险工作。⑤充分理解开证申请书上银行的申明以及对申请人和开证行的权责说明，特别是关于开证行的免责内容。

一般情况下，开证申请书都由开证银行事先印就，以便申请人直接填制。开证申请书通常为一式两联，申请人除填写正面内容外，还须签具背面的"开证申请人承诺书"。申请书的背面是开证申请人的声明或保证，主要用来明确开证申请人的责任。

第六章 信用证实务综述

表 6-1 不可撤销信用证开证申请书

Application for Irrevocable Documentary Credit

Irrevocable Documentary Credit Application

Applicant:	Issuing Bank:
Date of Application ☐ Issue by (ail)mail ☐ with by advice by teletransmission ☐ Issue by teletransmission ☐ Issue by SWIFT	Expiry Date and Place for Presentment of Documents Expiry Date: Place for Presentation Beneficiary:
Partial shipments ☐allowed ☐not allowed	Amount:
Transshipment ☐allowed ☐not allowed ☐Insurance covered by buyer Shipment as defined in 《UCP600》 article 46 Form: For transportation to: Not later than:	Credit available with Nominated Bank: ☐By payment at sight ☐By deferred payment at : ☐By acceptance of draft at: ☐By Negotiation Against the documents detailed herein: ☐And Beneficiary's draft(s) drawn on:
Documents to be presented within ☐days after the date of shipment but within the validity of the Credit.	
We have issued the Irrevocable Documentary Credit as detailed above. It is subject to the Uniform Customs and Practice for Documentary Credits (2007 Revision, International Chamber of Commerce, Paris, France, Publication No. 600). We request you to advise the Beneficiary. ☐Without adding your confirmation ☐adding your confirmation ☐adding your confirmation, if requested by the Beneficiary. Bank to bank Instructions: This Document consist of ☐ signed page(s) ——————————————— Name of signature of the Applicant	

附样 6-1　中国银行不可撤销跟单信用证申请书示例

不可撤销跟单信用证申请书

APPLICATION FOR IRREVOCABLE DOCUMENTARY CREDIT

TO: Bank of China，Jordan Branch　　　　　　　　　　**DATE:** APR.26，2016

Beneficiary (full name and address) Materials Import　&　Export Co. Ltd Building B, Carrie mansion, keri road, Amman，Jordan	L/C NO. Ex-Card No. Contract No.98SGQ468001
	Date and place of expiry of the credit JUNE 20,2016，JORDAN
Applicant CHENGSA IMPORT AND EXPORT TRADE Co. LTD. Room2005，Jiafa Mansion，Beijing West Road，Nanning530000，P.R. China	[×] Issue by airmail　[ ] With brief advice by teletransmission [ ] Issue by express delivery [×] Issue by teletransmission (which shall be the operative instrument)
Partial shipments [ ] allowed [×] not allowed	Transshipment [ ] allowed　[×] not allowed	Amount(both in figures and words) USD36,480.00(SAY US DOLLRAS THIRTY SIX THOUSAND FOUR HUNDRED AND FOUR HUNDRED AND EIGHTY ONLY.)
Loading on board/dispatch/taking in charge at/from 　AQABA not later than MAY 26,2016 for transportation to SANYA	Credit available with [ ] by sight payment　[ ] by acceptance　[√] by negotiation [ ] by deferred payment at against the documents detailed herein
Description of goods: 　9,600PCS OF HALOGEN FITTING W500 　CIF AQABA USD3.80/PC Packing:30PCS/CARTON	[×] and beneficiary's draft(s) for 100% of invoice value at SIGHT drawn on ISSUE BANK
	[ ] FOB　[ ] C&F　[×] CIF [ ] or other terms

Documents required: (marked with X)
1. (×) Signed commercial invoice in ___3___ copies indicating L/C No. and Contract No.
2. (×) Full set of clean on board Bills of Lading made out to order and blank endorsed, marked "freight [ ] to collect / [×]prepaid [ ] showing freight amount" notifying applicant.
3. ( ) Air Waybills showing "freight [ ] to collect/ [ ] prepaid [ ] indicating freight amount" and consigned to _____
4. ( ) Memorandum issued by ____consigned to ____
5. (×) Insurance Policy/Certificate in __2__ copies for __110__ % of the invoice value showing claims payable in China In currency of the draft, blank endorsed, covering ([×] Ocean Marine Transportation/ [ ] Air Transportation/ [ ] Over Land Transportation) All Risks And War Risks
6. (×) Packing List/Weight Memo in __3__ copies indicating quantity, gross and net weights of each package and packing conditions as called for by the L/C.
7. (×) Certificate of Quantity/Weight in __3__ copies issued by an independent surveyor at the loading port, indicating the actual surveyed quantity/weight of shipped goods as well as the packing condition.
8. (×) Certificate of Quality in __3__ copies issued by [×] manufacture / [ ] public recognized surveyor/[ ]
9. ( ) Beneficiary's certified copy of cable / telex dispatched to the accountees within hours after shipment advising L/C No., name of vessel, date of shipment, name, quantity, weight and value of goods.
10.( ) Beneficiary's Certificate certifying that extra copies of the documents have been dispatched according to the contract terms.
11.( ) Shipping Co's Certificate attesting that the carrying vessel is chartered or booked by accountee or their shipping agents:
12.( ) Other documents if any:
SHIPPING ADVICE IN 3 COPIES INDICATING L/C NO.AND CONTERACT NO.

Additional instructions:
1.(×) All banking charges outside the opening bank are for beneficiary's account.
2.(×) Documents must be presented within __15__ days after date of issuance of the transport documents but within the validity of this credit.
3.( ) Third party as shipper is not acceptable,　Short Form/Blank B/L is not acceptable.
4.(×)Both quantity and credit amount __5__ % more or less are allowed.
5.( )Prepaid freight drawn in excess of L/C amount is acceptable against presentation of original charges voucher issued by shipping Co./Air Line/ or it's agent.
6.(×)All documents must be forwarded in one cover, unless otherwise stated above.
7.Other terms, if any:

Account No.: 6101000936402 Transacted by: Carrie Telephone No.:86-25-23501213	with　　Bank of China，Jordan Branch　　(name of bank) 　　Materials Import　&　Export Co. Ltd. 　　(Applicant: name, signature of authorized person) 　　(with seal)

第六章 信用证实务综述

2) 申请人对于开证应承担的责任和权利

申请人对于开证应承担的责任主要有：①承认在其最后付款以前，开证行对单据所代表的货物所有权有等同权利，必要时可以出卖货物抵付进口商的欠款。②承认银行可以接受表面上合格单据，对于伪造单据，货物与单据不符或货物中途遗失，银行概不负责。③承认在单据到达后只要单据符合信用证的规定就要按期付款赎单。④单据到达前，银行可在货款范围内，随时要求追加押金。⑤进口商承认电报、电传中的错误、遗漏，银行概不负责。⑥对于任何修改的请求迅速做出答复。⑦对于任何要求放弃不符点的请求迅速做出答复。⑧如果开证行破产，有义务向受益人付款。

同时，开证申请人也有以下权利：①付款前对提交的单据进行审核，发现不符时有权拒付。②付款后检查货物，如发现与合同不符可向有关责任方面交涉。③如属开证行过失造成损失，可要求开证行赔偿。

2. 开证行对申请人的审查

如果银行根据客户申请开出信用证，就要对信用证负第一性的付款责任，提供银行信誉，就会面临许多风险，必须对申请人进行资信调查与审核，降低风险。

开证行对开证申请人的审查一般有以下几个方面：①过去经营此类交易的历史情况。②经营状况、收益状况。③资金实力、经营作风、信誉。④在同行中的地位和发展方向。⑤是否有不良的信用记录。⑥可能提供的担保或保证。

开证行开出信用证会面临的风险主要有以下方面。

(1) 开证行对议付行的正确议付偿付后，如果申请人没有能力付款或者破产倒闭等，开证行只能依靠所掌握的物权凭证，处理货物收回偿付的款项。

(2) 货物在运输中遭到破坏或灭失，如果申请人再没有能力付款，开证行也就无法处理货物，因而开证行要注意货物的保险，向保险公司索赔。

(3) 如果开证行被迫出售货物，货物或许没有销路，或者市场行情变化需降价处理，有可能不能收回货款。

因此，实际应用中，开证行与申请人之间需要订立经常性的开证便利(Formal Facility)以明确：①信用证项下提交的单据作为抵押品或担保品，当申请人不能付款赎单时，开证行可处理单据代表的货物。②申请人提交的担保品独立与信用证和提交的单据。③明确申请人负担的费用和承担的风险。

3. 关于开证保证金或抵押、费用

银行为了保证自身资金安全，除对申请人的审查外，还要求申请人提供保证金或抵押或向其规定开证信用额度。

1) 保证金或抵押(Deposit for Establishment of L/C)

除对信誉特别好的企业外，银行一般根据申请人的具体情况要求申请人提供动产或不动产等抵押，或要求第三者提供担保，或要求交货款金额一定比例的现金作保证金。保证金可以交现金，或从存款中扣存，其数额与申请人资信、货物行情等有关，可以是货款的0～100%。

2) 开证信用额度(Quota for Opening a Letter of Credit)

开证行对进口商申请开证的授信额度，开证金额未超过信用额度，可以不收押金，超

过额度的收取押金或者直接要求申请人交 100%货款才予以开证。一些银行对有往来账户的客户,首先使用信用额度,然后再考虑收取押金,以简化手续。

3) 信用证的开证费用

信用证费用通常包括开证费(opening charges)、通知费(advising charges)、修改费(amendment charges)、议付费(negotiation commission)、保兑费(confirmation fee)、偿付费(reimbursement charges)、无兑换手续费(Commission-In-Lieu)、电传/电报/SWIFT 费(Telex/Cable/SWIFT Charges)、邮递费(postal charges)、不符点费(discrepancy fee)等。

一般情况下,各个国家对费用标准有一定的规定,各个银行可根据业务性质以及客户情况适当调整。表 6-2 是我国银行关于对外交往不同业务的费率规定。

表 6-2　我国国际贸易和非贸易银行结算费率表(各银行略有不同)

单位:人民币

业务种类	费率(额)	最低	最高	说明
一、信用证(出口部分)	/	/	/	/
1. 通知、转递	200	/	/	按笔计算
2. 预通知(简电通知)	100	/	/	
3. 修改通知	100	/	/	
4. 保兑	0.2%	300	/	每三个月计算
5. 议付(信用证)	0.125%	200	/	
6. 付款(信用证)	0.15%	200	/	
7. 承兑(信用证)	0.1%	200	/	按月计算,最低按 2 个月
8. 迟期(信用证)	0.1%	200	/	
9. 转让	/	/	/	
(1) 信用证条款不变	200	/	/	
(2) 信用证条款改变	0.1%	200	1000	/
10. 撤证/注销	100	/	/	
二、托收(出口部分)	/	/	/	
1. 光票	0.0625%	50	500	
2. 跟单	0.1%	100	2000	
3. 免付款交单	100	/	/	
4. 退票(退单)	100	/	/	
三、信用证(进口部分)	/	/	/	
1. 开证	0.15%	200	/	有效期 6 个月以上按每六个月增加 0.05%收取
2. 修改/注销	200	/	/	修改增加金额按 0.15%收取
3. 无兑换付款手续费	0.125%	200	/	按保证金同币种收取
4. 承兑	0.1%	200	/	按月计算
5. 拒付	300	/	/	
6. 提货担保	1000	/	/	
四、托收(进口部分)	/	/	/	

续表

业务种类	费率(额)	最低	最高	说　明
1. 光票	0.0625%	/	500	/
2. 跟单	0.1%	100	2000	/
3. 免付款交单	100	/	/	/
4. 拒付	50	/	/	/
五、汇款	/	/	/	/
1. 汇入	0.1%	100	1000	/
2. 汇出	0.05%	50	50	/
3. 修改/退票/止付	100	/	/	/
六、旅行支票	/	/	/	/
1. 代售	0.1%	/	/	/
2. 兑付	0.75%	/	/	/
七、无兑换手续费	0.1%	/	/	按外币收账/外汇转汇时计算
八、其他	/	/	/	/
1. 票据挂失	50	/	/	按次计算
2. 查询	100	/	/	按笔数计算
3. 邮寄/电传电报费	/	/	/	按邮局、快递公司实际发生额计算

二、开证行开立信用证

开证行接受开证申请人的申请书后，根据申请书的要求向受益人开出信用证，信用证的开立有信开、电开(简电开、全电开)两种方式。

1. 信开证(to Open by Airmail)

开证行用印就的信函格式信用证开证，并用航邮方式寄送通知行，最初的信用证就是采用信函"Letter"的形式开立的。

2. 电开证(to Open by Cable)

开证行使用电报、电传、传真、SWIFT 等各种电讯方法将信用证条款传递给通知行，电开证分为简电开和全电开两种。

1) 简电开(Brief Cable)

开证行将信用证主要内容如信用证号码、受益人名称、金额、开证行名称、货物名称、数量、价格、装运期等发电预先通知出口商，详细条款将另航寄通知行。简电本内容简单，在法律上是无效的，仅是告知受益人买方已按合同开出信用证，请其备货发运，不能凭此向议付行要求议付单据或交单承兑。在简电本通知必须注明"详情后告"(full detail to follow)或类似词语，或声明邮寄确认书作为有效信用证，表明简电本仅作预先通知之用，而不是信用证或信用证修改的有效文本。

案例 6-1

某银行电报开出一份不可撤销信用证，电文中并未声明"以邮寄文本为准"的字句。受益人按照电报信用证文本将货物装运，并备好符合信用证要求的单据向当地通知行议付收款时，当地通知行出示刚收到开证行寄到的"邮寄文本"，并以电开文与邮寄文本不符为由拒绝议付，后经议付行与开证行联系，开证行复电称"以邮寄文本为准"而拒绝付款。试分析开证行做法合理吗？

案例分析：

开证行的做法不合理。《UCP600》第 11 条第 a 款规定，开证行以电讯传递方式指示通知行通知信用证或修改信用证，该电文应被视为有效信用证文件或有效修改书，且无须再以邮件确认，如邮寄证实书被发出，则该邮寄证实书是无效的，通知行也没有义务将邮寄证实书与通过电讯方式传递收到的有效信用证文件或修改进行核对。本案例中，开证行并未声明"以邮寄文本为准"的字句，因此电开文本是有效的，邮寄文本应忽略。

2) 全电开(Full Cable)

开证行以电讯方式把信用证全部内容传达给通知行的开证方式。普遍的银行在电文中注明"有效文本"(Operative Instrument)，如果未注明"详情后告"或"随寄证实书"等字样的电开信用证应视为是有效的信用证，即全电本。全电本开出的是一个内容完整的信用证，是交单承付或议付的依据。

信用证一般开立正本一份、副本若干份。大多数银行通过其国外出口地的联行或代理行传递信用证给出口商，此种方法比较安全。目前，西北欧、美洲和亚洲等国家和地区的银行广泛使用 SWIFT 开证，我国银行在电开信用证或收到的信用证电开本中，SWIFT 信用证已经占据很大比例。

无论采取哪种方式传递信用证，都要将信用证副本交开证申请人，如果是委托第三国银行付款的，要分别传递给通知行和付款行。开证行开证后会把信用证号码、金额、通知方式与途径、申请人与受益人名称等主要信息记录在册，以备以后的管理与核对。

第二节 出口方接收信用证

出口方接收信用证包括出口方银行和出口商从接到信用证至审核、修改和最后接受信用证的过程。

一、出口方银行受理通知信用证

对于国外开来的信用证，其受理与通知是办理出口信用证业务的第一步。通知行受理国外来证后，应在 1～2 个工作日内将信用证审核完毕并通知出口商，以便出口商提前备货并在信用证有效期内完成其他规定工作。出口方银行按照开证行的委托指示，将信用证转交到受益人手中称为通知信用证，通常包括核对密押与印鉴、审核、登记归档、告知等几个环节。

(一)核对密押与印鉴

出口方银行(通知行)接到开证行开来的信用证，最先做的就是核对来证的密押与印鉴，以确定此证确实是要求本行通知的，并从形式上判断信用证的真实性。

对电开的信用证，出口地银行应立即核对密押，核对正确，加盖"押符"章及核对人的私章；如核对不符，应立即询问开证行。如果本行与开证行无密押关系，可请第三家有密押关系银行代为证实。

对信开的信用证，出口方银行应立即核对印鉴，核对正确，盖章表示，若不符或无法核对，立即询问开证行。

(二)信用证审核

信用证审核简称"审证"，审证并非通知行的义务，而是加强服务的一项措施。国外通知行一般不审核信用证，在我国国际贸易中，为了维护国家的利益，根据银贸业务的特点，银行与出口商合作审证。银行主要从信用证可靠性、有效性、安全性审核，出口商主要审核信用证的具体条款。

出口方银行(通知行)收到开来的信用证时，首先由银行鉴定信用证的表面真实性，其目的在于决定是否对该信用证进行通知，来证是否接受和是否需要修改。银行着重从资金安全角度审核开证行资信以及有无影响安全收汇的条款，提供受益人参考。

1. 政治性或政策性的条款审查

来证必须是与我国有贸易往来的国家且符合相关的规定，如有清算协定的，是否符合协定的规定要求，有无不符合我国政策或歧视我国的内容等。

2. 对开证行资信的审查

①银行资产规模大小，可以从资产总额、资本额或资产与资本比例来考虑。②银行分支机构多少，分支机构多表明其规模、实力比较雄厚。③历史的长短，历史悠久的银行地位比较稳定，实力强，抗风险能力强。④与我行的往来关系如何、业务多少。⑤经营作风，与我行及其他银行的业务联系、合同执行合作情况。⑥是否需要加具保兑。

3. 审核信用证的责任条款

审核开证行有无明确的保证付款的文句；如有第三家银行加具保兑，看是否有保兑行或确认行的明确表示。开证行的责任条款一般在信用证的最后部分，一般的文句是"我们保证及时对所有根据本信用证开立的，并与信用证条款相符的汇票承付(We hereby engage with drawer and /or bona fide holders that drawn and negotiated in conformity with the terms of time credit with duly honour on presentation)"。

4. 审查偿付条款

偿付线路是否清晰、正常、合理，不要迂回过多，环节过多。偿付条款简洁明确，不能前后矛盾，同时要审查是否有不利的条款规定。如：①货到清关后付款；②货到目的港经过检验后付款；③装运货样寄申请人，确认后才可交单；④收益人交单时同时提交法定检验机构的证书。

5. 费用问题

信用证上应明确费用由谁负担，一般来说信用证项下一切费用都由买方负担，如特别说明要出口商负担，需征得出口商同意。

(三) 登记归档

信用证审核通过之后，要及时把来证登记归档，以便全面了解来证情况，益于后续管理工作。登记的主要项目有：①开证行名称；②来证的国家、地区名；③开证日期与收到日期；④开证的途径与方式；⑤信用证号码；⑥受益人名称；⑦货币及金额；⑧其他特别要求的(如信用证修改次数及接受情况)。

信用证登记后一般将副本归档，可按不同的名目归档，如国家、地区、开证行名称等，归档后要结合信用证业务进行的不同阶段经常检查，确保此笔业务顺利完成。

(四) 通知信用证

信用证的通知(Notification of Letter of Credit)指通知行收到信用证后，根据信用证的要求，将信用证通知受益人的行为。

1. 通知信用证的方式

(1) 通知信用证。开证行要求出口方银行通知给受益人的多是电开信用证，出口方银行收到信用证核押无误后，以自己的通知书格式照录全文，通知受益人。办理通知业务的银行称为通知行(Advising Bank)。

(2) 转递信用证。开证行要求出口方银行转递给受益人的多是信开信用证，出口方银行收到信用证核对印鉴相符后，将原证照转给受益人即可。办理转递业务的银行叫转递行(Transmitting Bank)。

2. 信用证通知书

通知行在收证并核对开证密押无误后，即应以该行的通知书格式照录信用证全文，通知受益人。附样 6-2 是我国中国银行的一个信用证通知书实例。

第六章 信用证实务综述

附样 6-2 信用证通知书示例

BANK OF CHINA
BANK OF CHINA JIANGSU BRANCH
ADDRESS: 148 ZHONGSHAN SOUTH ROAD NANJING
CABLE CHUNGKUO
TELEX: 34116/34127 BOCJS CN
SWIFT: CHCNBJ940
FAX: 4208843

信 用 证 通 知 书
NOTIFICATION OF DOCUMENTARY CREDIT

20××/04/09

TO 致：0000660 DESUN TRADING CO., LTD. HUARONG MANSION RM2901 NO.85 GUANJIAQIAO, NANJING 210005, CHINA		WHEN ORRESPOND NG PLEASE QUOTE OUT REF NO.	AD94001A40576
ISSUING BANK 开证行 800333 ALRAJHI BANKING AND INVESTMENT CORPORATION RIYADH		TRANSMITTED TO US THROUGH 转递行 REF NO.	
L/C NO. 信用证号 0011LC123756	DATED 开证日期 20××/04/05	AMOUNT 金额 USD13260.00	EXPIRY PLACE 有效地 FOREIGN
EXPIRY DATE 有效期 20××/05/25	TENOR 期限 SIGHT	CHARGE 未付费用 RMB0.00	CHARGE BY 费用承担人 BENE
RECEIVED VIA 来证方式 SWIFT	AVAILABLE 是否生效 VALID	TEST/SIGN 印押是否相符 YES	CONFIRM 我行是否保兑 NO

DEAR SIRS:
WE HAVE PLEASURE IN ADVISING YOU THAT WE HAVE RECEIVED FROM THE A/M BANK A(N) LETTER OF CREDIT, CONTENTS OF WHICH ARE AS PER ATTACHED SHEET(S).THIS ADVICE AND THE ATTACHED SHEET(S) MUST ACCOMPANY THE RELATIVE DOCUMENTS WHEN PRESENTED FOR NEGOTIATION.
兹通知贵公司，我行收自上述银行信用证一份，现随附通知。贵司交单时，请将本通知书及信用证一并提示。
REMARK 备注：
PLEASE NOTE THAT THIS ADVICE DOES NOT CONSTITUTE OUR CONFIRMATION OF THE ABOVE L/C NOR DOES IT CONVEY ANY ENGAGEMENT OR OBLIGATION ON OUT PART.

THIS L/C CONSISTS OF _____ SHEET(S), INCLUDING THE COVERING LETTER AND ATTACHMENT(S).
本信用证连同面函及附件共　　　纸。
IF YOU FIND ANY TERMS AND CONDITIONS IN THE L/C WHICH YOU ARE UNABLE TO COMPLY WITH AND OR ANY ERROR(S), IT IS SUGGESTED THAT YOU CONTACT APPLICANT DIRECTLY FOR NECESSARY AMENDMENT(S) SO AS TO AVOID AND DIFFICULTIES WHICH MAY ARISE WHEN DOCUMENTS ARE PRESENED.
如本信用证中有无法办到的条款及/或错误，请与开证申请人联系，进行必要的修改，以排除交单时可能发生的问题。
THIS L/C IS ADVISED SUBJECT TO ICC UCP PUBLICATION NO.600.
本信用证之通知系遵循国际商会跟单信用证统一惯例第 600 号出版物办理。
此证如有任何问题及疑虑，请与结算业务部审证科联络，电话：025-4207888-30325, 30326, 30328。
YOURS FAITHFULL
FOR BANK OF CHINA

案例 6-2

我中行收到由印尼雅加达亚欧美银行(ASIAN UERO-AMERICAN BANK, JAKART, INDONESIA)发出的要求纽约瑞士联合银行保兑的电开信用证,金额为 500 万美元,受益人为广东某外贸公司,出口货物是 200 万条干蛇皮。但查银行年鉴,没有该开证行的资料,稍后,又收到苏黎世瑞士联合银行的保兑函,但其两个签字中,仅有一个相似,另一个无法核对。此时,受益人称货已备妥,亟待装运,以免误了装船期。为慎重起见,该行一方面劝阻受益人暂不出运,另一方面抓紧与纽约瑞士联合银行和苏黎世瑞士联系银行查询,先后得到答复:"从没听说过开证行情况,也从未保兑过这一信用证,请提供更详细资料以查此事。"至此可以确定,该证为伪造保兑信用证,诈骗分子企图借此骗我方出口货物。

(五)信用证的保兑

开证行在给通知行的通知书中会表明是否要求通知行对其开出的信用证加具保兑,通知行可选择按开证行的指示行事。信用证通知受益人后,若受益人对开证行的资信不了解,或认为它的资信、经营作用不佳,也可以要求开证行另找一家受益人满意的银行加具保兑(to add confirmation)。这个为信用证加具保兑的银行称保兑行(Confirming Bank),保兑行通常是出口地的通知行或其他信誉卓著的银行。图 6-1 反映的是中国银行信用证保兑的办理流程。

《UCP600》第 2 条规定:保兑意指保兑行在开证行之外对于相符提示做出兑付或议付的确定承诺。保兑行对受益人承担的责任与开证行一样,一旦信用证受益人向银行递交了与信用证条款一致的单据,而开证行未能如期履行付款责任时,保兑行承担保证付款责任。对于由于欺诈造成的开证行拒付或开证行引用任何适用法律或法院命令造成的不付,保兑行不承担保证付款责任。

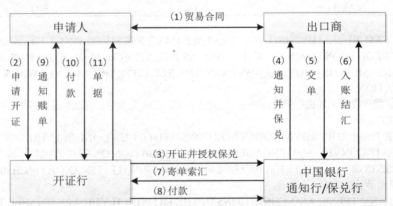

图 6-1 中国银行信用证保兑办理流程

二、出口商审核信用证

出口商主要审核信用证记载的具体项目能否做到,是否影响安全收汇。将信用证与买卖合同核对,二者应该一致,如果不一致,应立即要求解释或要求修改。出口商主要从以下几方面审核信用证。

(1) 核对信用证上有权签字人的签名。

(2) 是否有保兑，如有保兑，对保兑行是否认可。
(3) 受益人、开证申请人名称是否正确。
(4) 信用证有效期、最迟装运日是否合理。
(5) 各种单据要求是否合理，是否有特殊要求。
(6) 货物名称、数量、规格、品质与合同是否相符。
(7) 信用证金额是否足以支付货款。
(8) 是否转运或分批装运，如不允许，是否能够做到。
(9) 保险问题，CFR、FOB 应由买方保险，对方是否做到。
(10) 信用证到期地点应在我国境内，如在境外，应考虑邮程时间问题。
(11) 信用证货币与合同规定是否一致。

按照信用证惯例规定，信用证审核时间为 5 天，经过通知行和受益人审核后，对收到的信用证有三种处理方式：①可以接受的，收益人立即抓紧备货、出运、制单；②经过修改后才能接受的，立即进行修改；③不能接受的，应及早做出决定，告知开证行。

案例 6-3

×公司收到一份信用证：开证行为孟加拉的 ISLAMI BANK BANGLADESH LTD.，起运港要求为中国任意港口，卸货港为孟加拉的吉大港。该公司在交单期内正常向信用证指定行交单，却遭到指定行退回单据，退单原因是：船经伊朗。

案例分析：

从信用证和单据本身来看，此信用证并未涉及伊朗，但经查此单货物运输船只确实经过伊朗，因伊朗被美国制裁，而美元的清算业务基本都在美国完成，所以银行无法受理交单。因此，在审核信用证时要特别注意信用证开证行、开证国家以及目的地、船只是否涉及一些国际制裁的国家或者银行，以免影响正常出单及收汇。

三、信用证修改

通过对信用证的全面审核，发现问题后应分情况及时处理。对于影响安全收汇，难以接受或做不到的信用证条款，必须要求进口商进行修改，即为信用证修改(Amendment Credit)。信用证的修改形式上都是由买方(申请人)向开证行提出的，因为不论修改出自何方，一律要求按照信用证原来的递送途径进行。信用证的修改应由开证申请人提出，由开证行修改，并经开证行、通知行或保兑行和受益人的同意，才能生效。

1. 信用证修改的程序

(1) 出口商审证发现有不可接受条款或发现错误或与合同不符的条款时，向进口商提出改证要求。出口商要将所要修改的内容一次性提出。

(2) 如果进口商同意修改，由进口商通过开证行办理改证手续；如果进口商不同意修改信用证，则信用证不能修改。

(3) 开证行修改信用证后即发出修改通知书。修改通知书必须由通知行通知给出口商。由进口商直接寄交给出口商的信用证修改通知书或表示进口商同意或接受出口商修改信用证的函件不能说明信用证已经修改，出口商不能由此认为信用证已经修改并进行备货或者发货，必须等到由通知行转交的信用证修改通知书到手后，经过审查无误才能发货。

（4）通知行传递修改通知。修改通知书同样要由通知行鉴定并通知给出口商。《UCP600》第 9 条规定：如果一家被要求通知信用证或修改，但不能确定信用证、修改或通知的表面真实性，就必须不延误地告知向其发出该指示的银行。如果通知行仍决定通知信用证或修改，则必须告知受益人或第二通知行其未能核实信用证、修改或通知的表面真实性。

（5）出口商接到通知行的信用证修改通知书后，仔细审查，查看修改的内容和自己提出的修改意见是否相符。如果信用证修改通知书内容仍有不能接受之处，应该再让进口商修改。《UCP600》第 10 条规定：不允许部分接受修改，部分接受修改将被视为拒绝接受修改的通知。即受益人对信用证修改通知书的内容，要么全部接受，要么全部拒绝，不能只接受或拒绝其中的一部分。

（6）出口商在收到由通知行转来的能够全部接受的修改通知书后接受信用证，装船发货。受益人可以发出通知接受修改，或者不发通知通过其提交的单据表示接受修改。

信用证修改与信用证生效时间不同，信用证到达出口商即开始生效，而信用证修改书必须出口商接受后方可生效。《UCP600》第 10 条规定：自发出信用证修改书之时起，开证行就不可撤销地受其发出修改的约束。保兑行可将其保兑承诺扩展至修改内容，且自其通知该修改之时起，即不可撤销地受到该修改的约束。然而，保兑行可选择仅将修改通知受益人而不对其加具保兑，但必须将此情况不延误地通知开证行和受益人。

2. 信用证修改的内容

出口商提出修改的理由主要有：①信用证与合同不符；②某些条款受益人无法做到。进口商提出修改通常是由于国内、国际形势的变化，要求出口商提供新的单据等；开证行有时也会由于疏漏出现偏差，例如打错地名、人名，发现后也要修改；实际业务中对信用证的修改一般是由出口商提出的。

信用证常见的修改条款如下：

（1）更改受益人名称及地址，如"Amend the beneficiary's name and address to read…"。

（2）展延装运期及信用证有效期，如"Extend the dates of shipment to…and validity to…"。当信用证有效期同时兼为最后装运日期的情况下，展延信用证有效期的修改通知，并不包含最后装运日期的延长。因此，出口商若希望一并延长装运有效期，在信用证修改通知上应一起载明。

（3）增加或减少信用证金额，如"This credit amount to be increased by…making a total of…"或"This credit amount to be decreased by…leaving a balance of…"。

（4）增加或减少货物数量，如"Increase(Decrease)the quantity of commodity by…to…"。

（5）删除信用证条款，如"Delete the clause…"或"Item of special instructions to be deleted and substituted as…"。

（6）更改装卸地名，如"Shipment to be made from…to…"。

（7）修改货物名称或规格，如"Merchandise to be changed to read as…"或"Amend commodity description to read…"。

（8）信用证需由……银行附加保兑，如"This credit shall be confirmed by…Bank"。

(9) 修改为准许分批装运或转运，如"Partial shipments and/or transshipment are allowed."。

(10) 更改船名，如"Shipment to be made per S/S…instead of…"。

(11) 修改为可转让信用证，如"This Credit is transferable"。

(12) 修改为准许货物装在甲板上，如"Bills of lading indicating THE GOODS ARE LOADED ON DECK are allowed"。

修改信用证内容在实际中是普遍的事，修改涉及有关方面权利义务，须征得各方当事人同意方能办理。《UCP600》第 10 条规定，除可转让信用证另有规定外，未经开证行、保兑行(如有)以及受益人的同意，信用证既不能修改也不能撤销。

3. SWIFT 信用证修改

SWIFT 跟单信用证修改项目代码简介如表 6-3 所示。

表 6-3 MT707 信用证修改格式

代码(Tag)	栏位名称(Field Name)
20	Sender's Reference 送讯银行的编号
21	Receiver's Reference 受讯银行的编号
23	Issuing Bank's Reference 开证银行的编号
52a	Issuing Bank 开证银行
31c	Date of Issue 开证日期
30	Date of Amendment 修改日期
26E	Number of Amendment 修改序号
59	Beneficiary (before this amendment) 受益人(修改以前的)
31E	New Date of Expiry 新的到期日
32B	Increase of Documentary Credit Amount 信用证金额的增加
33B	Decrease of Documentary Credit Amount 信用证金额的减少
34B	New Documentary Credit Amount After 修改后新的信用证金额
39A	Percentage Credit Amount Tolerance 信用证金额上下浮动允许的最大范围
39B	Maximum Credit Amount 最高信用证金额
39C	Additional Amount Covered 附加金额
44A	Loading on Board / Dispatch / Taking in Charge at / from … 装船、发运和接受监管的地点
44B	For Transportation to … 货物发运的最终目的港(地)
44C	Latest Date of Shipment 最迟装船日
44D	Shipment Period 装运期
79	Narrative 说明
72	Sender to Receiver Information 银行间备注

第三节 出口商交单

信用证结算方式下，出口商并非发完货后就等待收款，还需备齐信用证要求的单据，交单到银行后才能收款。交单的基本环节包括：受益人准备单据、交单给银行。

一、出口商缮制单据

信用证项下整套单据须由受益人备齐后提交给银行，但并非所有单据都由受益人制作。根据信用证的不同要求，也可能有需要第三方出具或认证的单据。一般的信用证业务需要出口商准备的单据种类及特点说明如表 6-4 所示。

表 6-4 出口商准备的单据种类及特点

单据类型	单据名称	特点及注意事项
受益人出具的单据	汇票、发票、箱单、重量单、装船通知、受益人证明等	这类单据相对较为简单，注意遵循单单一致、单证一致原则，其中汇票大部分银行会代制
第三方出具的单据	提单、保单、产地证、船证、检验证、熏蒸证明等	一般涉及船公司、保险公司、贸促会和检验检疫局等机构，有特定要求的格式及内容要求，内容确定后不能随便更改。即使能更改，一方面更改需要费用，另一方面会延缓交单时间，所以须特别注意
第三方认证的单据	发票和产地证等	这类单据需要第三方机构在单据上进行认证。通常表现形式为在已出具单据上加注认证签章。对中东一些国家出口时，信用证常常要求进口国驻出口国大使馆/领事馆等对发票及产地证进行认证

出口单据一般以发票、装箱单为基础单据，发票制好后就可缮制或收集运输单据、保险单据、检验证书、产地证书等单据。货物托运以后，受益人缮制单据，要做到单证一致、单单一致，使单据从格式到内容合乎规范，做到正确、完整、及时、简明、整洁地制作各种单据。因为在信用证方式下，银行只凭单据付款，而不问货物如何，所以即使实际所交货物同信用证及合同的要求一致，但如果单据所列与信用证规定不相符，银行仍可拒付；反之，若货物与信用证的规定不尽相同，但只要单据所列与信用证一致，银行仍将付款。至于所交货物与合同不符的争议，纯属买卖双方事务，银行不予介入。

在实际业务中，制单及备单可按以下的程序来操作。

核：首先将货物的原始资料，如出仓单或装箱单等与信用证或合同核对，查清证、货是否相符。

算：单据有很多数据需要计算，如发票金额、佣金、保险金额、海关发票、运费及 FOB 价、货物的尺码、毛重、净重等，都必须在制单前算好。

配：根据信用证要求把本批出口货物所需的各种单据的空白格式按需要的份数(包括送交银行结汇所需的份数、留底及其他所需要的份数)逐一配妥备用。

制：制单可以先从发票着手，因为发票是一切单据的中心，发票制妥后，再参照其内容缮制其他单据。

审：单据制好后，制单人员应自审，如有差错应立即更正，再将单据交有关人员进一步审核。

二、出口商向银行交单

1. 交单路径

1) 向指定银行交单

信用证通常会规定指定银行付款、承兑或者议付(available with ××× bank by payment/acceptance /negotiation)，指定行通常是位于受益人所在地的，当信用证规定指定可由任何银行兑用时，任何银行都是被指定行，受益人可以选择对自己更为方便的银行交单。在受益人向信用证指定行交单的情况下，相符单据提交给了被指定行，即构成了开证行的付款责任。有的在开证时为方便交单，会建议让申请人指定行写为任意银行(available with any bank by payment /acceptance /negotiation)。

2) 向被指定行以外的交单行交单

受益人与被指定行没有账户关系时，受益人还可选择自己的往来银行来交单，分两种情况：①受益人授权交单行绕过被指定银行，直接向开证行交单，交单行需要执行信用证中的寄单指示；②受益人授权交单行向被指定银行交单，交单行则需要将全套单据交给被指定银行。需要注意的是：交单行不是开证行指定的银行时，受益人需要承担单据进入被指定行或者开证行之前被丢失的风险。

2. 交单时间

1) 交单时间的确定

一般情况下，信用证会对交单期有规定，常见是提单日后×××天，如果信用证没有规定，则交单期为提单(运输单据)日后21天。但是，如果提单日+交单天数迟于信用证有效期，则交单时间以信用证有效期为准(两者取较早时间)。

2) 交单时间的顺延

当最迟交单日为非银行工作日，则交单日可顺延至指定银行开始工作的首日，被指定银行需在面函中注明。例如：信用证要求指定行为中国任意银行，到期地点为中国，提单日为9月10日，交单期21天，按此计算交单期应为10月1日，因为"十一"为中国国庆长假，则最迟交单日可顺延至长假结束后的第一个银行工作日。

3) 国外到期信用证的交单

信用证通常在31D会说明信用证到期地点，如果信用证到期地点为国外，交单日期以单据到达国外银行的时间来计算，而非交单国内银行的日期，这就需要受益人提前准备好单据，以免因为邮寄时间问题造成迟交单。

举例说明：信用证部分条款如下：

31D: DATE AND PLACE OF
DELIVERY: 170728 IN ITALY

44C: LATEST DATE OF SHIPMENT: 170728

48: PERIOD FOR PRESENTATION: WITHIN 21DAYS AFTER THE DATE OF SHIPMENT BUT WITHIN THE VALIDITY OF THE CREDIT

例子解读：常规的信用证，最迟装运日+交单期=信用证有效期。但这个案例的典型之处在于，最迟装运日和交单有效期都是7月28日，且到期地点为国外(ITALY)。假设我们7月28日发货，虽然不违背最迟装运日要求，但显然不可能确保单据同一天到达国外，因此在这种情况下，务必在最迟装运日之前提前发货，预留充分的交单时间。

第四节　单据的审核

一、有关惯例及规定

《UCP600》第2条明确规定："相符交单意指与信用证中的条款及条件、本惯例中所适用的惯例规定及国际标准银行实务相一致的交单(Complying presentation means a presentation that is in accordance with the terms and conditions of the credit, the applicable provisions of these rules and international standard banking practice)。"

在之前的《UCP500》中，规定银行必须合理小心审核信用证规定的单据以确定"单证相符"和"单单不得互不一致"的同时，还规定银行确定单证相符的标准须按"本惯例所反映的国际标准银行实务"的规定。

为了统一并规范全球各地银行审核信用证下单据的做法，减少单据的不符点，使信用证操作更为明晰，国际商会在2003年1月1日正式生效了《审核跟单信用证项下的单据的国际标准银行实务》(第645号出版物)(International Standard Banking Practice for Examination of Documents under Documentary Credits，简称ISBP645)，解释单据处理人员如何应用UCP中所反映的实务做法，进一步澄清与补充了《UCP500》的审核标准，使信用证项下审核单据的工作更为规范有效。

《ISBP645》及《ISBP681》应用多年，单据的拒付率不断下降，有效地规范了信用证业务的健康发展，现行使用的版本《ISBP745》(International Standard Banking Practice for the Examination of Documents under Documentary Credits subject to UCP600，2013 Revision,ICC Publication No.745)于2013年4月17日正式启用。该版本提供了一套审核适用《UCP600》的信用证项下单据的国际惯例，对于各国正确理解和使用《UCP600》、统一和规范各国信用证审单实务、减少拒付争议的发生具有重要的意义。

【知识拓展18、19】关于《UCP600》和ISBP(扫前言二维码)

以下结合《UCP600》和《ISBP745》介绍一些关于审单的主要规定。

1. 关于交单据期限

(1)《UCP600》第14条第c款规定：提示若包含一份或多份按照本惯例第19条、第20条、第21条、第22条、第23条、第24条或第25条出具的正本运输单据，则必须由受益

第六章　信用证实务综述

人或其代表按照相关条款在不迟于装运日后的 21 天内提交，但无论如何不得迟于信用证的到期日。在考虑交单期限规定的同时，还要考虑信用证到期日，无论如何交单日也不得迟于信用证到期日，在交单期限与信用证有效期发生冲突时，就必须遵守日期在先的原则。

例 1，信用证规定装船日为 5 月 20 日，信用证有效期为 6 月 5 日，装船日后 21 日内必须交单，即 6 月 10 日前交单，但此日期超过了信用证有效期，所以在此情况下就必须遵守信用证有效期原则，必须在 6 月 5 日或以前交单，不可延迟到装运日后 21 天。

(2)《UCP600》第 36 条规定：银行对由于天灾、暴动、骚乱、叛乱、战争、恐怖主义行为或任何罢工、停工或其无法控制的任何其他原因导致的营业中断的后果，概不负责；银行恢复营业时，对于在营业中断期间已逾期的信用证，不再进行承付或议付。

例 2，如果信用证规定：开证日期 2017 年 4 月 1 日，信用证到期日 2017 年 5 月 31 日，最迟装船日 2017 年 5 月 1 日，按《UCP600》规定，交单日不得迟于 2017 年 5 月 22 日。

如果信用证的截止日或最迟交单日适逢接受交单的银行非因《UCP600》第 36 条所述原因而歇业，则截止日或最迟交单日将顺延至其重新开业的第一个银行工作日。也就是说，如果遇到正常节假日，交单日可以顺延至该受理行的次一个银行工作日，同时，银行在其营业时间之外没有接受单据的义务。

(3)《UCP600》第 29 条第 c 款规定："最迟装运日不因第 29 条第 a 款规定的原因而顺延"，全世界的公共交通运输全年无假日，所以装运不存在因为放假而顺延的问题。如果信用证没有规定装运日，信用证有效期就作为最迟装运日，此种信用证称"双到期"信用证。

受理行在顺延后的第一个工作日接受单据，在其给开证行或保兑行的面函中必须声明交单是在顺延的期限内提交的，"如果在顺延后的第一个银行工作日交单，指定银行必须在其致开证行或保兑行的面函中声明交单是在根据第二十九条第 a 款顺延的期限内提交的"。

2. 关于增减幅度

《UCP600》第 30 条规定："about" or "approximately" 大约或近似，用于信用证金额或信用证规定的数量或单价时，应解释为允许有关金额或数量或单价有不超过±10%的增减幅度；在信用证未以包装单位件数或货物自身件数的方式规定货物数量时，货物数量允许有±5%的增减幅度，只要总支取金额不超过信用证金额。

案例 6-4

出口商向进口商出口海鲜 40 公吨，合同规定数量可上下浮动 10%。20××年 10 月中旬交货，进口商来证规定数量为 ABOUT 40 公吨，单价为每公吨 CFR 1500 美元，总金额 60000 美元，最迟装运期 10 月 20 日，有效期 10 月 31 日，交单天数 10 天。出口商于 10 月 10 日出运 44 公吨货物，总金额为 66000 美元，10 月 20 日向议付行交单，被拒。试分析不符点。

案例分析：

不符点为交单金额超过信用证金额。

虽然合同规定数量可以上下浮动 10%，但是信用证的金额只有 6000 美元，信用证与合同是相互独立的文件，所以不管合同怎么样规定，信用证规定的金额不能超过。如果已经多装，可以和出口商协商，将6000美元独立开一张发票，采用托收方式收取，否则信用证将构成不符点，开证行将拒付。

3. 关于日期术语

（1）"to，until，till，from and between"（止、至、直至、从和在……之间）应理解为包括所述日期；"after"（在……之后）、"before"（在……之前）应理解为不包括所述日期；"on or about"于或约于或类似措辞将被理解为一项约定，按此约定，某项事件将在所述日期前后各五天内发生，起起讫日均包括在内。与《UCP500》相比，《UCP600》增加了"before"（在……之前）和"between"（在……之间）。

案例 6-5

出口商 A 向进口商 B 出口一批货物，采用信用证支付结算，信用证中关于装运的条款："…Shipment from C to D before September 14，20××"（于20××年9月14日之前将货物装上从 C 港起运至 D 港的船上）。出口商 A 是9月12日安排装运的，并取得9月14日签发的提单，当 A 把全套单据通过议付行交至开证行要求付款时，开证行提出如下不符点。

信用证中装运条款的规定，提单的日期应该是"9月14日之前(before)"，也就是说，提单上的日期最迟不能晚于9月13日，单证不符，拒绝付款。试分析开证行的拒付有没有道理。

案例分析：

《UCP600》第3条的规定，使用"在……之前(before)"时不包含提及的日期。因此，本案例中出口商提交的提单日期最迟不能晚于9月13日，开证行有权拒付。

（2）"first half"（上半月）应理解为每月的1～15日；"second half"（下半月）应理解为每月的16日至该月最后一天，首尾两天均包括；"beginning，middle，end"应理解为每月的1日到10日、11日到20日、21日到月末最后1天，包括起讫日；术语"月初""月中"和"月末"应分别理解为每月1日至10日、11日至20日和21日至月末最后一天，包括起讫日期。

（3）不使用"prompt(迅速)""immediately(立即)""as soon as possible(不可能)"等模糊的字眼。《UCP600》第3条规定：除非确需在单据中使用，银行对诸如"迅速""立即""尽快"之类词语将不予置理。

4. 关于装运

分期装运：《UCP600》第32条规定：如信用证规定在指定的时间段内分期支取或分期发运，任何一期未按信用证规定期限支取或发运时，信用证对该期及以后各期均告失效。

分批装运：指一次只装信用证下所列商品的一部分，既有将全部货物分批装运的，也有装出一部分的，剩余部分不再运出的。

《UCP600》第31条规定：如果信用证没有可否分批装运的条款，则可认为是允许分批装运的；如果信用证不允许分批装运，即使交来单据为全部所要求的商品单据，但系分别签发的不同船只的运输单据，应视为是分批的；标明使用同一运输工具并经由同次航程运输的数套运输单据在同一次提交时，只要显示相同目的地，将不视为分批发运，即使运输单据上标明的发运日期不同或装卸港、接管地或发送地点不同；如果交单由数套运输单据构成,其中最晚的一个装货日将被视为装运日;含有一份以上快递收据、邮政收据或投邮证明的交单,如果单据看似由同一快递或邮政机构在同一地点和日期加盖印戳或签字并且表明同一目的地,将不视为部分发运。

二、审核单据的标准

审单即银行对收益人提交的凭以议付、付款的单据的审查(Documents Examination),分为议付审单(议付行审单)和付款审单(开证行审单)。

1. 审单的依据

《UCP600》第14条 Standard for Examination of Documents 的第 a 款规定:按照指定行事的被指定银行、保兑行(如有)以及开证行必须对提示的单据进行审核,并仅以单据为基础,以决定单据在表面上看来是否构成相符提示。《UCP600》第5条规定:银行处理的是单据,而不是单据所涉及的货物、服务或其他行为。那么银行必须以处理单据为唯一依据,绝不涉及货物或服务或行为的内容(如招标、投标等)以及其他相关行为(如担保等)。

审单目的是保证安全、及时收汇,审单的原则是单证相符(单证一致,单单一致)。信用证是根据买卖双方的贸易合同而开立的,它一旦为各有关当事人所接受,即成为各有关当事人必须遵循的契约性文件。审单时,按照信用证所规定的条件、条款,逐条对照,以确定单据是否满足信用证的要求。当信用证的规定与《UCP600》有抵触时,则应遵循信用证优先于《UCP600》的原则,同时,对一些细节的处理参考《ISBP745》的解释。总之,单据审核依据的顺序为:信用证、《UCP600》《ISBP745》。

【知识拓展20】《UCP600》关于审单依据的进一步说明(扫前言二维码)

实际应用中,如何理解与做到单证、单单一致,不会造成过"死"或过"活",影响贸易货款的收回或影响银行的业务形象,可以参考以下一些做法。

(1) 单据与信用证条款完全一致。要求受益人提供的单据所表现出的内容,有一部分必须与信用证条款的规定完全一致,例如申请人名称,金额要区分大小写,不能有任何一个字符写错或漏写。

(2) 单据与信用证条款"表面"一致。"表面"指银行不需亲自询问或考察单据是否是假,已装货物是否真正装运,单据签发后是否已失效等,只是尽可能依靠现有的技术和工具来鉴定。

(3) 单据与信用证条款含义一致。要求受益人提供的单据所表现出的内容,从具体含义上要一致,例如一笔贸易业务,来证规定采用海运方式,使用 CIF 价格,从大连港运至维也纳,从语句的具体含义理解,这显然是不对的,因为维也纳在内陆,不能使用纯海运的贸易术语 CIF。在审单时应注意避免照搬、照抄信用证的原话,只要内容相符即可,例如信用证的有关人称指向、时态、语态等,转到单据上时,即应做相应的调整,以避免不必要的误会。

(4) 单据与信用证条款逻辑一致。例如,贸易术语 CIF 要求卖方投保,并提供保险单据、货物检验品质证书及有关其他证书,其中保险单据的日期、品质检验证书的日期应该在装运之前,表示货物在装运之前已经保险、检验,其他单据可以根据实际情况有前有后。

总之，应根据某些术语或关键词的正常逻辑推理，保持单据、单证之间的一致。

(5) 单据与信用证条款对应一致。要求受益人提供的单据所表现出的内容，能够显示单据与单据之间、单据与信用证之间就对应的内容与条款是一致的。例如，商品发票中货物的描述必须符合信用证中的描述，使用商品的全称，在其他单据中，货物描述可用统称，但不得与信用证描述相抵触。

(6) 单据与信用证条款"不得矛盾"。按照《UCP600》的规定，单证之间不要求"等同"(Identical)，而是要求"不得矛盾"(Must not conflict with)，只要单证、单单之间不矛盾，即视为单证一致。

案例 6-6

中方某公司与美国某公司达成一项出口交易，后我方收到美国花旗银行开来的信用证，证上最大金额为 15000 美元，但我方在装运出口时，实装不同规格、不同单价的货品的总金额为 15042 美元，超出了信用证允许的最大金额，议付行不同意接受，而我经办人员以该外商资信较好为由，认为区区小数不会计较，遂出保证请银行寄单，后果由出口商负责。结果遭到开证行的拒付。试分析，在本项交易中我方应吸取什么教训？

案例分析：

我方在此交易中应吸取的教训就是必须对信用证业务下"单证相符"有足够认识。《UCP600》中对开证行的责任规定，开证行必须合理谨慎地审核一切有关单据，并从表面上确定其是否与信用证条款相符，以决定是否承担付款的责任。因此，银行付款的依据只是看单据表面是否相符，而不是看客户如何表态之类的事宜。不论我方所提交发票金额与信用证金额多出多少，都会是单证不符而被拒付的。

2. 审单的期限

《UCP400》规定"开证行应享有合理的时间审核单据，以决定是否接受单据"，但关于"合理时间"，在实际应用中解释不一，有的解释为 3 天，有的解释为 3 年，会造成许多冲突与麻烦。

《UCP500》有了一定改进，明确开证行、保兑行或指定银行，不得超过从其收到单据的次日起 7 个工作日的合理时间来审核单据。比较起来，这有助于督促银行加快审单速度，保护受益人的合法权益。

《UCP600》第 14 条第 b 款规定：按照指定行事的被指定银行、保兑行(如有)以及开证行，自其收到提示单据的翌日起算，应各自拥有最多不超过 5 个银行工作日的时间以决定提示是否相符。该期限不因单据提示日适逢信用证有效期或最迟提示期或在其之后而被缩减或受到其他影响。放弃了"合理时间"的含糊概念，并将 7 个银行工作日缩短为 5 个银行工作日，更加保障了出口商的利益。

案例 6-7

某外贸公司与香港公司达成了一笔进口 1018 公吨镀锡铁皮和镀锌薄板、金额约 20 万美元的交易，支付条件为即期信用证。不久，中国银行广州分行很快开出了信用证，规定了商品的名称和规格、数量、重量和装运期等。中国船运公司应托运人请求，向其发运了 48 个集装箱，供其装货和加封。3 月 24 日承运人签发了"已装船"清洁提单，3 月 25 日，

第六章 信用证实务综述

香港方寄单至中国银行,并且香港的中国船运公司"海星"号货轮到达黄埔,集装箱明显完好,封条未动,但启封以后,发现箱内只有充满脏水的铁桶,没有镀锡铁皮和镀锌薄板。3月30日,收货人立即将该欺诈行为通知了中国银行,并要求其通知指定的议付银行。但中国银行收到一份香港银行打来的电传,说已根据提示汇票和单据支付了货款。此时,外贸公司发现商业发票与提单不符:即信用证内的商品发票中要求规格为50厘米,而提单内规格为50毫米。4月14日,我方提出香港议付银行可以行使追索权,向出口商索回货款。3天后,中国银行又收到香港议付银行电传,说中国银行提出偿还货款的要求超过了允许的合理时间,因此,要求中国银行(开证行)立即偿付,中国银行无奈做了偿付。

案例分析:

在此案例中我们要吸取如下教训:①外贸公司在要求中国银行签发信用证时,应先对受益人的资金情况和信用情况进行调查;②香港与大陆近在咫尺,并且当地有许多中国公司和一些中国的银行,买方完全可以委托一家中国公司于装载货物之前或期间当场对货物进行检验;③外贸公司和中国银行在发现受骗以后,审单太慢,发现严重不符点后再向香港银行索偿时已过了银行审单合理时间(5个工作日)。

3. 非单据条件和未规定单据内容

实际应用中,如果受益人提交了信用证中未规定的单据银行如何处理?如果这些信用证中未规定的单据与要求的、相符的单据有不符之处,银行又该怎么办?《UCP600》第14条第g款规定:"提示信用证中未要求提交的单据,银行将不予置理。如果收到此类单据,可以退还提示人。"惯例规定给了银行一个明确的指示,不要审核未规定的单据,将他退还给受益人,银行没有责任去审核额外的单据。

《UCP600》第14条第f款规定:如果信用证要求提示运输单据、保险单据和商业发票以外的单据,但未规定该单据由何人出具或单据的内容,只要所提交单据的内容看来满足其功能需要,且其他方面与其他规定单据、信用证之间相符,银行将对提示的单据予以接受。这就要求,如果申请人或开证行要求一个特定的人签发单据,或要求单据包括精确的内容,就在信用证中清楚准确的说明。

4. 货物描述

《UCP600》第14条第e款规定:除商业发票外,其他单据中的货物、服务或行为描述若未规定,可使用统称,但不得与信用证规定的描述相矛盾。《UCP600》第18条第c款规定:商业发票中货物、服务或行为的描述必须与信用证中显示的内容相符。

例如,信用证规定的是海尔彩色电视机,商业发票就必须标明是海尔彩色电视机,其他单据(如保险单、装箱单、尺码单、提单等)只要注明电视机即可。因为商业发票是出口商提供的必须对货物进行详细技术性描述,其他单据由保险公司、轮船公司等提供,他们不可能对货物有详尽的了解,对货物进行笼统性描述即可。

5. 关于托运人

实际业务中,信用证的受益人未必就是生产商(如可转让信用证、背对背信用证等),可以是中间商从他人手中购货或由生产商直接发货,那么实际发货人是经常变化的。为此,《UCP600》第14条第k款规定:"显示在任何单据中的货物的托运人或发货人不必是信用证的受益人",第 j 款又规定:"当受益人和申请人的地址显示在任何规定的单据上时,不必与信用证或其他规定单据中显示的地址相同,但必须与信用证中述及的各自地址处于同一国家内"。

6. 关于正本单据和副本单据

《UCP600》第 17 条对正本单据和副本单据做了明确的规定:信用证中规定的各种单据必须至少提供一份正本;除非单据本身表明其不是正本,银行将视任何单据表面上具有单据出具人正本签字、标志、图章或标签的单据为正本单据;如果信用证要求提交副本单据,则提交正本单据或副本单据均可。如果信用证使用诸如"一式两份""两张""两份"等术语要求提交多份单据,则可以提交至少一份正本,其余份数以副本来满足。但单据本身另有相反指示者除外。对于判定是否是正本单据,第 17 条第 c 款也有说明:表面看来由单据出具人手工书写、打字、穿孔签字或盖章;或表面看来使用单据出具人的正本信笺;或声明单据为正本,除非该项声明表面看来与所提示的单据不符。

总之,对于单据审核,《UCP600》做了详尽的规定与说明,使各个银行的实际操作有了规范的依据。

另外《UCP600》也详尽地规定银行及相关机构的免责说明:①银行对任何单据的形式、充分性、准确性、内容真实性、虚假性或法律效力,或对单据中规定或添加的一般或特殊条件,概不负责;②银行对任何单据所代表的货物、服务或其他履约行为的描述、数量、重量、品质、状况、包装、交付、价值或其存在与否,或对发货人、承运人、货运代理人、收货人、货物的保险人或其他任何人的诚信与否,作为或不作为、清偿能力、履约或资信状况,也概不负责;③当报文、信件或单据按照信用证的要求传输或发送时,或当信用证未做指示,银行自行选择传送服务时,银行对报文传输或信件或单据的递送过程中发生的延误、中途遗失、残缺或其他错误产生的后果,概不负责;④银行对技术术语的翻译或解释上的错误,不负责任,并可不加翻译地传送信用证条款;⑤如果指定银行确定交单相符并将单据发往开证行或保兑行,无论指定的银行是否已经承付或议付,开证行或保兑行必须承付或议付,或偿付指定银行,即使单据在指定银行送往开证行或保兑行的途中,或保兑行送往开证行的途中丢失。

三、审单的程序

1. 接收单据

接收单据是银行收到受益人交来单据,在未正式审单之前做的初步整理验收及记录工作。具体工作包括:①检查单据的种类、份数是否齐全;②有无信用证正本及历次修改书;③注明收到日期;④根据到期日的先后,排列单据,列出单据清单。

一般情况下,受益人交单时,填写一式二份的单据清单,银行签收后退回一份。

2. 审核单据

审单就是对受益人交来的单据有序地、详细地审核。审单需要有一个合理的审单顺序,不能杂乱随机地核对,以保证既省时间又不漏审。我国银行审单的基本顺序为:信用证及修改书→汇票→商业发票→提单→保险单→其他单据，对各项单据逐一审核。

审单方法即先"纵"后"横"。"纵"指以信用证为核心，所有单据与信用证审对，先读信用证，再读单据，以便发现不同点，或哪些单据没交来，哪些单据不符合规定，以保证"单证一致"；"横"指以单据中的发票为中心，其他单据与之核对，以保证"单单一致"。在纵、横审查同时，记录不符点，并列名不符点处理意见(Discrepancies and action taken)。

信用证是一个与贸易合同分离的独立文件，其内容是完整的，互为联系的，其中要求的条件、单据等是相辅相成、前后一贯的。审单时必须遵循普遍联系的观点，结合上下文内容进行，避免片面、孤立地看待某一条款。例如，欧共体某国开来的信用证，要求提交的单据中有一项是 CERTIFICATE OF ORIGIN(产地证)，而在后文中又要求受益人将正本 GSP CERTIFICATE OF ORIGIN FORM A(普惠制产地证)寄交开证申请人。结合上下文内容，我们就能判断出信用证要求向银行提交的是副本 GSP CERTIFICATE OF ORIGIN(普惠制产地证)，而非一般的产地证。

3. 审单结果

审单结束，如果符合要求即可进行付款、议付或承兑；针对议付，应在信用证背面对议付日期和金额等批注，以防另造单据，向其他银行议付，发生重复议付。如果信用证金额使用完毕，在信用证背面批注。如果是部分议付，批注议付金额、出口数量、信用证余额、议付日期等。

审单结束，如果发现错误，出现不符点，即进行审单不符的处理。

四、主要单据的审核要领及经常出现的不符点

(一)商业发票(Commercial Invoice)

《UCP600》第 18 条规定：商业发票必须在表面上看来系由受益人出具，必须做成以申请人的名称为抬头，必须将发票币种做成与信用证相同的币种，无须签字；商业发票中货物、服务或行为的描述必须与信用证中显示的内容相符。

1. 审核要点

商业发票是单据中最重要的，其审核的要点主要有以下几点。
(1) 发票号码，一般由发票签发者自行编制。
(2) 日期不得迟于信用证有效日期及交单期。
(3) 商品名称与信用证所规定名称严格一致，一个字不能多或少。
(4) 抬头为信用证申请人，除非另有规定(如可转让信用证的规定)。
(5) 商品数量应与信用证规定一致，如有幅度，可有 10%的伸缩，但货物总金额不能超过信用证的金额。
(6) 发票金额，发票金额不得超过信用证的金额，大小写必须一致，除非信用证允许，发票中不应包括与商品无关的费用，如仓租、佣金、电报费等。
(7) 发票张数应与信用证要求一致。

(8) 有关商品唛头、件数、装运船名、装货港、卸货港、装运日应与信用证及其他单据一致。

2. 经常出现的不符点

①发票出票人不是信用证受益人，即名称不符；②买方名称与信用证规定的付款人不同；③货物所列(数量除外)与信用证要求不一致；④发票金额超证，或不在允许的幅度之内；⑤单价未按信用证规定幅度开列；⑥未按信用证规定的细分费用开列或不正确；⑦信用证要求签证而未签；⑧份数不够；⑨未按信用证要求分批出口。

(二)汇票(Draft)

1. 审核要点

(1) 有无标明其为汇票的字样。
(2) 汇票金额，应与商业发票金额相符，大小写应一致。
(3) 付款人姓名及地址是否与信用证要求一致。
(4) 到期日和信用证是否相符。
(5) 出票人签字，出票人名称与信用证规定相符，负责人亲自签字，不能以图章代替。
(6) 出票日，应在信用证有效期内，并必须在规定交单日之内。
(7) 付款地，原则上在开证行所在地。
(8) 出票条款，开证行名、证号、开证日期等须与信用证相符。
(9) 利息条款，须与信用证相符。
(10) 背书是否正确。

2. 经常出现的不符点

①出票日迟于有效期，汇票期限与信用证规定不符；②汇票金额大于信用证金额；③汇票期限与信用证不符；④出票人不是信用证受益人；⑤出票人未签字；⑥未按信用证要求开立以指定银行做付款人的汇票；⑦收款人未背书或背书不正确；⑧未按规定列出票条款、利息条款；⑨漏列或错列信用证号码。

(三)运输单据

1. 海运提单(Marine/Ocean Bills of Lading)

按其收货人的表示可分为可流通形式与不可流通形式。可流通形式提单又分为：可流通来人抬头提单、可流通指示抬头提单和可流通记名抬头提单。不可流通形式提单多指不可流通的记名抬头提单(又称直交提单)。

首先介绍作为物权凭证的可流通形式提单。

《UCP600》第 20 条规定，无论其称谓如何，提单必须表面上看来，显示承运人名称并由承运人或承运人的具名代理或代表，或船长，或船长的具名代理，或代表签署；必须有预先印就的措辞，或注明货物已装船日期的装船批注；必须注明装运从信用证中规定的装货港至卸货港；仅有的一份正本提单，或者如果出具了多份正本，应是提单中显示的全套正本份数；未注明运输单据受租船合约约束。

第六章　信用证实务综述

对可流通形式提单的审核要点如下。

(1) 提单签发人及其签署，提单签发人必须是轮船公司、承运人或其代理人。

(2) 提单号码，轮船公司自行编制。

(3) 托运人，一般是出口商，银行也接受除受益人之外的第三者作为托运人的提单。

(4) 收货人，应该与信用证规定的相符。

(5) 船名、船次、船籍，提单必须载明转运货物的船名、船次及其船籍等。

(6) 装货港、卸货港，应注明信用证规定的装货港、卸货港。如是转运提单，要注意卸货港之前有一个转运港。如是任意港口提单，要记载所有预定卸货的港口。如是直达提单，转运港就是目的港。

(7) 转运，《UCP600》第 20 条第 c 款规定，银行可以接受注明将要发生或可能发生转运的提单。即使信用证禁止转运，只要提单上证实有关货物已由集装箱、拖车或子母船运输，银行仍可接受注明将要发生或可能发生转运的提单。

(8) 唛头，其相应的图样与文字等应与信用证相符，并与其他单据一致。

(9) 商品名称，可使用统称，但不得与信用证冲突。

(10) 数量、容积、尺码、包装等，应与信用证相符，并与其他单据一致。

(11) 舱面装货提单，除非信用证有规定，银行一般不接受。

(12) 运费，要注意针对不同价格术语的运费支付情况，特别是 CIF 或 CFR，提单上应注明"运费付至"(Freight Prepaid/ Freight Paid)的字样，CIF 或 CFR 是包含装卸费的，船方在目的港不应再收卸货费，同时还要注意，有一些船方不负责装船费 F. I. (FREE in)或卸船费 F. O. (FREE out)。

(13) 备运提单关于装船日期的加注。

(14) 不接受不洁净提单。

(15) 提单份数，当开立一份以上正本提单时，要提供全套的正本，不能用副本充数。

(16) 提单内有无修改，如有，须船公司签字。

(17) 背书，提单必须经过背书交付，才能完成转让。

(18) 第三方单据(third party documents acceptable)可以接受。

可流通形式提单的审核时，常见的不符点有：①收货人姓名与信用证规定不符；②起运港、卸货港信用证规定不符；③不清洁提单；④被通知人姓名与信用证规定不符；⑤没有"已装船"批注；⑥"已装船"提单没列日期，或日期迟于信用证规定日期；⑦未按要求签章或背书；⑧所列货物与信用证规定不符；⑨不是全套有效单据；⑩未注明承运人及其身份，或代理人签字，未注明委托人身份；⑪无效身份人签字。

其次，说明不可流通转让海运提单的审核。

不可流通转让海运提单(Non-Negotiable Sea Waybill)是承运人收到货物而签收的收据。最早使用于北大西洋之间的部分运输，随着航运速度加快，货物很快到达目的港，而提单要等到开证行偿付、进口商付清货款之后，才能得到，因而产生了仿照空运单据的不可流通转让海运提单。不可流通转让海运提单的记名收货人是唯一的收货人，承运人交货后无须收回该单据。目前，此种单据在欧洲、热那亚半岛、北美和某些远东地区使用，中国还仍有使用。

不可流通转让海运提单不是物权凭证，不能背书转让，收货人一般就是进口商。

《UCP600》第 21 条及《信用证项下单据审核标准银行实务》对非转让海运单审核做了有关规定。其注意事项主要有：①根据信用证要求，银行可以接受不可流通转让海运提单；②确认海运提单上的承运人及其签署；③海运提单上预先印上已装船文字，或已装船批注加列日期等方式表明货物已装船；④注明信用证规定的装运港与卸货港；⑤海运提单上不能出现表明货物或包装有缺陷；⑥海运提单仅包括信用证规定的货物；⑦货物描述可以使用统称但不能与信用证规定矛盾；⑧签发日必须在信用证规定的最迟装运期及以前；⑨必须在规定的日期提交。

案例 6-8

一信用证的开证行开立了一张不可撤销保兑信用证，证中有一条款规定"必须提供全套 3/3 正本洁净已装船提单"，而受益人提供的全套单据中包括了一套 3/3 洁净已装船提单，每一份均经由承运人手签，且分别表明"original""duplicate""triplicate"。通知行(议付行)审核受益人交来的单据，认为完全符合信用证规定，即对受益人付款，并单寄开证行索偿。开证行收到单据后认为有一处不符，全套三份正本提单上并没有将《UCP600》第 20 条第 a 款的规定全部标上"original"字样，所以拒绝付款并持有单据听候处理。

案例分析：

议付行认为一套三份提单全是正本单据，均经由承运人手签，该正本单据的制作符合《UCP600》的相关规定。此外，议付行认为《UCP600》第 20 条第 a 款的规定并不适用于运输单据。各份正本提单上的"original""duplicate""triplicate"字样并非"正本""第二联副本""第三联副本"之意，而应理解为"original，original""duplicate,original""triplicate,original"，即"第一联，正本""第二联，正本""第三联，正本"。这一做法已为国际银行界和运输界所普遍接受。开证行坚持认为《UCP600》第 20 条第 a 款非常清楚地规定了单据如何制作、如何签署，既然全套单据中的另两份提单明确写明"duplicate""triplicate"，那么就不能认为该两份单据是正本提单，开证行认为其拒绝付款有效。

《UCP600》第 17 条第 c 款：除非信用证另有规定，银行还将接受下述方法或从表面上看是用下述方法制作的单据作为正本单据。① 影印、自动处理或计算机处理；②复写。但条件是上述方法制作的单据必须加注"正本"字样，并且如有必要，在表面上签署。单据可以手签、传真、打透花字、印戳、用符号或用任何其他机械或电子证实方法制成。因此，标有"duplicate""triplicate"字样的提单不能因为未标有"original"字样而被拒绝，这已是公认的习惯做法。

信用证要求提供全套 3/3 正本提单，每份正本提单都是货物所有权的凭证。因此不管是否标有"original"字样，是否其他各联标明"duplicate""triplicate"字样，都应视作符合信用证提供正本海运提单的规定。运输单据中的"duplicate""triplicate"字样不能被认为是副本。《UCP600》第 20 条第 a 款的规定不适用于此案。

总之，为了减少不必要的麻烦，在处理信用证业务中固然要严格遵守《UCP600》的规定，但对于《UCP600》的规定，我们必须深刻领会，同时必须牢记公认的一些习惯做法。如果我们是出口方的银行，应劝阻受益人在每张正本提单上标上"original"为好。

第六章 信用证实务综述

2. 租船合约提单(Charter Party Bill of Lading)

《UCP600》第22条对租船合约提单的审核做了相应的规定。

(1) 无论其称谓如何，倘若提单包含有提单受租船合约约束的指示，即为租船合约提单，则其必须在表面上看来，由下列当事方签署：船长或船长的具名代理或代表；船东或船东的具名代理或代表，租船主或租船主的具名代理或代表。

(2) 船长、船东、租船主或代理的任何签字必须分别表明其船长、船东、租船主或代理的身份；代理的签字必须显示其是否作为船长、船东或租船主的代理或代表签署提单；代理人代理或代表船东或租船主签署提单时必须注明船东或租船主的名称。

(3) 使用注明货物已装船日期的装船批注表明货物已在信用证规定的装运港装载上具名船只。

(4) 租船合约提单的出具日期将被视为装运日期，除非租船合约提单包含注明装运日期的装船批注，在此情况下，装船批注中显示的日期将被视为装运日期。

(5) 注明货物由信用证中规定的装货港运输至卸货港。

(6) 如果出具了多份正本，应是租船合约提单中显示的全套正本份数。

(7) 即使信用证中的条款要求提交租船合约，银行也将对该租船合约不予审核。

3. 空运单据(Air Transport Document/ Air Waybill：AWB)或航空发货通知单(Air Consignment Note)

空运单据是不可流通的，不是物权凭证，仅是货物收据和运输合同。《UCP600》第23条对空运单据的审核做了相应的规定。

(1) 无论名称如何，必须看似有承运人名称，并由承运人或承运人的具名代理人签署。

(2) 承运人或代理的任何签字必须分别表明其承运人或代理的身份，代理的签字必须显示其是否作为承运人的代理或代表签署空运单据。

(3) 注明货物已收妥待运(accepted for carriage)。

(4) 注明出具日期。这一日期将被视为装运日期，除非空运单据包含注有实际装运日期的专项批注，批注中显示的日期将被视为装运日期；空运单据显示的其他任何与航班号和起飞日期有关的信息不能被视为装运日期。

(5) 表明信用证规定的起飞机场(airport of departure)和目的地机场(place of receipt)。

(6) 是开给发货人或托运人的正本，即使信用证规定提交全套正本。

(7) 这里的转运是指在信用证规定的起飞机场到目的地机场的运输过程中，将货物从一架飞机卸下，再装上另一架飞机的行为，如果卸货和再装不是发生在起飞机场与目的地机场之间，则不视为转运。

(8) 空运单据可以注明货物将要或可能转运，只要全程运输由同一空运单据涵盖。

(9) 即使信用证禁止转运，注明将要或可能发生转运的空运单据仍可接受。

(10) 信用证不应要求提交银行的正本空运单据多于一份。

(11) 空运单据上的修改和更正必须经过承运人或其代理人签字证实。

(12) 明确区分"预付运费"和"到付运费"。

4. 公路、铁路和内陆水运单据(Road, Rail or Inland Waterway Transport Documents)

公路、铁路和内陆水运都是运输的重要方式，是内陆运输，有许多共同性质，海洋运输的进出口货物要靠内陆运输集中和分散。因而，《UCP600》第 24 条统一对公路、铁路和内陆水运单据的审核做了相应的规定。

(1) 无论名称如何，必须表明承运人名称，并且由承运人或其具名代理人签署，或者，由承运人或其具名代理人以签字、印戳或批注表明货物收讫。

(2) 承运人或其具名代理人的售货签字、印戳或批注必须标明其承运人或代理人的身份；签字、印戳或批注必须标明代理人系代表承运人签字或行事。

(3) 如果铁路运输单据没有指明承运人，可以接受铁路运输公司的任何签字或印戳作为承运人签署单据的证据。

(4) 运输单据的出具日期将被视为发运日期，除非运输单据上盖有带日期的收货印戳，或注明了收货日期或发运日期。

(5) 表明信用证规定的发运地及目的地。

(6) 公路运输单据必须看似为开给发货人或托运人的正本，或没有认可标记表明单据开给何人。

(7) 无论是否注明正本字样，铁路或内陆水运单据都被作为正本接受。

(8) 注明"第二联"的铁路运输单据将被作为正本接受。

(9) 无论是否注明正本字样，铁路或内陆水运单据都被作为正本接受。

(10) 如运输单据上未注明出具的正本数量，提交的份数即视为全套正本。

(11) 公路、铁路和内陆水运的转运是指在信用证规定的发运、发送或运送的地点到目的地之间的运输过程中，在同一运输方式中从一运输工具卸下再装上另一运输工具的行为。

(12) 只要全程运输由同一运输单据涵盖，公路、铁路或内陆水运单据可以注明货物将要或可能被转运。

(13) 即使信用证禁止转运，注明将要或可能发生转运的公路、铁路或内陆水运单据仍可接受。

5. 快递收据、邮政收据或投邮证明(Courier Receipt, Post Receipt or Certificate of Posting)

邮政运输是一种手续简便、费用较低、运输范围比较广的运输方式，在国际贸易运输中有相当的作用。《UCP600》第 24 条对其也做了相应的规定。

(1) 邮政运输单据必须证明货物收讫待运的快递收据，无论名称如何，必须表明快递机构的名称，并在信用证规定的货物发运地点由该具名快递机构盖章或签字。

(2) 表明取件或收件的日期或类似词语，该日期将被视为发运日期。

(3) 如果要求显示快递费用付讫或预付，快递机构出具的表明快递费由收货人以外的一方支付的运输单据可以满足该项要求。

(4) 无论名称如何，必须看似在信用证规定的货物发运地点盖章或签署并注明日期，该日期将被视为发运日期。

6. 多式联运运载单据(Multimodal/Combined Transport Document)

多式运输单据或联合运输单据，即至少包括两种不同运输方式的运输单据(Transport Document Covering at Least Two Different Modes of Transport)，是以集装箱为媒介把海运、铁路运输、公路运输、航空运输、内河运输结合起来，是"门至门"货物交接的最理想的运输方式。《UCP600》第 19 条对多式联运运载单据的审核做了相应的规定。

(1) 多式运输单据或联合运输单据，不论其称谓如何，必须在表面上看来：显示承运人名称并由承运人或承运人的具名代理或代表，或者船长或船长的具名代理或代表签署。

(2) 承运人、船长或代理的任何签字必须分别表明承运人、船长或代理的身份，代理的签字必须显示其是否作为承运人或船长的代理或代表签署提单。

(3) 用预先印就的措辞，或者，注明货物已发运、接受监管或装载日期的图章或批注，表明货物已在信用证规定的地点发运、接受监管或装载。

(4) 运输单据的出具日期将被视为发运、接受监管或装载以及装运日期。然而，如果运输单据以盖章或批注方式标明发运、接受监管或装载日期，则此日期将被视为装运日期。

(5) 显示信用证中规定的发运、接受监管或装载地点以及最终目的地。

(6) 系仅有的一份正本运输单据，或者，如果出具了多份正本运输单据，应是运输单据中显示的全套正本份数。

(7) 未注明运输单据受租船合约约束。

(8) 此种运输方式的转运意指货物在信用证中规定的发运、接受监管或装载地点到最终目的地的运输过程中，从一个运输工具卸下并重新装载到另一个运输工具上(无论是否为不同运输方式)的运输。

(9) 只要同一运输单据包括运输全程，则运输单据可以注明货物将被转运或可被转运。

(10) 即使信用证禁止转运，银行也将接受注明转运将发生或可能发生的运输单据。

(四)保险单据(Insurance Document)

保险单据有保险单(Insurance Policy)俗称"大保单"、保险凭证(Insurance Certificate)俗称"小保单"、承保证明(Combined Insurance Certificate)、投保通知书(Cover notes)，作为结算单据的只能是保险单。《UCP600》第 28 条对保险单据的审核做了相应的规定。

(1) 保险单据(保险单或预约保险项下的保险证明书或者声明书)，必须看似由保险公司或承保人或其代理人或代表出具并签署。

(2) 代理人或代表的签字必须标明其系代表保险公司或承保人签字。

(3) 如果保险单据标明其以多份正本出具，所有正本均须提交。

(4) 暂保单将不被接受。

(5) 保险单据日期不得晚于发运日期，除非保险单据表明保险责任不迟于发运日生效。

(6) 保险单据必须标明投保金额并以与信用证相同的货币表示。

(7) 信用证对于投保金额为货物价值、发票金额或类似金额的某一比例的要求，将被视为对最低保额的要求。

(8) 如果信用证对投保金额未做规定，投保金额须至少为货物的 CIF 或 CIP 价格的 110%。

(9) 如果从单据中不能确定 CIF 或者 CIP 价格，投保金额必须基于要求承付或议付的金额，或者基于发票上显示的货物总值来计算，两者之中取金额较高者。

(10) 保险单据须标明承包的风险区间至少涵盖从信用证规定的货物监管地或发运地开始到卸货地或最终目的地为止。

(11) 信用证应规定所需投保的险别及附加险。如果信用证使用诸如"通常风险"或"惯常风险"等含义不确切的用语，则无论是否有漏保之风险，保险单据将被照样接受。

(12) 保险单据可以援引任何除外责任条款。

(13) 保险单据可以注明受免赔率或免赔额(减除额)约束。

对保险单据的审核要点主要有：①单据类别是否能接受，按信用证规定是大保单或小保单；②保险单日期、生效日不能迟于信用证要求的日期；③被保险人名称；④保险金额及币种、大小写与信用证是否一致；⑤保险区间；⑥险别与信用证要求一致；⑦索赔地点；⑧保险公司名称、签名；⑨有关货物及其他描述应与其他信用证要求及其他单据一致。

保险单据审核中常见不符点有：①不是规定的保险公司；②保险金额不足，货币不符信用证要求；③受益人未在保单上背书；④保单日期迟于提单日；⑤未提供全套保险单据；⑥所列货物的起运港、卸货港与信用证要求不符；⑦未按信用证规定列明险别。

案例 6-9

我国 A 贸易公司向国外的 B 公司出口一批货物。在国外开来的信用证中有关保险条款规定："Insurance policy covering W. A.and war risks as per o-cean marine cargo clause of P.I.C.C.dated 1/1/1981.(根据中国人民保险公司 1981 年 1 月 1 日海洋运输货物保险条款的保险单，投保水渍险和战争险。)"

贸易公司 A 在 3 月 14 日进行了装运，并取得了 3 月 14 日签发的提单和 3 月 15 日签发的注有"This cover is effective at the date of loading on board"声明的保险单，并于 3 月 16 日交单议付。数天后，开证行提出了如下不符点。

贸易公司 A 在 3 月 14 日装运货物，提单签发的日期亦是 3 月 14 日，但是保险单签发的日期为 3 月 15 日，说明 A 是先装运后办理保险手续，所有保险晚于装运日期，此信用证项下的单据存在单据不符。

试分析，开证行提出的不符点是否成立？为什么？

案例分析：

开证行提出的不符点不成立。根据《UCP600》第 28 条规定，除非保险单据上表明保险责任最迟于货物装船、发运，或接受监管之日起生效，银行将拒受开立日迟于运输单据注明的装船、发运，或接受监管日期的保险单。

(五)其他单据审核的注意事项

1. 领事发票(Consular Invoice)

必须由信用证指定的国家领事签署，签署日期不能迟于装运日期，必须与其他单据一致。

2. 海关发票(Customs Invoice)

必须符合官方的格式，所列商品与商业发票、船名、唛头与提单一致。

3. 原产地证明书(Certificate of Origin)

须由信用证指定的机构签署,须证明是本国产品,证明书的日期不得迟于装运日期,须有证明机构的签章,分数要与信用证规定一致。

4. 重量单(Weight List)

要注明每件包装的重量,包装唛头、号码等必须与其他单据一致。

5. 装箱单(Packing List)

每件包装单位的内容要分别列明,所列货物与包装方式须和商业发票一致,所列商品件数、重量、体积、数量等要与其他单据一致。

6. 各种检验证书(Inspection Certificate)

必须由信用证规定的机构检验并签署;检验项目和内容与信用证规定一致;检验结果是否符合要求;检验日不得迟于装运日期,但也不能距装运日太早;证书的名称符合信用证要求。

(六)其他相关的声明和通知

审单时还需要注意与信用证内容要求一致的声明和通知,例如,受益人声明、装船通知的电报抄本、轮船公司证明、船长收据、借记通知、贷记通知、出口许可证副本等。

【知识拓展21】关于INTERCOMS2010(扫前言二维码)

案例 6-10

欧洲某银行开立一张不可撤销议付信用证,信用证要求受益人提供"Certificate of Origin: E. E. C. Countries"(标明产地为欧共体国家的原产地证明书)。该证经通知行通知后,在信用证规定的时间内受益人交来了全套单据。在受益人交来的单据中,商业发票上关于产地描述为"Country of Origin: E. E. C.",产地证则表明"Country of Origin: E. E. C. Countries"。

议付行审核受益人提交的全套单据后认为,单单、单证完全一致,于是该行对受益人付款,同时向开证行寄单索汇。

开证行在收到议付行交来的全套单据后,认为单单、单证不符。

(1) 发票上产地一栏标明:E. E. C.,而信用证要求为 E. E. C. Countries。
(2) 产地证上产地一栏标明 E. E. C. Countries,而发票产地标明 E. E. C.。

开证行明确表明拒付,并且保留单据听候处理。

收到开证行拒付通知后,议付行据理力争:信用证对于发票并未要求提供产地证明,况且发票上的产地系与产地证一致。故议付行认为不能接受拒付,要求开证行立即付款。

案例分析:

(1) 信用证条款的不完整,不明确。信用证中开证行对产地的要求为 E. E. C. Countries,而并未具体要求哪一国。在此情况下,受益人提供的单据中涉及产地一栏时既可笼统表示为欧共体国家,也可具体指明某一特定国家(只要该国是欧共体成员国即可)。既然开证行开立的信用证指示不明确,它将自己承受此后果。故在此案中开证行的拒付是不成立的。

(2) 通知行(议付行)在收到不明确、不完整的指示时,应及时与对方联系,以免不必要的纠纷。

(3) 受益人必须严格按照信用证条款行事。对于非信用证所要求的千万别画蛇添足。本案中商业发票中不必显示产地，虽然商业发票中显示产地是许多国家的习惯做法，但为避免麻烦也不应该出现原产地。

第五节　单证不符的处理

银行审核单据，如果发现单据不符合信用证中的条款及条件、《UCP600》惯例中所适用的规定及国际标准银行实务规则，即出现不符点，称为单证不符(Discrepancy or Irregularity)，要进行审单不符的处理。《UCP600》第16条关于不符单据及不符点的放弃与通知(Discrepant Documents, Waiver and Notice)做了相应的规定。

一、相关惯例规定

《UCP600》第16条关于指定银行如何处理不符单据进行了相应的说明。

(1) 当按照指定行事的被指定银行、保兑行(如有)或开证行确定提示不符时，可以拒绝兑付或议付。

(2) 当按照指定行事的指定银行、保兑行或开证行决定拒绝承付或议付时，必须给予交单人一份单独的拒付通知。拒付通知必须一次列明所有的不符点，并以电讯等快捷方式，在不迟于自交单之次日起第五个银行工作日结束前发出。拒付通知必须声明银行拒绝承付或者议付所依据的每一个不符点。

(3) 单据处理办法：①银行留存单据听候交单人的进一步指示；②开证行留存单据直到其从申请人处接到放弃不符点的通知并同意接受该放弃，或者其同意接受对不符点的放弃之前从交单人处收到其进一步指示；③银行将退回单据；④银行将按之前从交单人处获得的指示处理。

(4) 按照指定行事的指定银行、保兑行或开证行在发出了拒付通知后，可以在任何时候将单据退还交单人。

(5) 如果开证行或保兑行未能按照本条行事，则无权宣称交单不符。

(6) 当开证行拒绝承付或保兑行拒绝承付或者议付，并且按照本条发出了拒付通知后，有权要求返还已偿付的款项及利息。

(7) 当开证行确定交单不符时，可以自行决定联系申请人放弃不符点。然而这并不能作为延长审核单据期限的理由。

《ISBP745》第10条也进一步说明：如果拼写或打字错误并不影响单词或其所在句子的含义，则不构成单据不符。例如，在货物描述中用"mashine"表示"machine(机器)"，用"fountan pen"表示"fountain pen(钢笔)"，或用"modle"表示"model(型号)"均不导致单据不符。但是，将"model 321(型号321)"写成"model 123(型号123)"则不被视为打字错误，而是构成不符点。

《ISBP745》第35条也说明：某些单据中唛头所包含的信息常常超出通常意义上的唛头所包含的内容，可能包括诸如货物种类、易碎货物的警告、货物净重及/或毛重等。在一些单据里显示了此类额外信息而其他单据没有显示，不构成不符点。

第六章　信用证实务综述

实务中对于不符点的认定与处理会受许多因素的影响，一些国家的开证银行会受申请人的利益与决定的影响来处理不符点，这在一定程度上改变了信用证银行信用，开证行第一性付款的责任。但是，如果申请人愿意接受不符点，开证行接受单据正常偿付也是一笔信用证业务的完美结局。

案例 6-11

20××年4月份广交会上某公司A与科威特某一老客户B签订合同，客人欲购买A公司的玻璃餐具(GLASS WARES)，A公司报价FOB WENZHOU，温州出运到科威特，海运费到付。合同金额达USD25064.24，支付条件为全额信用证，客人回国后开信用证到A公司，要求6月份出运货物。

A公司按照合同与信用证的规定在6月份按期出货，并向银行交单议付，但在审核过程发现两个不符点：(1)发票上：将"GLASS WARES"错写成"GLASSWARES"，即没有空格。(2)提单上：提货人一栏，将"TO THE ORDER OF BURGAN BANK，KUWAIT"错写成了"TO THE ORDER OF BURGAN BANK"，即漏写"KUWAIT"。A公司认为这两个是极小的不符点，根本不影响提货。A公司本着这一点，又认为该客户是老客户，就不符点担保出单了。但A公司很快就接到由议付行转来的拒付通知，银行就以上述两个不符点作为拒付理由拒绝付款。A公司立即与客户取得联系，原因是客户认为到付的运费(USD2275.00)太贵(原来A公司报给客户的是5月份的海运费，到付价大约是USD1950.00，后6月份海运费价格上涨，但客户并不知晓)，拒绝到付运费，因此货物滞留在码头，A公司也无法收到货款。

后来A公司人员进行各方面的协调后，与船公司联系要求降低海运费，船公司将运费降到USD2100.00，客户才勉强接受，到银行付款赎单，A公司被扣了不符点费用。整个解决纠纷过程使得A公司推迟收汇大约20天。

案例分析：

(1) "不符点"没有大小之分。在本案中，A公司事先知道单据存在"不符点"的情况下还是出单，存在潜在的风险。A公司认为十分微小的"不符点"却恰恰成了银行拒付的正当理由。因此，在已知"不符点"的情况下，最好要将其修改。

(2) FOB的运费的上涨，与A公司并无关系，因此客户主要是借"不符点"进行讨价还价。

二、指定银行对不符单据的处理

受益人交单给指定银行，指定银行对不符单据具体处理方法主要有以下情形。

(1) 将所有单据退回受益人修改。此种处理方法适用的情况是，由于受益人疏忽，单据分数不够或单据不全或有拼写错误，退还让其修改，在信用证有效期内和最迟交单期内再交单。如是拼写错误，为争取时间，或与顾客较熟，银行可代劳。若提交单据不全，则必须有受益人补齐。

(2) 仅退还不符单据，要求受益人修改，同时代其保管其他单据。此种处理方法适用情况也是一些微小的不符点。

(3) 由受益人授权寄单。在交单人授权下将不符单据寄给开证行，请求开证行审查，并等待开证行的批复。

此种处理方法适用的情况是货款相对较小，有一些小的不符点，根据银行处理此事的经验，估计对方能接受。

(4) 电提，又称电报提出，即在单、证不符的情况下，议付行先向国外开证行拍发电报或电传，列明单、证不符点，待开证行复电同意，再将单据寄出。

此种处理方法适用于货款较大，不符点较明显时，议付行电告开证行不符点，征询意见，得到开证行授权再寄单。若开证行不同意，则收益人另想他法，或采取其他措施，或转售。前提条件是受益人同意这样做，同时受益人也需同进口商联系，如果进口商想得到此货，会同意接受不符时，开证行也没问题。

常见的电提不符点有：起运港或装运港有误、金额有出入、货物品名与信用证略有不同、提单上无批注、唛头有误，等等。电提方式的特点是解决问题快，并且单据由出口地议付行掌握，对出口方而言较为稳妥，即使在未获议付授权的情况下，出口方也可及时处理货物及有关问题。但是往来的电报费用均由出口方承担。

(5) 表提，又称表盖提出，即信用证受益人在提交单据时如存在单证不符，则向议付行主动书面提出单、证不符点。

若单据中的不符点已无法更改，涉及的金额较小，受益人可事先将单据中的不符情况通知开证申请人，若申请人同意接受单据时，则申请人向出口地银行出具担保书。出口地银行凭担保书议付寄单，并在寄单面函中具体指出不符点所在。表提方式适用于金额较小、来证规定单到开证行付款的情况，对于向付款行、偿付行索汇者亦可酌情采用。

(6) 担保议付。要求受益人或他的银行提供一份保证书(或赔偿担保信)，再进行议付、付款或承兑。保证书上注明不符单据的全部内容。议付这样的单据后，如开证行不接受单据，不偿付，担保人应予以赔偿议付、付款、承兑金额连同利息和有关费用；如开证行偿付，保证书即随之失效。

此种处理方法适用的情况是，不符点不严重，并且是老客户，出口商凭借以往类似的经验，肯定开证行、申请人能够接受单据。根据实际经验办理"保留权利"的付款、承兑或议付，如果开证行拒绝偿付，银行保留对受益人的追索权。

(7) 寄单托收。把所有单据退还受益人，或采用寄单托收方式，这就意味着放弃应用《UCP600》规则，完全使用《URC522》托收统一规则，以开证申请人是否接受单据为主，开证行不承担责任，因为它成了代收行。这应该是受益人最后的无奈选择。此种情况不符点较为严重，拒付可能性较大，指定银行不愿冒险。

案例 6-12

出口信用证业务中，我受益人向议付行交来全套单据，经审核，议付行认为单单、单证一致，于是一面向受益人办理结汇，一面寄单给国外开证行进行索偿。开证行经审核后，认为议付行交来的全套单据不能接受，因为提单上申请人的通信地址的街名少了一个 g(正确的地址为：Sun Chiang Road，现写成：Sun Chian Road)。获此信息后，受益人即与申请人取得联系，要求取消此不符点，而申请人执意不肯。事实上，开证申请人已通过借单看过货物后才决定拒绝接收货物，并由此寻找单据中的不符点，以此为借口拒绝付款。

第六章 信用证实务综述

案例分析：

议付行一定要本着认真、负责的态度审好每笔单子，以把每个不符点尽可能扼杀在萌芽状态。如本案中，如果我们及早发现、及早更改的话是完全可以做到单单、单证一致的。我们决不能存有侥幸心理，当然在具体处理时，作为议付行也可据理力争，多找一些有利于我方的判例，争取此事得以圆满解决。

三、开证行对单证不符的处理

开证行审核单据的原则及程序与指定银行审单的基本一样，在审核结果处理方面不同于指定银行。

1. 接受或拒绝接受单据

对指定银行交来的单据，开证行如果确定单据符合信用证条款、信用证惯例规定及国际标准银行实务规定，就有义务接受单据予以偿付。

对指定银行交来的单据，开证行如果确定单据不符合信用证条款、信用证惯例规定及国际标准银行实务规定，即确定了不符单据，则必须拒绝接受单据并发出拒绝通知，采取相应的处理办法。必须以最快的方式通知议付行，并且说明理由，同时向议付行说明单据暂由其代保存听候处理或说明已将单据退回议付行。

2. 对单证不符的处理

根据《UCP600》的规定，开证行确定单据不符，具体处理办法有以下两种方式。

(1) 拒绝接受单据，不予偿付。开证行必须给交单行一份单独的拒付通知。同时，开证行持有单据直至收到申请人通知弃权并同意接受该弃权，或者在同意接受弃权前从提示人处收到进一步指示；或者银行退回单据，按照先前从提示人处收到的指示行事。注意，银行只能一次性提出拒付的不符点，不能说该不符点被驳回了，再提其他的不符点。

(2) 联系申请人放弃不符点。当开证行确定单据不符时，可以依据其独立的判断联系申请人放弃有关不符点。实际应用中需注意，不是要求银行去请求申请人放弃，完全是开证行基于自己的判断。同时《UCP600》还规定，开证行寻求申请人放弃不符点，仍必须在不迟于收单日次日起 5 个工作日内做出是否接受单据或拒绝单据。

如果开证行在规定的时间没有收到申请人放弃不符点的信息，必须自行决定是放弃不符点或者是拒绝接受单据；如果申请人放弃不符点，出具放弃证书给开证行，申请人付款赎单，开证行向交单行偿付。开证行也可以根据自己的意愿放弃不符点，向交单行偿付。申请人放弃不符点，出具放弃证书，但不能迫使开证行放弃不符点。

对于开证申请人而言，如果不符点交单不影响清关和没有实质性损失的情况下，可以接受不符点单据，并对开证行履行付款手续，赎出单据以备及时清关。如果不符点单据给清关带来实际损失，可以与受益人协商，有条件的付款赎单(例如，在受益人给予一定折扣减让后)。如果此时市场发生变化，且有一定的实质性损失时，可以拒绝付款，但要考虑因此带来的信誉影响。

四、对国外开证行拒付的处理

1. 议付行的应对

对于议付行而言，收到开证行的不符拒付后，应及时通知受益人，并配合受益人再次审核单据，看是否真实存在不符点，以及是否实质性不符，是否还有补救的措施。如果开证行拒付，且受益人沟通无果，则议付行可以对受益人实施追索权。

如果单据的确不符，及时转达受益人，妥善解决，该赔就赔，维护信誉。如果国外行无理挑剔，甚至敲诈时，要据理力争，不能丝毫让步。

案例 6-13

信用证到期日为 9 月 11 日，受益人提交单据后于 9 月 5 日收到开证行的拒付通知如下：①发票未显示 45A 要求的贸易术语；②箱单未显示信用证要求的净重。受益人收到拒付通知后按要求对这两个单据进行更正，并按要求于 9 月 8 日重新提交到指定银行，9 月 12 日又收到开证行的拒付通知：产地证的发票号码与发票不一致。那么开证行第二次的拒付是否成立？

案例分析：

拒付不成立。开证行第一次发出拒付通知后，受益人已按要求修改单据并在到期日内重新提交，开证行收到单据后提出的第二次拒付的内容与第一次完全不一样。根据《UCP600》的规定，拒付通知必须一次性发出，并列明整套单据的所有不符点。因此，第二次提的不符点不成立，开证行必须付款。

2. 受益人的应对

对于受益人而言，接到议付行的不符点通知后，应该积极配合议付行再次审核单据，看是否真实存在不符点，以及是否实质性不符，是否还有补救的措施。如果不符点属于非实质性不符点，或者不符点不存在，应该及时向开证行提出抗议，指出不符点的非实质性或者不存在，并提出抗议的理由，并要求开证行兑现付款承诺。如果不符点属于实质性不符点，则应该及时与开证申请人沟通，争取让开证申请人接受不符点单据，并付款赎单。

如果遇到开证行倒闭，一般有以下几种处理方法：①如果货物尚未运出，应立即停止装运，同时与开证申请人联系交货和收款方法。②如果货物已装运，但单据尚未寄出，应停止寄单，并与开证申请人联系。③如果单据已寄出给开证行，对于即期信用证来说，立即联系海外联行或代理行或议付行本身停止向开证行提示，设法追回，同时与进口商协商补救方法；对于远期信用证，如果汇票或单据未经开证行承兑，依据上述即期信用证做法来做，如果汇票或单据已经由开证行承兑，寄单行手中仅有已承兑到期不能兑现的汇票，而单据已被进口商借走，此种情况处理非常麻烦。

第六节 出口议付与寄单索汇

出口议付(Export Negotiation)指当信用证的受益人持单据和汇票提交给议付行时，议付行对单据和汇票进行审核，如果审核无误，立即与受益人协商购买全套单据和汇票，并立即向受益人支付相应的款项，相当于购买该信用证下的单据和汇票。出口寄单索汇(Dispatching documents and claiming reimbursement)指出口方银行(议付行)在议付单据后向开证行或其指定银行(偿付行)寄偿付通知书，随附跟单汇票，并向开证行或偿付行索取票款的过程。

一、出口议付

《UCP600》第 2 条的定义中将信用证分成三种：即期付款信用证、承兑付款信用证和延期付款信用证。无论是哪种信用证，只要受益人能够满足信用证的条件，提交信用证所要求的单据，银行都可以给办理议付手续。

议付行审核单据如认为"相符提示"，即可进行议付(Negotiate)。《UCP600》第 2 条的定义指出，议付指被指定银行在其应获得偿付的银行日或在此之前，通过向受益人预付或者同意向受益人预付款项的方式购买相符提示项下的汇票(汇票付款人为被指定银行以外的银行)及/或单据的行为。议付有两层意义：① 汇票以及所有单据的所有权转让议付行。② 议付行以其自有资金按照票面金额扣除各项费用(利息、手续费)后垫付给受益人。所以议付实际是银行的购票行为，亦是银行对受益人融通资金的一种方式。

二、出口寄单索汇

议付单据后，银行成为汇票的正当持票人，银行应在信用证背面批注议付日期和议付金额，以免重复议付，批注后将信用证退还出口商。议付行根据信用证要求将全套单据一次或分批寄出，将汇票和索汇证明分别寄给开证行或偿付行进行索汇(偿)，这时的议付行就成为索偿行(可以是付款行、承兑行或议付行)。

信用证业务中，由于开证银行或保兑行在受益人相符交单条件下，承担第一性付款责任，银行间的头寸划拨安排，要比汇款、托收方式下的银行间头寸划拨更为复杂。国际商会为此专门制定了第 525 号出版物《跟单信用证项下银行间偿付统一规则》(Uniform Rules for Bank-to-Bank Reimbursements Under Documentary Credits —URR525，ICC Publication No.525)。《UCP600》推出后，国际商会银行技术与惯例委员会以《UCP600》为基础，对 1996 年生效的《URR525》进行修订，《URR725》于 2008 年 10 月正式生效使用。

【知识拓展 22】关于《URR725》(扫前言二维码)

(一)熟悉有关账户的设置情况

信用证业务的货款支付是通过账户转移实现的，熟悉有关账户的设置情况是安全快速收汇的基本条件，要尽量做到心中有数，尽量拉直收汇路线，避免迂回，加速收汇。银行之间的账户统称"往来账户"(Current Account)，包括国外同业存款、存放国外同业、国外联行往来和协定清算账户。

国外同业存款指国外银行在我方银行开立的账户。这些账户的开立与记账由我方银行总行统一掌握。如果来证要求借记或授权借记，我们就可以直接借记。

存放国外同业指我方银行在国外同业开立的各种可自由兑换货币的资金往来账户，其货币一般是账户银行本国的货币，美元较多，除在美国，其他地区也有。出口索汇时可请国外银行"贷记我行账户"，一般也采取总行集中记账处理。

国外联行往来指我方银行在国外联行开立的账户，即账户交叉点或碰头行账户或共同账户行账户。出口索汇时可以通过碰头账户行内部划转资金，节省时间。

协定清算账户指记账贸易协定下所使用的账户。按照清算协定的规定，通过各自的国家银行或政府指定办理协定项下国际结算业务的专业银行，在对方开立的协定清算账户进行结算。

(二)阅读理解信用证偿付条款和寄单指示

为保证顺利收汇，一定要阅读与正确理解信用证的偿付条款，准确确定索汇的对象与方法。偿付条款和寄单指示是信用证中开证行对指定银行寄单索汇的指示条款，指定银行一定要按其行事。

1. 偿付条款(Reimbursement Term)

不同信用证的寄单偿付条款各有不同，通常有单到付款、主动借记和授权借记、向偿付行索汇等方式。

1) 单到付款

单到付款即信用证规定议付行议付后将单据寄给开证行，开证行审单无误付款，即开证行见单付款。相应的偿付条款表述通常是：Upon receipt of the documents in compliance with credit terms, we shall credit your a/c with us/remit the proceeds to the Bank named by you.

2) 主动借记

主动借记意指，开证行(或其总行)在议付行开有账户时，议付行审核单证无误后就可以主动借记开证行账户，不必等开证行的付款。相应的偿付条款表述通常是：Upon receipt of the documents in compliance with credit terms, please debit our a/c with you under your cable/airmail advice to us.

3) 授权借记

授权借记意指，开证行(或其总行)在议付行开有账户时，议付行议付后将单据寄给开证行，开证行审单无误后授权议付行借记开证行账户。相应的偿付条款表述通常有：

Upon receipt of the shipping documents in compliance with the terms of L/C, we shall authorize you to debit our a/c with you under your advice to us.

Upon receipt of your negotiation advice stating that documents have been complied with L/C, we shall authorize you to debit our a/c with you under your advice to us.

4) 贷记议付行账户

贷记议付行账户意指，议付行在开证行开有账户时，信用证规定议付行议付后将单据寄给开证行，开证行审单无误后就主动贷记议付行账户。相应的偿付条款表述通常是：In reimbursement of your payment made under this L/C, we shall credit your a/c with us under our telex advice to you.

5) 向偿付行索汇

信用证指定第三家银行作为偿付行，议付行议付后，在向开证行寄单的同时，出具单证相符的证明向偿付行索汇。相应的偿付条款表述通常是：In reimbursement of your negotiation under this credit please drawn on our a/c with the ABC Bank (reimbursing bank).

议付行向偿付行出具的单证相符证明的表述通常是：We hereby certify that we have negotiated the documents on called for in the above L/C, the terms and conditions of which have complied with.

6) 要求账户碰头行划拨偿付

议付行议付后将单据寄给开证行，开证行审单无误后指示账户碰头行借记本行账户同时贷记议付行账户。相应的偿付条款表述通常是：Upon negotiation made by you please reimburse yourselves through x Bank by telex/airmail certifying documents complied with and requesting them to debit our a/c and credit your a/c with the same amount.

7) 将款付至某代理行贷记议付行账户

如果没有碰头行，议付行议付后将单据寄给开证行，开证行审单无误后，把款项付到某代理行请其贷记议付行账户。相应的偿付条款表述通常是：Un receipt of your negotiation advice stating that documents have been complied with, we shall transfer cover by cable/airmail to your correspondent as designated by you for credit of your a/c with them.

2. 寄单指示(Dispatching documents order)

寄单指示是开证行给议付行的邮寄单据的指示。在早期信用证时代，信用证的单据邮寄都是分两批邮寄的，以避免一次邮寄可能造成单据全部丢失。

寄单指示示例：original and duplicate set of documents to be sent to us in two lots by courier service immediately after negotiation。

original set of documents = first lot of documents / 第一批单据；duplicate set of documents = second lot of documents / 第二批单据。寄单行会合理拆分单据，使每次寄的单子里都有正本。只有一份正本单据的先寄，以方便开证行能先行审单。

(三)寄单索偿

1. 寄单索偿的基本要求

寄单索偿的依据是信用证的相关规定，索偿行认真阅读信用证的"寄单指示"和"偿付条款"，以确定寄单方法、索汇对象，采用正确的索汇传送载体，选择正确的索汇路线，并做出要求偿付行如何进行偿付、如何通知索偿行的指示。

具体来讲，寄单索偿时应该注意的问题主要有以下方面。

(1) 确定寄单方法。信用证中一般会有寄单方法的说明，例如，一次性将全部单据寄出或者将所有单据分两批寄出。索偿行应严格按信用证的规定行事，以免遭到拒付。

(2) 认准索汇对象。索偿行必须严格地依据信用证的规定找准索汇的目标，确定应向哪家银行索偿，是开证行、保兑行或是偿付行。如果不能准确理解信用证条款文句或不熟悉国际惯例的要求，将会导致索偿错误，影响收汇的速度和安全性。

(3) 使用正确的索汇传送载体。对外索汇的传送载体是指信息载体和资金划拨的工具。有的信用证中对索汇传送载体作了明确的规定，索偿行就必须按此行事；有的信用证中没有规定传送载体，索偿行可根据不同的实际情况选择采用载体工具。传送载体一般有两类：

①通过普通航邮；②借助电报、电传或SWIFT网络。随着现代通信手段的不断发展，第二种载体的使用已相当普遍。索偿行在信用证允许的情况下，可以采用电索，尤其是大额索偿应争取电讯索偿，并指示偿付行发电通知偿付外汇。

（4）熟悉有关代理行，特别是各种货币账户的情况，选择合理的索汇路线。国际贸易中使用不同的货币，而不同的货币有不同的结算中心，所以索偿行应依照信用证的偿付条款，结合本行在国外的分支行和代理行的分布以及各种货币账户的开设等情况，确定最短捷的索汇路线。目前在国际贸易结算的索汇业务中，美元所占比重较大。一笔以美元计价的收汇业务甚至可能会涉及几大洲和若干家银行，在此情况下，如果索偿行不能选好索汇的路线，将在很大程度上影响到收汇速度。

2. 寄单索偿路线分析

索偿行的寄单索偿路线大体可以分为以下几种。

（1）向开证行寄单，向开证行索偿。

议付行议付后把全套单据寄给开证行，并向开证行发电索汇（即电索 T.T. Reimbursement），一般采用快邮速递寄单、发电索偿。实际中，有两种处理方式：①采用航邮或快邮速递寄单，开证行收到单据后根据单据表面情况决定是否予以偿付(开证行凭偿付)；②索偿行将审单的情况以电讯方式通知开证行，要求开证行予以偿付，开证行收到电讯方式发出的通知时予以偿付。同时，索偿行将有关的单据以航邮方式寄给开证行，如若开证行审单后发现单据合格，则偿付有效；如若开证行审单后发现单据不合格，则可以追回已偿付的款项。

（2）向开证行寄单，向偿付行索偿。

议付行议付后把全套单据寄给开证行，寄相符证明信给偿付行索汇。可以分两种情况：①以航邮方式将单据寄往开证行，同时以信函方式向偿付行索偿；②以航邮方式寄单给开证行，同时发电给偿付行向其索偿。一般采用以电代邮方式发电给偿付行索汇。

（3）向开证行寄单，向受票行索汇。

议付行议付后把其他单据寄给开证行，把汇票和相符证明信快邮受票行索汇。

3. 寄单方式

通常，信用证项下的寄单方式有两种。

（1）一次寄单，即将全套单据放入一个信封一次性寄出。

（2）二次寄单，即将全套议付单据分为两部分，分别寄出。

实务中，多采用第二种方式，以避免一次性寄单，万一遇到该航班途中发生事故，影响单据的安全送达。两次寄出的单据中，分别应至少包括每一种单据的正本一份(若正本单据不止一份的话)。如果某一种单据只有一份正本，则应在第一次寄单时寄出。分两次寄单的目的是倘若第一次所寄单据遗失，可以凭第二次寄出的单据办理结算。

【知识拓展23】关于寄单索汇的案例(扫前言二维码)

(四)索汇方法

索汇方法是议付行向开证行或偿付行寄单索汇采取的方法，通常依据不同信用证中开证行的偿付指示及双方的账户设置情况进行。索汇方法一般分为电索和信索(或航索)，不管

第六章 信用证实务综述

是电索还是信索,在寄单索汇过程中,索偿行(议付行)会对开证行或偿付行发出如何交款的指示,即索汇指示。实际应用中索汇指示要根据开证行的偿付条款制定,措辞要清晰、准确,表明怎样付、付给谁、付什么货币、钱款收妥后如何通知、通知给谁等。

电索是指信用证有条款规定,议付银行在收到受益人交来信用证项下的全套单据议付后,有权向开证行或其指定银行,用电讯的方式索回货款。信索则是指议付银行收到该信用证项下的全套单据议付后,有权向开证行用航空邮寄的方法索取货款。航索可以采用邮局的航空挂号信件或者其他快邮方式,如 DHL、EMS 等。电索可以采用电报(CABLE)、电传(TLX)或者是 SWIFT 等。现在,多数银行采用 SWIFT 电讯,此方式速度快、准确性强、操作规范及安全方便。

1. 即期信用证索汇

(1) 电索开证行。议付行在向开证行寄单的同时,直接向开证行发电索汇。对应信用证上偿付条款通常有:

We shall credit your account with us on receipt your authenticated wire confirming all terms of the credit have been complied with.

We shall supply cover by cable transfer to you…correspondent on receipt of your cable confirming documents fully complying with the terms. 相应的索汇指示根据账户设置而定。

(2) 电索偿付行。议付行在向开证行寄单的同时,向偿付行发电索汇。对应信用证上偿付条款通常有:

Please claim reimbursement from X Bank (Reimbursing Bank)…by cable.

The negotiating bank is authorized to claim their reimbursement by cable on X Bank (Reimbursing Bank)…by cable.

Kindly reimburse yourselves for payment under this credit on X Bank (Reimbursing Bank)…by cable.

(3) 信索开证行。如果偿付条款指示用信函索汇,议付行在向开证行寄单的同时,直接向开证行发函索汇。

(4) 信索偿付行。如果偿付条款指示用信函并向偿付行索汇,议付行在向开证行寄单的同时,向偿付行发函索汇,同时寄相符证明信(certificate of compliance)到偿付行。对应信用证上偿付条款一般有:

In reimbursement of your negotiation under this credit, please draw on our account with the following correspondent (Reimbursing Bank)…remitting to them your certificate of compliance to the effect that all terms and conditions of the credit have been strictly complied with.

In reimbursement of negotiation made by you in conformity with the terms of this credit, we authorize you draw on our account with X bank (Reimbursing Bank), who are authorized by a copy of this credit to meet your claims if accompanied by your declaration that all credit terms have been strictly complied with.

2. 远期信用证索汇

远期信用证的索汇指示与即期信用证基本相同。不同的是远期信用证有远期的付款到期日,通常远期的付款到期日可归结为两类:见票后一定时间付款和出票或提单日以后一定时间付款。前者的到期日会根据见票时间而变化，要考虑邮程和提示单据的时间；后者的到期日可以准确地计算出来。

对于见票后若干天付款的。如果是向开证行或付款行索汇，应尽快将相符单据寄出，由开证行或付款行承兑后计算到期日，到期后再偿付，相应的索汇条款要注明"请告承兑日和到期日，在到期日请贷记我账户或我在某代理行账户(Please inform us in advance the date of acceptance and its maturity, and credit our account with X Bank on due date under telex/mail advice to us quoting our Ref. BP No)"。 如果是向偿付行索汇，不能在寄单的同时索汇，要在到期日之前，考虑一个邮程的时间寄相符证明信索汇。

对于出票或提单日以后一定时间付款的。能够计算出准确的到期日，在到期日之前，考虑一个邮程的时间向开证行或付款行或偿付行索汇，在索汇条款中注明"Please credit our account with ____ on due date under ____ advice to us quoting our Ref. BP No."。

一些远期信用证允许到期电索，索汇条款可以是：① 由议付行决定到期日的，"我行在到期日向你行或某行电索(We shall claim on you or X Bank on due date)"，一般发电的日期为到期日之前 5 天；②由国外受票行决定到期日的，"请通知我行到期日，我行将于到期日向你行电索(Please inform us the maturity, we shall claim on you on due date by tested telex)"。

3. 支付协定项下的索汇方法

以记账方式结算双方的债权债务，根据支付协定议付后，均可主动借记该国的清算账户。相应的偿付指示可以是"We have requested x bank(我方的总行) to debit your account with them。

总之，如果信用证中规定出口地银行(议付行)有权向偿付行电索货款，出口商就能较快地收到货款。通常会是在议付行发出索汇电的当天或次日，偿付行就能将该款项划入对方的账户，出口商能较快地取得货款。如果信用证中规定为信索，出口商收到货款的期限往往要延后一个时期。因为对方付款的时间一般要加上从出口国的议付行到进口国开证行的邮程(即所谓"在途时间")。此外，进口国开证行收到单据后，还有一个"合理的工作时间"，《UCP600》规定为"5 个工作日"。出口商真正收到这一笔信用证项下的出口货款，一般要在交单后大约十多天或半个月以上。

4. 美元信用证索汇

一般来说，信用证中索汇条款所使用的货币，是依据贸易双方约定的币种决定的。美元信用证不仅仅来自美国，而且来自世界各国，涉及许多国家，很多银行。美元结算中心在纽约，境外美元必须将资金拨付纽约才能结算。美元结算表现为：境外收汇，纽约结算。

进口国银行所在地如是美国以外的国家或城市，往往将美元清算中心放在纽约，开证行就在信用证中规定一个条款，要求议付银行在索取货款时，不必向开证行直接索偿，而是要求其向它的纽约账户行电报索汇。信用证中的偿付条款往往是这样的：

"INREIMBURSEMENT：YOU AREAUTHORIZED TO REIMBURSEYOURSELF FOR THEACCOUNT OF YOURNEGOTIATION BY DRAWINGAS ARRANGEMENT ON OURACCOUNT WITH STANDARDCHARTERED BANK NEW YORKUNDER SWIFT ADVICE TO USWITHOUT ANY CHARGES ONOUR PART. (偿付办法：兹授权贵行索偿议

付金额，按约定办法，请向标准渣打银行纽约分行我账户内支取，SWIF 电报通知我行，费用由贵方承担)。"

(1) 向美国境内银行索汇。

寻找碰头账户行，最好是国外联行往来，称"转账型"。让其将美元直接划给这个账户即可。没有联行往来的银行，可利用 CHIPS 办理，称"纽约交换型"，即便被索银行不是 CHIPS 成员，肯定有成员行有往来关系，也可通过 CHIPS 办理，要在索汇指示中注明"VIA CHIPS"。

(2) 向美国境外银行索汇。

全世界的美元都只能在纽约清算，所以在境外交付美元行是行不通的。因此，向美国境外的非美元账户行索汇时，就不能让其直接交拨给当地的我美元账户。如果被索银行在我总行开有美元账户，可按信用证偿付条款规定，主动借记其美元账户或授权借记，应要求将款拨给我行在纽约的账户行，如果能找一家碰头账户行，只拨一次就可以。如果被索行在纽约的联行或代理不是我方的账户行时，但只要是 CHIPS 成员，则可通过 CHIPS 入账。

总之，在出口寄单索汇时要尽量准确、直接，同时还要注意：正确使用"贷"(credit)、"付"(pay)、"汇"(remit)；对大额索汇尽量用电索(按信用证规定采用电报或电传索汇)、电拨(在索偿指示中叮嘱对方用电报或电传将款拨交我账户行入账)、同时加电告(让对方办妥之后电告)；尽量利用快速的通信工具。

三、收汇考核

收汇考核是出口结算的最后环节，包括两项工作：①催收，即催促付款，寄出单据或索汇书一定时间后，如果没有得到偿付，就要催促对方；②考核，即事后考核，检查付款是否超过合理时间，并要对相应的付款时间等信息进行记录，以便积累相关银行的经营信息。

第七节　进口开证行偿付

进口信用证下开证行接到国外议付行寄来的单据，经审核相符后，开证行应按自己在信用证的承诺，偿付给国外付款行、承兑行或议付行。开证行偿付主要分为：付款和承兑。跟单信用证业务中，如果信用证的结算货币是开证行所在地的货币，开证行须直接偿付；如果信用证的结算货币是第三国的货币，开证行还须通过它的代理行(偿付行)偿付。

一、开证行偿付

1. 对外付款

开证行的对外付款分为电汇拨款和信汇拨款两种，付汇条款与索汇条款恰好相反。电汇和信汇的付款方法一样，只是使用工具和收款时间快慢的差别。

(1) 开证行在寄单行开立有账户时，根据索汇条款可以让对方主动借记或授权借记。

(2) 寄单行在开证行开立账户时,贷记对方账户。

(3) 寄单行指定的账户行,也是开证行的账户行,双方在同一家银行开立账户,让账户行借记开证行账户同时贷记寄单行账户。

(4) 寄单行与开证行之间无账户关系,寄单行要求将款汇至第三家账户行贷记账户。

2. 承兑汇票

主要针对承兑信用证,受票人多是开证行,也可是通知行。

开证行承兑汇票,指开证行审核单据相符承兑汇票,在票面打字或盖"承兑戳记",寄送承兑通知书给寄单行,通知承兑日和到期日,负责到期日照付票款的责任。

通知行承兑汇票,指通知行审核单据相符后承兑汇票,在票面打字,盖戳记,将已承兑汇票附函交受益人保管,到期受益人提示要求付款,承兑行付票款,向开证行索偿,开证行偿付。

二、偿付行偿付

开证行也可以要求通过偿付行对付款行、承兑行或议付行(均称索偿行)履行偿付,开证行应及时给偿付行对此类索偿予以偿付的适当指示或授权,偿付行凭索偿付的航邮函件或索汇电报,于开证行的存款或对开证行的援信额度足以抵付时进行偿付。偿付行不受单,不审单。索偿的方法可能是用航邮函索,也可能是电报或电传索取。付汇可能是用信汇拨款,也可能是用电汇拨款。

《UCP600》第13条规定:如果信用证规定指定银行("索偿行")向另一方("偿付行")获取偿付时,必须同时规定该偿付是否按信用证开立时有效的ICC银行间偿付规则进行;如果信用证没有规定偿付遵守ICC银行间偿付规则,则按照以下规定进行。

(1) 开证行必须给予偿付行有关偿付的授权,授权应符合信用证关于兑用方式的规定,且不应设定截止日。

(2) 开证行不应要求索偿行向偿付行提供与信用证条款相符的证明。

(3) 如果偿付行未按信用证条款见索即偿,开证行将承担利息损失以及产生的任何其他费用。

(4) 偿付行的费用应由开证行承担。然而,如果此项费用由受益人承担,开证行有责任在信用证及偿付授权中注明。如果偿付行的费用由受益人承担,该费用应在偿付时从付给索偿行的金额中扣取。如果偿付未发生,偿付行的费用仍由开证行负担。

(5) 如果偿付行未能见索即偿,开证行不能免除偿付责任。

开证行与偿付行之间也要进行账务处理,当开证行在偿付行开有账户时,由偿付行借记开证行在偿付行的账户;当偿付行在开证行开有账户时,由开证行直接贷记偿付行在开证行的账户;当开证行和偿付行没有互设账户关系时,应通过偿付行所在国的货币清算中心的银行进行收付清偿。

偿付行偿付一般会加剧进口成本与风险。首先,偿付行要向开证行收取一笔偿付手续费;其次,议付行向偿付行索赔时仅凭一纸声明或一封电报,偿付行即应照付。当开证行从议付行收到单据时,如发现单据与信用证条款不符,向议付行提出异议,而偿付行方面已经付讫，就必须追回已出门的票款，这无论如何是一种增加的风险。

《URR725》也有相应的条款规定。偿付行对索偿行进行偿付，不能视作为开证行的付款，当开证行收到单据后发现与信用证条款不符，而拒绝付款时，仍可向索偿行要求退款，开证行对偿付行负有无条件还款责任，并应承担偿付行的利息损失，如偿付行未能偿付时，开证行仍应负责自行偿付。如偿付行未能在首次索偿时即行偿付，或未能按信用证规定或另行约定的方式进行偿付，开证行应对索偿行的利息损失负责。偿付行享有合理时间从收到索偿翌日起算不超过三个银行工作日处理索偿。不在银行工作时间内收到的索偿被视为是在下一个银行工作日内收到的。如决定不支付索偿，不得迟于收到索偿日后第三个银行工作日把这样的通知发送至索偿行和开证行。若有偿付承诺，则它必须表明不支付索偿的理由，除非偿付行与索偿行明确同意，偿付行只凭索偿书对索偿行偿付。

三、开证行倒闭不能偿付

1. 开证行倒闭时进口商的权利和义务

(1) 进口商在开证时如未交押金，而开证行倒闭时信用证又未被出口商使用，则进口商不必对开证行的清理人补交押金，因为开证行尚未履行信用证义务，缺少补交押金的"约因"。

(2) 进口商在开证时已交押金，而信用证又未被出口商利用，则进口商处于一般债权人地位，有取得分摊剩余资产的权利。如进口商在交押金时向开证行已作了特别约定，规定押金作为信托资金存放，或不是现金而是押品(如股票、地契、货物等)，并向开证行说明押品仅在不赎单时方可处理，这时，押金或押品可十足收回。

(3) 进口商如已预交押金，开证行在倒闭前已全部或部分对外付款，则进口商在向清理人赎单时，可行使债权债务对冲之权，将押金抵充。如赎单所需金额小于押金金额时，则差额部分按分摊办法收回。

(4) 开证行倒闭而尚未对外付款，但已对远期汇票进行了承兑，单据已在开证银行手中时，如进口商开证时未交押金，则可以开证行对外未履行付款责任和补交押金的"约因"尚未存在为由，对清理人可拒付现金。另外，进口商有对出口商偿付被开证行拒付的承兑汇票的责任，因此可用参加付款的方式将汇票付讫，然后再以持票人身份向开证行的清理人将已付讫的汇票赎单，这样就可不受损失。如进口商贸然对清理人付现赎单，另又向出口商付现取得汇票，再以汇票的持票人身份向清理人提出偿付要求，仅属于一般债权人的地位，他只能取得分摊的剩余资产。

(5) 如进口商已凭信托收据在开证行承兑以后付款以前取得单据，同样可对出口商的汇票付款并用它相抵信托收据项下的债务，此时不受损失。

2. 开证行倒闭时出口商的权利和义务

(1) 出口商未利用信用证时，则有权要求进口商另外经其他银行重新开立信用证，因为进口商开证并不等于已履行了合同中的付款义务。

(2) 出口商已利用信用证，当议付行向其追索时，则应照付，但出口商可将单据直接寄交进口商要求付款，即使进口商在开证时已预交了押金，当开证银行倒闭后遭受了损失，并不影响出口商要求进口商付款的权利。

(3) 出口商在开证行收下单据,并对远期汇票承兑后汇票到期前倒闭,当议付行向其追索时,则应在照付后可向进口商索偿,也可凭承兑汇票向开证行的清理人主张权利。

(4) 出口商持有承兑汇票,如向开证行的清理人提出偿付要求时,则仅处于一般债权人地位,并无优先权。

3. 开证行倒闭时保兑行的权利和义务

(1) 凭持有的单据或承兑的汇票,向开证行的清理人提出偿付要求。

(2) 如保兑行持有开证行的存款或其他资产时,依法有权要求用以抵付其对外债务不足之数可要求清理人摊付。

然而,作为保兑行,既然已在信用证上加具保兑,它便对信用证独立负责,承担必须对付款或议付的责任。因此,即使开证行倒闭,保兑行无权对信用证受益人拒绝付款或拒绝议付;保兑行在已付款后,不能因开证行倒闭而向出口商追索,也不能越过开证行的清理人要求进口商直接赎单。

第八节 跨境人民币信用证

人民币信用证指以人民币作为结算货币的信用证业务,分为国内人民币信用证和跨境人民币信用证。跨境人民币信用证(Cross-border RMB L/C)是指在跨境贸易人民币结算项下,银行依照开证申请人的要求和指示,承诺在符合信用证条款情况下,凭规定的单据,向受益人或其指定人进行承付(或授权另一银行进行承付,或授权另一银行议付)。跨境人民币信用证包括进口信用证和出口信用证。

一、人民币国际结算

人民币国际结算是指在国际贸易中人民币执行计价和结算,具体表现为进出口合同以人民币计价,居民向非居民可以用人民币支付,并且允许非居民持有本国货币存款账户。

1. 跨境贸易人民币结算发展历程

跨境贸易人民币结算包括进出口信用证、托收、汇款等多种结算方式。国务院常务会议 2009 年 4 月 8 日正式决定,在上海、广州、深圳、珠海、东莞等城市开展跨境贸易人民币结算试点。这是人民币走向国际化的关键一步,有利于人民币国际地位的逐步提升。2009 年 7 月 3 日,中国工商银行印尼子银行成功为印尼 PT.INDOTRUCK UTAMA 公司向中国一家出口企业开出一笔金额为 37.2 万元的人民币远期信用证。这是全球第一笔跨境贸易项下的人民币信用证,同时也标志着工商银行的跨境贸易人民币结算业务正式启动。

2011 年 8 月 23 日,中国人民银行、财政部、商务部、海关总署、税务总局和银监会联合发布《关于扩大跨境贸易人民币结算地区的通知》,明确河北、山西、安徽、江西、河南、湖南、贵州、陕西、甘肃、青海和宁夏等省(自治区)的企业可以开展跨境贸易人民币结算;吉林省、黑龙江省、西藏自治区、新疆维吾尔自治区的企业开展出口货物贸易人民币结算的境外地域范围，从毗邻国家扩展到境外所有国家和地区。至此，跨境贸易人民币结算境内地域范围扩大至全国。

2. 跨境贸易人民币结算现状

(1) 跨境贸易人民结算总量较快增长。跨境贸易人民币结算自开展以来一直稳步攀升。初期业务发展较为缓慢，2009年结算量只有36亿元，试点城市只有5个，首批试点企业仅365家，流程比较复杂，政策制度尚待完善，许多企业还有疑虑。2010年试点城市扩大到20个省市，政策进一步完善，流程得到简化，海外市场认可度也在提高，年底结算量为5千亿元。之后呈井喷式发展，2014年达到6.5亿元。2015年年末，使用人民币进行结算的境内企业17万家，124个境外国家和地区的银行在中国境内开立人民币同业往来账户2843个，138个境外国家和地区的企业在中国境内开立人民币非居民账户约2.75万个。2009年至2016年跨境人民币收付数额如表6-5所示。

表6-5 跨境人民币收付统计

单位：亿元

年份	经常项目			资本项目				跨境人民币结算业务合计
	货物贸易	服务贸易及其他经常项目	合计	对外直接投资	外商直接投资	其他	合计	
2009	20	6	26	—	—	71	71	97
2010	3034	467	3501	57	224	324	605	4106
2011	13811	2079	15889	266	1007	3774	5047	20936
2012	26040	2757	28797	312	2592	8458	11362	40159
2013	41368	4999	46368	867	4571	10534	15972	62340
2014	58947	6564	65510	2244	9606	22229	34078	99588
2015	63911	8432	72344	7362	15871	25466	48699	121043
2016	41200	11100	52300	7802	16824	21574	46200	98500

数据来源：中国人民银行2016货币执行报告。

(2) 人民币国际结算相关规则、制度日渐完善。2009年7月1日，中国人民银行、财政部、商务部、海关总署、国家税务总局、银监会等部门共同制定了《跨境贸易人民币结算试点管理办法》，本办法自公布之日起施行。《办法》规定，被确定为试点地区的上海市、广州、深圳、珠海和东莞的企业，跨境贸易人民币结算可适用《办法》的规定。《办法》规定，人民币跨境清算可自由选择两条路径：可通过香港、澳门地区人民币业务清算行进行人民币资金的跨境结算和清算；也可通过境内商业银行代理境外商业银行进行人民币资金的跨境结算和清算。中国银行(香港)有限公司和中国银行(澳门)有限公司分别为港、澳地区人民币清算行。

按照规定，境内代理银行可以依境外参加银行的要求在限额内购售人民币；境内代理银行还可以为在其开有人民币同业往来账户的境外参加银行提供人民币账户融资，用于满足账户头寸临时性需求；港澳人民币清算行可按央行有关规定从境内银行间外汇市场、银行间同业拆借市场兑换人民币和拆借资金，具体的额度、期限等，由央行确定。

银发〔2009〕212号文件，人民银行印发《跨境贸易人民币结算试点管理办法实施细则》

的通知,公布此细则自 2008 年 7 月 3 日起施行,同时发布了《跨境贸易人民币结算出口收款说明》(见表 6-6)和《跨境贸易人民币结算进口付款说明》(见表 6-7)。《细则》主要内容为三十条及一个附表,主要目的是贯彻落实《跨境贸易人民币结算试点管理办法》,解决在跨境贸易人民币结算中出现的问题。

【知识拓展 24】关于跨境人民币结算相关政策(扫前言二维码)

表 6-6　跨境贸易人民币结算出口收款说明

年　　月　　日

企业名称:		企业组织机构代码:		
本次跨境贸易人民币结算出口收款金额合计:			元	
其中:　一般贸易项下:		元	进料加工贸易项下:	元
来料加工贸易项下:			元	
其中实际收款比例:			%	
其他贸易项下:			元	
请提供报关单号码:□□□□□□□□□□□□□□□□□□				
□□□□□□□□□□□□□□□□□□				
预收货款项下:			元	
其中预收货款占合同比例:			%	
无货物报关项下:			元	
退(赔)款:	元	贸易从属费用:		元
人民币报关时	已报关:	元	出口日期:	
	未报关:	元	预计_____天后报关	
备注:				
本企业申明:本表所填内容真实无误。如有虚假,视为违反跨境贸易人民币结算管理规定,将承担相应后果。				

单位公章或财务专用章　　　　填报人:　　　　联系方式:

表 6-7　跨境贸易人民币结算进口付款说明

年　　月　　日

企业名称:		企业组织机构代码:		
本次跨境贸易人民币结算进口付款金额合计:			元	
其中:　一般贸易项下:		元	进料加工贸易项下:	元
其他贸易项下:			元	
请提供报关单号码:□□□□□□□□□□□□□□□□□□				
□□□□□□□□□□□□□□□□□□				
预付货款项下:			元	
其中预付货款占合同比例:			%	
退(赔)款:	元	贸易从属费用:		元
人民币报关时	□ 已报关:	元	进口报关日期:	
	□ 未报关:	元	预计_____天后报关	
备注:				
本企业申明:本表所填内容真实无误。如有虚假,视为违反跨境贸易人民币结算管理规定,将承担相应后果。				

单位公章或财务专用章　　　　填报人:　　　　联系方式:

(3) 人民币国际结算支付系统建设与完善。1989 年，为适应改革开放形势的需要，中国人民银行提出了建设金融卫星通信专用网和全国电子联行系统的总体构想，同年 5 月获得国务院批准，开始筹建中国现代化支付系统(China National Advanced Payment System，CNAPS)。2002 年 10 月 8 日，作为 CNAPS 的核心系统——大额支付系统(即中国的 RTGS 实时全额清算系统)率先在北京、武汉两地投产试运行；2003 年年底推广到所有省会(首府)城市和深圳市，形成了 32 个城市处理中心和 1064 个电子联行小站融合运行的局面，资金在途时间缩短为几秒。2005 年 6 月 24 日，伴随着参与机构清算账户合并上收到省级，全国电子联行系统完成了历史使命，退出生产序列。2006—2009 年，随着经济金融活动对支付清算服务需求的快速增长，CNAPS 也进入快速发展时期，小额支付系统、支票影像交换系统、境内外币支付系统、电子商业汇票系统等多个清算业务系统先后上线运行，满足了不同时间、金额、币种的跨行清算和使用多类支付工具进行资金结算的需求。

【知识拓展 25】关于 CNAPS(扫前言二维码)

为满足人民币跨境使用的需求，进一步整合现有人民币跨境支付结算渠道和资源，提高人民币跨境支付结算效率，2012 年年初，中国人民银行决定组织建设人民币跨境支付系统(Cross-Border Interbank Payment System，CIPS)，满足全球各主要时区人民币业务发展的需要。CIPS 分两期建设：一期主要采用实时全额结算方式，主要服务于跨境货物贸易和服务贸易结算、跨境直接投资、跨境融资和跨境个人汇款等业务；二期将采用更为节约流动性的混合结算方式，全面支持人民币跨境和离岸业务。2015 年 10 月 8 日，CIPS(一期)成功上线运行，人民币跨境清算结算体系在运行时间、清算路径等方面实现了新的突破。截至 2015 年年末，系统平稳运行，累计处理支付业务 86703 笔，累计处理金额 4808.98 亿元。首批上线的境内直接参与者 19 家，亚洲、非洲、欧洲、大洋洲的间接参与者 185 家。

【知识拓展 26】关于 CIPS(扫前言二维码)

为全面收集人民币跨境业务信息，支持人民银行对跨境人民币业务的管理，人民银行总行设计并开发人民币跨境收付信息管理系统(RMB Cross Border Payment&Receipt Management Information System，RCPMIS)。RCPMIS 于 2009 年 7 月在 5 个试点城市正式上线，接收商业银行上报的跨境业务信息；2009 年 8 月 30 日与海关总署联网，接收海关报关单信息；2009 年 12 月 8 日向税总、海关总署发送人民币跨境收付信息。目前随着跨境人民币业务的不断拓展，系统功能仍在不断完善中。为便于与其他相关业务系统进行连接，实现信息资源共享，RCPMIS 具有可扩展性，并预留数据接口。截至 2010 年 4 月底，接入银行业金融机构 36 家(21 家中资、15 家外资)。

【知识拓展 27】关于 RCPMIS(扫前言二维码)

3. 跨境人民币结算业务操作

跨境人民币结算业务操作基本流程如图 6-2 所示。

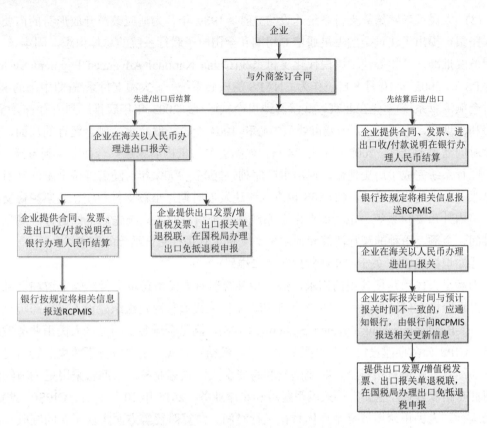

图 6-2　跨境人民币结算业务操作基本流程

4. 跨境人民币结算清算模式

1) 港澳清算行模式

港澳地区以及内地以外的其他地区的银行(境外参加行)在中银香港/澳门中行开立人民币清算账户，通过人行大额支付系统 CNAPS(China National Advanced Payment System)清算(中国现代化支付系统，各银行和货币市场的公共支付清算平台)。香港\澳门地区人民币清算银行是中国银行(香港)有限公司\中国银行股份有限公司澳门分行。

2) 代理行清算模式

境外银行、境外参加行在深圳、上海等试点地区分行开立人民币清算账户，通过 SWIFT 清算。

关于境外参加银行：

①为境外客户(公司或金融机构)提供跨境贸易人民币结算或融资服务的境外银行；②可以是外国金融机构，也可以是我海外分支机构；③在境内代理行或港澳人民币清算行开有人民币清算账户的金融机构。

如：香港地区的香港汇丰、渣打、花旗、南洋商业、集友等银行；澳门地区的澳门兴业银行等；东盟地区：越南外贸银行、印度尼西亚银行、菲律宾大众银行等。

关于境内结算银行(又称境内参加行)：

①境内试点地区商业银行；②需具备国际结算能力的；③为境内试点企业办理跨境贸

易人民币结算或融资服务。

如：广东和上海地区的中行、工行、建行、招行、交行、兴业、中信等银行关于境内代理银行：

①境内试点地区结算银行；②与境外参加行签订人民币代理结算协议、开户；③代理境内、境外参加行办理人民币跨境清算业务；④为境外参加行提供铺底资金兑换服务；⑤为境外参加行在限额内购售人民币；⑥为境外参加行提供人民币账户融资。

如：广东和上海地区的中行、工行、建行、招行、交行、兴业、中信等银行。

5. 跨境人民币结算清算流程

1) 资金汇入结算清算流程

跨境人民币资金汇入港澳清算行模式流程如图6-3所示，跨境人民币资金汇入代理行清算模式流程如图6-4所示。

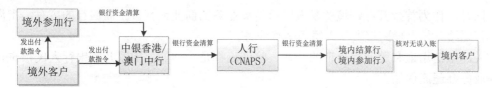

图6-3　港澳清算行模式资金汇入流程

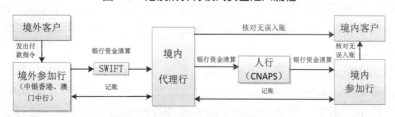

图6-4　代理行清算模式资金汇入流程

2) 资金汇出结算清算流程

跨境人民币资金汇出港澳清算行模式流程如图6-5所示，跨境人民币资金汇出代理行清算模式流程如图6-6所示。

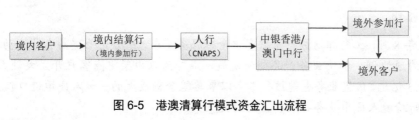

图6-5　港澳清算行模式资金汇出流程

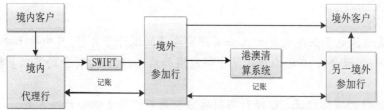

图6-6　代理行清算模式资金汇出流程

二、人民币进口信用证

跨境人民币结算进口信用证业务，是企业在进口货物贸易中以人民币计价，并在合同中约定以信用证方式进行跨境对外结算时，银行为其开立的采用人民币作为结算货币的进口信用证业务。银行根据客户(开证申请人)的申请和指示，在落实付款来源的前提下，对外开出人民币信用证，并且在收到符合信用证条款的单据后，履行信用证项下付款责任的业务，向受益人或其指定人进行承付(或授权另一银行进行承付，或授权另一银行议付)。

2009年7月3日，中国工商银行印尼子银行成功为印尼 PT.INDOTRUCK UTAMA 公司向中国的一家出口企业开出了一笔金额为37.2万元的人民币远期信用证。这是全球第一笔跨境贸易项下的人民币信用证，同时也标志着工商银行的跨境贸易人民币结算业务正式启动。

同时，作为首批开办跨境贸易人民币结算业务的商业银行，工商银行的广东、上海试点分行陆续开始办理跨境贸易人民币结算业务。

人民币信用证和美元信用证的开证、收证流程是一样的。国家开发银行人民币进口信用证业务办理流程如下。

(1) 进口信用证开证、修改。客户拟采用跨境人民币信用证方式进行结算，客户向开证行提出申请，在获得银行进口信用证授信额度、办理用信核准，与银行签订《进口信用证合同》后，银行按照国际惯例与行内管理规定，为客户开立信用证，并通过开证行境外代理行，通知受益人。

对于已开立的信用证，申请人申请修改，在对客户资料进行审核后，银行按照国际惯例行内相关管理要求，为客户修改信用证，并通过开证行境外代理行，通知境外受益人。

(2) 进口信用证来单。开证行收到从国外通知行寄来的相关单据，进行审核，并通知客户付款赎单。

(3) 进口信用证承兑/付款。对于即期信用证，银行在收到相符交单后，于5个工作日内，对外付款。对于远期承兑信用证，银行在收到相符交单后，于5个工作日内对外承兑，并在信用证到期日，对外付款。

案例 6-14

2013年8月，工行潍坊分行根据客户金融服务需求，结合企业贸易交易活动实际情况，强化内部沟通协调，加快业务产品创新发展，成功为辖内某重点客户开立大额人民币进口信用证2.45亿元，该笔业务也是该行本年以来单笔金额最大的一笔人民币进口信用证业务，标志着该行跨境人民币业务再次取得新的突破。

案例 6-15

四川省某地区电子业龙头企业A公司拥有众多的境外子公司，其中位于香港的B公司，扮演着A公司(其母公司)在港台地区集中供应商的角色，对外币资金的需求量较大且运转速度极快。

根据A公司的实际情况，C银行四川省分行为其设计了组合产品方案。

(1) 买卖双方签订以人民币计价的购销合同，并开立以卖方为受益人的远期跨境人民币信用证，卖方收到信用证后备货、运输，交单。

(2) 境内行收到单据并审核合格后，在规定期限内向卖方代理行发出承兑电，确认到期付款责任。

(3) 境外行收到承兑电后为卖方核定买单额度并融资(外币)，并向其海外供应商支付外币。

(4) 境内行到期对外付款，B 公司收到信用证项下款项后转换成外币支付买单融资本息。

这个方案不但帮助 A 公司有效规避了汇率风险，还分享了开证时间内人民币升值收益，而且其子公司获得境外利率相对较低的外币融资。同时 B 公司通过有效利用境内银行承兑信用证的付款保证增强了信用，更加顺利地获得境外银行的外币资金融通。

三、人民币出口信用证

跨境人民币结算出口信用证业务是指企业在出口货物贸易中以人民币计价并以信用证方式进行跨境对外结算，银行为企业提供出口项下人民币信用证通知、审单及贸易融资等服务。国内银行提供人民币出口信用证的业务程序如图 6-7 所示。

跨境贸易人民币结算给进出口企业带来了诸多便利与好处：其一，企业在进出口收付款时均无须进行货币兑换，避免了因汇兑而产生的财务成本和汇率风险。其二，无须办理进出口外汇核销，简化了进出口业务的环节和手续。其三，出口退税手续更加简便，流程更加快捷，同时由于申报币种与退税币种一致，避免了退税中的汇率折算损失。其四，客户可以方便地办理各种贸易融资，不会增加额外财务负担。

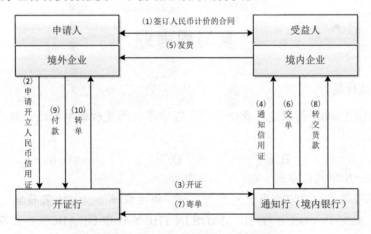

图 6-7 人民币出口信用证的业务程序

案例 6-16

2015 年 6 月 5 日，俄罗斯制药业巨头"合成"股份公司从俄最大国有商业银行俄罗斯联邦储蓄银行获得以人民币计价的信用证,用于支付价值 2900 万元人民币的药物进口款项。这是俄联储银行首次以人民币计价信用证的形式从中国进出口银行获得融资。用人民币信用证代替美元信用证能够节省中俄两国贸易结算成本，降低美元需求量，是两国贸易全面使用本币结算之前的重要步骤，直接关系到广大贸易进出口企业。俄联储银行是俄罗斯第一家发放人民币计价信用证的银行。

2015年11月13日俄罗斯对外贸易银行依照俄南方最大一家批发零售公司"斯塔夫罗波尔建材批发"公司的委托开具了两份人民币计价进口信用证，用于客户支付与中国供货商签署的购货合同。"斯塔夫罗波尔建材批发"公司总经理维克托·卡拉什尼科夫指出，该公司与中国公司积极发展合作。"来自中国的货物占公司采购总量的20%以上。信用证可以让我们在与新供应商建立关系以及和现有伙伴发展合作方面更有信心"。

本 章 小 结

本章借鉴《UCP600》《ISBP745》和《URR725》对信用证业务的规范、结合信用证业务实际操作实践对信用证业务的具体环节详细阐述。其中非常重要的环节有：进口方开立信用证，出口方接收信用证，出口商交单，单据的审核，单证不符的处理，出口议付与寄单索汇，进口开证行偿付等。审单的"相符交单""表面相符""单单一致、单证一致"是信用证业务运作之根本。

信用证在国际贸易结算中广泛使用，关键在于信用证中银行的保证作用和融资作用，既减轻了进出口商互不信任问题，又为进出口商提供融资便利，从而降低进出口成本。为规范信用证业务行为，适应贸易发展的需要，国际商会多次修订《跟单信用证统一惯例》及相应的银行实务操作规范，惯例及相关规定的实施极大地降低了信用证实务中的纠纷案件。

复习思考题

一、单项选择题

1. 根据《UCP600》的规定，开证行的合理审单时间是收到单据次日起的(　　)个工作日之内。

  A. 5　　　　　B. 6　　　　　C. 7　　　　　D. 8

2. "单单一致"的纵审时，以(　　)为中心。

  A. 保险单　　　B. 商业发票　　C. 海运提单　　D. 装箱单

3. 当L/C规定INVOICE TO BE MADE IN THE NAME OF ABC…，应理解为(　　)。

  A. 一般写成××(中间商)FOR ACCOUNT OF ABC(实际购货方，真正的付款人)

  B. 将受益人ABC作为发票的抬头人

  C. 议付行ABC作发票的抬头

  D. 将ABC作为发票的抬头人

4. 一份信用证规定有效期为2017年11月15日，装运期为2017年10月，未规定装运日后交单的确定期限，实际装运货物的日期是2017年10月10日。根据《UCP600》的规定，受益人应在(　　)前向银行交单。

第六章 信用证实务综述

A. 2017 年 11 月 15 日   B. 2017 年 10 月 31 日
C. 2017 年 10 月 15 日   D. 2017 年 10 月 25 日

5. 信用证支付方式下,银行处理单据时不负责审核(　　)。
   A. 单据与有关国际惯例是否相符　　B. 单据与信用证是否相符
   C. 单据与国际贸易合同是否相符　　D. 单据与单据是否相符

6. 在信用证业务中,有关当事方处理的是(　　)。
   A. 服务　　　　B. 货物　　　　C. 单据　　　　D. 其他行为

7. 根据《UCP600》的规定,如果信用证规定诸如"in triplicate""in three fold""in three copies"等用语要求提交多份单据,则至少提交(　　)正本,其余使用副本单据来满足。
   A. 一份　　　　B. 二份　　　　C. 三份　　　　D. 四份

8. 在信用证方式下,银行保证向信用证受益人履行付款责任的条件是(　　)。
   A. 受益人按期履行合同　　　　B. 受益人按信用证规定交货
   C. 开证申请人付款赎单　　　　D. 受益人提交严格符合信用证要求的单据

9. 根据国际商会《UCP600》的规定,如果信用上未注明"不可撤销"的字样,该信用证应视为(　　)。
   A. 可撤销信用证　　　　B. 不可撤销信用证
   C. 远期信用证　　　　　D. 由受益人决定可撤销或不可撤销

10. 在合同规定的有效期内,(　　)负有开立信用证的义务。
    A. 卖方　　　　B. 买方　　　　C. 开证行　　　　D. 议付行

11. 在交易金额较大,对开证行的资信有不了解时,为保证货款的及时收回,卖方最好选择(　　)。
    A. 可撤销信用证　　　　B. 远期信用证
    C. 承兑交单　　　　　　D. 保兑信用证

12. 出口企业在审核信用证时应着重审核信用证的内容是否与(　　)一致。
    A. 合同条款　　　　B. 信用证的真伪
    C. 开证行的资信　　D. 付款责任

13. 在信用证支付方式下,当信用证条款与买卖合同不一致时,受益人可以要求(　　)。
    A. 开证行修改　　　　B. 开证申请人修改
    C. 通知行修改　　　　D. 付款行修改

14. 如果信用证上未明确付款人,则制作汇票时,受票人应为(　　)。
    A. 开始申请人　　B. 开证银行　　C. 议付行　　D. 任何人

15. 关于信用证的有效期,除特殊规定外,银行将拒绝接受迟于运输单据出单日期(　　)天后提交的单据。
    A. 20　　　　B. 30　　　　C. 25　　　　D. 21

16. 海运提单的签发日期是(　　)。
    A. 货物开始装船的日期　　　B. 货物装船完毕的日期
    C. 船只到达装运港的日期　　D. 船只离开装运港的日期

17. 保兑信用证的保兑行的付款责任是(　　)。
    A. 在开证行不履行付款义务时履行付款义务

B. 在开证申请人不履行付款义务时履行付款义务
C. 承担第一性付款义务
D. 付款后对受益人具有追索权

二、简答题

1. 简述信用证申请的主要内容。
2. 简述信用证审核的原则与要点。
3. 简述信用证中议付行审单的原则与标准。
4. 简述议付行审单不符的主要处理办法。
5. 简述开证行审单不符的主要处理办法。
6. 简要说明信用证的风险及防范。

三、根据给出的开证申请书，回答问题

IRREVOCABLE DOCUMENTARY CREADIT APPLICATION

TO：BANK OF CHINA　　　　　　　　Place/date: Sept. 25th, 2017　　NEW YORK

Beneficiary(full name and address) SHANGHAI TEXTILES I&E CORP. 27.CHUNSHAN ROAD E.1,SHANGHAI CHINA		L/C No. NY766698
Applicant(full name and address) ×××××× ××××××		Latest date of shipment: Date and place of expiry of credit Dec.5th, 2017 in shanghai
Partial shipments ☒allowed　☐not allowed	Transshipments ☐allowed　☒not allowed	☐Issue by airmail ☒Issue by teletransmission ☐Issue by express delivery
Loading on board/dispatch/taking in charge at/from SHANGHAI not later than　NOV.20TH, 2017 for transportation to　NEW YORK		Amount(both in figures and words) USD23,522.50(SAY UNITED STATES DOLLARDS TWENTY THREE THOUSAND FIVE HUNDRED TWENTY TWO AND 50/100 ONLY)
Description of goods: LADIES' 55% ACRYLIC 45% COTTON KNITTED BLOUSE USD 48.5 PER DOZ CIFC3% NEW YORK Packing: IN 120 CARTON		Credit available with ☒by sight payment　☐by acceptance　☐by negotiation ☐by deferred payment at＿＿＿＿＿ **against the documents detailed herein** ☒and beneficiary's draft for 100% of the invoice value at <u>45 days after sight</u> on <u>BANK OF CHINA LIAONIAN BRANCH</u> ☐FOB　　☐C&F　　☒CIF　　☐or other terms

Documents required:(marked with ×)

1. (×) Signed Commercial Invoice in 4 copies indicating L/C No. and Contract No.
2. (×) Full set of clean on board ocean Bills of Lading made out to order and blank endorsed, marked "freight [ ] to collect/ [×] prepaid [ ] showing freight amount" notifying CRYSTAL KOBE LTD.1410 BROADWAY, ROOM 300 NY 10018 U.S.A.
3. ( ) Air Waybills showing "freight [ ]to collect/[ ]prepaid[ ]indicating freight amount" and consigned to_____
4. ( ) Memorandum issued by_____consigned to___
5. (×) Insurance Policy/Certificate in 2 copies for 110% of the invoice value showing claims payable in China in currency of the draft. Blank endorsed, covering([×]Ocean Marine Transportation All Risks, War Risks
6. (×) Packing List/Weight Memo in 3 copies indicating quantity/gross and net weight of each package and packing condition as called for by the L/C
7. (×) Beneficiary's certified copy of cable/telex dispatched to the accountees within 24 hours after shipment advising[×] name of vessel/[ ]No./[ ]wagon No., date, quantity, weight and value of shipment.
8. (×) Beneficiary's Certificate certifying that extra copies of the documents have been dispatched according to the contract terms.
9. ( ) Other documents, if any:

Additional instructions:

1. (×) All banking charges outside the opening bank are for beneficiary's account.
2. (×) Documents must be presented within 15 days after the date of issuance of the transport documents but within the validity this credit.
3. (×) Third party as shipper is not acceptable. Short form/Blank Back B/L is not acceptable.
4. ( ) Both quantity and amount____% more or less are allowed.
5. (×) All documents to be forwarded in one cover, unless otherwise stated above.
6. ( ) Other terms, if any:

You correspondents to advise beneficiary ☐adding their confirmation ☒ without adding their confirmation

Payments to be debited to our U.S. Dollars   amount no 10-668855368

Signature: CRYSTAL   KOBE   LTD

(1) 该业务出口商名称是什么？

(2) 该笔贸易的付款方式是什么？出口商是否需要开立汇票？

(3) 该笔业务的付款人是谁？付款期限是即期还是远期？

(4) 该笔业务的商品数量与金额是多少？

(5) 该批贸易允许分批装运和转运吗？装运港和目的港是哪里？

(6) 该笔贸易对提单、保险单有什么要求？

(7) 该笔业务中需要出口商提交哪些检验证书？有什么要求？

(8) 该笔业务中需要提交原产地证明吗？

(9) 出口商在什么期限内交单？

(10) 该笔业务银行费用由谁来承担？

四、案例分析

1. 某出口商收到一份信用证，上面没有明确该信用证属于可撤销信用证还是不可撤销信用证。在出口商备货过程中，忽然收到通知，声明信用证已被撤销。

试分析，该做法是否符合《UCP 600》的惯例？

2. 上海大众食品公司出口黑龙江大豆5000吨至朝鲜，双方约定采用信用证方式结算。于是，朝鲜客商开来不可撤销信用证一份，该证受益人为上海大众食品公司，申请人为朝鲜客商，开证行为朝鲜外贸银行，议付行则为中国银行上海分行，有效期为×年5月30日，货物的装运期为×年5月15日。4月20日，朝鲜客商通过朝鲜外贸银行发来修改电一份，要求货物分两批分别于5月15日、30日出运，信用证的有效期展延至6月15日。中国银行上海分行在第一时间将信用证修改通知了受益人。5月30日，上海大众食品公司将5000吨黑龙江大豆装船出运，在备齐了所有信用证所要求的单据后，于6月3日向中国银行上海分行要求议付，中国银行上海分行审单后拒绝对其付款。

试分析说明中国银行上海分行的做法是否合理。

3. ×年8月5日，×国的K银行开来即期、可转让信用证一份，金额是50000美元，购买木板100立方米，CIF价为每立方米500美元，最晚装期是9月1日，有效期至9月10日，允许分批装运。应受益人某木器公司要求，信用证全部转让给第二受益人。第一受益人要求更换发票，单价改为每立方米495美元，总金额为45900美元，保险比例相应提高，以满足原证110%保额要求，其他条款未变。

由于第二受益人急需货款，经第一受益人同意，允许受让地银行对第二受益人议付。9月7日，转让行收到第二受益人银行寄来的单据，装运日为8月27日，议付日为9月3日。经审核，单据符合信用证条款，转让行随即通知第一受益人换单，然而，由于经营及其他问题，第一受益人已宣告破产，换单事宜无人过问。于是，转让行于9月7日将全套单据寄开证行索汇。数日后，开证行来电提出如下不符点，进而拒付。

(1) 发票非以申请人为抬头。
(2) 发票非为信用证受益人出具。
(3) 保险比例超过发票价值的110%。
(4) 单据与信用证规定不同。

试问：上述的不符点是否成立？为什么？

chapter6 信用证实务.pptx

第七章 国际贸易结算融资

学习目标

通过对本章的学习，掌握国际贸易融资的概念、性质和特点；理解并掌握进出口贸易融资的种类和操作流程；了解各种融资方式下的主要风险及风险防范措施，并能够熟悉与融资业务相关的惯例、规则与规定。

核心概念

融资(Financing) 打包放款(Packing Credit) 出口押汇(Outward Documentary Bill Purchased) 贴现(Discount) 出口信用保险(Export Credit Insurance) 福费廷(Forfaiting) 保付代理(Factoring) 赊销(Open Account) 授信开证(Issuing of L/C with Credit Limits) 假远期信用证(Usance Credit Payable at Sight) 进口押汇(Import Bill Advance) 信托收据(Trust Receipt) 提货担保(Delivery Guarantee/Shipping Guarantee)

案例导读

出口商 A 向进口商 B 出口一批价值 50 美元的商品，然而 A 公司仅仅是一家小规模的贸易公司，不想过多地占用自己的流动资金，出口的商品也仅仅是平常的商品，没有很好的市场行情。因此 A 公司想通过采取不同的结算方式以及相应的融资手段，顺利实现此次出口交易。

试考虑：(1) 采用托收或者信用证结算呢，各有什么利弊；
(2) 如果采用托收，如何获得融资，解决资金周转困难；
(3) 如果采用信用证结算又有什么融资办法；
(4) 小公司是否能够采用更先进的结算方式。

第一节 出口贸易结算融资

一、预收货款

预收货款(Sales Revenue Received in Advance)是指出口商按照合同或协议规定，在发出商品之前向进口商预先收取部分或全部货款的信用行为。即卖方向买方先借一笔款项，然后用商品归还，对卖方来说，也是一种短期融资方式。预收货款通常是进口商在购买紧缺商品时乐意采用的一种方式，以便取得对货物的要求权。而出口商对进口商不信任，或是买卖的商品在国际市场上是抢手货，要采取预收货款来作为担保；对于生产周期长、售价高的商品，也经常要向买方预收货款，以缓和公司资金的流动性差问题。

1. 预收货款使用条件

(1) 为出口商提供融资便利。当出口商资金紧张，无力按照进口商的要求如期进行生产或组织货源时，进口商采取预付货款的形式给予出口商一定的融资便利。

(2) 进出口贸易涉及特殊商品采用，例如大型机械设备、紧俏商品等。

(3) 出口商规避风险。当进出口双方为新的贸易伙伴，出口商旨在规避风险，进口商旨在达成交易时，预收货款就相应而生。

(4) 进出口双方的地位不平等。出口商为国际知名的大公司，实力雄厚，资信状况好。而进口商无论是在知名度，还是在实力及资信状况等方面，与出口商相比都处于劣势，甚至是相差悬殊，谈判地位不平等时也会采用。

预收货款业务中进口商往往要支付合同价款的一定比例给出口商，例如 10%、15%、20%，甚至是全额。进口商也会权衡成本、收益，也要考虑风险，往往在合同的价格、融资成本、后续合作等方面争取更多的主动权和收益。

2. 预收货款的运用

1) 汇款预收

汇款结算是一种典型的商业信用而非银行信用，具有先天不足，同时，与托收相比，又缺乏相应装运单据的保证，因此在结算领域应用越来越少，正逐渐被信用证和托收所取代。但由于国际买方市场的形成，汇款支付又开始活跃起来，越来越多的出口商采用将汇款与托收、信用证或出口信用保险相结合，从而将汇款支付的灵活性与其他结算方式的安全性有效融合，这在一定程度上促进了汇款支付在国际贸易中的应用。

贸易结算的汇款常见方式为电汇 T/T，可以分为前 T/T 和后 T/T。前 T/T 就是合同签订后，先付一部分订金，一般是 10%~30%，生产完毕，通知付款，付清余款，然后发货，交付全套单证。前 T/T 在实际中比较少见，多出现在欧美国家，欧美国家的客户处在信誉较好的环境，也非常信任别人。最为多见的是后 T/T，收到订金，安排生产，出货，客户收到单证拷贝件后，付余款，卖家收到余款后，寄送全套单证。 T/T 订金的比率，是谈判和签订合同的重要内容。订金的比率最低应该是能够把货发出去和收回来，万一客户拒付，也就没有多大损失。 T/T 与 L/C 比较，操作非常简单，灵活性比较大，成本费用低。

2) 预支信用证

预支信用证中有特别条款，授权保兑行或其他指定银行在交单前预先垫款给受益人。出口地银行收到这样的信用证后，自动将货款的全部或一部分预先垫付给出口商，同时将预支的金额、日期、利率等通知开证行。在出口商交单议付时，议付金额中会将预支款项的本金和利息扣除。

有关预支信用证的业务运作前边已讲述，是进口商对出口商提供的融资，出口地预支款项的银行，仅仅是提供服务，并不负责监督受益人是否把预支的款项用于规定用途。实际应用中，进口商要冒很大的风险，一般在进口商急需资源，对受益人信用十分了解情况下使用。有时为了降低风险，开证行要求在预支给出口商货款时，出口商必须提供一份保证书，保证一定按信用证要求出口货物，否则将预支货款交回并加付利息。

实际应用中，电汇预付款往往和托收、信用证业务结合起来用。例如有些国家，一些公司喜欢用 30%T/T 汇款预支、40%装船后支付、其余的采用 D/P，或者用 30%T/T 汇款预支，其余货款使用信用证。

3. 预收货款的特点

1) 预收货款对出口商有利

对于出口商来说，货物未发出，已经收到一笔货款，等于利用他人的款项，或者等于得到无息贷款；收款后再发货，预收的货款成为货物担保，降低了货物出售的风险，如果进口商毁约，出口商即可没收预付款；出口商甚至还可以做一笔无本钱的生意，在收到货款后再去购货。

2) 预收货款对进口商是不利的

进口商未收到货物前已经先垫款时，如果货物不能收到或不能如期收到，或即使收到货物又有问题，将遭受损失和承担风险；而且货物到手前付出货款，资金被他人占用，造成利息损失甚至是资金周转困难。预收货款是站在出口商的角度，对出口商非常有利，而对进口商极其不利。

为了防止出口商不履行或不能完全履行合同约定的义务，为了主张进口商的权益，使进出口双方处于平等或相对平等的贸易地位，进口商往往要求出口商提供保函以保证不至于钱货两空。保函由出口商申请，由出口方银行来出具，往往是预付款保函或履约保函。

预付款保函是指出口商(申请人)委托出口方银行(担保人或担保银行)向进口商(受益人)出具的担保，担保如申请人未能退还预付款，则担保行偿还保函中规定的全额或差额预付款。履约保函是指担保银行应申请人的申请，向受益人出具的担保，担保如申请人未能履行约定的义务，则担保人按担保金额赔付受益人。

案例 7-1

外贸公司甲与香港乙商社首次签订一宗买卖合同，合同规定中方提供一批货物，进口商用即期不可撤销信用证方式付款。合同规定开证日期为装船前一个月，但届时并未收到进口商开来的有关信用证。几经催促进口商始告知"证已开出"。装船前十天，公司甲仍未收到香港乙商社信用证的踪影，经再次查询，对方以"因开证行与本公司所在地的银行无业务代理关系，证已开至与其有业务关系的异地银行，由他们转递至出口地的银行"为由拖延开证。此时，船期临近，报检、报关、租船、订舱等工作都急需用证。多次催促下，在货物装运前四天才收到信用证。审证后发现有多处与合同条款不符需修改。港商在与公司甲签订合同后，又将该批货物转售给加拿大客商，原合同规定由公司甲直接将货装上开往加拿大的货船，而此航线每月只有一班，若赶不上本月船期，只有拖至下个月。由于时间太紧，改证已来不及，而在信用证支付方式下，信用证又有问题，公司甲无法照办，将可能造成单证不符，致使信用证项下出口不能安全收汇。在公司甲坚持不修改好信用证不能装船的情况下，港商提出用汇款方式进行结算。

鉴于以上情况，公司甲同意，并请其先把汇款凭证传真给我们，并在收到货款后再发货。第二天，港商便传来了银行的汇款凭证(银行汇票)，公司甲业务人员把传真送财务部门并转银行审核，经核对签字无误。此时，港口及运输部门又多次催促装箱、装船。公司甲有关人员认为款既已汇出，不必等款到再发货，否则错过装船期影响装运，于是即装船，并及时发出装船电。发货后一个月，财务人员查询时发现出了问题。原来港商在公司甲要求改好证才能装货的情况下，到银行买了张银行汇票传真过来作为汇款凭证，公司甲业务人员不了解情况。港商就利用一张有银行签字的汇票促使公司甲发货,待收到装船电后,便立即把本应寄给中方的正本汇票退回银行,撤销这笔汇款,致使公司甲公司钱、货两空,损失惨重。

案例分析:

由于我国甲外贸公司不熟悉票汇的业务操作流程,误认为收到正本汇票或复印件就等于收到货款并将货物发出。其实香港乙商社就是利用这一点,待外贸公司发货后马上将汇票交与开立汇票的银行,将汇票撤销,然后逃之夭夭,致使甲外贸公司造成钱、货两空的结局。

二、打包放款

打包放款(Packing Credit/ Packing Loan)是出口地银行向出口商提供的短期资金融通。出口商与进口商签订买卖合同后,组织货物出口,可能会出现资金周转困难,可以用进口地银行向其开发的信用证或其他保证文件,连同出口商品或半成品或其包装单等,交付出口地银行作为抵押,借入款项。出口地银行在此种情况下向出口商提供的贷款就称为打包放款。出口商借入打包放款后,购买、包装和装运所规定的货物,取得各种单据后,出口商通常前往放款银行,请其提供出口押汇贷款,将以前的打包放款改为出口押汇。如果出口商不按规定履行职责,贷款银行有权处理抵押品,以收回贷款款项。

托收项下的打包放款。出口商办理跟单托收时,将汇票和货运单据作为抵押品,向托收银行申请贷款,托收行根据出口商资信、经营状况、贸易项目的市场行情等情况,贷款给出口商,贷款金额可以酌情为货款的一定比例甚至全部的票款(扣除利息及手续费等),然后将单据寄代收行,待收妥票款后,归还贷款。一方面,如果进口商拒绝付款,托收行对出口商有追索权,要求出口商归还贷款。另一方面,如果追索不回贷款,银行有权处理出口货物。

我国银行做的打包放款多是信用证项下的。中国银行的打包放款业务办理流程如图 7-1 所示。银行办理打包放款时,通常有一定条件要求:①企业向银行提交有效的信用证正本或合同;②不违反本国出口许可证制度;③信用证规定的条款能保证履行;④出口商提供的抵押品要求能在银行的有效控制下;⑤借款申请合格后,方可放款。

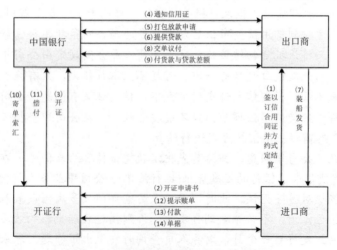

图 7-1 中国银行打包放款业务办理流程

其中关键的业务环节有以下几点。

(1) 出口商与中行签订融资协议，向中行提交打包贷款申请书、贸易合同、正本信用证及相关材料。

(2) 中行经审核后将打包贷款款项入出口商账户。

(3) 出口商使用打包贷款款项完成采购、生产和装运后，向中行提交信用证项下单据。

(4) 中行将单据寄往国外银行(开证行或指定行)进行索汇。

(5) 国外银行到期向中行付款，中行用以归还打包贷款款项。

打包放款的特点主要有：①单前融资，发放贷款的时间为货物发运、向出口地银行提交规定的单据之前；②专款专用，打包贷款的资金只能满足出口商备货和发货时的资金周转需求，用于所抵押项下货物的生产或商品收购开支；③期限确定，打包贷款的还款期限不超过信用证有效期后21天，一般为3个月，最长不超过半年；④有追索权，在正常情况下，打包贷款的还款来源是信用证下或托收项下的货款回收，如果因故不能从国外收回货款，贷款人必须用其他资金偿还打包贷款的本息。打包放款的数额一般为出口货物总价值的50%～70%。

案例 7-2

广州市一家经营家具的 A 公司，20××年开始接洽美国 B 公司的皮具业务。近日，A 公司又接到 B 公司一批价值125万美元的订单，约定结算方式为信用证。但受金融危机影响，A 公司赊账进行原料采购的模式受到严重冲击，原料迟迟无法到货，公司急需贷款，却又苦于缺少有效抵押物，陷入了手握订单却为资金周转发愁的窘境。

经审核，甲银行同意给 A 公司发放信用证金额80%的打包贷款授信额度。收到美方开立的125万美元即期付款信用证后，A 公司凭正本信用证向银行提出续做打包贷款申请，贷款金额为：125×80%=100(万美元)。假定期限为90天，同期的美元贷款利率为年息2.9875%。企业需要付出的利息为：125万美元×80%×2.9875%×90天÷360天=0.7468(万美元)。

生产结束后，A 公司按时发货缮制单据向银行交单，单证相符，银行向开证行寄单索汇，银行收到该笔信用证项下的出口货款125万美元，归还银行打包贷款本息100.7468万美元，剩余款项转入 A 公司结算账户。

三、出口押汇

出口押汇(Outward Documentary Bill Purchased)又叫买单或买票(Export Bill Purchased)，是出口商将代表货权的提单及其他单据抵押给银行，从而得到银行扣除押汇利息及费用后的有追索权的垫款。可分为托收出口押汇和信用证出口押汇。

1. 托收出口押汇(Collection Bill Purchased)

托收出口押汇指采用托收结算的出口商在提交单据时要求托收银行以出口商的汇票和货运单据作抵押，预先支付部分或全部货款，待收回汇票款项后再将款项归还托收行的一种资金融通方式。

出口商办理跟单托收业务，把汇票和货运单据交托收行委托收取货款时，托收行如认为这笔交易的货物销售情况良好，进口商资信可靠，就买进跟单汇票，按票面金额扣除从付款日到估计收到票款日的利息及手续费，将货款净款付给出口商，成为汇票的正当持票人。也即托收行购进全套汇票，对出口商融资。

出口托收押汇包含两种：即付款交单(D/P)押汇和承兑交单(D/A)押汇。

(1) D/P 押汇指在出口托收付款交单方式下，出口商在委托托收行代向进口商收取款项的同时，以提交的汇票及随附单据作为质押品，向托收行申请的应收货款融资产品，托收行保留对出口商的追索权，待出口托收款项收妥后即将其用于归还银行借款。

(2) D/A 押汇指在出口托收承兑交单方式下，出口商委托银行寄出远期汇票和随附单据向进口商托收，在收到进口商已承兑的远期汇票或代收行发来的承兑通知后，由托收行提供应收货款融资，并保留对出口商的追索权，等到期托收款项收妥后，即归还银行借款。

由于托收是建立在商业信用上的，缺乏第三者对交货和付款作信用保证，银行续做托收出口押汇的风险较大。许多银行不愿承做或是很少做，出口商也不容易得到这样的便利。因此，银行在续做托收出口押汇时要注意一些事项：①出口商的资信状况、履约能力和清偿能力；②进口商的资信状况与代收行的选择；③交单方式的选择，银行只会对 D/P 续做押汇，不会对 D/A 做押汇；④与运输保险相结合。

2. 信用证出口押汇

信用证出口押汇(Negotiation under Documentary Credit)指在出口信用证项下，受益人以出口单据作抵押，要求出口地银行在收到国外支付的货款之前，向其融通资金的业务，实务中又称为"议付"。

银行在续做信用证出口押汇时也要注意一些事项：①对开证行的审查，包括开证行所在国的政治及经济状况、开证行的资信状况；②对出口商的审查，银行在向出口商提供的出口押汇业务中拥有追索权；③对信用证的审查，信用证是否已过期，信用证金额是否已用完，信用证是否已被开证行撤销；④对单据的审核，押汇银行应认真审核出口商提交的单据是否"单单一致"和"单证一致"。

3. 出口押汇的业务流程

出口押汇的业务操作流程如图 7-2 所示。

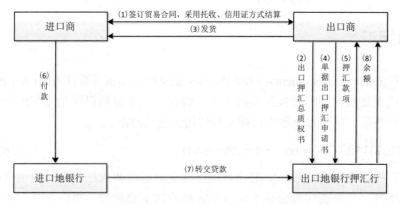

图 7-2　出口押汇的业务操作流程

4. 出口押汇与打包贷款的区别

(1) 出口押汇是银行以出口商提交的物权单据作为垫款的依据；打包贷款是银行凭出口商提交的国外客户开来的信用证或其他单据作为预支金额的凭证。

(2) 出口押汇的行为发生在货物装运之后，是出口商为了资金周转，在交货后押汇而提前取得资金；打包贷款的行为发生在货物装运之前，是出口商因购货、包装、装运的需要而要求银行给予资金融通。

(3) 出口押汇业务中，银行通常在买单时付足全部金额；打包贷款业务中，银行通常只付给信用证金额的一部分。

(4) 办理出口押汇业务的银行买进出口商提交的全套单据，成为寄交汇票的持票人，拥有对出口商的追索权，并把单据寄交代收行收款或寄交开证行索汇；打包贷款业务的放款银行只是把单据作为质押，以提供融资。

(5) 办理出口押汇业务时，出口商需填写总质权书和申请书，有时还需出保人出面担保，填具担保书；办理打包贷款业务时，出口商提交信用证后，订立一份合同即可办理。

案例 7-3

江苏胥城纺织品进出口公司为苏州本地的中小贸易公司，注册资本 300 万元，年营业额超过了 5 亿元人民币。公司常年向美国出口毛纺产品，经营能力较强，信誉状况良好。公司属于典型的外贸公司，通常在组织货物出口后一段时间才能收到回款，而公司订单较多，在连续组织出口后，流动资金经常出现紧张情况。

胥城纺织品进出口公司是某国有商业银行南京分行的重点客户，20××年 6 月在按美国××银行开来的金额为 200 万美元，期限为提单后 90 天付款的远期信用证出运货物后，公司将全套单据提交给某国有商业银行南京分行，申请办理出口押汇业务。南京分行将单据寄往美国××银行后，美国××银行向南京银行开来承兑电，承诺到期付汇。南京分行与客户协商做人民币押汇，在扣除自贴现日至预计收汇日间利息及有关银行费用后，总计押汇额度 1400 万元人民币，提供 700 万元人民币贷款，700 万元银行承兑汇票额度支付给出口商。信用证到期，南京分行将汇票提交开证行，收到信用证项下款项后，归还银行押汇融资后，尚有一些余款，划入江苏胥城纺织品进出口公司账户。通过信用证出口押汇(议付)，银行支持了江苏胥城纺织品进出口公司的业务。

案例分析：

出口押汇业务属于非常传统的国际业务，竞争的手段无外乎融资成本的降低。银行在进行传统业务品种中加入一些创新品种，会取得非常好的营销效果。本案例中，押汇、银行承兑汇票结合，一方面降低银行的风险，同时也降低企业的资金使用成本。实际业务中还可以考虑押汇、银行承兑汇票、保贴的商业承兑汇票、透支账户等综合方式为客户提供金融服务。

四、出口票据贴现

出口票据贴现是指出口商发货后取得国外进口商、开证行或其他汇票付款人已承兑的远期汇票后，将未到期的承兑汇票转让给银行，银行有追索权地买进汇票，按票面金额扣除贴现息后将余额支付给出口商的一种融资行为。出口贴现业务是目前商业银行最愿意提供的贸易融资业务，其手续也最简便。

1. 出口票据贴现业务程序

我国的中国银行所做的出口贴现是在出口信用证项下从出口商购入已经银行承兑的未到期远期汇票或已经银行承付的未到期远期债权或在跟单托收项下购入已经银行保付的未到期远期债权，其业务流程具体程序如图 7-3 所示。

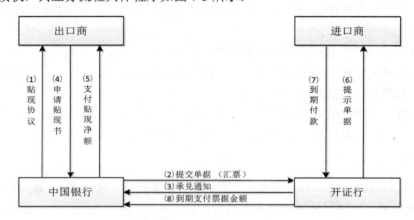

图 7-3 中国银行出口贴现业务流程

其中关键的程序步骤如下。

(1) 出口商与银行签订融资协议，向银行提交出口单据。

(2) 银行审核单据后，将单据寄往国外银行(开证行或指定行)进行索汇。

(3) 国外银行收到单据后向中行承兑/承付。

(4) 中行在收到承兑/承付后，客户向中行提交业务申请书，将贴现款项入出口商账户。

(5) 国外银行到期向中行付款，中行用以归还贴现款项。

2. 信用证押汇与信用证贴现的主要区别

(1) 贴现用于远期信用证，押汇则一般是即期信用证。

(2) 贴现能马上收到全额货款(当然要扣除利息与费用)；押汇则一般只有 80%，余款以后才能拿到。

(3) 二者的手续费差不多，收款顺利的话，押汇相对便宜一点。

(4) 二者都有"追索权"。但是贴现可以化解，就是做无追索权的贴现，手续费稍高一点，而押汇则必有追索权。

(5) 贴现一般由外国银行操作(国内当然也行)；押汇一般由国内银行，也就是交单银行来操作。

(6) 贴现比较容易办理；押汇则相对麻烦一点，一般银行要考察企业的资质信用。银行可以接受 L/C、D/P、D/A 项下的单据办理"出口押汇"，但银行只接受 L/C 项下的单据办理"出口贴现"。

五、出口信用保险

出口信用保险(Export Credit Insurance)是承保出口商在经营出口业务的过程中因进口商的商业风险或进口国的政治风险而遭受损失的一种信用保险,是国家为了推动本国的出口贸易,保障出口企业的收汇安全而制定的一项由国家财政提供保险准备金的非营利性政策性保险业务。

【知识拓展28】关于出口信用保险起源发展(扫前言二维码)

1. 出口信用保险的承保对象和承保风险

出口信用保险承保的对象是出口企业的应收账款,承保的风险主要是人为原因造成的商业信用风险和政治风险。

商业信用风险主要包括买方因破产而无力支付债务、买方拖欠货款、买方因自身原因而拒绝收货及付款等。

政治风险主要包括因买方所在国禁止或限制汇兑、实施进口管制、撤销进口许可证、发生战争、暴乱等卖方、买方均无法控制的情况,导致买方无法支付货款。这些风险,是无法预计、难以计算发生概率的,也是商业保险无法承受的。

2. 出口信用保险作用

1) 提高市场竞争能力,扩大贸易规模

投保出口信用保险使企业能够采纳灵活的结算方式,接受银行信用方式之外的商业信用方式(如 D/P,D/A,OA 等)。使企业给予其买家更低的交易成本,从而在竞争中最大限度地抓住贸易机会,提高销售企业的竞争能力,扩大贸易规模。

2) 提升债权信用等级,获得融资便利

出口信用保险承保企业应收账款来自国外进口商的风险,从而变应收账款为安全性和流动性都比较高的资产,成为出口企业融资时对银行的一项有价值的"抵押品",因此银行可以在有效控制风险的基础上降低企业融资门槛。

3) 建立风险防范机制,规避应收账款风险

借助专业的信用保险机构防范风险,可以获得单个企业无法实现的风险识别、判断能力,并获得改进内部风险管理流程的协助。另外,交易双方均无法控制的政治风险可以通过出口信用保险加以规避。

4) 通过损失补偿,确保经营安全

通过投保出口信用保险,信用保险机构将按合同规定在风险发生时对投保企业进行赔付,有效弥补企业财务损失,保障企业经营安全。同时,专业的信用保险机构能够通过其追偿能力实现企业无法实现的追偿效果。

3. 我国的出口信用保险

我国的出口信用保险是在 20 世纪 80 年代末发展起来的。1989 年,国家规定中国人民保险公司负责办理出口信用保险业务,当时是以短期业务为主。1992 年,人保公司开办了中长期业务。1994 年,政策性银行成立,中国进出口银行有了办理出口信用保险业务的权

力。出口信用保险业务开始由中国人民保险公司和中国进出口银行两家机构共同办理。2001年，在中国加入WTO的大背景下，国务院批准成立专门的国家信用保险机构——中国出口信用保险公司(中国信保)，由中国人民保险公司和中国进出口银行各自代办的信用保险业务合并而成。目前，中国出口信用保险公司(China Export & Credit Insurance Corporation)是中国唯一承办出口信用保险业务的政策性保险公司，是中国四大政策性金融机构之一。

【知识拓展29】关于我国出口信用保险(扫前言二维码)

六、福费廷业务

(一)福费廷业务概述

1. 福费廷含义

福费廷业务是指银行或其他金融机构无追索权地从出口商那里买断由于出口商品或劳务而产生的应收账款，是一种中长期的、利率固定、无追索权的出口贸易融资方式。福费廷或无追索权融资，又称买断、包买票据，英文名称为"Forfeiting"或"Forfaiting"，源于法语的"à forfait"，本来是"放弃权利"之意。

国际商会2013年1月1日正式公布实施了《福费廷统一规则》(Uniform Rules for Forfaiting，URF800)，其第2条的定义条款中解释："Forfaiting transaction means the sale by the seller and the purchase by the buyer of the payment claim on a without recourse basis on the terms of these rules."即，按本规则条款，福费廷业务是在无追索权的条件下，卖方卖出付款请求权，买方购进该索偿权。

【知识拓展30】关于福费廷统一规则(扫前言二维码)

中国进出口银行解释，福费廷又称包买票据、无追索权应收账款贴现，是指在出口贸易融资中，中国进出口银行作为包买商以无追索权的方式从出口商/债权人处买入由于出口商品或劳务等而产生的已承兑/承诺付款的应收账款(或称未到期债权)。通常情况下，这种债权以汇票、本票或债权凭证为载体来实现，并通过认可的银行、保险公司或政府机构提供到期付款保证声明。

【知识拓展31】关于福费廷业务的起源、发展和风险(扫前言二维码)

2. 福费廷业务当事人

福费廷业务有4个基本当事人：出口商、进口商、包买商、担保行。

(1) 出口商，福费廷业务的出口商一般是以延期付款方式出口大宗商品的企业，是福费廷票据的卖方。

(2) 进口商，福费廷业务的进口商一般是缺乏外汇资金又急需大宗商品的企业，是承担到期支付票据款项的主责任人。

(3) 包买商(Forfaiter)，应出口商申请，依据进口方银行的担保或保函，无追索权地购进出口商全套单据的银行，一般是出口商的账户银行，出口地的银行或附属机构，或大金融公司，或福费廷公司。大的福费廷业务可由几个包买商形成包买商辛迪加，共同从事一笔大笔业务。如果有二级福费廷市场，可以有二级包买商(Secondary Forfaiter)，直接从出口商购买票据的就叫初级包买商(Primary Forfaiter)。

(4) 担保人(行)，出具保函或在票据上背书保证的银行，一般是进口国家的并得到出口国家包买商认可的银行。担保行担保方式主要有两种：①保付签字，即担保银行在已承兑的汇票或本票上加注"Per Aval"字样并签署，从而构成担保银行不可撤销的保付责任。②由担保银行出具单独的保函。

3. 福费廷业务特点

(1) 终局性融资便利。这是福费廷的最基本的特点。出口商办理福费廷业务，放弃对所出售债权凭证的一切权益，银行无追索权地购进远期票据，出口商无须占用银行授信额度，就可从银行获得100%的便利快捷的资金融通，改善其资产负债比率，同时，还可以有效地规避利率、汇率、信用等各种风险。出口商在背书转让债权凭证的票据时均加注"无追索权(Without Recourse)"字样。

(2) 主要为资本品贸易融资。福费廷业务最初起源于谷物贸易，但后来发展成主要为大型机械、设备等资本商品提供融资，并且一般是远期赊销交易。军工产品、市场价格波动较大的商品、无差别容易找到同类替代品的商品是不会得到福费廷融资的。理论上说，福费廷业务不仅适用于大额资本性交易，也适用于小额交易，但金额越小，融资成本越高，必须在融资成本和福费廷带来的便利之间进行权衡。

(3) 中长期融资业务。福费廷业务融资期限至少在半年以上，一般5~6年，属中期贸易融资，随着福费廷业务的发展，融资期限扩充到10年之久，时间跨度更大。每笔业务的具体时间主要取决于包买商对贸易市场行情、风险的判断以及自己的资金时间限制等条件。

(4) 利率固定的融资业务。福费廷业务贴现率以LIBOR利率为基准，加上风险溢价，具体价格根据市场情况决定。因为有风险溢价，福费廷业务的贴现率高于一般业务，贴现率确定后不会变动，可以锁定利率成本，控制利率风险。

(5) 高风险、高收益业务。对银行来说，可带来可观的收益，但风险也较大，必须选择资信状况十分好的进口地银行承兑的票据。包买商(银行)为出口承做的福费廷业务，大多需要进口商的银行做担保，除非包买商同意，否则债权凭证必须由包买商接受的银行或其他机构无条件地、不可撤销地进行保付或提供独立的担保。

(6) 独立的票据买卖业务。福费廷业务的标的物是应收款票据，并且是权利已经确定了的票据。福费廷业务中包买商没有必要也不应该介入进出口商的贸易纠纷中去。因此，必须要求应收款票据是经进口商或其银行承兑的汇票。实际应用中，往往同意进口商以分期付款的方式支付货款，以便汇票、本票或其他债权凭证按固定时间间隔依次出具，以满足福费廷业务需要。

(二)福费廷业务操作

1. 业务程序

福费廷业务融资可以结合不同贸易结算方式进行，在此主要介绍结合远期信用证的业务程序，其具体程序如图7-4所示。

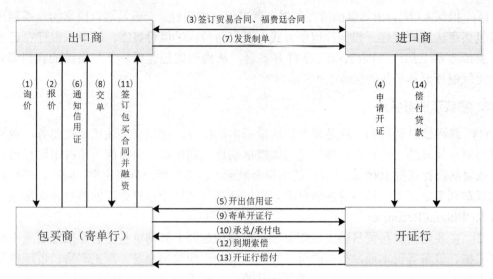

图 7-4 福费廷业务程序

(1) 出口商向包买商询价。

(2) 包买商报价，包买商根据出口商提供的材料对进口商、担保行、进口国家政策等以及贸易谈判过程等进行细致调查，给出一个买进贸易单据的报价，报价一般包括贴现息、承诺费、宽限期贴息等。

(3) 进出口商签订贸易合同与福费廷合同。

(4) 进口商申请开证。

(5) 开证行开出远期信用证。

(6) 通知信用证的银行往往就是包买商。

(7) 出口商发货，缮制单据。

(8) 出口商交单。

(9) 审单后寄单给开证行。

(10) 开证行审单后承兑或给出承付电。

(11) 包买商与出口商签订包买合同(融资协议)，扣除利息及相关费用后贴现票据，无追索权地将款项支付给出口商。

(12) 到期包买商向开证行索偿。

(13) 开证行偿付给包买商。

(14) 进口商付款给开证行。

2．福费廷融资协议

福费廷融资协议即包买商对出口商提供融资时签订的合同，我国进出口银行(THE EXPORT-IMPORT BANK OF CHINA)使用的福费廷融资协议的主要内容如附样 7-1 所示。签订福费廷融资协议是包买商防范风险的措施之一，实际中各国在续做福费廷业务时都有一些条件要求。

【知识拓展 32】我国福费廷业务的条件要求(扫前言二维码)

附样 7-1 进出口银行福费廷融资协议示例

进出银(贴)字　第 _____ 号

出售方：(以下简称甲方)　　　　　　　包买方：(以下简称乙方)

甲方为了加速资金周转，避免出口项目的外汇及利率的风险，特向乙方申请办理福费廷业务。为了明确甲、乙双方的经济责任及有关事项，经甲、乙双方协商，特签订本协议，双方共同遵守。

第一条　项目概况

进口商：

开证行：

保兑行：

出口项目：

合同金额：

交货期：

第二条　金额及货币

金额：_____ 美元。

(大写：_____)

第三条　期限

票据到期日：

交单有效期：

第四条　贴现率

根据乙方实际融资天数以一年 360 天为基础，贴现率为 ____%。按照对收益每半年折现一次的方法计算。

第五条　承担费

承担费率为 _____%，按包买金额和实际承诺天数计算。

第六条　债务证明

由甲方出具的经信用证开证行或保兑行承兑的汇票。

第七条　甲方的责任与义务

甲方须在包买交单的有效期内向乙方提交下列经乙方认可的单据：

1. 经甲方背书转让的本协议第六条规定的汇票，背面填写：Pay to the order of the Export-Import Bank of China, Head Office, Beijing　注明：Without recourse

2. 商务合同副本，注明：Copy conform to the original(由甲方有权签字人签字)。

3. 信用证及其修改副本，注明：Copy conform to the original(由甲方有权签字人签字)。

4. 货运提单及商业发票副本，注明：Copy conform to the original(由甲方有权签字人签字)。

5. 书面证明所提交的单据是真实的，单据上的签字合法、有效，并由甲方签字盖章。

第八条　乙方的责任及义务

乙方收到本协议第七条规定的单据，经审查同意后，将包买款项通过银行转账方式划到甲方在 _____ 银行开立的账户内，账户号为 _____ 。

第八条　违约处理

甲方若未按本协议第七条规定交单或中途撤单或提交的单据不真实，则须承担乙方因此而造成的全部经济损失。

第十条　其他

(一)本协议未尽事宜，由甲乙双方协商解决。

(二)本协议正本一式两份，双方各持一份，具有同等的效力。

甲方：　　　　　　　　　　　　乙方：中国进出口银行

签字：　　　　　　　　　　　　签字：

盖章：　　　　　　　　　　　　盖章：

　　年　月　日　　　　　　　　　年　月　日

3. 福费廷业务的费用

福费廷业务的费用包括：贴现利息、选择费、承诺费、宽限期贴息、担保费和罚金，具体各项收费通过合同约定。

(1) 贴现息。福费廷业务的贴现息是根据贸易合同提供的利率依据票面金额计算出来的融资成本。贴现率一般分成复利贴现率和直接贴现率两种，前者以年利率计算，通常每半年滚利计息一次；后者系根据面值和到期日得出的百分比贴现率。贴现率一般以 LIBOR 利率为基准，在考虑进口国国家风险、开证行信用风险、进口国的综合风险系数、贴现期限长短和融资货币筹资成本等因素后，加上一定点数(利差)，一般选择固定利率。

(2) 选择费(Option fee)。福费廷业务中，包买商根据出口商与进口商谈判条件，决定是否给出口商提供融资，有一定的考虑时间，这段时间称为选择期。选择期根据贸易品种不同、融资金额不等可长可短。如果选择期在 48 小时以内，不收费用；如果时间较长(几天，或 1~3 个月)，包买商要收取一定的费用以补偿其承担的利率、汇率风险。

(3) 承诺费(Commitment fee)。福费廷业务中，从出口商和包买商达成福费廷协议到票据实际买入之日的时间为承诺期，在此期间，包买商要筹集资金，形成实际资金成本和机会成本，因此要向出口商收取承诺费。一般每月收取一次，如果承诺期少于一个月，也可同贴现息一并收取。承诺期不是事先固定的，但一般不超过 6 个月。承诺费根据贴现票据的面值及融资天数计算所得，承诺费率根据交易性质而定，一般为年率 0.5%~2%。

(4) 宽限期贴息。福费廷业务中，票据到期日与实际收款日之间的期限称为付款宽限期，宽限期一般为 3~7 天。包买商通常将宽限期计算在贴现期中，收取宽限期贴息。

(5) 担保费。福费廷业务的担保费是进口方银行为远期票据出具保函或加保时向进口商收取的风险费和手续费。

(6) 罚金。如果出口商不能正常交货或没有向包买商提供约定的单据，包买商要收取一定的罚金以弥补包买商各项成本的费用。

(三)福费廷业务的作用

1) 对出口商的作用

福费廷业务对出口商的有利之处表现在以下几点。

第七章 国际贸易结算融资

(1) 终局性的融资便利。福费廷是一种无追索权的贸易融资便利,出口商一旦取得融资款项,就不必再对债务人付款与否负责,同时不占用银行授信额度。

(2) 改善现金流量。将远期收款变为当期现金流入,有利于出口商改善财务状况和清偿能力,从而避免资金占押,进一步提高筹资能力。

(3) 节约管理费用。出口商不再承担资产管理和应收账款回收的工作及费用,从而大大降低管理费用。

(4) 规避各类风险。续做福费廷业务后,出口商不再承担远期收款可能产生的利率、汇率、信用以及国家等方面的风险。

(5) 增加贸易机会。出口商能以延期付款的条件促成与进口商的交易,避免了因进口商资金紧缺无法开展贸易的局面,增加贸易机会与收入。

2) 对进口商的作用

福费廷业务对进口商的有利之处表现在以下几点。

(1) 可获得出口商提供的贸易项下 100%合同价款的延期付款便利。

(2) 还款计划可灵活安排,根据进口商和进口国家的规定以及进口商现金流量而定。

(3) 能获得中长期固定利率贸易融资,避免普通商业贷款的利率风险。

(4) 融资文件及手续简便易行,不像买方信贷那样烦琐。

3) 对包买商的作用

福费廷业务融资过程中,包买商有较高收益率。福费廷业务票据的贴现期较长,即使贴现率并不高,有效收益率也会很大,且具有固定的收益率,可以免受市场利率下跌的影响。另外融资文件较少,手续简单,管理费用相对较低也是优势。

4) 对担保行的作用

同样,福费廷业务对担保行来说,也有相对可观的担保费收入,并且文件简单,责任明确,便于受理。但是,担保行对包买票据中的债权凭证所做的担保是独立、不可撤销的,如果包买商得不到进口商的偿付,担保行为进口商垫支的票款就得不到偿还。

当然,福费廷业务也有不足之处:大型项目及资本货物交易才适合福费廷业务,但其数额较大(10 万美元以上),融资期限较长,风险较大,因而各国对其限制较多,某种程度上影响了福费廷业务的发展;进口商必须支付由出口商转嫁的较高融资费用,并且由于必须提供包买商满意的担保承兑的独立、不可撤销汇票或本票,并转让给包买商,进口商不能借贸易纠纷拒绝或拖延付款;由于无追索权的限制,包买商要承担所有的汇率、价格、利率、信用及国家风险造成的不可预知损失,风险较大。

【知识拓展33】福费廷业务包买商风险案例(扫前言二维码)

案例 7-4

国内 B 公司出口货物给澳大利亚的 A 公司,使用远期议付信用证结算,澳大利亚甲银行为开证行,议付行为 N 银行,包买商为澳门 F 银行。

20××年 8 月 5 日,出口商 B 公司向 N 银行提交了一笔由澳大利亚甲银行开立的信用证及其项下单据,付款期限为提单日后 120 天。8 月 8 日,N 银行收到了甲银行的承兑报文,将承兑事宜及时通知了 B 公司。随后 B 公司向 N 银行申请福费廷业务,N 银行审核并同意办理中介式的福费廷业务。随后 N 银行联系包买商 F 银行进行了询价、报价、定价等一系列工作,通过包买商办理该笔福费廷业务。

付款日的前一天,甲银行发来报文,声称收到了当地法院止付通知,不能支付上述款项。N 银行和 B 公司联系后,了解到 A 公司是 B 公司长期合作的老客户,但近期出现财务问题导致支付能力不足,同时此笔业务下 B 公司发运的货物数量少了 10 多吨,双方产生了纠纷,可能会诉讼法律。N 银行还是按照国际惯例向甲银行发报,要求甲银行根据 8 月 8 日承兑报文按时付款,但甲银行不予回复;同时福费廷包买商 F 银行也发来报文,催付此笔福费廷款项,要求 N 银行尽快偿付。N 银行作为中介,其做法是:一边不断向甲银行催款,一边不断催促 B 公司与 A 公司解决纠纷。F 银行在要求偿付的报文中表明作为福费廷业务的包买商,因法院止付,其拥有向 B 公司追索的权利,但 B 公司对福费廷业务的追索权尚有疑虑,经过多方磋商,B 公司最终用其他外汇收入偿付此笔福费廷款项,同时继续与甲银行据理力争。试分析 B 公司应该支付福费廷款项吗?

案例分析:

(1) B 公司不应该支付福费廷款项,因为福费廷是卖断票据业务,包买商对出口商无追索权。

(2) 福费廷包买商 F 银行在续做福费廷业务时没有做相应的防范措施,才会出现这样的损失与风险。

七、保付代理业务

(一)保付代理业务概述

1. 保付代理的概念

保付代理(Factoring)是指保理商在国际贸易中采用赊销(O/A)或跟单托收承兑交单(D/A)结算方式时,为卖方提供的将出口贸易融资、商业资信调查、结算、应收账款管理、账务处理和买方信用担保融为一体的综合性金融服务。"Factoring"有的译为"应收账款收买业务""承购应收账款业务""出口销售保管"和"应收账款管理服务",目前译名渐趋统一,统称保付代理,简称"保理",应用于国家间的保理业务则称为国际保理。

国际统一司法协会(The International Institute for the Unification of Private Laws,简称 UNIDROIT)在其 1988 年 5 月 28 日订立、1995 年 5 月 1 日生效的《国际保理公约》(The convention on International Factoring)第 1 条中对保理做出的定义是:保理是指卖方或供应商或出口商与保理商间存在一种契约关系,根据该契约,卖方(供应商、出口商)将其现在或将来的基于其与买方(债务人)订立的货物销售或服务合同所产生的应收账款转让给保理商,由保理商为其提供下列服务中的至少两项:贸易融资、销售分户账管理、应收账款的催收、信用风险控制与坏账担保。

(1) 贸易融资。出口商可运用保理业务向买方提供无追索权的、手续简便的贸易融资,出售货物后可以获得 80%的预付款融资或 100%的贴现融资。

(2) 销售分账户管理。在出口商续做保理业务后,保理商会根据出口商的要求,定期、不定期地向其提供关于应收账款的回收情况、逾期账款情况、信用额度变化及对账单等各种财务和统计报表,协助出口商进行销售管理。

（3）应收账款的催收。保理商一般有专业人员和专职律师处理账款的追收，并且保理商还会根据应收账款的逾期时间采取信函通知、打电话、上门催款及法律手段等。

（4）信用风险控制与坏账担保。在出口商与保理商签订保理协议后，保理商会对进口商核定一个信用额度，在协议执行过程中，随时根据进口商资信状况的变化对信用额度进行调整。对出口商在核准信用额度内的应收账款，保理商提供100%的坏账担保。

因此可见，保理业务实际上是一种集结算、管理、担保、融资为一体的综合性服务业务，本质上是一种债权转让。

【知识拓展34】关于保付代理业务的历史与发展(扫前言二维码)

国际保理商联合会(Factoring Chain International，FCI)则将保理业务界定为：保理是融合了资金融通、账务管理、应收账款收取和坏账担保四项业务的综合性金融服务。在其2013年7月修订的最新版《国际保理通则》(General Rules for International Factoring，GRIF)中规定：保理合同系指一项契约，据此，供应商可能或将要向一家保理商转让应收账款(通则中称为账款，视上下文不同，有时也指部分应收账款)，不论其目的是否获得融资，至少要满足以下职能之一：①销售分户账户管理；②账款催收；③坏账担保。A factoring contract means a contract pursuant to which a supplier may or will assign accounts receivable (referred to in these Rules as "receivables" which expression, where the context allows, also includes parts of receivables) to a factor, whether or not for the purpose of finance, for at least one of the following functions:

- Receivables ledgering
- Collection of receivables
- Protection against bad debts

【知识拓展35】关于《国际保理通则》(扫前言二维码)

结合我国保理实务特点，2014年中国银行业监督管理委员会(简称银监会)公布的《商业银行保理业务管理暂行办法》中称：保理业务是以债权人转让其应收账款为前提，集应收账款催收、管理、坏账担保及融资于一体的综合性金融服务。债权人将其应收账款转让给商业银行，由商业银行向其提供下列服务中至少一项的，即为保理业务。

（1）应收账款催收，商业银行根据应收账款账期，主动或应债权人要求，采取电话、函件、上门等方式或运用法律手段等对债务人进行催收。

（2）应收账款管理，商业银行根据债权人的要求，定期或不定期向其提供关于应收账款的回收情况、逾期账款情况、对账单等财务和统计报表，协助其进行应收账款管理。

（3）坏账担保，商业银行与债权人签订保理协议后，为债务人核定信用额度，并在核准额度内，对债权人无商业纠纷的应收账款，提供约定的付款担保。

（4）保理融资，以应收账款合法、有效转让为前提的银行融资服务。

2. 保付代理的当事人

保付代理是国际贸易中产生的一种新的支付方式，保付代理交易一般涉及四个当事人：出口商、进口商、出口保理商和进口保理商。

（1）出口商(Exporter)或称供应商(Supplier)或销售商(Seller)，提供商品或劳务，出具发票及相关单据，其应收账款委托保理商续做保理业务。

(2) 进口商(Importer)或称买方(Buyer)或债务人(Debtor)，进口或接收商品或劳务，对相应所产生的应收账款有付款责任。

(3) 出口保理商(Export Factor)，对提供商品或劳务所产生的应收账款进行保理业务，一般是出口商所在国家的金融机构。

(4) 进口保理商(Import Factor)，又称保付代理人，通常是进口商所在国家的银行或银行附属机构，同意代收出口商出具的发票，并转让给出口保理商，有义务支付已承担信用风险的受让应收账款。

3. 保付代理的特点

作为一种综合性的贸易融资方式，与其他结算方式相比，保理业务有其独特的特点。

1) 保理商承担出口商赊销的信贷风险

出口商将单据卖断给保理组织，这就是说，如果海外进口商拒付或不按期付款等，保理组织不能向出口商行使追索权，全部风险由保理组织承担。这是保理业务的最重要的特点。

2) 保理商负责资信调查、托收和会计处理

申请保理业务、出卖应收债权的出口商，多为中小企业，对国际市场了解不深。保理组织不仅代理他们对进口商进行资信调查，并且承担托收货款的任务，有时他们还要求出口商交出与进口商进行交易磋商的记录，以了解进口商负债状况及偿还能力。一些具有季节性业务的出口企业，每年出口时间相对集中，他们为减少人员开支，还委托保理组织代其办理会计处理手续等。所以，保理业务是一种广泛的、综合的服务，不同于议付业务，也不同于贴现业务。这是保理业务的另一个重要特点。

3) 保理商在核准信用额度内承担坏账风险损失

出口商与保理商签订保理协议后，保理商会对进口商核定一个信用额度，在协议执行过程中，随时根据进口商资信状况的变化对信用额度进行调整。对出口商在核准信用额度内的应收账款，保理商提供100%的坏账担保。

4) 融通资金，及时简便

典型的保理业务中，出口商在出卖单据后，都可以立即收到现款，一般为发票金额的80%，获得灵活的贸易融资便利，解决因赊销引起的现金流不足，加速资金周转，及时补充营运资金。

5) 规避风险、降低成本

保理商将出口商未到期的应收账款直接转换为现金收入，降低资产负债率。保理商负责应收账款催收和销售分账户管理，不仅能节省财务管理的人力和物力，及时了解国外买方的资信状况变化，控制销售风险，更能有助于消除与不同国家买方之间交易的语言、文化和法律障碍等。

实际上，保理是一种集结算、管理、担保、融资为一体的综合性服务业务。

4. 保付代理业务的种类

1) 根据是否向出口商提供融资，划分为到期保理和预支保理

(1) 到期保理(Maturity factoring)是比较原始的方式，指出口商将有关出口单据卖给保理商后，保理商确认并同意在票据到期时，向出口商无追索权地支付货款。

(2) 预支保理(Financed Factoring)(或融资保理或标准保理)，指出口商将有关单据卖给

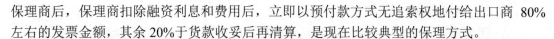

保理商后,保理商扣除融资利息和费用后,立即以预付款方式无追索权地付给出口商80%左右的发票金额,其余20%于货款收妥后再清算,是现在比较典型的保理方式。

2) 根据销售贷款是否直接付给保理商,划分为公开型保理和隐蔽型保理

(1) 公开型保理(Disclosed Factoring),出口商必须以书面方式将保理商的参与通知进口商,并指示进口商将货款直接付给保理商。

(2) 隐蔽型保理(Indisposed Factoring),保理商的参与是保密的,不通知给进口商,货款由进口商直接付给出口商。目前大多数国际保理业务都是公开型的。

3) 根据是否涉及进出口两地的保理商,划分为单保理和双保理

(1) 单保理(Single Factor System),涉及进口或出口一方保理商的保理,由同一保理商在出口商、进口商之间进行保理业务,使用于一方没有保理商的国家和地区。

(2) 双保理(Two Factor System),涉及双方保理商的保理,两个不同保理商通过业务连接分别与本地区的出口商或进口商操作保理业务,多用于欧美发达地区,业务中包括出口商与出口保理商之间的出口保理协议以及出口保理商与进口保理商之间的相互保理协议。

4) 根据保理组织与进出口商之间的关系,划分为双保付代理、直接进口保付代理和直接出口保付代理

(1) 双保付代理,指出口商所在地的保付代理组织与进口商所在地的保付代理组织有契约关系,他们分别对出口商的履约情况及进口商的资信情况进行了解,并加以保证,促进交易的完成与权利义务的兑现。

(2) 直接进口保付代理,指进口商所在地保付代理组织直接与出口商联系,并对其汇付款项,一般不通过出口商所在地的保付代理组织传递单据。

(3) 直接出口保付代理,出口商所在地的保付代理组织直接与进口商联系,并对出口商融资,一般不通过进口商所在地的保付代理组织传递单据。

5. 保付代理的作用

为解决国际贸易市场逐步买方化的市场格局,保付代理业务应运而生,其为赊销出口贸易提供综合服务,为进出口商解决诸多问题,带来很多好处。

1) 对出口商的好处

(1) 协助中小企业打进国际市场,增强其竞争能力。保付代理业务代出口商对进口商的资信进行调查,为出口商决定是否向进口商提供商业信用以扩大商品销售,提供信息和数据。同时,由于保付代理组织熟知海外市场情况,他们还经常向中小出口商提出建议,协助其打进国际市场,增强其竞争能力。

(2) 为出口商提供贸易融资。出口商将货物装运完毕,可立即获得现金,得到保理商无追索权地融资,满足营运需要,加速资本周转,促进利润增加。

(3) 为出口商有效地规避风险。保理商代出口商对进口商进行资信调查,为出口商决定是否向进口商提供商业信用,扩大产品销路提供数据和信息,只要出口商的商品品质和交货条件符合合同规定,保理商无追索权地购买其票据,这样出口商就可以将信贷风险和汇价风险转嫁给保理商。

(4) 节省出口成本。保理商为出口商提供对进口商资信调查、销售账务管理、应收款追收、承担坏账损失、提供融资服务等综合服务,大大减轻了出口商出口负担,降低其出

口成本,扩大利润来源。

(5) 优化资产负债表。如果出口商从银行贷款取得资金融通,则会增加其负债数字、企业负债/资产比率增加、恶化资产负债表的状况,对企业的资信不利,影响其有价证券上市或价格。而出口商利用保付代理业务,货物装船、出卖票据后,立即收到现金,资产负债表中的负债不仅不会增加,反而使表中资产增加,改善负债/资产比率,有利于企业的有价证券上市与进一步融资。

2) 对进口商的好处

(1) 降低进口成本。保付代理业务适用于以商业信用购买商品,进口商可以通过保付代理组织进行支付结算。这样,进口商不需要向银行申请开立信用证,免去交付押金,从而减少资金积压并简化了进口手续,降低了进口成本。在采用保付代理业务后,虽然出口商将办理该项业务有关的费用转移到出口货价中,某种程度上增加了进口商的成本负担,但是,货价提高的金额一般仍低于因交付开证押金而蒙受的利息损失。

(2) 加速资金周转、扩大营业收入。经常往来的买卖双方可根据交易合同规定,定期发货寄单后使用保付代理业务,买方可迅速得到进口物资,按约定条件支付货款或者以较少的资金购进更多的货物并可以先行提货,出售货物偿还货款。这样,可以大大节省开证、催证等的时间,加快资金周转,扩大营业收入。

(3) 收货有保证。一般而言,保付代理业务中,保理商续做保理业务对出口商有非常严格的限制,要求其严格履行买卖合同的各项义务,否则将得不到货款以及融资服务等。为收回货款,出口商一般会按合同要求发货并提供单据,这在一定程度上,可以保证进口商得到合格的货物。

保付代理业务有利于出口商减少收汇风险和获得融资,扩大海外市场销售;同时又使进口商扩大购买能力,及时或提前得到进口货物,因而这种新的支付方式有利于国际贸易的发展。

(二)保付代理业务实务

1. 保付代理的业务程序

保付代理业务的一般程序是,供应商按合同规定发货之后,将应收账款单据转卖给保付代理人,保付代理人预付给供应商80%~90%的货款(扣除融资利息)作为融资贷款并通知债务人,债务人按期将货款全部付给保付代理人,保付代理人到期将剩余的20%~10%货款付给供应商,并扣除手续费。在保付代理业务中,保付代理人承担第一付款责任,如债务人无力付款,保付代理人必须偿付。因此,为了防范风险,续做保付代理业务是有条件要求的。

【知识拓展36】关于国际保理条件要求(扫前言二维码)

案例 7-5

中国出口商A公司向某国进口商B公司出口一批货物,采用保付代理进行贸易结算。货物发运后,A公司将债权转让给进口保理商,并获得了80%的融资款。3个月后应收账款到期,进口商以货物重量问题拒绝付款,进口保理商也借此没有履行付款职责,并没有提供关于货物质量问题的任何证明文件。在协商无果的情况下,出口商A公司起诉到中国国际贸易仲裁委员会，仲裁结果 A 公司胜诉。进口保理商赔付了剩余货款。

案例分析：

进口保理商想借贸易纠纷免除自己的责任。然而本案中的"贸易纠纷"没有确切依据，进口保理商不能借此免除自己承担续做保理业务的赔偿职责。

1) 单保理业务的业务程序

单保理(或直接保理)业务有 3 个基本当事人：出口商、进口商和保理商。单保理业务又分为直接出口保理和直接进口保理，其综合的业务程序如图 7-5 所示。

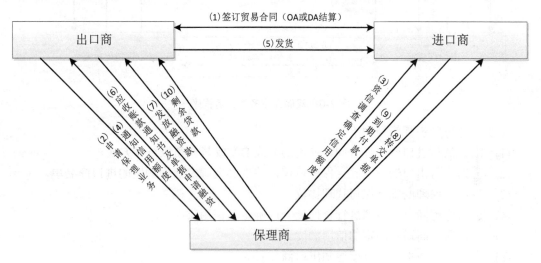

图 7-5　单保理业务的业务程序

主要业务程序步骤解释如下。

(1) 出口商与进口商签订合同，商定使用采用 OA 或 DA 或其他类似结算方式。

(2) 出口商向保理商申请保理业务，如果是直接出口保理就向出口保理商申请，如果是直接进口保理就向进口保理商申请。保理商决定是否接受申请，接受后双方签订保理协议，提交要确定信用额的进口商名单。

(3) 保理商对进口商进行资信调查，确定信用额度。

(4) 保理商向出口商通知信用额度。

(5) 出口商在信用额度内发货，缮制单据。

(6) 出口商填制应收账款转让通知书，申请融资，并将发票和运输单据转给保理商。

(7) 发放融资款。

(8) 转交单据，如果货物到达，进口商可提货销售。

(9) 到期后，进口商付货款给保理商。

(10) 保理商将余下的货款转交出口商。

2) 双保理业务的业务程序

双保理业务有 4 个基本当事人：出口商、进口商、出口保理商和进口保理商，其具体业务程序如图 7-6 所示。

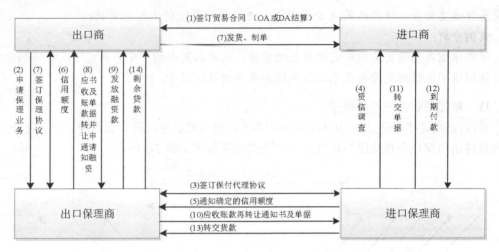

图 7-6 双保理业务的业务程序

主要业务程序步骤解释如下。

(1) 出口商与进口商签订合同，使用 OA 或 DA 或其他类似结算方式。

(2) 出口商与出口保理商签订保理协议，并告之要确定信用额度的进口商名单。

(3) 进出口保理商签订保付代理协议。

(4) 进口保理商对进口商进行资信调查以确定其信用额度。

(5) 进口保理商通知确定的信用额度。

(6) 出口保理商把信用额度通知出口商。

(7) 出口商在信用内发货，制单。

(8) 出口商填制应收账款转让通知书，申请融资，并将发票和运输单据转给出口保理商。

(9) 出口保理商提供融资给出口商。

(10) 出口保理商将应收账款转移通知单转给进口保理商，由其向进口商收款，并将发票和运输单据转给进口保理商。

(11) 进口保理商把单据转交进口商。

(12) 到期日，进口商付全货款给进口保理商。

(13) 进口保理商把全部货款及对账单转移给出口保理商。

(14) 出口商扣除相关费用及贴息后，将余下的货款付给出口商，并转移对账单。

2. 保理协议及其主要内容

保付代理业务涉及两个重要合同，即进出口商签订的供应合同(如进出口货物销售合同)和保付代理人与出口商签订的保付代理协议。保理协议是出口商与保理商签订确定的出口商卖断出口单据、获得融资及综合财务服务的合同，是保付代理业务中非常关键的文件合同，其内容主要包括如下几项。

(1) 应收货款金额。出口商对国外进口商提供货物或服务而产生的所有合格的应收账款额，出口商将应收账款出售给保理商，并不受其留置权和抵押权的影响。

(2) 有效期。保理协议有效期一般为 1 年，从出口商与保理商签字之日起。

(3) 核准与非核准应收账款。保理业务中，出口商可随时要求保理商为自己的客户核定一个信用额度，保理商用书面的形式通知核准的应收账款和信用额度内的应收账款，这样的应收账款称为已核准的应收账款或买方的已核准的债务，保理商提供无追索权的融资和坏账担保。未核准的或超过信用额度应收账款称为非核准应收账款或买方的非核准的债务，保理商仅提供有追索权的融资，不承担坏账担保。

（4）应收款项的计算与支付。保理商收购的款项并非货物发票的全部金额，要扣除一些项目，如按正常贸易条件应给客户的回扣、佣金与折让、贴现费用、管理费用。

（5）债权转让及履约保证。出口商转让给保理商的债权要以书面形式通知债务人，并保证严格履行贸易或服务合同。

（6）限制条款。主要是对出口商的限制条件，如未经保理商书面同意，出口商不得将应收账款抵押给第三者；保理协议不得转让；不得与第三者再签订类似的协议。

（7）协议终止条件。终止条件主要有：出口商违反保理协议中的规定；申请自动清盘或被迫清盘；债权人的指定人接管了资产；全部或部分资产因法律诉讼而扣押或冻结。

附样 7-2 是中国服务贸易协会商业保理专业委员会的一个国际保理合同样本。

附样 7-2　国际保理合同样本

INTER FACTOR AGREEMENT

AGREEMENT made on _____ 20×× by and between these parties:

(1) _____ and

(2) _____

WHEREAS each party, from time to time, will engage the services of the other to act as an Import Factor with respect to the sale of goods or rendering of services to debtors located in the country(ies) where the Import Factor's services are to be performed. NOW, THEREFORE, in consideration of the mutual agreements herein contained, it is hereby agreed between the parties as follows:

Each of the parties herby subscribes to and agrees to be bound by all of the terms and provisions of the General Rules for International Factoring ("GRIF"), the DEX and IF exchange Manuals and Rules between the Members and Partners, all promulgated by the International Factors Group ("IF-Group") and as formally revised from time to time.

The services to be performed by each party as an Import Factor shall be rendered with respect to all the receivables of each supplier designated by the parties from time to time. The indicative Import Factor's commissions and charges are contained in the Factor Information Sheet, as published on the IFG website in the Members section. The only binding rates are the ones indicated in IF exchange, unless other compensation is agreed upon. Neither of the parties shall be obliged to engage the services of the other exclusively and each party shall be free to engage the services of any other service provider located in the country(ies) where the other performs its services.

This agreement shall take effect as of the date set out above and shall continue indefinitely, subject to termination by either party on 90 days' prior written notice to the other but such termination shall not apply to, modify or otherwise affect the obligations of the parties with respect to transactions occurring, accounts receivable transferred or indebtedness incurred prior to the effective date of such termination.

This Agreement contains all the matters agreed between the parties in relation to the receivables included by Article 3 of the GRIF and all agreements, warranties, representations and other statements made by the Import Factor or the Export Factor to the other before the making of this Agreement and the reliance on any usages or practices are excluded unless otherwise referred to herein.

Additional terms (if any)

_____

_____

IN WITNESS WHEREOF, the parties have caused this instrument to be executed by their respective duly authorized corporate officers as of the date set out above.

For (insert full legal name of Factor) _____

Registered in (insert country and/or place of incorporation) _____

With official registration number _____

Signature

Full Names

Position:

Who by his/her signature (i) certifies that he/she is duly authorized to execute this document and (ii) undertakes to produce evidence of such authority if so requested.

For (insert full legal name of Factor) _____

Registered in (insert country and/ or place of incorporation)_____

With official registration number_____

Signature

Full Names

Position:

Who by his/her signature (i) certifies that he/she is duly authorized to execute this document and (ii) undertakes to produce evidence of such authority if so requested.

第七章 国际贸易结算融资

3. 保付代理的费用

保付代理商不仅向出口商提供资金,而且还提供一定的劳务,所以他们要向出口商索取一定的费用,该费用由以下两部分构成。

1) 保付代理手续费

保付代理手续费即保付代理机构对出口商提供劳务而索取的酬金,其中包括如下内容。

(1) 服务佣金。保付代理机构提出向进口商提供赊销额度的建议是经周密调研的结果,对提供此项劳务,出口商要给予报酬。服务佣金一般是承担服务的发票金额的 1%～1.5%。

(2) 资信评估费。出口商对给予的信贷风险评估工作的报酬,一般为 50 美元。

(3) 保付代理手续费。保理商为保存进出口商间的交易磋商记录与会计处理而产生的费用。代理手续费根据买卖单据的数额一般每月清算一次。手续费的多少一般取决于交易性质、金额及信贷、汇率风险大小,手续费的费率一般为应收账款总额的 1.75%～2%。

2) 利息

保付代理机构从收买单据向出口商付出现金到票据到期从国外收到货款,这一时期内的利息负担完全由出口商承付。利率根据预支金额的大小,参照当时市场利率水平而定,通常比优惠利率高 2%～2.5%。出口商利用保付代理方式出卖商品时,均将上述费用转移到出口货价中,其货价当然高于以现汇出卖的商品价格。

(三)福费廷业务与保付代理业务的比较

福费廷业务与保付代理业务都是出口商通过对保理商或包买商卖断债权实现远期债权即期化而获得融资服务,但二者也有如下一些不同之处。

1) 不同的业务背景

福费廷业务适用于远期信用证在内的延期付款交易,主要满足大型出口企业的资本货物出口,交易金额较大,一般为 50 万～100 万美元;保付代理业务适用于以赊销为主的非信用证结算贸易,主要解决信用良好、资金缺乏的中小企业的融资问题,出口主要以消费品为主,交易数额不大。

2) 不同的业务范围

福费廷业务仅提供专项的中期贸易融资;保付代理业务提供的不仅是票据的买卖与融资,而是包括进口商信用调查评估、信用风险担保、账款催收和代制单证等一系列综合金融服务。

3) 不同的风险与费用

福费廷业务提供专项融资服务,包买商承担的风险较小,收取的费用相对较低;保付代理业务提供综合的融资与财务服务,保理商承担的风险较大,收取的费用相对较高,其中,进口保理商承担更大的风险,保理费用中,进口保理商收取的比例较大。

4) 不同的融资与保证

福费廷业务对出口商提供专项的无追索权融资,融资期限通常不超过 6 个月,融资金额不大,属零售性的融资业务;保付代理业务对出口商提供在核准应收款项下的综合的无追索权融资,融资期限一般为 6 个月至 10 年,融资金额较大,属批发性的融资业务。

5) 不同的付款机制

福费廷业务中,进口商同意后进口银行才对债权凭证进行担保,转让的票据必须事先经过进口商的承兑,因而,进口地担保商是后于进口商付款,但不论任何原因导致进口商拒付,担保商都承担付款责任,对出口商的收款更有保证;续做保付代理业务不必事先通知进口商,出口票据由保理商直接向进口商提示,融资过程中票据的转让是在进口商未彻底确认情况下进行的,出口商的收款是在核准应收款项下的无追索权融资。

案例7-6

20××年美国哥伦比亚服装公司(COLUMBIA FABRIC INC)从我国华通公司进口一批服装,金额约为USD7668000元。哥伦比亚服装公司想用D/A at 90 days进行结算,华通公司提出使用出口双保理,双方达成协议同意使用出口双保理。华通公司随即选择了中国银行浙江某分行签订《授信协议》和《扣款申请书》,约定有追索权公开型出口保理授信额度RMB 40000000元,双方通过签订《国际保理业务合同》约定对该额度的具体使用并且依《授信协议》约定,签订多份相关文件,约定保理届至日即为保理合同买方应付款日。美国方面的进口保理商为美国远东国民银行(Far East National Bank)。华通公司于4月16日和5月18日向中国银行浙江某分行提交两份出口单据总计USD7668000元提出融资申请,按照《国际保理业务合同》的约定,中国银行浙江某分行向华通公司支付了RMB3787万元的收购款,受让了华通公司对美国哥伦比亚服装公司所享有的RMB48348036元的应收账款债权。保理合同约定原基本收购款按照应收账款债权的78.1%的比例计算。双方共同向美国方面发出了《应收账款债权转让通知书》,美国哥伦比亚服装公司在签收回执上盖章确认并承诺履行付款责任。然而,8月5日,中行收到美国远东国民银行发来的争议通知,内容为此华通公司年初发给美国进口商托收项下的货物其中部分由于质量与要求不符问题,所以美国哥伦比亚服装公司拒绝付款总计USD 7668000.00元的合同货款,并随即附上质量检验证明书。中行立即通知该公司争议内容,希望其与美国公司协商,并要求其返还已付的收购款,华通公司拒绝偿付,认为已经将发票等票据卖给了中国银行浙江某分行,进口商不付款应该由中国银行浙江分行承担。后来由法院判定华通公司要归还已付的收购款,华通公司处于无奈只能与进口商协商以1/3的市场价,求对方接受有质量问题的部分商品,自己损失了部分资金。

案例分析:

(1) 美国哥伦比亚服装公司(进口商)不可以因为货物与合同要求不符而拒付货款。在出口双保理的结算方式下,进口商认为货物和合同约定不符时,可以对进口地保理商提出拒付,并出具相应的证明,但是本案例中只是部分不相符,而并不是全部,所以进口商只能针对不相符部分的合同价款提出拒付,而不能就全部的合同款提出拒付。

(2) 进口商拒绝偿付的时候,中国银行浙江某分行可以向华通公司追索所付出的全部收购款RMB3787万元。中国银行浙江某分行为华通公司提供的是有追索权的公开保理,指发生了《出口保理业务协议》约定的情况,导致保理商无法从进口商处取得保理融资款项时,保理商可以按照合同的要求向出口商追索,但是可能不是全部,要看双方的合同中是如何规定的。即使在无追索权的保理中,出口银行也对此部分货款不负赔偿责任,因为在保理中规定,保理商对已核准的应收账款提供100%的坏账担保,条件是出口商出售给保理商的应收账款必须是正当、无争议的债务请求权,所以由于对产品的质量、服务水平、交货期所引发的呆账和坏账,保理商不承担赔偿责任。在本案例中,如果为无追索权的保理,当进口商声称部分货物有质量问题,不管出口商是否同意,保理商都会将其视为有贸易纠纷,根据纠纷自理原则,保理商即将此部分货物的货款视为未核准的应收款,不负担支付责任。

第二节　进口贸易结算的融资

一、赊销

赊销(Open Account)是以商业信用为基础的销售,卖方与买方签订购货协议后,卖方把货物交给买方,而买方按照协议在规定日期付款或以分期付款形式付清货款的过程。它实质上是提供信用的一种形式,是卖方给予买方的一种信用融资。

二、授信开证

授信开证(Issuing of L/C with Credit Limits)指进口商到银行申请开立信用证时,在免交开证保证金或不提供抵押、质押或免交信用担保的情况下,开证行对其在确定的信用额度内开立信用证的一种融资方式。

银行为企业办理开证一般有两种模式:①全额保证金开证,即申请开证的企业在提交了开证金额100%的保证金后,银行才为企业开出信用证;②授信开证,即申请开证的企业未提交保证金或未提交开证金额100%的保证金的情况下,银行为企业开出了信用证。

开证行开信用证就是为了解决进出口商之间的信任问题,本身就是一种授信业务,就是对进口商的一种融资。信用证业务中,单证相符时开证行负第一性付款责任,首先付款,然后进口商付款赎单,可以在一定程度上缓解进口商资金困难。

授信开证是银行对一些资信较好、有一定偿债能力的进口商,根据其提供的抵押品数量、质量和资信情况,核定其开证额度,供客户循环使用。在授信额度内,免除部分或全部保证金为其开立信用证。银行此时没有向申请人提供资金支持,但减免了保证金,从而减轻了申请人的资金压力,从这个意义上说,授信开证实际上是开证银行为进口商提供的一种保证,也是一种融资便利。同时,由于授信额度具有可以循环使用的特点,申请人在办理开证业务时还可以免去银行内部为控制风险而设定的繁杂审批流程。

信用证的开证额度是银行给予客户核定的减免保证金开证的最高限额,只要客户开立的信用证金额不超过这个额度,银行可减免保证金,减轻进口商的资金压力。信用证的开证额度分为一次性额度和循环额度(总额度)。

(1) 一次性额度:指银行与进口商就某一笔进口开证业务而签订的一次性额度协议,该笔进口业务结束后,此一次性额度随即失效。

(2) 循环额度:银行与进口商签订一个总的进口授信额度协议,由进口商在此额度内循环使用。此额度会根据客户的资信状况及业务发展状况而做必要调整,一般会给予在银行开立账户,有长期业务往来的进口商。

三、假远期信用证

假远期信用证(Usance Credit Payable at Sight)又称买方(进口方)远期信用证。当买卖双方达成交易后,进口商收到的是远期汇票,等汇票到期后才付款给开证行,是一笔远期信用证交易,而受益人出具远期汇票,提交相关单据后就可以即期收汇。

假远期信用证的特点:贸易合同确定即期结算,买方向开证行申请开立远期信用证,受益人提交远期汇票和相符单据,可即期获得款项;即期付款日与远期汇票到期日之间的贴现利息和承兑费用由买方承担;其实质是卖方的即期信用证,买方的远期信用证。假远期信用证实质上是开证行对进口商提供的资金融通。

越来越多的国内进口商基于各种原因开始充分利用假远期信用证,其主要原因如下。

(1) 转口贸易的需要。若国外出口商(最终供货商)要求开立即期信用证,获得即期付款;国外进口商(最终购买商)要求开立远期信用证,延长付款时间,国内中间商可以通过开立假远期信用证满足三方的结算需求。

(2) 充分利用其他企业的授信额度,增加代理进口量。实务中,有很多企业自有资金不足,又没有足够授信额度开立信用证,但有的企业授信额度较高,有额度剩余,造成闲置浪费,此种情况下,实际进口企业可以委托代理进口企业,占用其多余的授信额度开立信用证。

(3) 减少资金占用。充分利用银行融资能力和信用证的结算杠杆,帮助企业盘活资金。

假远期信用证业务中,进口商不需要按照合同规定即期付款,在向出口地银行支付从议付日起到汇票到期日止的利息和相关费用后,就可以远期付款,解决资金周转的困难;出口商在提交符合信用证规定的单据后即期收到货款;出口地银行获得利息收入,增加出口结算业务,同时可以将开证行承兑汇票进行贴现,用所得票款冲抵垫付款项,在一定程度上控制风险。假远期信用证业务的具体流程如图7-7所示。

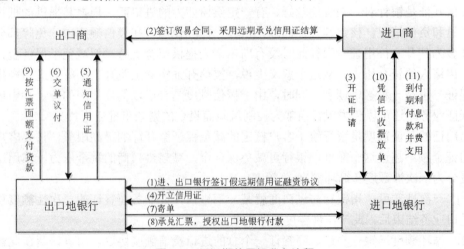

图7-7 假远期信用证业务流程

案例7-7

我国某出口公司出口一批货物,货物行情比较好,预想即期得到货款。合同约定买方申请开立由买方承担贴现利息和相关费用，由开证行负责贴现，对出口商即期付款的远期信用证。但开证中的条款与合同不完全相符。信用证条款规定"Discount charges for payment at 90 days are born by the buyer and payable at maturity in the scope of this credit"。试分析出口公司能否接受这样条款的信用证。

案例分析：

(1) 不能接受这样条款的信用证。信用证条款只是说贴现费用由进口商负担，但并没有表明出口商可以即期得到货款，如果接受这样的信用证，只能在到期日才能得到货款。

(2) 这是一个似是而非的"假远期信用证"，信用证条款表述与合同不一致，说明开证行开证方面存在问题。

四、进口押汇

进口押汇(Import Bill Advance)指在进口信用证或进口托收方式下，进口商可以凭有效凭证和商业单据到进口地银行申请的短期资金融通。进口押汇的业务流程如图 7-8 所示。

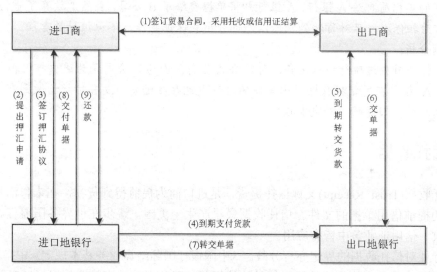

图 7-8　进口押汇业务流程

1. 进口信用证押汇

进口信用证押汇是开证行对作为开证申请人的进口商所提供的一种资金融通，是对进口信用证项下跟单汇票所做的一种短期抵押贷款。当开证行收到信用证项下全套单据，审单相符后，进口商应立即付款赎单。若开证行收到单据审单相符后先行付款，进口商可凭信托收据取得单据提货并将货物销售后，再偿还银行先行垫付的进口货款本息。进口信用证押汇实质上是一种抵押贷款，开证行以信托收据做抵押品，这种贷款只有在银行对进口商充分信任时才能使用。

2. 进口托收押汇

进口托收押汇是指代收行在收到出口商通过托收行寄来的全套托收单据后，根据进口商提交的押汇申请、信托收据以及代收行与进口商签订的《进口托收押汇协议》，先行对外支付并放单，进口商凭单提货，用销售后的货款归还代收行押汇本息。

银行在做进口托收押汇时须注意以下两个方面。

(1) 进口商的信誉。通常情况下认为，进口商对商品销售市场的预测应该具有参考价值，它对市场的判断，会对银行做出同意押汇的决定有重要影响，但判断进口商对市场的预测是否真实、理性和善意，是银行面临的风险。

(2) 银行缺乏对于货物的控制权。由于是托收方式，银行对货物或代表货物的单据没有控制权，如果押汇后，市场发生变化，商品销售失败，进口商无法偿还贷款，那么银行只有垫款。因为它既不能处置货物，又没有保证金可以部分补偿损失。

案例 7-8

20××年11月，A银行根据B公司的申请，为其开立了远期信用证。付款到期日，B公司向A银行提出押汇申请，由C公司提供担保。押汇合同规定，B公司以单据为质押，A银行为其提供押汇。同时，B公司向A银行出具了信托收据，取得了单据。押汇到期后，B公司没有履行还款义务，于是A银行要求C公司履行担保义务。C公司认为，B公司将信用证下的单据质押给A银行，A银行却将单据交给了B公司，显然是放弃了货物的担保，C公司作为担保人，只对货物的担保以外部分承担保证责任，不承担付款责任。

案例分析：

(1) C公司应该履行担保义务，付款给A银行。因为C公司是为进口押汇担保的。

(2) A银行在凭信托收据借出单据的过程中也存在过失，没有对货物做到有效监管，发现问题及时收回货物，以减少损失。

五、信托收据

信托收据(Trust Receipt)又称信托提货，是进口商为提前得到货物，在未付清货款时，而出具的提前借用单据的文件。信托收据最早产生于美国，逐步在世界各国盛行。信托收据在托收、信用证业务中皆有应用。

银行业对信托收据的界定亦有分歧。《中国银行国际结算业务基本规定》中指出："信托收据实际上是客户将自己的所有权转让给银行的确认书，持有该收据既意味着银行对该货物享有所有权，银行凭信托收据将货权凭证交予进口商，进口商则作为银行的代理人保管有关单据和货物，代理银行销售货物，并将货款收回交给银行。"

1. 托收信托收据

托收信托收据是进口商在付款之前向代收行借取货运单据时开立的以代收行为委托人，以自己为受托人的一种书面信用担保文件，用来表示进口商愿意以代收行受托人的身份为提货、报关、存仓、保险、出售上述货运单据下的货物，货物的所有权及所销售收益均归委托人(代收行)所有。

托收信托收据主要用于远期付款交单(D/P at…days after sight)的托收业务中。信托收据是 D/P 托收的变通，又称为见票后若干天付款交单，凭信托收据换取单据(D/P at ××× days after sight to issue trust receipt in change for documents 简称 D/P-T/R)，其业务操作流程在第四章托收的内容中已经说明。

第七章　国际贸易结算融资

如果出口商主动提出允许进口商凭信托收据借单提货,并在托收委托书上注明D/P-T/R,是出口商对进口商的融资,一切责任由代收行负责;如果出口商未主动提出,而是代收行自行同意进口商的借单要求,是代收行给进口商的融资便利,一切后果由代收行负责。

2. 信用证信托收据

信用证信托收据是指开证行根据客户(开证申请人)的要求,为其开立信用证后,在客户提交信托收据的前提下,于付款到期日为客户提供贷款赎单的融资行为。

信用证业务中,开证申请人一般在申请开证额度的同时,也会向银行申请相应的信托收据额度。在核定的额度内,开证行对相符交单付款的同时,会根据申请人签发的信托收据,将相应的单据借给申请人,申请人凭单提货、加工、出售,并在规定的时间内将获得的货款归还银行。银行在核定信托收据额度时,通常按一定比例包含在开证额度中,例如,信托收据额度为70%,则申请人开证金额的70%的货物可以凭信托收据借先行单提货。这个比例的确定会受到许多因素的影响:客户经营业绩与作风、商品类别与行情、行业习惯、资金周转情况等。

案例 7-9

我国某外贸企业与某国A商签订一份出口合同,付款条件为付款交单见票后45天付款。当汇票及所附单据通过托收行寄抵进口地代收行后,A商及时在汇票上履行了承兑手续。货物抵达目的港时,由于用货心切,A商向代收行出具信托收据借得单据,先行提货转售。汇票到期时,A商因经营不善,失去偿付能力。代收行以汇票付款人拒付为由通知托收行,并建议由我外贸企业直接向A商索取货款。你认为我外贸企业应如何处理?

案例分析:

我外贸企业不能接受代收行建议,应通过托收行责成代收行付款,托收行对本案应承担最终的付款责任。

本案属于跟单托收项下的信托收据问题。《托收统一规则》第4款规定:"托收指示:银行只准许根据托收指示中的命令和本规则行事……除非托收指示中另有授权,银行将不理会来自除了他所收托的有关人/银行以外的任何有关人/银行的任何指令。"根据这一规定,代收行在未征得托收申请人同意的情况下擅自借出货物,由此给托收申请人造成的损失由托收行承担。我外贸企业不必向A商索取货款。

六、担保提货

提货担保(Delivery Guarantee/Shipping Guarantee),指当进口货物早于货运单据抵达港口时,银行为进口商出具的、有银行加签并承担连带责任的、用于进口商向船公司或其代理人办理提货手续的书面担保。这种贸易融资特别适用于海运航程较短、货物早于单据到达、信用证项下要求全套货权单据的情况。

银行为进口商向船公司提供保证,进口商和银行共同向船公司提供书面担保,要求先行提货,保证日后补交提单或物权凭证,并负责交纳船公司应收费用及由此而造成的赔偿损失。实际中应用中要注意:只要收到单据立即交给船公司;因无单据而造成损失由进口商自负;银行收到单据应立即通知进口商用单据从船公司换回保证书交银行注销,提货担保的业务程序如图 7-9 所示。

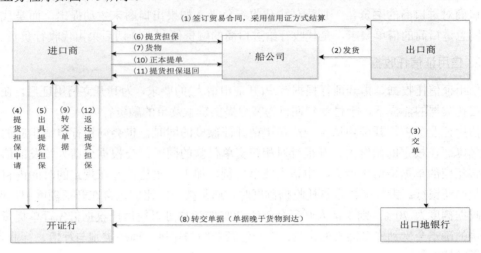

图 7-9 提货担保业务程序

提货担保可以帮助进口商及时提货，避免滞港。其对进口商的主要作用有：①减少资金占押，利用银行信用先行提货销售，加快资金回笼，减少资金占押。②把握市场先机，帮助进口商在货物早于单据到达情况下及时取得物权单据、提货、转卖，从而利用有利行情抢占市场先机。③节约财务费用，帮助进口商及时提货，避免滞港费。

信托收据与担保提货都是银行为进口商先行提货而进行的融资方式，但两者有一些不同之处，两者的比较如表 7-1 所示。

表 7-1 信托收据与担保提货的比较

信托收据	担保提货
(1)是进口商向银行的担保	(1)是银行和进口商向船公司担保
(2)单据已到	(2)单据未到
(3)需第三者担保	(3)通常只需银行的担保
(4)货物质押权属银行	(4)货物质押权属船公司
(5)可以退单，交涉好后再用信托收据提货	(5)日后单据到达，不符合规定也不能退单

本 章 小 结

本章有两大部分内容：出口贸易结算融资与进口贸易结算融资。出口贸易结算融资主要阐述预付货款、打包放款、出口押汇、票据贴现、出口信用保险、福费廷业务和保付代理业务；进口贸易结算融资主要阐述赊销、授信开证、假远期信用证、进口押汇、信托收据和担保提货等。

针对各种融资业务，分别就业务的基本含义、当事人及权责、作用、风险及防范、业务种类等基本知识进行阐述，着重介绍了业务的具体业务程序，并对一些业务进行了对比分析。

第七章 国际贸易结算融资

复习思考题

一、判断题

1. 无论是信用证项下的出口押汇,还是托收项下的出口押汇,提供出口押汇的银行对受益人均有追索权。
2. 福费廷出口商获得高达100%的融资额度,而且不占用出口商在银行的授信额度。
3. 含出口商无法履行的"软条款"的信用证不能打包贷款,但限制提供融资的银行议付的信用证可以打包贷款。
4. 出口押汇既可以是信用证项下出口单据,也可以是D/P、D/A方式下出口单据。
5. 银行对出口商提供保理或福费廷融资,如果不能按期从境外收回款项,对受益人(即出口方)均无追索权。
6. 保理通常可以提供100%的融资额度,而福费廷却不能。
7. 部分保证金开证、进口代收押汇业务均要占用进口商在银行的授信额度。
8. 信托收据(T/R)是开证行自己向进口商提供的信用便利,而与出口商无关。
9. 提货担保是指当信用证项下进口货物早于货运单据抵达港口时,由银行出具的用于进口商向船公司办理提货手续的书面担保。
10. 出口信用保险项下贷款产品是将保单项下赔款权益转让给银行的。
11. 出口议付和远期信用证项下汇票贴现的区别是出口议付是有条件付款,远期信用证项下的贴现是已经取得了付款行无条件付款的承诺。
12. 中国银行的打包贷款可以人民币发放,也可以外币发放。

二、选择题

1. 以下各项除了( )以外,都属于保理服务的内容。
   A. 贸易融资　　　　　　　　B. 代办会计处理
   C. 资信调查　　　　　　　　D. 货币兑换
2. 以下( )不是保理融资的特点。
   A. 融资比例较高　　　　　　B. 无追索权融资
   C. 融资条件低、手续简便　　D. 融资额度灵活
3. 国际保理服务产生的背景是国际贸易中存在的( )。
   A. 收款风险　　　　　　　　B. 资金周转压力
   C. 信用控制和账户管理　　　D. 以上都是
4. 对于出口商在已核准信用额度内的发货所产生的应收账款,保理商提供( )坏账担保。
   A. 50%　　　　B. 75%　　　　C. 100%　　　　D. 85%
5. 保理商收到出口商申请保理业务后必须在( )内决定是否通知给出口商。
   A. 10天　　　　B. 12天　　　　C. 15天　　　　D. 14天

6. 率先开创福费廷业务的是( )。
   A. 美国　　　　　B. 东欧　　　　　C. 瑞士　　　　　D. 英国
7. 以下对福费廷业务特点描述正确的是( )。
   A. 涉及金额大，浮动利率融资　　　B. 涉及金额小，浮动利率融资
   C. 涉及金额大，固定利率融资　　　D. 涉及金额小，固定利率融资
8. 福费廷包买票据时买断的风险不包括( )。
   A. 欺诈风险　　　B. 市场风险　　　C. 商业风险　　　D. 汇率风险
9. 进口方银行为福费廷项下的票据提供担保时出具的独立担保文件必须是( )。
   A. 不可撤销的　　B. 无条件的　　　C. 可转让的　　　D. 以上都是
10. 福费廷主要运用于延期付款的( )等贸易中。
    A. 纺织品、食品、日用品　　　　　B. 成套设备
    C. 煤炭、石油　　　　　　　　　　D. 化妆品、药品

三、简答题

1. 简述保付代理的特点。
2. 简述保付代理的作用与风险。
3. 简述福费廷的特点。
4. 简述福费廷的作用与风险。
5. 比较保付代理与福费廷。
6. 比较出口押汇与打包贷款的区别。
7. 简述信托收据对进口商的融资作用。

四、业务程序练习

1. 结合程序框图说明单保理的业务流程。
2. 结合程序框图说明双保理的业务流程。
3. 结合程序框图说明福费廷的业务流程。
4. 结合程序框图说明担保提货的业务流程。
5. 结合程序框图说明打包放款的业务流程。
6. 结合程序框图说明假远期信用证的业务流程。

五、案例分析

1. 浙江某出口公司 A 向韩国 B 公司出口女式全棉内衣，因对进口商不了解，于 3 月 15 日向中国银行浙江某分行申请办理保理业务，浙江某分行邀请 INDUSTRIAL BANK OF KOREA 对进口商进行信用评估。INDUSTRIAL BANK OF KOREA 答复，此公司资信不佳，不能批准信用额度。浙江某分行也通知了出口商，但是出口商货物早已备好，又听了韩国公司的极力劝说，就在 4 月初发货 20 万美元，收货后 15 天电汇 T/T 收款。结果进口商到期不付款，还说货物有质量问题，其实货物已经被提取出售，出口商遭受了很大损失。试分析：(1)出口商遭受损失的主要原因是什么？(2)针对进口商的资信情况，出口商应做什么防范措施？

2. 出口商甲公司出口一批货物，收到进口商开来的信用证，在装船备货过程中，出现资金不足困难，于是向其账户银行 B 银行申请信用证下打包放款。B 银行同意发放打包放款，贷款金额为货款金额的 70%，期限 30 天，双方约定，甲公司发运货物后，全套单据交 B 银行议付，B 银行扣回全部贷款及利息费用等。但是，甲公司经营不善，没有货物发运，也无法提交单据，贷款到期也无力偿还打包贷款，因此 B 银行遭受了巨大损失。

试分析，打包放款的 B 银行遭受损失的主要原因是什么？实务中这类风险可以采取什么措施来防范？

chapter7 国际贸易结算融资.pptx

第八章 银行保函和备用信用证

学习目标

通过对本章的学习,主要了解银行保函和备用信用证的基本概念、基本特点、作用;理解并掌握银行保函和备用信用证的具体业务种类与业务程序等实务,并能够熟悉这两种业务相关的惯例、规则与规定。

核心概念

保函(Letter of Guarantee) 银行保函(Banker's Letter of Guarantee) 担保行(Guarantor) 见索即付保函(Demand Guarantees) 反担保函(Counter-guarantee) 反担保行(Counter-guarantor Bank) 备用信用证(Standby Letters of Credit) 违约(Breach/Default) 索赔书(Written Demand for Payment)

案例导读

2003年7月15日中国进出口银行为中国水利水电工程总公司和中国水利电力对外公司联合承建的苏丹麦洛维项目的土建工程,开出金额为1.11亿欧元的履约保函和预付款保函,这是该行有史以来开出的单笔金额最大的非融资类项下的保函。该项目是苏丹政府在首都喀土穆以北350公里的尼罗河上新建10台12.5万千瓦水电站工程,其土建部分的总造价为5.55亿欧元,是截至目前,中国企业对外承包工程中单项合同金额最高的一个项目。进出口银行总行营业部对项目的可行性与风险进行充分论证,用最短的时间开出保函,为企业赢得项目顺利签约提供了根本保证。

试思考一下,这样的国际工程担保使用信用证方式能解决吗?保函适用的项目都是这样金额非常大的项目吗?实际应用中,保函应用范围、业务种类、业务程序如何呢?保函是如何产生的,又有多大的作用呢?

第一节 银行保函概述

一、银行保函的概念

保函也称担保函或保证书(Guarantee or Letter of Guarantee:L/G or Letter of Security),是担保人(通常是银行、保险公司、担保公司或其他非银行金融机构或个人)应申请人的请求,向第三方(受益人)开立的一种书面信用担保凭证,保证在申请人未能按双方协议(即申请人与受益人之间的基础合同)履行其责任或义务时,由担保人代其履行一定金额、一定期限范围内的某种支付责任或经济赔偿责任。

担保人为委托人的违约或过失而进行的付款或赔偿责任,有时是第一性的,有时是第二性的。第一性偿付责任(Primary Obligation)或独立付款承诺(Independent Undertaking of Payment)，即担保人的偿付责任独立于委托人在交易合同中的责任，只要保函中规定的偿付条件成立，担保人就立即偿付受益人的索偿，即担保人不负责确认委托人是否未履行基础合同的责任，或者委托人是否被合法地解除了该项责任。第二性偿付责任(Second Obligation)或从属的偿付责任(Accessary Obligation)，即担保人的偿付责任依附于委托人在交易合同中的责任义务，如果委托人已经履行了基础合同的责任或者被合法解除了基础合同的责任义务，担保人也免除对受益人的偿付责任。

与担保行的付款责任对应，保函可分为以下两种。

(1) 有条件保函(Conditional Letter of Guarantee)或从属性保函(Accessary Letter of Guarantee)，指保证人向受益人付款是有条件的，只有在符合保函规定的条件下，保证人才予以付款。可见有条件保函的担保人承担的是第二性、附属的付款责任。

(2) 见索即付保函(Demand Guarantees)，国际商会《见索即付保函统一规则》(即国际商会第458号出版物)规定：见索即付保函是指由银行、保险公司或其他任何组织或个人出具的书面保证，在提交符合保函条款的索赔书(如：工艺师或工程师出具的证明书、法院判决书或仲裁裁定书)时，承担付款责任的承诺文件。据此，见索即付保函的担保人承担的是第一性的、直接的付款责任。所以，这种保函又称无条件保函(Unconditional Letter of Guarantee)。

国际上通行的多是第一性偿付责任的保函，为了减少或避免银行卷入买卖双方贸易纠纷而得不偿失，所以很少使用第二性偿付责任的保函。各国国内的银行保函一般都从属性保函，此时的银行信用多是备用性质的。

为了区别于保险公司、担保公司、信托公司、金融公司等开出的保函，同时，实际国际结算中使用的保函大多数是由银行出具的，称为银行保函，这里主要阐述银行保函。银行保函(Banker's Letter of Guarantee)又称"银行保证书""银行信用保证书"或简称"保证书"，是指银行应申请人或委托人的要求向受益人开出的一种有条件或无条件的书面保证文件，保证被保证人向受益人履行某项义务，否则由银行负责赔偿受益人的有关损失。银行保函大多数属于见索即付保函。

二、银行保函的当事人及其权责

(一)直接保函(或三方保函)的当事人

直接保函有三个基本当事人：申请人、受益人和担保行。

1. 申请人(Applicant)或委托人(Principal)

申请人是向担保行申请开立保函的人，即被担保人，主要是合同项下的卖方、供货方或承包人发出指示，开立保函以保证其履约行为。申请人的主要责任、权利如下。

(1) 国外受益人按保函规定提出索偿时，如未按期或按质交货等违反合同要求，应立即以金钱来偿付。

(2) 在担保行按保函规定向受益人赔偿后，申请人应立即偿还担保行垫付之款。

(3) 负担保函项下的一切费用及利息。

(4) 如果担保行要求，需要提供一定的押金或抵押品等。

2. 受益人(Beneficiary)

受益人是接受保函并有权按保函规定出具索款通知，向担保行索偿的人，可以是招标人、出口方、出租人等。受益人的主要责任权利如下：①履行合同，按规定提供货物或劳务或其他行为；②在保函规定的索偿条件具备时，有权提出索赔；③在索偿时应按要求提供相应单据及证明材料。

3. 担保行(Guarantor)

担保行亦称保证行，是接受申请人委托向受益人开立保函，并承担申请人违约时赔偿责任的银行或金融机构。担保行的主要责任、权利如下。

(1) 如果接受申请，应按申请书要求开立保函。
(2) 可根据情况向申请人收取押金、抵押品等。
(3) 当受益人提供了符合保函规定的索赔书，就必须对受益人进行赔偿。
(4) 如果申请人不能立即偿还垫付款项，担保行有权处置押金、抵押品、担保品。如处置后仍不能抵偿其垫款，剩余部分仍可向申请人追索。
(5) 担保行对受益人的偿付责任，以保函规定的金额为限，并不因合约部分履行而减少，除非另有说明。

基本当事人之间形成了一环扣一环的相互关系，它们之间的法律关系如下。

(1) 委托人与受益人之间是基于彼此签订的经济合同而产生的债权债务关系或其他权利义务关系。

此合同是它们之间权利和义务的依据，相对于保函协议书和保函而言，是主合同或基础合同，也是其他合同产生和存在的前提。如果此合同的内容不全面，会给银行的担保义务带来风险，银行在接受担保申请时，应要求委托人提供其与受益人之间签订的合同。

(2) 委托人与银行之间的法律关系是基于双方签订的《保函委托书》而产生的委托担保关系。

《保函委托书》中应对担保债务的内容、数额、担保种类、保证金的交存、手续费的收取、银行开立保函的条件、时间、担保期间、双方违约责任、合同的变更、解除等内容予以详细约定，以明确委托人与银行的权利、义务。银行在接到委托人的担保申请后，要对委托人的资信、债务及担保的内容和经营风险进行认真的评估审查，以最大限度降低自身风险。

(3) 担保银行和受益人之间的法律关系是基于保函而产生的保证关系。

保函是一种单据合同，受益人以此享有要求银行偿付债务的权利。在大多数情况下，保函一经开立，银行就要直接承担保证责任。

(二)间接保函(或四方保函)的当事人

间接保函有 4 个基本当事人：申请人、指示行、担保行和受益人。这里的申请人和受益人与三方保函中的含义基本一致，重点解释指示行。

指示行(Instructing Bank)又称反担保行(Counter-guarantor Bank)，是指示担保行为受益人开保函的银行。如果受益人要求保函由受益人所在国家银行出具，而申请人又与这家银行没有往来，申请人只能委托自己的往来银行(往往是受益人所在地的银行)安排一家受益人所在地的银行出具保函，申请人与其往来银行签订赔偿担保合同之后，申请人的往来银行向受益人所在地的银行发出反担保函(Counter-guarantee)，请求其根据反担保函开立保函给受益人。申请人的这个往来银行就是指示行(人)，因为其开出了反担保函，又称其为反担保行。反担保行承诺当担保人在申请人违约后做出赔偿，且申请人不能向担保人提供补偿时，向担保人提供补偿，并赔偿担保人的一切损失。但是，反担保行只是向担保人承担责任，而不与受益人发生直接关系，也不受理受益人的索赔。受益人所在地的、接受反担保函开出保函的银行就是担保行。

一般情况下，保兑实务中常常还会出现保兑行、通知行、转开行等当事人。

(1) 保兑行(Confirming Bank)，又称第二担保人，是对担保人开出的保函做担保的银行。一旦担保人未能按保函规定付款，保兑行就必须代其履行付款义务，保兑行付款后，有权凭担保函及担保人要求其加具保兑的书面指示向担保行索赔。保兑行通常是受益人所在地的一家大银行。保兑通常是在受益人要求的情况下加具的，一般发生在担保行资金实力、信誉较差，或外汇紧张的情况下。加具保兑后受益人获得了双重担保。

(2) 通知行(Advising Bank)，也称转递行(Transmitting Bank)，受担保行委托，将保函通知给受益人的银行。通知行只负责保函的表面真实性，例如核对保函的签字或密押，并通知给受益人，不承担其他经济责任，可以收取转递手续费。通常是受益人所在地的银行。

(3) 转开行(Reissuing Bank)，是凭反担保函中担保行的反担保指示，并按其要求向受益人开出保函的银行。转开行应及时按担保人的要求向受益人开出保函。保函开出后，转开行就变成了担保行，承担起担保人的责任，但其也有权凭反担保函向反担保人索偿。转开行通常是受益人所在地的银行。转开保函通常是在受益人要求下进行的，往往是为了把境外担保变为国内担保，减少受益人的麻烦及风险损失。

三、银行保函的主要内容

各类保函内容根据具体交易的不同而多种多样，在形式上无确定的格式，但开立保函的基本原则是一致的，其内容必须完整、明确、严谨、公正，其必要的主要内容一般有以下几项。

1. 保函的基本内容

(1) 保函的性质种类。每一个保函必须标明其性质种类，例如投标保函、履约保函、租赁保函等。

(2) 保函当事人。当事人必须有完整名称和详细地址，特别是担保行的名称和地址，关系到保函的法律适用性问题、受益人交单地点以及到期地点等问题。

(3) 保函的标的物。必须明确担保行所担保的具体内容，相关的交易合同，协议的名称、号码、日期、供应货物名称、数量，工程项目名称、具体内容等。

(4) 保函的金额及使用货币。保函的货币与合同货币相同，金额依合同金额而定，可以是合同金额的全部或部分，如果担保金额随履约比例减少，保函中应加列递减条款。

(5) 有效日期。保函的有效日期包括生效日期、失效日期，视保函性质而定。例如，ICC

规定，投标保函，自开出文件日起 6 个月；履约保函和还款保函在合同履行期到期后 6 个月。过期失效应退还担保行注销。

(6) 保函的业务编号、开出日期、担保行的签章等。

2. 保函的主要内容

(1) 责任条款。责任条款是保函的核心内容，必须充分、完全、详细、明确地阐述双方的责任，以便产生合理的法律效力，如果一方违约时，另一方可获得合理的经济赔偿。保函的责任主要是担保行的担保责任，受益人往往会根据对履约条件和环境的变化的预测和防范考虑，在保函条款中明确说明。

有的保函还会有责任递减条款。例如，补偿贸易保函、延期付款保函、借款保函等，担保行的责任不是固定不变的，而是随着申请人的履约或担保行的付款相应递减的，加列责任递减条款有利于保护申请人和担保行的合法权益。

(2) 索偿条款。索偿条款主要规定索偿应具备的条件、必要的证明文件、索偿的方式和路线等。保函中都要规定，在什么条件下，可向担保行提出索赔；受益人在索赔时，应提供什么样的单据、证明等。

(3) 见索即付条款。随着保函在实际应用中出现的一些问题，特别是关于"索偿有理"观念的影响，使得保函的银行信用大打折扣，越来越多的债权人在保函中加列"无条件付款"字样，进一步强调保函的见索即付性质。

(4) 担保期限。担保期限是担保行对其开立的保函的担保责任负责的期限，受益人必须在这个期限内向担保行提出索赔要求，否则担保行可以不履行赔偿义务。一般来说，只有在保函的有效期内，担保行才承担担保责任。保函的担保期限一般是从保函的生效日至保函的到期日。

(5) 先决条件条款。先决条件条款说的是，担保在先决条件满足后才能生效，不是自保函开立之日就生效。实践中，有一类保函是在最终合同订立之前就要求先行开立的，出口方认为这样可以表明交易伙伴的诚意以及良好的财务状况，但是，进口方不愿意在此阶段就提供保函或让保函生效。折中的办法就是进口方按要求开立保函，但在保函中加列类似"合同签订时此保函生效"或"合同中某个条件满足时此保函生效"的条款。履约保函、预付金保函和留置金保函等都存在此类情况。

3. 其他附加内容

(1) 自动延展条款。一些保函的有效期可以延长，例如投标保函和履约保函。评标的日期或工程最后的完工日期事先难以准确确定，或者有时候，受益人、申请人和担保行的意见难以统一时，往往要使用延展条款。

(2) 不可转让条款。保函通常是不可转让的，银行一般不愿意开立可转让的保函。为了强调其不可转让性，会在保函中加列不可转让条款。

(3) 归还条款。保函中应规定，保函到期后，受益人将保函退还给担保行，以便注销和避免一些不必要的纠纷。

保函种类繁多，其格式内容也复杂多样，国际商会针对使用较多的合约保函(例如，投标保函、履约保函、还款保函等)作了一些规定。电开银行保函的式样如附样 8-1 所示。

第八章 银行保函和备用信用证

附样 8-1 电开银行保函示例

From: bank of China, head office
Re: advance payment guarantee form
Date: _____
Our Ref._____
　　To: _____
Gentlemen:

　　With reference to the contract No. _____ (hereinafter called the contract) signed between …and … (hereinafter called the seller) on. …. for the supply of …. At the request of the seller we, bank of china, head office, having our registered office at No. 1 Fuxingmenneidajie, Beijing, china, hereby open an irrevocable letter of guarantee No. …, In favor of …

　　We undertake the guarantee as follows:

　　1. Our liability under this letter of guarantee shall be limited to …. (say ….) plus interest at the rate of % per annum counting from the date on which the seller received the down payment up to the date on which the refund is made.

　　2. If you declare that the seller fails to deliver all the equipment in accordance with the contract, and the seller could not provide with us the relative invoice and the bill of lading under the a/m contract, we shall within (7) business days after receipt of you first written demand, unconditionally refund to you any amount up to …. Plus interest at the rate of x% per annum counting from the date on which the seller received the down payment up to the date on which the refund is made and for which this letter of guarantee is still valid according to point 3 below.

　　3. This letter of guarantee shall become effective as soon as the seller receive the down payment and shall automatically reduce by % the invoice value of each shipment without any confirmation from you.

　　This letter of guarantee expires thirty (30) days after the last contractual delivery date, I. e. on …. In case the contractual parties agree to extend the period for the delivery of the products which will be proved by presentation of respective agreement to us, the validity of this guarantee shall be extended according to the new period. The extension has to be brought to our knowledge prior to the expiration of this guarantee.

　　This letter of guarantee has to be returned to us after the date of validity expires.

四、保函的特点及作用

1. 保函的特点

　　(1) 担保行的责任有时是第一性的，有时是第二性的。第一性偿付责任(Primary obligation)又称独立的偿付责任，国际业务中应用的保函都是第一性偿付责任。

　　(2) 保函是不依附于合同的独立性保证文件。保函与其可能依据的合约或投标条件分属不同的交易，是一种与基础合同相脱离的独立性担保文件，受益人的权利与担保人的义务完全以保函所载内容为准，不受基础合同的约束，受益人只要提交了符合保函要求的单据，担保人就必须付款。

(3) 保函是一种或有负债，即保函项下的支付不一定会发生，这与信用证下既定债务是相区别的。如果保函要求的单据条件没有满足，担保人就不必付款或赔偿。

(4) 保函是一种信用担保，与信用证相似，是以银行信用代替或补充商业信用，具有保证和融资作用。

2. 保函的作用

保函的使用范围和担保职能远远大于一般的跟单信用证，能够解决一些一般信用证无法解决的问题。见索即付保函经常用于国际工程承包、借款方面、履约方面或因政治、灾害、战争等造成的风险项目，也应用于对贸易与非贸易进行担保。个人、银行、政府都出面组织专门机构出具保函，应用范围广，使用灵活，有力地促进了国际经济交往。

保函最主要作用即提供信用方面的担保，这种担保会促使国家间商品交易和工程项目承包顺利进行，减小风险，简化索赔程序。对保函申请人的作用是能促使其履行合同，因为最终支付还款的还是自己。对担保行而言，可以促进本行的国际经济交往，扩大自己在国际上的信誉，并有一定的费用收入；同时有押金、抵押品或反担保，风险是相对可以控制的。

第二节 保函的种类

保函实际应用比较广，应用于各种经济交往，因其担保的标的种类繁多，内容要求各具特色，因而其种类划分比较困难，各类保函又往往交叉使用。例如，根据保函与基础交易合同的关系划分为：从属性保函(Letter of Accessory Guarantee)和独立性保函(Letter of Independence Guarantee)。根据保函索赔条件的不同划分为：无条件保函(Unconditional L/G)和条件保函(Conditional L/G)。根据保函的使用范围不同划分为：进口类保函和出口类保函。根据担保的责任种类划分为：履约保函和还款保函。这里主要根据申请人在经济交易中的身份，介绍一些实际中应用较多的保函种类。

一、出口类保函

这里的出口是一般意义的，包括货物的出口、劳务的出口等。出口类保函指银行应出口方申请，向进口方开立的书面保证文件，根据申请人的身份来划分，具体又分以下几种。

1. 投标保函(Tender Guarantee, Tender Bond, Bid Guarantee, Bid Bond, Bid Security)

投标保函是国际招投标或物资采购项目中，投标人向招标人提供的由银行出具的保证投标人不修改原报价、不撤标以及中标后一定签约的书面保证文件。国际大型工程招标或物资采购项目中，招标人一般要求投标人在投标时，提供一定金额的银行担保，作为投标条件之一，以表明投标者的诚意和足够的实力。

担保行保证投标人有信用和诚意履行投标义务：① 在标书规定的期限内，不修改原报

第八章 银行保函和备用信用证

价或不撤回投标；②中标后不得无正当理由不与招标人订立合同；③按招标人规定的日期提交履约保函。如果投标人未履行以上义务，担保银行在受益人提出索赔时，须按保函规定履行赔款义务。

投标保函金额一般为投标金额的 1%～5%。保函有效期为开立保函日到开标日期，有时再加 3～15 天索偿期。如果投标人中标，有效期自动延长到投标人与招标人签订合同交来履约保函为止。如果评标时间过长，而保函已经到期，投标人要通知投标人延长保函有效期。投标保函式样一般如附样 8-2 所示。

附样 8-2 投标保函示例

Bid Security （投标保函）

Date: [**12th December 20xx**]

Procurement Reference No.:
[UNRA/SUPPLIES/20××-13/00005/03/01]

采购参考号：[UNRA/SUPPLIES/20××-13/00005/03/01]

To: 至：

Whereas [Company Name] (hereinafter "the Bidder") has submitted its bid dated [Date] *of bid submission* for Procurement Reference number [Reference number] for the supply of [Product Name], hereinafter called "the bid."

鉴于[公司名](简称"投标人")在[日期]提交了采购参考号为[参考号]有关[产品名]的投标文件，下文简称投标。

KNOW ALL PEOPLE by these presents that WE [*complete name of institution issuing the Bid Security*], of [*city of domicile and country of nationality*] having our registered office at [*full address of the issuing institution*] (hereinafter "the Guarantor"), are bound unto [Uganda National Roads Authority] (hereinafter "the Procuring and Disposing Entity") in the sum of [amount of money], for which payment well and truly to be made to the aforementioned Procuring and Disposing Entity, the Guarantor binds itself, its successors or assignees by these presents. Sealed with the Common Seal of this Guarantor this [*day in numbers*] day of [*month*], [*year*].

根据本文件，我方[发起投标保函机构全称]，位于[所在城市及国家]，办公地点[发起机构详细地址]，简称为"保证人"，给予[乌干达国家公路管理局](以下称之为采购安排实体)数额为[保证金额]的保证金，以保证按时付款给上述采购安排实体。保证人根据本文件约束其自身、其继承人或代理人。加盖保证人公章后封存，日期为[____日][____月][____年]。

THE CONDITIONS of this obligation are the following 职责条件如下：

1. If the Bidder withdraws its bid during the period of bid validity specified by the Bidder in the Bid Submission Sheet, except as provided in ITB Sub-Clause 20.2; or

如果投标人在投标提交表中指定的投标有效期内撤销其投标(除非投标人须知副条款 20.2 另有规定)，或

2. If the Bidder, having been notified of the acceptance of its bid by the Procuring and Disposing Entity, during the period of bid validity, fails or refuses to:

在采购安排实体通知接受投标人中标后，如果投标人在投标有效期内不能履行：

(a) sign the Contract in accordance with ITB Clause 43; or

按投标人须知第 43 条要求签订合同；或者

(b) furnish the Performance Security, in accordance with the ITB Clause 44; or

按投标人须知第 44 条规定提供履约保证金；或者

(c) accept the correction of its bid by the Procuring Entity, pursuant to ITB Clause 31;

按照投标人须知第 31 条规定，接受采购实体对其投标的修正；

we undertake to pay the Procuring and Disposing Entity up to the above amount upon receipt of its first written demand, without the Procuring and Disposing Entity having to substantiate its demand, provided that in its demand the Procuring and Disposing Entity states that the amount claimed by it is due to it, owing to the occurrence of one or more of the above conditions, specifying the occurred conditions.

我方保证。在随时收到采购安排实体签署的业主的第一次书面要求后，支付采购安排实体上述金额的投标保证金。该书面要求内应说明上述任何一项或多项事件已发生，且应为投标保证金须按本投标保函支付的决定性证明。

This security shall remain in force up to and including twenty-eight (28) days after the period of bid validity, and any demand in respect thereof should be received by the Guarantor no later than the above date.

保函应持续有效，持续到投标有效期后的二十八天(含)，就此保函发出的任何要求应在上述日期内由保证人接收。

This guarantee is subject to the Uniform Rules for Demand Guarantees, ICC Publication No. 458.

本保函遵守见索即付保函的统一规则，国际商会出版编号 458。

Signed: [signature of person whose name and capacity are shown below]

签名：[签名，其姓名和职务见下方]

Name: [complete name of person signing the Security]

姓名:[签署保函人全名]

In the capacity of [insert legal capacity of person signing the Security]

职务[签署保函人合法职务]

Duly authorized to sign the Security for and on behalf of: [insert complete name of the Financial Institution]

经正式授权，代表为[金融机构全名]签署保函。

Dated on _____ day of _____, _____ [date of signing]

日期：____日____月，____年 [签署日期]

LOT1 投标保证金信息 Bid Security Information:

招标单位 Tenderee：

第八章　银行保函和备用信用证

招标项目　Tender Project:
标号　Tender No.:
投标保证金　Bid security:
投标截止日期 Tender Expiration Date:
投标保证金有效期 Security Valid Date:

投标保函适用于所有公开招标、议标时，业主要求投标人缴纳投标保证金的情况。招标人为避免投标人在评标过程中改标、撤标，或中标后拒签合同而给自身造成损失，通常要求投标人缴纳投标保证金，以制约对方行为。投标保函是现金保证金的一种良好的替代形式。对投标人而言，其优点有：①减少缴纳现金保证金引起的资金占用，获得资金收益；②与缴纳现金保证金相比，可使有限的资金得到优化配置；③有利于维护自己的正当权益。对招标人而言，其优点有：①良好地维护自身利益；②避免收取、退回保证金程序的烦琐，提高工作效率。

投标保函在评标结束之后应退还给投标商，其结果一般有两种情况。
(1) 未中标的投标者可向业主索回投标保函，以便向银行办理注销或使押金解冻。
(2) 中标的承包商在签订合同时，向业主提交履约保函，业主即可退回投标保函。

2. 履约保函(Performance Guarantee，Performance Bond，Performance Security)

履约保函是承包商或采购商(中标人)通过银行向业主开具的，在合同执行期间按合同规定履行其义务的经济担保书。国际工程承包中，一般还要求中标人提交一定金额的履约保证，履约保证金随工程进度按比例退还，这是为防止中标人不履行合同义务而采取的安全措施，是承包合同不可分割的附件。履约保函的担保责任，主要是担保投标人中标后，将按照合同规定，在工程全过程，按时按质按量履行其义务。若发生下列情况，业主有权凭履约保函向银行索取保证金作为赔偿：①施工过程中，承包商中途毁约，或任意中断工程，或不按规定施工；②承包商破产，倒闭。

履约保函金额一般为合同总额的 5%～10%。世界银行贷款项目一般规定银行履约保函金额为合同总价的 10%。

履约保函的有效期限从提交履约保函起，到项目竣工并验收合格止，有时加 5～15 天索偿期。如果工程拖期，不论何种原因，承包商都应与业主协商，并通知银行延长保函有效期，防止业主借故提款。如合同有质量保证期或工程维修期，有效期延长到质量保证期或工程维修期满为止，加上 3～15 天索偿期。当工程监理认为达到竣工条件，并向业主移交工程，由业主发给竣工证书，才算正式竣工。承包商必须抓紧工程款最终结算，主动索回履约保函，并及时开出维修保函。国际工程履约保函格式(英文版)如附样 8-3 所示。

【知识拓展37】附样 8-3 国际工程履约保函的译文(扫前言二维码)

附样 8-3　履约保函示例

FERFORMANCE GUARANTEE FORMAT (BANK LETTERHAD)
TO: _____

(Company name), a company incorporated under the laws of _____and having its registered office at _____ (hereinafter called "×××").

WHEREAS

(1) by an agreement for the _____(hereinafter referred to as the of the one part and ××× of the other part, the CONTRACTOR agrees to perform the WORKS in accordance with the CONTRACT.

(2) one of the expressed conditions of the CONTRACT is the receipt by ××× of this guarantee duly executed by (name of banker:) _____(hereinafter called the "GUARANTOR") who hereby irrevocably and unconditionally guarantees and undertakes to ××× as follows:

i) if the CONTRACTOR shall in any respect fail to execute the CONTRACT or commit any breach of this obligations thereunder the GUARANTOR shall pay to ××× on first demand without proof or conditions the sum of US. Dollar _____(USD: _____) within 14 days after receipt of the said demand notwithstanding any contestation or protest by the CONTRACTOR or any other third party.

ii) The GUARANTOR shall not be discharged or released from this Guarantee by any agreement made between the CONTRACTOR and ××× with or without the consent of the GUARANTOR or by any alteration in the obligations undertaken by the CONTRACTOR or by any forbearance whether as to payment time, performances or otherwise, or by any change in mane or constitution of ××× or the CONTRACTOR.

iii) This guarantee is continuing security and accordingly shall remain in force until the issuance of the notice for final acceptance of three (3) months after the early termination of the CONTRACT, whichever is earlier.

iv) The GUARANTOR agree that the grarantee is given regardless whether or not the sum outstanding occasioned by the loss, damages costs, expenses or otherwise incurred by ××× is recoverable by legal action or arbitration.

IN WITNESS whereof this guarantee has been duly executed by GUARANTOR the____ day of _____20×× _____.

For and on behalf of _____ (name of banker)
signature: _____
name: _____
designation: _____
banker's seal: _____

履约保函可用于任何项目中对当事人履行合同义务提供担保的情况，常见用于工程承包、物资采购等项目。在工程承包、物资采购等项目中，业主或买方为避免承包方或供货方不履行合同义务而给自身造成损失，通常都要求承包方或供货方缴纳履约保证金，以制约对方行为。履约保函是现金保证金的一种良好的替代形式。

3. 预付金保函(Advance Payment Guarantee)

预付金保函又称退还预付金保函(Refundment Guarantee for the Advance Payment)或定金保函(down-payment guarantee)。承包工程的业主(招标人)通常预付给承包人工程价款的

第八章　银行保函和备用信用证

5%～20%，作为预购材料、开工费、筹备费等，为避免中标后，中标人不履约合约，损失这笔预付金，在支付这笔资金之前，要求中标人提供银行保函，保证未履行合约就要归还这笔资金，否则担保行将预付金退还招标人，此保函称为预付金保函。

预付金一般逐月按工程进度从工程支付款中扣还，而预付金保函的金额将逐月地相应减少，开具保函时应注意写明。当承包商在规定的时间内还清预付款项后，业主就需退还预付款保函。

预付金保函的金额即预付金的数额。保函的有效期，从支付预付金开始到合同执行完毕日为止，加上 3～15 天索偿期，或者为预付金扣完为止。中国工商银行的预付金保函格式如附样 8-4 所示。

附样 8-4　预付金保函示例

编　号 No.：＿＿＿＿＿＿＿＿＿＿

预付款保函

ADVANCE PAYMENT GUARANTEE

受益人 The Beneficiary：＿＿＿＿＿＿＿＿＿＿＿＿＿

鉴于贵方与＿＿＿＿＿＿＿＿＿＿＿＿＿(卖方/承包方)于＿＿＿年＿＿月＿＿日签订了编号为＿＿＿＿＿＿＿的＿＿＿＿＿＿＿＿合同(下称主合同)，且贵方同意依约定向卖方/承包方预付货款/工程款。我方应卖方/承包方的申请，特开立以贵方为受益人的预付款保函：

We have been informed that (Name of the Applicant) (hereinafter referred to as the Applicant), has entered into contract No. (Contract Number) dated (Date of The Contract) with you, for (Description of Goods And /Or Services or Project) and you agree to pay the down payment to the seller/contractor in accordance with the agreed conditions in the contract. According to the conditions of the contract and application of applicant, a down payment guarantee which you are the Beneficiary will be issued.

一、担保金额以卖方/承包方实际收到的预付款金额为准，最高不超过＿＿＿＿＿＿＿(币种)＿＿＿＿＿＿＿＿＿＿＿＿＿(大写)元；

The letter of guarantee and irrevocably undertake to pay you any sum or sums not exceeding in total an amount of (Amount in Figures) (say: Amount in Words) what seller/ contractor has actually received.

二、我行保证，卖方/承包方按主合同的约定履行供货/工程建设义务。如果卖方/承包方违反上述义务，我行在收到贵方的书面索赔通知及卖方/承包方具有违约事实的下述证明材料后，向贵方承担退还预付款的担保责任：

We guarantee: the seller/contractor fully take their responsibility to follow the main contract to supply goods/ perform project. We would refund the amount of the prepayment after us getting written notice of claim and the fact of breach of contract if seller has breach of duty and contract:

1. ＿＿＿＿＿＿＿＿＿＿＿＿＿＿＿＿＿＿＿＿＿＿＿＿＿＿＿＿＿＿＿＿＿＿＿＿
2. ＿＿＿＿＿＿＿＿＿＿＿＿＿＿＿＿＿＿＿＿＿＿＿＿＿＿＿＿＿＿＿＿＿＿＿＿

三、担保金额随卖方/承包方已履行义务对应的金额或退还的金额，和/或随我方向贵方支付的金额而自动递减。

The guarantee amount will be automatically reduced the amount according to the seller/contractor to perform its obligations, the corresponding amount or the amount of the refund.

四、如果贵方与卖方/承包方协商变更主合同且涉及我行担保责任的，应事先书面通知我行，如加重我行担保责任的还应事先征得我行书面认可，否则，我行对加重我行担保责任的部分不承担责任。

The written notice should prior inform us if you and the Seller / Contractor negotiate changes to the master contract and involve the Bank's guarantee liability, the bank prior written approval should be issued if it will aggravate Bank guarantee responsibility; otherwise, the Bank of aggravation part of our scope is not liable for warranty.

五、贵方转让本保函项下权利的，应经我行书面同意，否则我行不再承担担保责任。

The written approval should be issued if you will transfer of rights under this guarantee; otherwise we can no longer guarantee responsibility.

六、保函有效期按照以下第_____种方式确定：

The letter of guarantee is valid according to the No._____ way:

1. 本保函自卖方/承包方收到贵方支付的预付款后生效，至_____（日期）止。

This letter of guarantee from the seller/contractor shall become effective upon the receipt of your payment advance, expire to _____(Date).

2. 本保函自卖方/承包方收到贵方支付的预付款后生效，发生下列情形时到期：_____，但最迟不超过_____（日期）。

This letter of guarantee from the seller/contractor shall become effective upon the receipt of your payment advance, expire to the following situations occurs: _____, But no later than_____(Date)

七、书面索赔通知和有关证明材料必须在保函有效期内送达我行，否则我行在本保函项下的责任自动解除。

Written notice of claim and the related provable documents must be arrived in our bank guarantee the period of validity, otherwise, under this guarantee responsibility will be cancelled automatically.

八、卖方/承包方已履行供货/工程建设义务、保函超过有效期或我行的担保义务履行完毕，本保函即行失效，无论本保函是否退回我行注销。

The seller/contractor has performed goods/project or guarantee over the period of validity, or the guarantee obligations has been performed, this letter of guarantee expire and invalid immediately, no matter whether this letter of guarantee returned or not.

中国工商银行_____（公章）：
INDUSTRIAL AND COMMERCIAL BANK OF CHINA LIMITED
(Name of the Branch) BRANCH (STAMP)
负责人/授权代理人(签字)：
Authorized person (signature):
_____年____月____日
_____Date____Month_____Year

第八章 银行保函和备用信用证

预付金保函在国际承包业务中使用时,是由承包人通过银行向业主提供的。预付金保函规定,如申请人没有履行自己与受益人订立的合同的义务,未将受益人预付、支付的款项退还或还款给受益人,则由银行向受益人退还该款项。

预付金保函除在国际工程承包项目中使用外,也适用于货物进出口、劳务合作和技术贸易等业务。例如,在成套设备及大型交通工具的合同中,通常采用带有预付性质的分期付款或延期付款支付部分价款。在这种交易中,进口商在签订合同后,向出口商开立履约保证书,由银行保证进口商按合同规定按期支付价款,同时,出口商也向对方开立还款保证书。如出口商不能按期交货,银行保证及时偿还进口商已付款项的本金及所产生的利息。

案例 8-1

中国进出口银行向卡鲁玛水电站项目出具预付款保函

乌干达《新景报》报道,乌干达能矿部收到中国进出口银行 2014 年 6 月 10 日签发的预付款保函,中国进出口银行将对乌干达政府就 600MW 卡鲁玛水电站项目向中水电支付预付款提供担保。卡鲁玛水电站项目合同金额 17 亿美元,乌干达政府和中国进出口银行分别负担 15%和 85%的融资。

卡鲁玛水电站项目是中乌两国元首共同推动的"天字号"工程,承载着乌干达富民强国的百年梦想。项目于 2013 年 8 月签订 EPC 总承包合同,由中国水电八局为责任方,与中国水电十二局组建联营体承担该项目的履约。该项目为中国进出口银行贷款项目,合同生效的条件是乌干达政府与中国进出口银行签订贷款协议。2015 年 11 月,卡鲁玛项目基本规划设计报告获得业主和咨询工程师的完全批复,乌干达政府与中国进出口银行的贷款协议生效,第一笔近 1.5 亿美元工程款于 12 月 25 日到账,卡鲁玛水电站项目建设步入正轨开启阶段。随着工程款的到位,2016 年,卡鲁玛水电站建设项目进入施工高峰年。2017 年 8 月 8 日《新景报》报道,卡鲁玛水电站目前已完成 60%的工程量,将于 2018 年先期开通两台涡轮机发电。

4. 留置金保函或保留金保函(Retention Money Guarantee)

保留金保函也称"滞留金保函""留置金保函"或"尾款保函",是指出口商或承包商向银行申请开出的以进口商或工程业主为受益人的保函。保证是在提前收回尾款后,如果卖方提供货物或承包工程达不到合同规定的质量标准时,出口商或承包商将把这部分留置款项退回给进口商或工程业主,否则担保银行将给予赔偿。

机械设备进出口交易中,合同常规定先支付合同金额 90%~95%,其余 10%~5%要在设备安装完毕,运转良好,经买方验收后再支付,这部分未付款,称保留金或留置金。如发现机械设备的品质、规格不符合规定,双方洽商减价,便从保留金中扣抵。

在对外工程承包中,工程业主一般保留 5%~10%的工程款作为留置金,待工程保用期满而又无缺陷时再支付给承包商。如承包商需要业主支付全额而不扣留置金时,应提交银行开立的留置金保函,保证在工程保用期满时,如果收到业主关于工程有缺陷的书面通知时,银行负责归还留置金。

对一些易发生损耗和伤残的货物贸易中,如中药材、皮革交易,也常有一定留置金。有时卖方要求将留置金随货款一起支付,卖方提供银行保函,保证货到如发现品质不符、短量或伤残，退还留置金，否则银行负责退还。实际中单独开留置金保函的业务中不多见，一般在开履约保函时已将其包括在内。

留置金保函的金额为保留金金额，有效期为合同规定的偿还期再加 3~15 天。中国工商银行的留置金保函的式样见知识拓展 38。

【知识拓展 38】中国工商银行的留置金保函式样(扫前言二维码)

案例 8-2

甲国生产电信设备的 A 公司与乙国的电信运营商 B 公司签订了电信设备供货协定。根据该协定，A 公司向 B 公司出口电信设备，B 公司付给 A 公司电信设备的货款，其中：10% 为预付定金，在发货前支付；75% 为货款，凭发票支付；15% 为尾款，在设备正常运营 6 个月后支付。B 公司将货款用信用证方式支付，而预付定金和保留金的支付用银行保函支付，最终不仅 A 公司安全收汇，而且 B 公司支付预付定金后 A 公司也履约发货了。

案例分析：

本案采用了信用证与保函相结合的方式。在成套设备或工程承包交易中，除了支付货款外，还须有预付定金或保留金的收取。在这样的交易下，一般货款可用信用证方式支付，收款有保证；保留金的支付及出口商违约时的预付定金的归还可以使用保函解决。如果 A 公司不能履约发货，且拒不归还预付定金，B 公司可以从银行得到偿付，保证其不至于损失定金。

5. 质量保函(Quality Guarantee)

质量保函也称为"维修保函"(Maintenance Guarantee)，是指应供货方或承建人申请，向买方或业主保证，如货物或工程的质量与合同约定不符而卖方或承建人又不能依约更换或修理时，按买方或业主的索赔予以赔偿的书面文件。

在进出口贸易中，尤其是军工产品、机械设备、船舶飞机等资本物品的出口中，进口商为了确保货物品质符合要求，往往要求出口方提交质量保函，保证按照合同规定的质量标准交货，若发现货物质量不符合规定，由出口方负责退换或不能更换维修时补偿损失；否则由担保行赔付买方一定金额以弥补其所受损失。

国际工程承包中，工程完工时，业主要扣留一部分款项作为补偿工程质量缺陷而承包人不予维修造成的损失。工程维修保函，是工程竣工后由承包商通过银行向业主开具的、担保承包商对完工后的工程缺陷负责维修的经济担保书。维修保函的担保责任，主要是承包商在竣工后一定时间内对工程缺陷进行修复，若在规定时间内业主发现工程质量问题，而承包商不履行修复责任时，或承包商无力维修时，业主可凭保函提款，自行修复。维修保函退还的条件是：①承包商在规定的维修期内完成了维修任务。②该工程没有发生需要维修的缺陷，业主的工程师签发维修合格证书。

维修保函适用范围：①适用于工程承包、供货安装等合同执行进入保修期或维修期、业主或买方要求承包方、供货方良好履行保修义务的情况；②在工程承包、供货安装等项目进入保修期或维修期后，业主、买方为避免工程、货物的质量与合同规定不符，而承包方、供货方不愿或不予进行修理、更换和维修，造成自身损失，往往要求承包方或供货方在履约保函期限届满前提供质量保函，对其在保修期内的行为进行约束。

质量保函的担保金额一般为合同金额的 5%~10%，有效期或合同规定的质量保证期或维修期再加 3～15 天，或由双方根据交易需要协商确定。

质量保函在申请赔付时，一般须有指定的公证机构或双方同意的第三者来出具检验书，或由双方公认的仲裁机构决定，即赔付时要有相应的质量不符的证明，是有条件的。

渣打银行(中国)有限公司的质量保函格式如附样 8-5 所示。

附样 8-5　质量保函示例

质量保函

Quality Guarantee

保函编号：
Reference No.
签发日期 Date：
致：[受益人公司名称]
TO: [Beneficiary's Name]
敬启者，
Dear Sirs,

　　本保函是为[卖方名称](以下简称"卖方")与贵公司于[合同日期]第[合同编号]号合同(以下简称"合同")提供的质量保函。我行，即渣打银行(中国)有限公司××分行(以下称"我行")，愿就卖方履行上述合同约定的质量保证或维修义务向贵公司提供如下保函：

　　This guarantee is provided in connection with [underlying contract name] (the "Contract") dated [　　] with reference number [　　] entered into between [Seller's Name] ("Seller") and you. We, Standard Chartered Bank (China) Limited ＿＿＿＿ Branch ("We", "Our", or "us") hereby undertake to provide the guarantee as follows in terms of Seller's warranty or maintenance of its obligation under the Contract.

　　一、保函金额：累计不超过：[大写币种、金额]。□允许；□不允分次提取。

　　A. Guarantee Amount: in total not exceeding an amount of [please specify the sum and currency] (say in words: ＿＿＿＿＿＿). Multi-withdraw □allowed; □not allowed.

　　二、贵公司向我行提交的书面索赔通知应当声明贵公司索赔是由于卖方未履行下述任何一项合同义务而导致贵公司的损失，该损失并未由卖方或其代理人以其他方式直接或间接地支付给贵公司：

　　a. 未遵守其做出的产品或工程质量承诺
　　b. 未能进行维修
　　c. 未能支付因修理、更换而产生的费用
　　d. 其他事由

　　B. Requirement for demand should be in written and shall be supported by a statement indicating the demand is due to the Seller's failure to perform any of following obligations under the Contract, which causes losses to you, and such losses are not compensated by the Seller or its agent directly or indirectly:

　　a. breach its quality warranties of the product or project
　　b. fails to make maintenance
　　c. fails to pay the cost of the repairs and/or replacements

d. other events

三、索赔金额以保函金额为限，索赔通知应加盖贵公司/单位公章，并在本保函的有效期内通过贵公司开户银行与本保函正本一并提交我行；索赔如采用电子方式，须以加押SWIFT或电传方式通过本保函通知方提交。

C. The demand may not exceed the guarantee amount, and shall be duly certified with your company/unit chop and submitted to us together with this Guarantee in original through your account bank before the expiry date of this Guarantee. If the demand is submitted in electronic form, then the demand should be presented in authenticated SWIFT or Telex via Advising Party of the guarantee.

四、在收到贵公司的相符索赔通知之后，经审查符合本保函要求，我行将在 5 个工作日内，在保函金额以内向贵公司支付索赔款项。

D. Upon receipt of your demand, we will effect our payment to you according to your demand within 5 working days following the day of presentation provided your demand is in accordance herewith.

五、本保函自签发之日起生效，最迟于××××年×月×日 15:30 北京时间（"到期日"）在我行柜台到期，任何索赔通知需在到期日之前由我行实际收到。如果在到期日前保函正本被退回我行或者被我行全额支付，则视为保函提前到期。到期后本保函自动失效。请贵公司于本保函到期后将保函正本退回我行注销，但是不论本保函正本到期后是否归还我行，我行在本保函项下的义务和责任将于到期日之后自动解除。

E. This guarantee shall become effective upon its issuance and shall expire on 3:30pm of [date] Beijing Time（"Expiry Date"）at our counter. Any demand for payment hereunder must be received by us on or before the expiry date. If this guarantee in original is returned to us before the expiry date or, this guarantee is paid by us in all, this guarantee will be deemed as expired already. And this guarantee shall become automatically void and null after it becomes expired. Please return the original guarantee to us for cancellation but our liability hereunder shall be automatically discharged after the expiry date regardless of the original guarantee returned to us or not.

六、未经我行书面同意，本保函不可转让。

F. This guarantee is not transferable or assignable without our written consent.

七、除本保函另有规定外，国际商会《见索即付保函统一规则（URDG）》2010 年修订本(国际商会第 758 号出版物)的所有条款并入本保函。

G. Unless otherwise excluded by this guarantee, all terms and conditions of Uniform Rules for Demand Guarantees (URDG) 2010 revision published by International Chamber of Commerce (ICC Publication No. 758) shall be incorporated into this guarantee.

八、与本保函有关的任何纠纷，由我行所在地人民法院管辖。

H. Any disputes in connection with this guarantee shall be subject to the competent jurisdiction of People's Court at the place of our office.

渣打银行(中国)有限公司 _____ 分行

Standard Chartered Bank (China) Limited _____ Branch

二、进口类保函

这里的进口是指一般意义上的进口，包括货物的进口、劳务的进口，银行应进口方申请，向出口方开出的保函，为保证进口货物、进口技术、劳务输入而开立的保函。

1. 付款保函(Payment Guarantee)或即期付款保函

付款保函是指担保银行应买方的申请而向卖方出具的，保证买方履行因购买商品、技术、专利或劳务合同项下的付款义务而出具的书面文件。付款保函应买方、业主等申请，向卖方、施工方保证，在卖方、施工方按合同提供货物、技术服务及资料或完成约定工程量后，如果买方、业主不按约定支付合同款项，则银行接到卖方、施工方索偿后代为支付相应款项。

(1) 在凭货付款而不是凭单付款的交易中(如进口成套设备)，进口方向出口方提供保函，保证在出口方交货后或货到后，检验与合同相符时，买方立即支付货款，否则由担保行代为支付。

(2) 技术交易中，进口方向出口方提供保函，保证收到与合同相符的技术资料后一定付款，否则由担保行支付。

付款保函的金额，即合同金额；有效期为合同规定的付清价款日再加15天。

2. 延期付款保函(Deferred Payment Guarantee)

延期付款保函属于广义上的付款保函，对延期支付或远期支付的合同价款以及由于延付而产生的利息所做出的一种书面付款保证。

由于缺乏资金和货款金额很大，第三世界国家在进口大型成套设备时，多采用延期付款，进口方支付一定比例的定金(一般为货款的15%)，其余货款由进口方开具保函，保证交货之后的一定时期内，定期分若干份分期支付，直到全部货款加利息付清，如买方不能付款，则担保行代为付款。

延期付款保函的金额为合同规定的货款金额扣除预付部分，有效期为全部货款及利息付清日再加15天。

案例 8-3

我国S机械制造厂为了引进国外先进技术和设备，与C国A厂商签订了技术引进合同。合同规定：C国A厂商负责提供S机械制造厂所需的机械制造技术和有关的设备，同时还负责设备的安装和调试及有关人员的技术培训。合同金额的25%以现汇支付，其余75%以延期付款的方式支付。合同总金额为140万元。S机械制造厂需提供D银行的担保，担保金额为105万美元。根据A厂提供的保函格式，S机械制造厂填制后，递交D银行，请求其依此向C国A厂商出具不可撤销的付款保函。

修改后的保函内容如下：

根据受益人(C国A厂商，以下称卖方)与××(以下称买方)于××年×月×日签订的总金额为140万美元的购买设备和技术资料的编号为××的合同(以下称合同)，应买方的要求，我行兹开立以卖方为受益人的金额为合同总价款75%计105万美元的不可撤销保函，编号为××。合同价款的25%，已由买方预先支付给卖方。我行担保如下：

(1) 如卖方已全部履行合同规定义务,而买方未能依合同的相应规定支付款项时,我行保证在收到卖方通过××银行通知并证实其签字的书面索赔通知和合同中规定的各项单据副本后 15 天内,将买方应付的有关款项连同迟付利息(按年利息×%)一并支付给卖方。

(2) 本保函金额随买方逐次向卖方支付的金额而相应递减。

(3) 本保函自开具之日起生效,至买方付清货款之日失效,无论如何,其最终失效日不晚于××年×月×日。

(4) 本保函失效后,请以挂号航邮退还我行注销。

D 银行在 S 机械制造厂认可后,便向 C 国 A 厂商开出了上述内容的不可撤销的付款保函。在合同的履行过程中,由于设备安装后一直未能达到规定的标准,S 机械制造厂拒绝向 C 国 A 厂商支付货款。而 C 国 A 厂商认为致使设备达不到应有的标准是由于 S 机械制造厂的操作人员技术素质太差,责任不在卖方,进而认定 S 机械制造厂违约,遂向 D 银行要求索赔。D 银行收到 C 国 A 厂商通过××银行通知并证实其签字的书面索赔通知书后,立即与 S 机械制造厂联系及派任引进设备方面的负责人携带有关材料向 D 银行说明事情经过及争议之所在。随后 D 银行回复 C 国 A 厂商,告知其索赔条件不成立,除非其提交合同规定的各项单据副本,如设备试验合格证书、设备移交证书等。C 国 A 厂商迫于无奈,只得对安装好的设备再次进行调试,并专门派人培训有关人员。同时,S 机械制造厂也给予积极配合,以便设备能尽快投入生产。经过各方的协调和努力,设备调试成功,双方签署了设备试验合格证书。合同得到了顺利履行。

案例分析:

本案例中 D 银行开具的是不可撤销的付款保函,其所起的作用是当 S 机械制造厂不履行付款义务时,C 国 A 厂商可以凭 S 机械制造厂未履约证明等向 D 银行索赔,这就保证了其利益,给其收款提供了保证。所以当 S 机械制造厂违约时,A 厂商可以向 D 银行索赔,D 银行为保证自身利益也积极地调解,最终促成交易的顺利完成。

3. 租赁保函(Leasing Guarantee)

用租赁方式进口机械、仪器、设备、运载工具时,承租人向出租人提供担保,保证承租人按规定交付租金,否则由担保行代为交付。实际是一种履约付款保函,通常租金总额为货价加利息,全部租金付完后,货物便归承租人所有。

在租赁项目中,出租方为避免承租人无法按期偿还租金,特别是在融资租赁情况下,租期长、租赁对象的特定性等使出租方承担较大的风险,往往要求银行对承租人按期偿还租金进行担保。

租赁保函的金额为全部租金总额,有效期为付清全部租金日再加 15 天。

案例 8-4

A 公司是一家以钛白粉生产为主,并拥有"硫-钛-锰"产业链,集钛白化学研究、生产、销售的专业化公司,年销售额达 5 亿元,是华南地区钛白粉生产行业龙头企业。近几年该公司不断升级改造钛白粉制造工艺,对生产设备的投入达 2 亿元,但目前该公司在各金融机构的融资主要以短期借款为主,短债长用问题较为明显,导致企业短期负债偏高影响到企业正常营运资金融资,并且该公司正谋划上市,对资产负债表的优化需求较强烈。

某银行分行了解到该公司的这一需求后,立即向省行国际业务部进行了反馈,经过分析,最终决定向其推荐三年期融资租赁保函方案,即由该公司以售后回租方式,将其所有的一套生产设备作为租赁物和租赁公司办理9700万元人民币、期限3年的融资租赁售后回租业务;针对上述融资租赁交易,开立以境外银行为受益人、金额为1亿元人民币、期限为3年零一个月的融资性备用信用证,为租赁公司在其外债指标内向境外银行申请的融资提供担保,该项融资专项用于租赁公司购买A公司的上述生产设备。

方案得到客户认可后,某分行积极帮助企业联系某外商融资租赁公司及中国工商银行(澳门)股份有限公司(以下简称"工银澳门"),并在省行法律事务部的协助下,经过多轮磋商和谈判,帮助企业敲定了《融资租赁合同》及《账户监管协议》。

最终,A公司按照我行设计的融资租赁保函方案,向某银行申请开立以工银澳门为受益人,金额为1亿元人民币,期限为3年的融资类担保,同时A公司提供了3000万元保证金以及房地产抵押作为我行保函的反担保,并追加股东会成员连带责任保证担保。

该笔业务的成功办理,既满足了企业降低融资成本、调整债务结构、优化公司财务报表的需求,也给我行带来了450万元的中间业务收入和3000万元的公司存款。

案例启示:

面对复杂多变的市场形势和内外部监管政策变化,银行加强以创新促发展的理念,围绕客户需求变化,抢抓政策先机,强化产品研发、推广及优化。该项业务是将传统的银行保函与融资租赁业务有机结合的一次成功示范,创新了银行担保业务的办理模式,同时也是对缓解境内企业融资难问题的一次成功探索,具有较强的创新意义和推广价值。

三、对销贸易类保函

应用于对销贸易的保函有以下几种。

1. 补偿贸易保函(Compensation Guarantee)

补偿贸易中,银行为进口设备的一方向供应设备一方提供保证,保证进口方收到与合同相符的设备后,以该设备生产的产品按合同规定交给提供设备一方或指定的第三方,以偿付设备价款。如进口方未能按合同要求做,又不能以现汇偿付设备价款及利息,由担保行承担赔付。

补偿贸易保函的金额就是设备价款加利息,有效期即付清设备价款日再加15天。

2. 加工装配保函(Processing Guarantee)

来料加工、来件加工与来样加工业务中,进料或收件方向对方提供保函,保证收到与合同相符的原料、进件后,以原料、进件加工装配,并按合同要求将成品交付供料方或第三者。如果未能做到,又不能以现汇偿付,由担保行代为赔偿。

加工装配保函的金额为来料、来件金额加利息,有效期为合同规定的以成品偿付来料、来件款付清日再加15天。

四、其他类保函

非贸易性质的国际经济交往中,银行也代债务人向债权人开立各种保函,常见的有以下几种。

1. 借款保函(Loan Guarantee)

借款保函是银行应借款人要求向贷款方开立的保证借款人到期归还贷款本息，否则由保证人进行赔付的书面担保文件。

借款保函的担保金额一般为贷款总额加上利息之和，保函自开立之日起生效，至借款人偿清全部本利总和之日失效。保函的担保责任随借款人的偿还而自动递减。

案例 8-5

甲银行于20××年4月为乙公司2000万港币借款出具保函，受益人为丙银行，期限为9个月，利率为12%。由于乙公司投资房地产失误，导致公司负债累累，在还款期满后未能按约归还丙银行贷款。两年后的3月，丙银行向当地人民法院起诉乙公司和甲银行，要求归还贷款本金及利息。当地人民法院裁定如下：①乙公司在当年4月30日之前将其债权1100万港币收回用于偿还丙银行，余款在12月底还清；②如乙公司不能履行，由甲银行承担代偿责任。到5月底，乙公司只归还了600万港币，仍欠本金1400万港币及相应利息未归还。鉴于此，当地人民法院执行庭多次上门要求甲银行履行担保责任，否则将采取强制措施，查封甲银行资产。而该笔担保的反担保单位丁酒店，只剩下一个空壳公司存在，难以履行反担保责任。为维护银行声誉，经上级行批准后甲银行垫付丙银行本金1400万港币及相应利息。

案例分析：

(1) 本案例中，担保行甲银行根据乙公司的申请向丙银行开立的是借款保函。甲银行开出的借款保函对于丙银行收款是一个保证，最终乙公司归不还借款由甲银行偿付，丙银行如愿收回款。

(2) 甲银行最终垫付丙银行本金1400万港币及相应利息，在此次保函业务中可以说得不偿失，说明甲银行在开立保函时，没有做好相应的风险防范措施。

(3) 银行在办理保函业务时，必须注意风险的控制：保函开立之前、银行必须详尽地审查。

保函业务是银行重要的一项担保业务，银行在办理保函业务时必须注意风险的控制：保函开立之前，银行必须详尽地审查和了解申请人以及反担保人的信用；保函开立后，担保行应对申请人和反担保人进行及时的监控，一旦出现信用问题，应及时采取积极措施加以规避和减少损失。

2. 关税保函(Guarantee for the Customs Duties)或关税保付保函

关税保付保函是指银行应进口商(不含加工贸易企业)、承包商或展销商的申请向商品入关所在地海关出具的、保证其履行缴纳关税义务或将临时进口商品复出口而不纳关税的书面承诺。关税保付保函多用于向海关申请办理"先放后征"而提供的担保，或在参展等过程中发生临时进口申请免税时须向海关提供的担保。主要用于：境外承包建设、境外展览、展销等过程中有关设备、器械等物品临时进入他国关境；国家相关进口商品减免税政策未明了前的相关货物进口；两头在外的加工贸易企业进口料件；我国海关"先放后征"货物的进口，加快货物通关速度，避免货物滞港成本。

第八章 银行保函和备用信用证

在外承包工程时，须将施工器械运进工程所在国家，运入时应向海关交纳税金，工程完毕后，将施工器械撤出该国时，其海关退回税金。承包方为避免资金垫押，由银行出具保函，不交这笔税金，保证工程完毕，一定把器械撤回，否则由银行支付这笔税金。

在国外举办展览或其他宣传活动时，将展品或有关器具运进，也发生如上的情况。举办单位也可提供银行保函，保证展览结束，将展品撤回。

海关免税保函的金额即海关规定的税金数额，有效期即合同规定的施工器械或展品撤回日再加15天。

案例 8-6

中国银行办理广西首笔海关税款滞纳金保付保函

2017年3月8日，中国银行广西分行成功办理广西首笔海关税款滞纳金保付保函。

某公司因故未能及时缴纳一批进口货物的海关税款和由此产生的滞纳金，货物一直未能放行。该公司在缴纳海关税款后，向海关申请减免滞纳金，并希望在海关确定应缴纳的滞纳金之前可以先提货，为此需向海关提供担保。中国银行获悉该情况后，克服了广西区内尚无凭保函先放行货物后补缴滞纳金的先例、业务背景及有关当事人关系较复杂等困难，精心设计保函条款，在保函条款得到海关和客户认可后，以最快速度开出广西首笔海关税款滞纳金保付保函。凭借中行开出的此笔保函，上述滞纳金的缴付得到有效保障，海关对货物予以放行，公司得以及时处置货物回笼货款。

中国银行长期以来积极开展产品创新，研发一般关税保函、加工贸易税款保付保函、电子支付税费担保等多种银行保函产品，拓展企业网上银行、"报关及时通"等电子渠道，助力企业通关便利，促进进出口贸易发展。2016年，中行广西分行还分别向海关开出广西首笔企业一般认证信用保函、企业高级认证信用保函，为企业享受简化单证审核、优先办理进出口货物通关等便利措施提供支持。随着全国海关改革不断深入，中国银行将继续发挥保函业务的传统专业优势，以优秀的保函业务团队、丰富的保函业务经验、多样化的保函业务产品、优质高效的金融服务，积极配合海关总署提高贸易便利化、促进外贸稳增长的创新改革，助推企业更好更快发展。

3. 账户透支保函(Overdraft Guarantee)

账户透支保函即银行为了对外承包工程的公司开立透支账户所做的担保。承包公司在外施工时，常在当地银行开立账户，为了得到当地银行的资金融通，可以开立透支账户，在开立时提供银行担保，保证按规定向银行补足透支金额，否则由担保行代其补足。

账户透支保函的金额为透支契约规定的透支限额，有效期为承包工程结束日再加15天。

4. 保释金保函(Bail Guarantee)

保释金保函指担保人应国内船务公司或其他运输公司的申请为其保释因海上事故或其他原因而被扣留的船只或其他运输工具向当地法院出具的保证文件，保证船运公司按当地法院判决赔偿损失，否则担保行代为赔偿。

多用于海事纠纷或其他运载工具发生事故时，在确定责任前，当地法庭下令扣留船只或交通工具，须交保释金才能放行，这时可向法庭提交担保书，保证船方或运载公司按法庭裁决赔偿损失，否则由担保行赔偿，由此保函代替保释金。

保释金保函的金额视损失大小，由法庭确定；有效期为法庭判决日以后若干天。

保释金保函适用于船舶运输项下因船舶之间碰撞、船舶与码头相撞、发生海难事故、运输合同纠纷、船舶涉及走私等案件、租船费用纠纷以及货物装卸不力等海事纠纷而造成的船舶或财产被海事法院或海事仲裁机构扣押的情况。对于船东、船公司等申请人而言，可以避免船只或货物被长期扣押而无法投入运营所造成的机会成本，可以避免支付因船舶或财产被扣押而产生的各种费用和损失。对于法院或仲裁机构等受益人而言，避免判决或裁决无法执行的风险，保障了当事方的权益。

总体看来，银行保函主要用于设备进出口、承包工程或境外筹融资等比较广泛的需要。银行可提供的保函业务一般分为融资性保函和非融资性保函两大类。融资性保函主要包括融资担保、融资租赁担保、透支担保、延期付款担保等。非融资性保函主要包括投标担保、履约担保、预付款担保、进口付款担保等。

第三节 保函实务处理

一、办理保函的程序

(一)申请开立保函

申请人提出申请，并填写申请书。申请书是双方契约，也是法律依据。保函申请书主要内容有：①申请人名称、地址；②受益人名称、地址；③保函的类别、金额、币别、有效期；④开立方式；⑤开立保函的标的(相关协议、合同等名称、日期、码号等或有关商品名称、工程名称等)；⑥申请人责任保证；⑦申请人声明、担保行负责事项。

申请人还要按银行要求提供下列资料：①项目方的经年检的营业执照副本或其他有效证明、法人身份证明(委托代理人身份证明及相应书面授权委托书)副本、税务登记证副本等；②提供相关的保函格式并加盖公章；③对外担保主合同、协议或标书及有关交易背景资料；④担保涉及的事项按规定须事先获得有关部门批准或核准的，须提供有关部门的批准或核准文件；⑤项目方经会计(审计)师事务所审计的上两年财务报表及当期财务报表；⑥反担保措施证明文件；⑦银行要求的其他资料；⑧落实银行接受的担保，包括缴纳保证金、质押、抵押、第三方信用担保或其他方式作为担保、授信开立保函等。

(二)银行的审查及确定

银行收到申请和有关资料后，对申请人的合法性、财务状况的真实性、交易背景的真实性等进行调查，了解申请人的履约、偿付能力，向申请人做出正式答复。

银行审查主要从以下几个方面进行：①保函申请人的合法资格，立项手续是否齐全；②保函申请书填写是否完整、真实；③有关交易、项目的真实性、可行性。各种审批文件；合同章程、工程注册是否有效，引进的设备、技术是否确实需要，价格是否合理，投产后效益如何等；④调查申请人履约能力，申请人资产负债、效益、现金流量情况以及履行合同的能力，测算申请人是否有到期支付保函项下款项的能力；⑤调查外商资信、经营作风及类似事件等情况；⑥落实反担保或抵押物。调查反担保人资金实力与资信情况，了解抵押物的所有权、可转让性、实际价值等;⑦其他有关事项。

(三)开立保函

银行同意开立保函后,与申请人签订"开立担保协议",约定担保种类、用途、金额、费率,担保有效期,付款条件,双方的权利、义务,违约责任和双方认为需要约定的其他事项;对于需提供反担保的,还应按银行要求办理反担保手续。

开立保函时,语句一定要明确,不应含糊其辞。如果保函格式是国外受益人出具的,对其中不利和无理条款应加以限制。经客户、外汇管理部门、开户行确认,确保申请人、受益人、担保行都无异议,并且保函本身没有漏洞,由担保行的有权签字人签字,签字后即正式生效。然后开出保函,分电开与信开两种。

(四)保函的修改

保函均是不可撤销的,修改时,须经有关当事人同意,任何一方单独修改都是无效的。修改在申请人与受益人一致同意后,申请人向原担保行提出修改申请,银行同意修改后向受益人发修改电函。

(五)保函的后期管理

保函生效后担保行还要进行有效管理工作。根据客户的重大情况变化,对客户档案进行动态维护;对保函业务档案进行集中保管,及时清查,确保业务档案真实反映业务处理的全过程。

(1) 了解保函开出后对方是否收到,如未收到应查询,要求对应受到后电函通知。
(2) 随时了解项目进展情况。
(3) 督促申请人按安排好的计划执行合同。
(4) 及时向申请人计收担保费和手续费。
(5) 项目完成,担保责任到期,要求受益人将保函正本退回,及时核销,并恢复保函申请人相应的授信额度或退还相应保证金。
(6) 如果申请人违约,受益人交来证明材料,要仔细审核,符合要求即进行赔付。

二、保函的业务程序

(一)直接(三方)保函业务程序

直接保函是申请人(委托人)委托其当地的银行(委托人的往来银行)直接开立保函给国外的受益人。担保行可以直接把保函寄给受益人,或者委托担保行在受益人所在国家的代理行通知或转递给受益人。如果发生索赔,受益人提交书面索赔书(Written Demand for Payment)及书面违约声明(Written statement of Principals Breach/Default)给担保行,审核相符后,既进行赔付,然后担保行向申请人转递单据并索赔,申请人进行赔偿。直接保函的业务程序如图8-1所示。

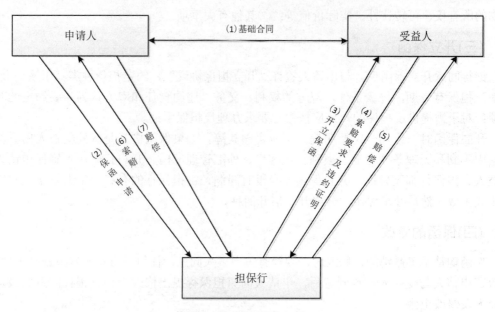

图 8-1 直接保函的业务程序

主要业务程序步骤解释如下。
(1) 申请人与受益人之间订立基础合同。
(2) 开立保函申请书及赔偿担保合同。
(3) 担保行接受申请开立保函。
(4) 如果申请人没有履行基础合同,受益人提交索款要求及违约证明。
(5) 赔偿付款。
(6) 向申请人转递单据并索赔。
(7) 申请人赔偿担保行。

直接保函中,委托人与受益人之间是由基础经济合同(Underlying Contract)确立的合同关系,委托人与担保行之间是由赔偿担保合同(Counter Indemnity Contract)或偿付合同(Reimbursement Contract)确立的合同关系,担保行与受益人之间是由保函(Guarantee)确立的合同关系。

(二)间接(四方)保函业务程序

间接保函中,申请人的往来银行不能直接开出保函,只能作为指示人(反担保人)指示受益人当地的银行凭其反担保向收益人开立保函。发生索赔时,受益人凭索赔书及违约声明向担保行索赔,担保行审核符合要求立即赔付,担保行再向指示人转递单据并索赔,指示人再向委托人转递单据并索赔。间接保函的业务程序如图 8-2 所示。

间接保函中,委托人与受益人之间是由基础经济合同确立的合同关系,委托人与指示人之间是由赔偿担保合同或偿付合同确立的合同关系,指示人与担保行之间是由反担保函(Counter Guarantee)确立的合同关系,担保行与受益人之间是由保函确立的合同关系。

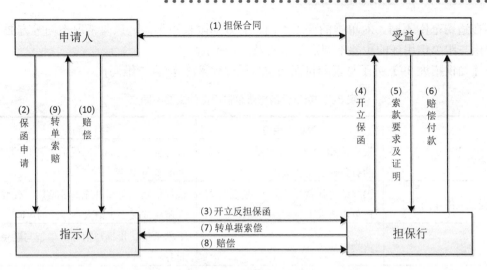

图 8-2　间接保函的业务程序

主要业务程序步骤解释如下。
(1) 申请人与受益人之间订立基础合同。
(2) 开立保函申请书及赔偿担保合同。
(3) 开立反担保函。
(4) 开立保函。
(5) 索款要求及违约证明。
(6) 担保行赔偿付款。
(7) 转递单据并索赔。
(8) 指示人赔偿付款。
(9) 转递单据并索赔。
(10) 申请人赔偿。

三、关于保函的转让

保函一般是不可转让的，但对一些金额大、性质特殊的可以转让，如船舶定金保函。转让有两种含义：①权利转让，将索赔权利让渡给第三者；②项目转让，仍有原受益人向担保行提出索赔。

保函转让时最好由担保行直接开给受益人，不要由其他银行转开，但有些国家法律上规定保函必须由受益人所在地银行开立，方便索赔。这样我方银行开出的保函必须由当地银行转开，转开后增加了费用和风险，当地银行与受益人会串通一气联合欺诈，实际中需认真研究方可办理，防范风险。

四、跟单信用证与银行保函的比较

银行保函与信用证有相同之处，但又有所不同。相同之处是银行保函和跟单信用证均属银行信用，都规定有确定金额限制、有效期限和保付条款等。银行保函与信用证的不同主要在适用范围不同、对单据的要求不同、有效期限长短不同、风险情况不同等方面。银行保函与跟单信用证的主要不同点总结如表 8-1 所示。

【知识拓展 39】关于见索即付保函与从属性保函(扫前言二维码)

表 8-1 银行保函与跟单信用证的主要不同点

	跟单信用证	银行保函
基本定义	银行应申请人要求向受益人开立的有条件的付款承诺	银行应申请人要求向受益人开立的有条件的支付担保
对受益人的作用	银行信用代替商业信用,使受益人避免申请人不付货款的风险	银行信用代替或补充商业信用,使受益人避免或减少申请人不履约的风险
使用范围	货物贸易	工程承包、投标与招标、借贷与融资等业务
银行付款责任性质	开证行负第一性付款责任	担保行有时负第一性付款责任,有时负第二性付款责任
银行是否一定付款	信用证一经开出,开证行必须凭单付款	保函开出后,担保行并非每次都付款,申请人未尽到责任时,才付款
期限不同	即期或半年以内的远期,凭单付款的付款保证	期限任意的付款(保证)、还款、赔款保证
对单据的要求	单据为货运单据,是付款的主要依据,所付款是货款	单据不是货运单据,只是一些证明文件,所付款不一定是货款
融资作用	对受益人有明显的资金融通作用	对受益人资金融通作用不明显
失效期	有确定的失效期	多数无确定的失效期
风险情况	开证行掌握物权单据,风险损失较小,收费较保函少	担保行不掌握物权单据,风险较大,收费较信用证高

第四节 备用信用证

一、备用信用证的产生与概述

作为信用证的一个分支,备用信用证最早产生于 19 世纪的美国。传统的银行保函有可能使银行卷入商业纠纷,美、日等国的法律禁止银行开立保函,为与外国银行竞争,达到为客户担保之目的,美国银行在"二战"后开始广泛采用备用信用证的形式(实际上属于保函性质的支付承诺),对国际经济交易行为提供担保。随着银行保函在应用中性质的变化,特别是 1992 年国际商会《见索即付保函统一规则》的公布,银行保函和备用信用证的内容和作用已趋一致,所不同的只是两者遵循的惯例不同。时至今日,虽然美国限制商业银行开立保函的法律早已取消,但由于备用信用证具有独立性、单据化和见索即付的特点,在处理具体业务时又可根据《UCP600》办理,因此较保函而言,备用信用证较易为银行和进出口商所接受,不仅在美国沿用至今,而且在世界范围也得到了广泛应用。

第八章 银行保函和备用信用证

备用信用证，简称 SBLC (standby letters of credit)，又称担保信用证，指开证行根据开证申请人的请求对受益人开立的承诺承担某项义务的凭证。备用信用证是指不以清偿商品交易的价款为目的，而以贷款融资，或担保债务偿还为目的所开立的信用证，即开证行保证在开证申请人未能履行其义务时，受益人只要凭备用信用证的规定，并提交开证人违约证明，即可取得开证行的偿付。对受益人来说是备用于开证人违约时，取得补偿的一种方式。

由于备用信用证具有商业跟单信用证的特点，即开证行承担第一性的付款责任、凭单付款、信用证不受基础合同的约束，所以，自 1984 年《UCP400》中已经写明"本惯例适用于备用信用证"。1992 年《见索即付保函统一规则》明确担保行承担独立的付款承诺、凭单付款、保函独立于基础交易。这样，银行保函和备用信用证成为名称不同、实质相同的信用担保金融工具。1995 年联合国颁布《独立保函和备用信用证的联合国公约》(United Nations Convention on Independent Guarantee and Standby Letters of Credit, New York, 11 Dec. 1995)，把独立保函和备用信用证并列。《UCP500》也规定："本惯例适用于备用信用证。"由于商业信用证与备用信用证的业务性质有差异，商业跟单信用证统一惯例条文有许多不适用于备用信用证，如《UCP500》的第 17 条"不可抗力"、第 19 条"银行间偿付"、第 23～30 条"运输单据"、第 31～33 条"运输事项"、第 33～36 条"保险单据"、第 38 条"其他单据"、第 41 条"分期装运"、第 43 条"到期日的限制"、第 48 条"可转让信用证"。为此，1998 年 4 月 6 日，在美国国际金融服务协会、国际银行法律与实务学会和国际商会银行技术与实务委员会的共同努力下，《国际备用信用证惯例》(International Standby Practices，简称 ISP98，为国际商会第 590 号出版物)终于公布，并于 1999 年 1 月 1 日起正式实施，备用信用证终于有了自己的国际规范文件。

二、备用信用证的定义

国际商会第 515 号出版物《国际商会跟单信用证操作指南》对备用信用证的界定是：备用信用证是一种跟单信用证或安排，它代表了开证行对受益人的以下责任，不管其称谓或代表方式如何：①偿还开证申请人的借款，或预付给申请人，或记在申请人账户的款项；②支付由申请人承担的任何债务；③支付由开证申请人违约所造成的任何损失。

《独立保函和备用信用证的联合国公约》给出的"备用信用证"定义为："备用信用证是一种承诺，这种承诺是独立地承担责任，在国际惯例中被认为是备用信用证(或是独立保函)，由银行或其他机构或个人(担保人/开立人)开立，凭着简单索款要求或伴随其他单据，与承诺条款及任何单据条件相符，向受益人支付一定的或确定的金额，表明或推断付款是应该支付的，因为违背了应履行的责任，或因为另一个偶然的事故，或因为借款或预付款项，或因为任何由于委托人/申请人或其他个人承担责任的到期。"所谓承诺的独立性即指备用信用证的开证人对受益人的责任不受没有出现在备用信用证上面的条款或条件的约束，或不受任何将来的、不确定的行为或事件的约束。

《ISP98》没有给备用信用证下一个定义，只是界定"备用信用证在开立后即是一项不可撤销的、独立的、要求单据的、具有约束力的承诺"。备用信用证的"承诺书"范围很大，包括了"独立承诺书"的备用信用证和非独立的一些从属性承诺书。

实际应用中多数人认为备用信用证是指开证行根据开证申请人的请求对受益人开立的

承诺承担某项义务的凭证。即开证行保证在开证申请人未能履行其应履行的义务时,受益人只要凭备用信用证的规定,向开证行开具汇票(或不开汇票),并提交开证申请人未履行义务的声明或证明文件,即可取得开证行的偿付。

备用信用证对受益人来说是备用于开证申请人发生毁约时,取得补偿的一种方式。如果开证申请人按期履行合同的义务,受益人就无须要求开证行在备用信用证项下支付货款或赔款。所以称作"备用"(standby)的信用证。由于备用信用证所具有的担保性质,所以有时也称作担保信用证(Guarantee L/C)。备用信用证集担保、融资、支付及相关服务为一体,用途广泛及运作灵活,在国际商务中得以普遍应用。

三、备用信用证的性质

备用信用证是不可撤销的、独立的、跟单的,并具有强制约束力的一种承诺。

1. 不可撤销性

《ISP98》的1.06条款明确规定:"备用证在开立后即是一个不可撤销的、独立的、跟单的及具有约束力的承诺,并且无须如此写明。因为备用证是不可撤销的,除非在备用证中另有规定,或经对方当事人同意,开证人不得修改或撤销其在该备用证下之义务。"如果备用证是依据《UCP600》开立的,一定是不可撤销的。

2. 独立性

备用信用证承袭了跟单信用证的独立性原则:独立于交易合同之外,不受基础合同的约束。备用信用证是一种独立于基础合同的担保,担保人必须是非合同当事人的身份。备用信用证的独立性在开证人、受益人、申请人的关系中也得到了体现,《ISPB98》的1.07条款明确规定:"开证人对受益人的义务,不受任何适用的协议、惯例和法律下开证人对申请人的权利和义务的影响。"

备用证下开证人义务的履行是独立的,并不取决于:①开证人从申请人那里获得偿付的权利和能力;②受益人从申请人那里获得付款的权利;③备用证中对任何偿付协议或基础交易的援引;④开证人对任何偿付协议或基础交易的履约或违约的了解与否。

3. 跟单性

单据化是备用证独立性的具体表现。开证人的义务要取决于单据的提示,以及对所要求单据的表面审查。这一点与一般跟单信用证是一致的。所以说,备用信用证一定是"跟单信用证"。

4. 强制性

《ISP98》的1.06条款明确规定:"备用证和修改在开立后即具有约束力,无论申请人是否授权开立,开证人是否收取了费用,或受益人是否收到或因信赖备用证或修改而采取了行动。它对开证行都是有强制性的。"《ISP98》的2.03条款关于开证条件还有明确的规定:"一旦备用证脱离开证人控制,即为已开立;除非其中清楚注明该备用证尚未"开立"或不具有"可执行性"。声明备用证不是"可使用的""生效的""有效的"(available, operative, effective)或类似意思,并不影响在它脱离开证人控制后的不可撤销性和约束力。

四、备用信用证的种类

备用信用证的使用范围很广,前面所述的各种银行保函都可采用备用信用证的形式开出。备用信用证一般用在投标、技术贸易、补偿贸易的履约保证、预付货款和赊销等业务中,也有用于带有融资性质的还款保证。近年来,有些国家已开始把备用信用证用于买卖合同项下货款的支付。

备用信用证种类很多,根据在基础交易中备用信用证的不同作用主要可分为以下几类。

(1) 履约备用信用证(Performance Standby L/C),用于担保履行责任而非担保付款,支持一项非款项支付的履约义务,包括对申请人在基础交易中违约所造成的损失进行赔偿的保证。在履约备用信用证有效期内如发生申请人违反合同的情况,开证人将根据受益人提交的符合备用信用证的单据(如索款要求书、违约声明等)代申请人赔偿保函规定的金额。

(2) 投标备用信用证(Tender Bond Standby L/C),用于担保申请人中标后执行合同的责任和义务,支持申请人中标后履行合同的义务。如果投标人未能履行合同,开证人须按备用信用证的规定向受益人履行赔款义务。投标备用信用证的金额一般为投保报价的1%~5%。

(3) 预付款备用信用证(Advance Payment Standby L/C),用于担保申请人对受益人的预付款所应承担的责任和义务,支持申请人收到受益人预付款后所承担的义务。预付款备用信用证常用于国际工程承包项目中业主向承包人支付的合同总价10%~25%的工程预付款,以及进出口贸易中进口商向出口商的预付款。

(4) 反担保备用信用证(Counter-Guarantee Standby L/C),又称对开备用信用证,支持反担保备用信用证受益人所开立另外一个单独的备用信用证或其他承诺。

(5) 融资备用信用证(Financial Standby L/C),传统的融资备用信用证指开证行担保借款人到期还款,如果借款人不还款则由开证行负责还款,属于违约型的备用信用证。现在发展为"支持一项付款的义务,包括保证对借款偿还义务的任何证明性文件",此种备用信用证保证在到期日时,不论借款人是否违约,都由开证行直接付款。目前我国外商投资企业用以抵押人民币贷款的备用信用证就属于融资保证备用信用证。

(6) 直接付款备用信用证(Direct Payment standby L/C),用于担保到期付款,特指到期没有任何违约时支付本金和利息,这种信用证已经打破了备用信用证不用于传统担保的性质,主要用于担保企业发行债券或订立债务契约时的到期支付本息义务。

(7) 保险备用信用证(Insurance Standby L/C),支持投保人的保险或再保险义务。

(8) 商业备用信用证(Commercial Standby L/C),传统的商业备用信用证是在买方违约不付货款的情况下,开证行保证付款,属于违约付款型的备用信用证。现在的商业备用信用证发展为直接付款型的,不涉及买方是否违约,属于直接付款型备用信用证。

备用信用证已发展成一种全面的金融工具,其应用范围比一般的见索即付保函更为广泛,因此备用信用证用于支持委托人的融资和非融资性契约责任,并提高这种第一性资金保证的信用等级。

案例 8-7

2011 年 2 月 17 日，河北开元房地产开发股份有限公司(下简称"开元公司")与渣打银行北京分行(下称"渣打北京分行")签订《非承诺性融资协议》，约定渣打北京银行为开元公司提供美元 6000 万元融资，开具以渣打银行香港有限公司(下称"香港渣打")为受益人的美元备用信用证以使 Honest Best 公司获得资金。同日，开元公司与渣打北京分行签订《质押合同》，约定开元公司以三年期定期存单为渣打北京分行提供质押。2011 年 2 月 22 日，开元公司在渣打北京分行开户存入保证金人民币 39600 万元，年利率 4.5%，存期 3 年，并将存单交予渣打北京分行。同日，开元公司提交《备用信用证申请表》，渣打北京分行开立备用信用证，受益人为香港渣打，担保境外 Honest Best 公司从香港渣打融资，有效期至 2014 年 3 月 21 日，金额为美元 6000 万元，并注明：除有特别说明，此信用证遵从《UCP600》。

2012 年 2 月 2 日和 4 月 13 日，受益人香港渣打两次以 Honest Best 公司未能支付贷款为由，要求渣打北京分行偿付 6000 万美元。之后，渣打北京分行以开元公司质押款项向香港渣打偿付欠款，并以央行活期存款年利率 0.5%向开元公司支付存单利息。开元公司诉至法院，请求渣打北京分行支付其定存本金利息损失 17738771.77 元。试分析：(1)渣打北京分行是否可以用质押款项向香港渣打偿付。(2)渣打北京分行向开元公司支付存单活期利息是否合理。

案例分析：

(1) 渣打北京分行可以用质押款项向香港渣打偿付。开证行只需根据备用信用证中的条款和受益人提交的与备用信用证条款相符的索赔要求履行相应义务。本案中，开元公司与渣打北京分行之间签订的《非承诺性融资协议》以及 Honest Best 公司与香港渣打之间的贷款关系，均是涉及备用信用证产生的原因，但其间是否存在违约等情形并不影响开证行渣打北京分行履行备用信用证项下的偿付义务。在受益人香港渣打提出与备用信用证条款符合的索偿要求时，开证行渣打北京分行应当根据备用信用证条款履行付款义务。因此，渣打北京分行以开元公司提供的质押存单向香港渣打履行付款义务，符合《UCP600》规定及双方约定。

(2) 质押的定期存单以活期存款利率结算利息是合法的。中国人民银行《人民币单位存款管理办法》第十三条规定："单位定期存款可以全部或部分提前支取，但只能提前支取一次。全部提前支取的，按支取日挂牌公告的活期存款利率计息……"本案中，渣打北京分行按照约定以开元公司提供的质押存单向香港渣打履行付款义务时，将开元公司三年定期存款 39600 万元进行全部提前支取，并按照支取日央行挂牌公告的活期存款利率 0.5%向开元公司支付利息 2038545.06 元，符合法律规定。

五、备用信用证的单据

《ISP98》对备用信用证的单据界定是广义的，可以是汇票、索偿书、投资证明、违约证明、发票以及其他法律或司法文件等。这些单据可以是纸质的，也可以是电子的，但都必须是可以提交的、可以审核的、开证人或指定人可以用来赖以支付的凭证。备用信用证的单据大体可以有以下几类。

第八章 银行保函和备用信用证

1. 可流通的单据

备用信用证要求提交可流通的金融单据(Negotiable documents)，包括本票、可流通的汇票、投资证券等，它们是付款给来人或付款给一个特定人的指定人(Payable to the bearer or the order of a specified person)的，采用背书和交付可以流通转让的。

2. 违约或其他提款事由的声明

如果备用信用证要求一份关于违约或其他提款事由的声明(Statement of default or other drawing event)、证明或其他陈述，但没有指明具体内容，则如果单据中包括以下内容，该单据就是相符的。①陈述，由于备用证中规定的提款事由已经发生，应该付款；②单据出具日期和受益人的签名。

3. 索款要求(书)

索款要求(Demand for payment)是基于备用证条款，要求承付备用证的"请求"而构成这一"请求"的单据。索款要求无须与受益人的声明(Beneficiary's statement)或其他要求的单据分离开来，只要"索款要求"由另一"声明"单据中暗指即可。如果要求单独的"索款要求"，它必须含有① 受益人向开证人或指定人的索款要求；② 索款金额；③ 受益人的签名等。这种索款要求可以是汇票或其他指示、命令或付款请求，如果备用信用证要求提示"汇票"，则该汇票无须是可流通的形式，除非备用证另有说明。

《ISP98》项下的备用证都是"跟单"的，其第4.08条款特别声明，即使备用信用证没有要求其他单据，仍应该视为在索偿时必须提交单据化的索款书，"索款书"这个单据是不可缺少的。

4. 法律或司法文件

①如果备用信用证要求提示政府出具的文件、法院命令、仲裁裁决书或类似的文件，则一份文件或其副本被认为是相符的，看起来是由政府机构、法院、仲裁庭或类似机构出具的；②有适当的称号或名称；③经过签署的；④注明日期；⑤经政府机构、法院、仲裁庭或类似机构的官员对该单据做出了原始证明或证实。

5. 其他单据

如果备用信用证要求备用证规则中未规定内容的单据，而没有指明其出单人，数据内容或措辞，且如果该单据看起来有合适的名称或达到了标准备用证惯例下该种单据类型的功能，该单据即为相符。

6. 受益人声明举例

1) 借款担保

本国企业向外国银行借款，可请求本国银行开立以外国贷款银行(Lender)为受益人、借款人(Borrower)为申请人的备用信用证作为担保品，万一借款人到期不能还款。贷款银行可按照备用信用证开立汇票和出具声明书，向开证行收回贷款本息。声明书用词常用的有：

(1) Beneficiary's sighed statement in duplicate certifying that (name of borrowers) have failed to make repayment on or before the due date on the loan referred to below made to them by

the beneficiary and that the amount drawn represents unpaid principal and accrued interest as agreed upon.

(2) Beneficiary statement certifying that the amount drawn hereunder represents and covers the unpaid indebtedness due to your bank on or before (date) by (name of borrower).

(3) Your (beneficiary) signed statement certifying that the amount drawn hereunder represents and covers the unpaid indebtedness and interest thereon duo to you arising out of your granting general banking facilities to (name of borrower).

2) 履约担保

在工程项目中，投标人中标后就是承包人，应与工程业主签订合同，并向业主提供履约的银行担保，即备用信用证，以保证承包人如不履行合同规定的责任和义务，开证行就按信用证金额偿付受益人因此而受到的损失。声明书用词常见有：

(1) Beneficiary signed statement certifying that (name of applicant) has defaulted in the performance of the terms and conditions of its Agreement with you (beneficiary) dated＿＿＿.

(2) Beneficiary written statement certifying that (name of applicant) has failed to carry out the terms and conditions of contract No.＿＿＿＿, and a writer statement by Mr.＿＿＿certifying that the terms and conditions of the above mentioned contract has not been met.

案例 8-8

中国 A 公司(申请人)向中国大连甲银行(开证行)申请开具金额为 50 万美元的远期备用信用证，用于购买汽车，受益人为香港 T 公司。A 公司同时向甲银行提交了合同和备用信用证格式，并交付了全额保证金。银行经办员在审核申请资料时，确认基础合同系申请人与受益人共同签署，其中约定"T 公司保证在收到开证行开出的备用信用证后，立即发货，买方一年后付款，不计利息"，但 A 公司提供的备用证格式存在以下疑点。

(1) 所提供的格式样本(据称系香港乙银行样本)中，申请人和受益人分别是 T 公司和香港丙银行，而非 A 公司和 T 公司。

(2) 责任条款是开证行保证 T 公司向丙银行归还贷款，而不是保证 A 公司付款。于是，甲银行提醒 A 公司注意，并提供了专门作为付款保证的备用信用证格式给 A 公司参考，但 T 公司拒绝接受，并称"此格式在香港不能使用"，坚持要求按原提供的格式开具，而且必须开给丙银行，否则将解除买卖合同。甲银行遂设法调查受益人资信情况，获悉 T 公司曾有利用备用信用证诈骗供货商商品和买方定金的前科，又经查证，申请人提供的备用信用证样本也并非香港乙银行使用。A 公司遂拒绝与 T 公司合作，因此避免了损失。

案例分析：

(1) 受益人欺诈是备用信用证中最常见的欺诈情形。本案中受益人 T 公司利用了其在基础交易中的强势地位及申请人对备用信用证不甚熟悉的弱势，以违反正常规则的条件要求申请人开立备用信用证，因为银行的谨慎审核，申请人没有发生损失，但是也给国际贸易各参与主体敲响了警钟。

(2) 及时采取反欺诈措施：①重视资信调查。对申请人而言，应严格对受益人的资信进行调查。考察受益人资信要看其以往交易诚信与否，企业的规模和商界的地位，以往合作的表现，等等。可以通过银行、受益人所在国的资信评估机构、商会、行业协会或驻外机构等对其资信进行调查，并建立起完备档案，在安全的基础上争取最大利润。本案例中，申请人 A 公司只看到商业利益，但是并未考虑到交易对象的资信情况，但银行基于谨慎性原则主动进行了受益人资信调查，成功帮助 A 公司避免了商业风险，使可能发生的损失止步于资信调查；②严格设置和审核备用信用证条款。备用信用证基本担保条款应明确、全面，要明确备用信用证是使用的语言、格式、适用的法律和管辖法院、备用信用证的修改方式等。③如遭遇欺诈，及时向法院申请止付。

六、跟单信用证与备用信用证的比较

国际商会《UCP500》《UCP600》都将备用信用证包括在跟单信用证范畴内，可见备用信用证与跟单信用证有相同的特点，主要表现在：①备用信用证与跟单信用证的开证行所承担的付款义务都是第一性的；②均凭符合信用证规定的凭证或单据付款；③两者都是在买卖合同或其他合同的基础上开立的，一旦开立就与这些合同无关，成为开证行对受益人负责的一项独立的义务；④两者有许多相同的做法，如开证、通知、提示、转让、保兑、付款、议付、承担延期付款责任、承兑汇票等。

备用信用证与跟单信用证的不同之处主要有以下方面。

(1) 在跟单信用证下，受益人只要提交与信用证要求相符的单据，即可向开证银行要求付款。而在备用信用证下，受益人只有在开证申请人未履行义务时，才能行使信用证规定的权利，如开证申请人履行了约定的义务，则备用证就成为备而不用的文件。

(2) 跟单信用证一般只适用于货物的买卖；而备用信用证可适用于非贸易或贸易上的担保或融资方面，例如在投标业务中，可保证投标人履行其职责；在借款、垫款中，可保证借款人到期还款；在赊销交易中，可保证赊购人到期付款等。

(3) 跟单信用证一般以符合信用证规定的货运单据为付款依据；而备用信用证一般只凭受益人出具的说明开证申请人未能履约的证明文件，开证银行即保证付款。

(4) 跟单信用证付款条件是受益人的"履约"(单证一致)，备用信用证付款条件是申请人"没有履约"(即违约)。

(5) 跟单信用证主要单据是商业发票、运输单据，种类比较复杂；备用信用证主要单据是索款要求、违约或其他提款事由的声明，种类比较简单。

(6) 跟单信用证适用《UCP600》的全部条款条；备用信用证适用《ISP98》，或者也可适用《UCP600》的部分条款。

七、银行保函与备用信用证的比较

银行保函和备用信用证，虽然在定义的具体表述上有所不同，但总体说来，它们都是由银行或其他实力雄厚的非银行金融机构应某项交易合同项下的当事人(申请人)的请求或指示，向交易的另一方(受益人)出立的书面文件，承诺对提交的在表面上符合其条款规定的书面索赔声明或其他单据予以付款。国际经贸实践中的银行保函大多是见索即付保函，它吸收了信用证的特点，越来越向信用证靠近，使见索即付保函与备用信用证在性质上日趋相同。但是实务上，由于备用信用证已经发展到适用于各种用途的融资工具，包含了比银行保函更广的使用范围，而且备用信用证在运作程序方面比银行保函更像商业信用证，有许多备用信用证中的程序在银行保函中是不具备的，所以二者还是有较大区别的，具体表现在以下几个方面。

(1) 银行保函有从属性保函和独立性保函之分，备用信用证无此区分。

银行保函作为金融机构担保的一种，它与所凭以开立的基础合同之间的关系既可是从属性的，也可是独立的，是否独立完全由保函本身的内容确定；备用信用证作为信用证的一种形式，并无从属性与独立性之分，它具有信用证的"独立性、自足性、纯粹单据交易"的特点，受益人索赔时以该信用证约定的条件为准，开证行只根据信用证条款与条件来决定是否支付，而不考虑基础合同订立和履行的各种情况。

(2) 适用的法律规范和国际惯例不同。

银行保函适用各国关于担保的法律规范。由于各国关于保函的法律规范各不相同，到目前为止，没有一个可为各国银行界和贸易界广泛认可的保函国际惯例。银行独立保函可适用的国际规则有：国际商会制定的《见索即付保函统一规则》和联合国国际贸易法委员会制定的《联合国独立保证和备用信用证公约》。但前者尚未被世界各国广泛承认和采纳，而后者也只能对参加公约的国家生效，这在一定程度上阻碍了保函的发展。

备用信用证可适用国际规则主要有三个：《国际备用信用证惯例》(《ISP98》)；《跟单商业信用证统一惯例》(《UCP600》)；《联合国独立保证和备用信用证公约》(United Nations Convention on Independent Guarantees and Standby Letter of Credit)。如果备用信用证中指明同时适用《ISP98》和《UCP600》，根据《ISP98》第1.02条(b)款"在备用信用证也受其他行为规则制约而其规定与本规则相冲突时，以本规则为准"的规定，《ISP98》的条款应优先适用。关于《ISP98》与《联合国独立保证和备用信用证公约》的关系，《ISP98》在制定时已经充分注意到与《公约》的兼容，而且《公约》的适用不是强制性的，因而两者一般不会有冲突。如果备用信用证中规定同时适用《公约》和《ISP98》，那么，《ISP98》并不能优先适用，因为对于缔约国的当事人而言，《公约》相当于法律，根据《ISP98》第11.02(a)款"本规则对适用的法律进行补充，只要不被该法律禁止"的规定，《公约》应该优先适用。

(3) 开立方式不同。

备用信用证的开证行开立信用证，通过受益人当地的代理行(即通知行)转告受益人，通知行需审核信用证表面真实性，如不能确定其真实性，有责任不延误地告之开证行或受益人。

银行独立保函的开立可以采取直接保函和间接保函两种方式。如果采取直接保函方式，担保行和受益人之间的关系与备用信用证开证行和受益人的关系相同，但《见索即付保函统一规则》对通知行没有做出规定，因此银行独立保函可由担保银行或委托人直接递交给受益人；如果担保行通过一家代理行转递，则按常规，这家转递行就负责审核保函签字或密押的真实性。如果采取间接保函的方式，委托人(即申请人)所委托的担保行作为指示方开出的是反担保函，而作为反担保函受益人的银行(受益人的当地银行)再向受益人开出保函并向其承担义务，开立反担保函的指示方并不直接对受益人承担义务。

(4) 生效条件不同。

按照英美法系的传统理论，银行提供独立保函必须有对价才能生效，但开立备用信用证则不需要有对价即可生效。

(5) 兑付方式不同。

备用信用证可以在即期付款、延期付款、承兑、议付 4 种方式中规定一种作为兑付方式，而银行独立保函的兑付方式只能是付款。相应地，备用信用证可指定议付行、付款行等，受益人可在当地交单议付或取得付款；银行独立保函中则只有担保行，受益人必须向担保行交单。

(6) 融资作用不同。

备用信用证适用于各种用途的融资：申请人以其为担保取得信贷；受益人在备用信用证名下的汇票可以议付；以备用信用证作为抵押取得打包贷款；银行还可以没有申请人而自行开立备用信用证，供受益人在需要时取得所需款项。而银行独立保函除了借款保函的目的是以银行信用帮助申请人取得借款外，不具有融资功能，而且不能在没有申请人(委托人或指示方)的情况下由银行自行开立。

(7) 单据要求不同。

备用信用证一般要求受益人在索赔时提交即期汇票和证明申请人违约的书面文件。银行独立保函则不要求受益人提交汇票，但对于表明申请人违约的证明单据的要求比备用信用证下提交的单据要严格一些。例如，受益人除了提交证明申请人违约的文件外，还需提交证明自己履约的文件，否则，担保行有权拒付。

【知识拓展 40】(扫前言二维码)

本 章 小 结

与跟单信用证比较，银行保函具有使用范围更广、更加灵活等许多优点，在国际工程承包，对外付款担保、责任担保，特殊商品进出口，特殊贸易(如三来一补业务)及其他经济往来等领域都有广泛的应用。区别于其他机构做出的担保，银行开出的保函称为银行保函，银行保函包括直接保函和间接保函，实际使用的保函大多是见索即付保函，国际商会制定的《见索即付保函统一规则》(《URDG758》)规范了银行保函的使用及操作规范。

备用信用证是具有信用证格式、保函作用的备而不用的信用证，它的产生弥补了一些国家国际结算方式的某种缺陷。备用信用证有着相当广泛的应用，如履约备用信用证、投标备用信用证、预付款备用信用证、反担保备用信用证、融资备用信用证、直接付款备用信用证、保险备用信用证等。《国际备用信用证惯例》(《ISP98》)与《跟单信用证统一惯例》(《UCP600》)互相配合，全面地规范了备用信用证实务操作。

复习思考题

一、名词解释

银行保函、反担保函、独立性保函、从属性保函、备用信用证

二、选择题

1. 开立保函申请书是(　　)代表了一定的法律义务和责任划分的书面文件。

　　A. 申请人与担保行之间　　　　　B. 申请人与通知行之间

C. 申请人与受益人之间　　　　　D. 担保行与转递行之间

2. 以下不属于保函申请人的主要责任是(　　)。
   A. 严格按照合同的规定履行自己义务,避免保函项下发生索偿和赔偿
   B. 索偿时应按保函规定提交符合要求的索偿证明或有关单据
   C. 承担保函项下的一切费用和利息
   D. 在担保行认为必要时,预支担保保证金,提供反担保

3. 卖方或承包方(申请人)委托银行向买方或业主(受益人)出具的,在不能履约时保证退还与预付款等额的款项,或相当于合约尚未履行部分相应比例的预付金款项的保函,称为(　　)。
   A. 维修保函　　　B. 履约保函　　　C. 保留金保函　　　D. 预付款保函

4. 备用信用证的基本当事人不包括(　　)。
   A. 开证行　　　B. 担保行　　　C. 受益人　　　D. 开证申请人

5. 以下不属于银行保函和跟单信用证相同点的是(　　)。
   A. 两者都是由银行做出的承诺
   B. 两者形式相似
   C. 两者都是单据化业务
   D. 银行对单据的审核责任都仅限于表面相符

6. 在下列当事人中,(　　)是备用信用证的第一付款人。
   A. 开证行　　　B. 议付行　　　C. 开证申请人　　　D. 通知行

7. 保函项下担保权益的享受者,也就是有权按保函规定通过提交某种单据或声明向担保行索取款项的人,是保函的(　　)。
   A. 申请人　　　B. 担保行　　　C. 受益人　　　D. 反担保行

8. 在下列哪种情况下,往往不需要保兑行?(　　)
   A. 担保行信誉、资金实力较差　　　B. 申请人信誉、资金实力较差
   C. 担保行处于外汇紧缺的国家　　　D. 担保行处于政治、经济局势动荡的国家

9. 投标保函的申请人是(　　)。
   A. 招标国政府　　　B. 招标人　　　C. 投标人　　　D. 中标人

10. 下列不属于进口类保函的是(　　)。
    A. 付款保函　　　B. 租赁保函　　　C. 提货保函　　　D. 质量保函

11. 由于担保人和受益人位于不同的国家和地区,通常选择(　　)所在地的一家银行作为通知行。
    A. 受益人　　　B. 担保人　　　C. 进口商　　　D. 中间商

12. 延期付款保函适用于(　　)的进出口。
    A. 服装类商品　　　B. 玩具类商品　　　C. 加工类商品　　　D. 机械设备

13. 备用信用证最早产生于(　　)。
    A. 日本　　　B. 英国　　　C. 美国　　　D. 澳大利亚

14. 保函失效的几种方式不包括(　　)。
    A. 已过保函约定的固定到期日　　　B. 申请人确认失效
    C. 受益人确认失效　　　D. 保函退回

15. 银行在转开国外代理行保函时，要求其反担保函的期限与银行开出保函期限的关系是( )。

A. 反担保函的期限大于银行开出保函期限
B. 反担保函的期限小于银行开出保函期限
C. 反担保函的期限等于银行开出保函期限
D. A 或 C

三、简述题

1. 简述银行保函的主要种类。
2. 简述银行保函当事人及其关系。
3. 比较跟单信用证与银行保函。
4. 比较银行保函与备用信用证。
5. 结合程序框图说明直接保函的业务流程。
6. 结合程序框图说明间接保函的业务流程。

四、案例分析

1. 有一份备用信用证，其中规定受益人提出赔款时，必须提交一份有关申请人未能在20××年10月到12月之间交货的违约声明。备用信用证的有效期为20××年12月31日。受益人便在次年1月1日向开证行提交违约声明，但遭到开证行拒付。

试分析：(1)开证行拒付是否合理。(2)为什么会出现这样的状况？

2. 20××年，保函申请人甲公司参加法国乙公司(受益人)的购买设备投标，要求国内 A 银行(担保人)向乙公司出具投标保函。保函这样规定了有效期：保函将在投标生效后的 30 天有效，并且可依受益人所要求的期限而展期，如果担保人未能或不愿意办理展期，则担保人承诺立即向受益人赔付保函的担保金额。银行未修改保函条款，也未审查招标文件，便出具了保函。

然而，由于乙公司一直无法落实购买设备的资金，开标后难以定标，在原标有效期届满之前，乙公司延长了招标有效期，同时要求甲公司延长投标保函有效期。因为 A 银行出具的保函做出了"要么展期、要么赔款"的保证，无奈只能办理展期，使保函有效期一拖再拖。随着国际市场的变化，甲公司以无法按原报价进行交易，否则亏损将超过保函项下的赔付，最终选择了不再展期保函，进行赔付，被迫向 A 银行交了保函金额的款项，A 银行进行了赔付。

试分析：(1)甲公司最终无奈赔付的主要原因。(2)甲公司和 A 银行在此次投标保函项目的主要失误。

chapter8 银行保函.pptx

本书复习思考题答案.docx

参 考 文 献

[1] 1882 年英国票据法《BILLS OF EXCHANG ACT》
[2] 1930 年，日内瓦国际票据会议，《日内瓦统一汇票、本票法公约》；1931 年《日内瓦统一支票公约》
[3] 2004 年 8 月 28 日，中国人民银行，《中华人民共和国票据法》修订本
[4] 1996 年 1 月 1 日，国际商会，《托收统一规则》(URC522)
[5] 2007 年 7 月 1 日，国际商会，《跟单信用证统一惯例》(UCP600)
[6] 2013 年 4 月 17 日，国际商会，《审核跟单信用证项下的单据的国际标准银行实务》(ISBP745)
[7] 2010 年 7 月 1 日，国际商会，《见索即付保函统一规则》(URDG758)
[8] 1999 年 1 月 1 日，国际商会，《国际备用信用证惯例》(ISP98)
[9] 1995 年 12 月 11 日，《联合国独立保证和备用信用证公约》
[10] 1988 年 5 月 28 日，国际统一私法协会《国际保付代理公约》
[11] 1990 年 6 月，国际保理商联合会，《国际票据与支付方式——国际保付代理业务惯例规则》
[12] 苏宗祥，徐捷. 国际结算[M]. 6 版. 北京：中国金融出版社，2015.
[13] 徐进亮. 国际结算惯例与案例[M]. 北京：对外经济贸易大学出版社，2007.
[14] 陈国武. Understanding UCP600[M]. 天津：天津大学出版社，2007.
[15] 王益平. International Payment and Settlements[M]. 北京：清华大学出版社，北京交通大学出版社，2004.
[16] 孙莹. 国际结算[M]. 3 版. 厦门：厦门大学出版社，2017.
[17] 卓乃坚. 国际贸易结算及其单证实务[M]. 2 版. 北京：北京大学出版社，2015.
[18] 赵薇. International Settlement And Finance[M]. 杭州：东南大学出版社，2015.
[19] 刘阳. 国际结算实务案例精析 2016[M]. 上海：上海远东出版社，2016.
[20] 徐进亮，何鑫. 银行保函与备用信用证及案例分析[M]. 北京：对外经济贸易大学出版社，2014.
[21] 庞红，尹继红，沈瑞年. 国际结算[M]. 5 版. 北京：中国人民大学出版社，2016.
[22] 徐捷. 国际贸易融资实务与案例[M]. 2 版. 北京：中国金融出版社，2017.
[23] 阎之大. 新 ISBP 解读与例证[M]. 香港：中国文献出版社，2013.
[24] 孟祥年. 外贸单证实务 Foreign Trade Documents Practice)[M]. 2 版. 北京：对外经贸大学出版社，2015.
[25] 聂清，舒红. 国际贸易单证理论与实务[M]. 2 版. 北京：对外经济贸易大学出版社，2016.
[26] 许南. 国际结算案例与分析[M]. 北京：中国人民大学出版社，2015.
[27] 辛立秋. 国际结算：理论、实务与案例[M]. 北京：人民邮电出版社，2017.
[28] 刘卫红，尹晓波. 国际结算[M]. 2 版. 大连：东北财经大学出版社，2015.
[29] 梁琦. 国际结算[M]. 3 版. 北京：高等教育出版社，2014.
[30] 陈岩，刘玲. 国际结算[M]. 北京：高等教育出版社，2012.